Rainer Bolle | Katja Grundig de Vazquez (Hrsg.)

# Herbart und der Herbartianismus in Jena

Gera | Jena 2020

Reihe: Herbartstudien – Band VIII

herausgegeben von Rainer Bolle und Katja Grundig de Vazquez
im Auftrag der Internationalen Herbartgesellschaft

*Unser besonderer Dank gilt der Université d'Artois in Arras und der Volksbank Oldenburg eG, die die Drucklegung des Bandes maßgeblich unterstützt haben.*

*Die Beiträge der Autorinnen und Autoren sind einem Peer-Review-Prozess unterzogen worden.*

© Format Verlagsgruppe Gera | Jena
Garamond | Der Wissenschaftsverlag
www.garamond-verlag.de

Satz & Layout: Katja Rub
Gesamtherstellung: Format Verlagsgruppe, Gera | Jena

Bibliographische Information der Deutschen Bibliothek
Die Deutsche Bibliothek verzeichnet diese Publikation in der Deutschen Nationalbibliographie; detaillierte bibliographische Daten sind im Internet über http://dnb.ddb.de abrufbar.

ISBN 978-3-946964-34-6
1. Auflage, 2020

# Inhalt

Vorwort .................................................. 7

RAINER BOLLE
Pädagogik und Psychologie bei Johann Friedrich Herbart
und Alfred Adler ........................................ 13

ALEXANDRA SCHOTTE
Herbart, Jena und seine erste Universität .................... 41

ALBENA CHAVDAROVA
Herbarts Studium in Jena – eine bahnbrechende
Entscheidung für seine spätere pädagogische Laufbahn ......... 63

KLAUS KLATTENHOFF
Herbart und der Bund freier Männer ........................ 75

NADIA MORO
Vom Idealismus zur wissenschaftlichen Psychologie.
Gegensatz in der Philosophie von Johann Friedrich Herbart ...... 89

JEAN-FRANÇOIS GOUBET
Jena und kein Ende. Die lebenslange Auseinandersetzung
Herbarts mit seinem alten Lehrer Fichte .................... 101

KATJA GRUNDIG DE VAZQUEZ
Der pädagogische Korrespondenznachlass Wilhelm Reins:
Dokumente internationaler pädagogischer Vernetzung ........ 113

SILKE ANTONI
Jena und der Herbartianismus im Königreich Bayern
zwischen 1871 und 1918 .............................. 131

ANDRÁS NÉMETH
Die ungarischen Teilnehmer der Jenaer Ferienkurse und ihre
Rolle in der Gründung der Universitätspädagogik und der
Lehrerbildung ....................................... 147

BEATRIX VINCZE
Die Etablierung einer professionalisierten Lehrerbildung im
internationalen Kontext.
Der ungarische Herbartianer – Mór Kármán und seine
persönlichen Kontakte zu den deutschen Spätherbartianern .... 159

CLAUDIA STÖCKL
Jena – Leipzig – Wien. Internationaler Wissenstransfer und
erbitterter Richtungsstreit am Wiener Lehrer-Pädagogium
1868–1872 .......................................... 173

LEONORE BAZINEK
Peter Petersen und die Kritik der Psychologie Herbarts ........ 193

DANIEL LÖFFELMANN
»Anschauung«, »Darstellung«, »Zeigen« –
Herbarts didaktischer Empirismus in Vergangenheit
und Gegenwart ...................................... 209

SYLVIA WEHREN
Die Impulse des herbartianischen Denkens auf die
Entwicklung des Diskurses über die physische Erziehung.
Wissenschaftshistorische Perspektiven im Kontext der
Entwicklung der Erziehungswissenschaft .................. 233

Max Luo-Xiang Chen
**Ausprägungen des Herbartianismus in China – eine analytische Übersicht über einschlägige zeitgenössische Publikationen** .......................................... 249

Anhang ................................................. 265

Autoren ................................................ 275

# Vorwort

Der VIII. Band der Herbart-Studien geht zurück auf die letzte Tagung der Internationalen Herbart-Gesellschaft vom 18.–20. März 2019 an der Universität in Jena.

Mit der Wahl des Tagungsortes bot sich die Gelegenheit, den Ort selbst mit Herbarts Leben, dessen Weichenstellung und nachhaltigen Wirkungen in Beziehung zu bringen. Insofern lag der Fokus der Tagung im Spannungsfeld von Herbarts Studienjahren in den 90er Jahren des 18. Jahrhunderts bis zu den von Jena ausgehenden Impulsen des Herbartianismus Ende des 19. und Anfang des 20. Jahrhunderts.

Die themengebundene Auseinandersetzung mit Herbart und dem Herbartianismus strukturierte die Tagung in 4 Themenbereiche:
I.   Herbart in Jena / Jena um 1800
II.  Herbarts philosophische Prägungen
III. Jena als regionales, nationales und internationales Zentrum des Herbartianismus
IV.  Spuren Herbarts in späteren Konzepten, Weiterentwicklungen seines Gedankenguts

Den Impuls des letzten Themenbereichs nicht historisch, aber systematisch aufnehmend bildete ein Eröffnungsvortrag in der themenungebundenen Reihe „Herbart-Lectures" der Vortrag von Rainer Bolle: *Pädagogik und Psychologie bei Johann Friedrich Herbart und Alfred Adler*. Hier ging es um die pädagogisch-systematische Frage, wo in Herbarts Pädagogik außerhalb seines Gesichtskreises theoretische Lücken auftreten, die durch Alfred Adlers individualpsychologisch inspirierten pädagogischen Einsichten „gefüllt" werden könnten.

Den ersten Themenbereich eröffnete Alexandra Schotte mit dem Beitrag *Jena, Stadt und Universität um 1800*. Sie zeichnet hierbei ein Portrait jener Stadt und Atmosphäre, wie sie Herbart zu seiner Studienzeit Mitte der 90er Jahre des 18. Jahrhunderts vorgefunden hat. Es wird deutlich, wie stark das studentische und Universitätsleben die damals ungefähr 4000 Einwohner zählende Kleinstadt bestimmt hat.

Die beiden folgenden Beiträge gehen stärker auf die unmittelbaren Rückwirkungen des studentischen Lebens in Jena für den Lebensweg Herbarts ein.

Ausgehend von seinen Erfahrungen in Jena untersucht Albena Chavdarova zum Thema *Herbarts Studium in Jena – eine bahnbrechende Entscheidung für seine spätere pädagogische Laufbahn* drei Thesen zur Motivation Herbarts, 1797 relativ abrupt sein Studium abzubrechen und statt, wie ursprünglich geplant, endlich Jura zu studieren, eine Tätigkeit als Hauslehrer in der Schweiz zu übernehmen.

Klaus Klattenhoff verfolgt unter dem Titel *Herbart und der Bund der freien Männer* das studentische Milieu, in dem sich Herbart in Jena bewegt hat: eine kleine Schar junger Männer, die sich als Gemeinschaft in der Pflege von Sitte und Studienhaltung deutlich von der Mehrheit der übrigen Studenten und ihrer Verbindungen abzugrenzen wussten, die noch heute vornehmlich über ihren Briefwechsel namentlich bekannt sind und deren Schicksale und auch z. Teil gemeinsame Pläne noch rekonstruiert werden können.

Zum zweiten Themenbereich *Herbarts Philosophische Prägungen* liegen zwei Beiträge vor.

Nadia Moro zeichnet Herbarts Weg *Vom Idealismus zur wissenschaftlichen Psychologie* nach und widmet dabei begriffsanalytisch besondere Aufmerksamkeit dem Begriff des „Gegensatzes". In ihm sieht sie einen konstruktiven Schritt des Philosophierens und ein entscheidendes Moment der Entstehung des Ich unter den Bedingungen der Zeit. In ihm dokumentiert sich zugleich Herbarts philosophischer Fortschritt über die Auseinandersetzung mit dem Idealismus Kants und Fichtes zum Realismus als einer auch für seine Pädagogik maßgeblichen Geisteshaltung.

Den im Blick auf den Tagungsort besonders naheliegenden Aspekt der Auseinandersetzung mit Fichte untersucht Jean-François Goubet unter dem Titel *Jena und kein Ende. Die lebenslange Auseinandersetzung Herbarts mit seinem alten Lehrer Fichte*. Goubet arbeitet dabei heraus, was es bedeutet, einen Realismus profilieren zu wollen, der den Gang durch Psychologie und Metaphysik gegangen ist und sich dabei zugleich an keinem geringeren als an Johann Gottlieb Fichte abgearbeitet hat.

Der dritte Teil der Vorträge wechselt von der Herbartschen in die Herbartianische Perspektive, besonders vor dem Hintergrund der Frage, welcher Einfluss gerade von Jena als einer der Hochburgen des Herbartianismus ausging.

Eröffnet wird die Vortragsreihe durch einen Beitrag von Katja Grundig de Vazquez, die es unternommen hat, den kompletten Briefnachlass Wilhelm Reins, des „letzten Herbartianers", der international nachhaltig gewirkt hat, zu sichten, zu digitalisieren und damit einer Fülle von möglichen Forschungsarbeiten leichter, umfassender und systematisch vorbereitet zugänglich gemacht hat. Ihr Beitrag unterstreicht die nationale und internationale Einbindung Reins, mithin seine transnationale Bedeutung über mehr als 6000 Dokumente aus sechs Jahrzehnten mit ca. 3500 bei weitem nicht nur herbartianischen Autoren aus über 40 verschiedenen Ländern.

Etwas regional zugespitzt untersucht Silke Antoni den Herbartianismus im Königreich Bayern zwischen 1871 und 1918. Sie differenziert dabei die bisherige pessimistische Einschätzung vom geringen Stellenwert des Herbartianismus in Bayern aus, indem sie besondere Aufmerksamkeit dem Freund Karl Volkmar Stoys und ersten Bayern im Verein für wissenschaftliche Pädagogik Carl Andreae (1841–1913) schenkt. Andreae hat sich sehr selbständig mit Herbart auseinandergesetzt. Er hat als Leiter des Lehrerseminars in Kaiserslautern, das damals noch zu Bayern gehörte, die mögliche Nachfolge für Stoy in Jena ausgeschlagen und damit Wilhelm Rein den Weg freigemacht.

András Németh verweist in *Die ungarischen Teilnehmer der Jenaer Ferienkurse und ihre Rolle in der Gründung der Universitätspädagogik und Lehrerbildung* auf die freundschaftliche Beziehung zwischen Mór Kármán, dem bekanntesten ungarischen Herbartianer, und Wilhelm Rein, die aus einer gemeinsamen Arbeit am Zillerschen Lehrerseminar in Leipzig resultiert und hauptsächlich mit dafür verantwortlich ist, dass spätestens ab dem Zeitpunkt, an dem Wilhelm Rein wesentlich Einfluss nehmen konnte auf die Gestaltung der Jenaer Ferienkurse, oft auf Empfehlung Mór Kármans viele Ungarn an den Jenaer Ferienkursen teilnahmen.

Während András Nemeth den Schwerpunkt auf die persönlichen Beziehungen und die daraus resultierenden gedanklichen Verbindungen zwischen Leipzig, Jena und den ungarischen Herbartianern legt, geht es Beatrix Vincze in ihrem Beitrag *Die Etablierung einer professionalisierten Lehrerbildung im internationalen Kontext*. Der ungarische Herbartianer

*Mór Karman und seine persönlichen Kontakte zu den deutschen Spätherbartianern* stärker um die hiervon ausgehenden konkreten herbartianischen Reformbemühungen vom Lehrplan über die Lehrerbildung bis zur Lehrerfortbildung.

Claudia Stöckl schildert in ihrem Beitrag *Jena – Leipzig – Wien. Internationaler Wissenstransfer und/oder weltanschaulicher Richtungsstreit am Wiener Lehrer-Pädagogium 1868–1872* eine diffizile und konfliktreiche Anfangsgeschichte des ersten Wiener Lehrerseminars, das sich im Kreuzfeuer konfessioneller und pädagogischer, im gewissen Sinne auch konfessionell-pädagogischer Konflikte befand. Es waren dies Konflikte, die nicht nur als schulinternes oder auch regionales Problem erscheinen, sondern deren Zusammenhänge sowohl den *Verein für wissenschaftliche Pädagogik* als auch die namhaften Zentren herbartianischer Lehrerbildung Jena und Leipzig betreffen.

Der vierte Themenbereich der Tagung verfolgt hauptsächlich die Spuren Herbarts in späteren Konzepten.

In diesem Kontext präsentiert Leonore Bazinek einen Beitrag über *Peter Petersen und die Kritik der Psychologie Herbarts*, in dem es inhaltlich dem Jenaer Reformpädagogen gerade darum ging, die Spuren Herbarts möglichst zu „verwischen". In einem philosophisch ausgerichteten Beitrag setzt sich Leonore Bazinek kritisch mit einer Kritik Peter Petersens an Herbarts Psychologie auseinander, in welcher Petersen Wilhelm Wundt als den Überwinder der Philosophie, Konstrukteur einer neuen Anthropologie und im gewissen Sinne als Retter des „Deutschtums" feiert.

Daniel Löffelmann verfolgt in *„Anschauung", „Darstellung", „Zeigen" – Herbarts didaktischer Empirismus in Vergangenheit und Gegenwart* die These, dass Herbarts didaktische Theorie als zentraler Aspekt seiner Pädagogik grundlegend auf einem Primat der sinnlichen Wahrnehmung aufbaue. Er entfaltet die These zunächst theoretisch, geht dann mit Fokus auf Dörpfelds Unterrichtslehre herbartianischen Anschlüssen an das Wahrnehmungs-Paradigma nach und diskutiert schließlich unter Bezug auf eine *Lehrkunstdidaktik* nach Wagenschein dessen gegenwärtiges lerntheoretisches Potenzial.

Sylvia Wehren beschäftigt sich mit einem Thema, das in der Diskussion um Herbartische und herbartianische Pädagogik einen bislang sehr untergeordneten Stellenwert gehabt hat. Sie nennt es *Die Impulse des herbartianischen Denkens auf die Entwicklung des Diskurses über die physische Erziehung*. Bezogen auf Herbart, Stoy und Ziller geht sie den pädagogisch-systematischen Hintergründen dieser Vernachlässigung nach.

Schließlich untersucht Luo-Xiang Chen *Ausprägungen des Herbartianismus in China – eine analytische Übersicht über einschlägige zeitgenössische Publikationen.* Inhaltlich liegt der Schwerpunkt auf Umstand sowie Art und Weise der nicht zuletzt unter dem Einfluss Japans eröffneten Möglichkeiten der Herbartianismus-Rezeption und ihrer sich bald zeigenden, letztlich auch pädagogisch-systematischen Grenzen im China des Übergangs vom Kaiserreich zur Republik zu Beginn des 20. Jahrhunderts.

Im Anhang konnten einige Herbart betreffende Dokumente aus dem Bestand des Archivs der Universitätsbibliothek Jena transkribiert und erstmalig publiziert werden.

Rainer Bolle                                    Katja Grundig de Vazquez

Rainer Bolle

# Pädagogik und Psychologie bei Johann Friedrich Herbart und Alfred Adler

## 1. Einleitung – oder: Was verbindet Herbart und Adler?

Der Vortrag zur Pädagogik und Psychologie möchte dem Umstand Rechnung tragen, dass Herbart seine Pädagogik auf eine Psychologie gegründet hat, die in ihren Grundzügen der pädagogischen Aufgabe in doppelter Weise zuarbeitet, und zwar sowohl in hermeneutischer als auch in praktischer Hinsicht. Das Verhältnis von Herbarts Pädagogik und Psychologie ist geradezu symbiotisch, wenn es darum geht, sich in wechselseitig ergänzender Weise in den Dienst der menschlichen Bestimmung zu stellen.

Bei Alfred Adler ist zumindest der Weg zur Pädagogik ein etwas anderer: erst die Ausdifferenzierung seiner Individualpsychologie und die praktische Erfahrung haben ihn, vielleicht eher überraschenderweise zur pädagogischen Frage geführt, dies aber dann umso entschiedener und nachhaltiger als jeden anderen Klassiker der Tiefenpsychologie.

Während also Herbarts Pädagogik ohne seine Psychologie weder in einer befriedigenden Weise verständlich noch praktisch erfolgreich sein könnte, wäre Adlers Individualpsychologie ohne die sich aus ihr ergebenden pädagogischen Einsichten und Implikationen, praktisch fast bedeutungslos. Die Bindung von Psychologie und Pädagogik ist dann auch bei ihm letztlich so eng, dass die Grenzen zwischen Erziehung und Therapie geradezu verschwimmen, solange die Klienten Kinder und Jugendliche sind.

Darüber hinaus gibt es in Adlers und Herbarts *Psychologie* ganz entscheidende, aber inzwischen sehr selten gewordene ausdrückliche Parallelen, die beide Theorien füreinander anschlussfähig machen und *darin* – namentlich auch in *pädagogischer* Hinsicht – horizonterweiternd sein können.

Diese Horizonterweiterung, Herbart würde sagen, diese *Gesichtskreiserweiterung* ist für mich der entscheidende und mithin *systematische*

Reiz des Themas. Denn geschichtlich bzw. wirkungsgeschichtlich ist der Zusammenhang zwischen Herbart und Adler nicht ergiebig. In Adlers Werk gibt es nicht einen einzigen Hinweis auf Herbart. *Wenn* es also Verbindungen *gibt*, dann scheinen sie nicht bewusst zu sein. Die auffälligste Übereinstimmung ist bei beiden Psychologien die entschiedene Ablehnung der traditionellen Vermögenspsychologie. Beide Autoren hatten allerdings das Pech, dass diese bahnbrechende Einsicht vom Zeitgeist nicht ausdrücklich gewürdigt und rezipiert wurde, so dass sie selbst sogar Schwierigkeiten hatten, um verständlich bleiben zu können, die für ihre Einsicht eigentlich erforderliche begriffliche Differenzierung konsequent durchzuhalten. D. h. auch Herbart spricht bis zum Schluss immer noch vom *Gedächtnis*, immer noch von *Phantasie* usw. – und dabei geht es doch, ob nun erinnernd oder entwerfend, lediglich um mögliche Folgen vollzogener Vorstellungsverknüpfungen.

Aber das ist eher äußerlich und hier, wo es um das Innere des Menschen geht, vielleicht nicht ganz so entscheidend. Denn in ihrem Denken hatten beide Autoren tatsächlich die Vermögenspsychologie überwunden und damit den Boden für eine Vorstellungspsychologie bereitet, die nicht nur die Grenzen der Vermögen, sondern prinzipiell auch die Grenzen des Unterbewussten und Bewussten zu überwinden in der Lage ist. Daraus ergeben sich weitreichende Folgen.

Mit Hilfe eines universal ausgerichteten Vorstellungsbegriffs gelingt es Herbart vor allem die traditionellen Grenzen zwischen Unterricht und Erziehung zu überwinden. Der Unterricht schafft auf ästhetische Weise die theoretischen und praktischen Voraussetzungen einer sittlich-moralischen Urteilsbildung durch die Befolgung des Anspruchs der Bildung eines gleichschwebend vielseitig interessierten Gedankenkreises. Auf diesen vorstellungsdurchsetzten Gedankenkreis muss sich die Erziehung, die Herbart in der Verbindung von erziehendem Unterricht und Zucht sieht, beziehen, um den Heranwachsenden darin zu unterstützen, in sich selbst stimmig zu werden, um dann auf *diese* Weise an seiner eigenen Bestimmung mitwirken zu können.

Auch Adler geht es nach der Überwindung der Vermögenspsychologie um die (ästhetische) Antizipation eines ganzheitlichen Blicks auf die mutmaßliche Einheit der Persönlichkeit, die für ihn auf diesem Wege wesentlich das heuristische Prinzip individualpsychologischer Diagnose und Therapie wird. Gleichzeitig eröffnet ihm dieser Zugang die

Möglichkeit, sich bis in die anthropologischen Grundvoraussetzungen hinein vollständig von der Psycho-Analyse Sigmund Freuds zu lösen. Psychoanalyse und Individualpsychologie arbeiten zwar an den gleichen Problemen, haben dabei aber ein ganz anderes Begriffs- und Diagnose-Instrumentarium. Insofern handelt es sich eigentlich um völlig unterschiedliche Theorien. Das schließt nicht aus, dass sie aus heutiger Perspektive in der kassenärztlichen Systematik als „analytische und tiefenpsychologische Verfahren" zusammengefasst werden und dabei neben „verhaltenstherapeutischen" und „systemischen" Ansätzen mit durchaus privilegierten Rahmenbedingungen zugelassen sind.

Alfred Adler grenzt seine Individualpsychologie nicht nur gegenüber der triebtheoretischen Psychoanalyse ab, sondern nicht weniger deutlich auch gegenüber der seinerzeit immer stärker aufkommenden empirisch-analytischen Psychologie. Denn sie hat – bis heute – die seit Aristoteles bestehende Tradition der Vermögenspsychologie mit großer Selbstverständlichkeit aufgenommen, und eine *spezifische* Kognitionsforschung, eine *isolierte* Motivationsforschung kultiviert u.v.m. Und hat sich dabei allerdings – aus Adlers Sicht – im psychischen Detail verloren, weil ihre rein *analytische* Perspektive von Anfang an den Blick für die großen psychischen *Zusammenhänge* der psychischen Probleme verstellt hat. In seinem Buch Kindererziehung von 1930 merkt Adler an:

> „Die meisten psychologischen Schulen übersehen im allgemeinen die Einheit der Persönlichkeit oder widmen ihr, wenn sie sie nicht gänzlich vernachlässigen, jedenfalls nicht die Aufmerksamkeit, die sie verdient. Infolgedessen betrachten sowohl psychologische Theorie wie psychiatrische Praxis eine bestimmte Geste oder einen bestimmten Ausdruck häufig isoliert, als wenn es sich dabei um unabhängige Einheiten handelte. Gelegentlich wird eine solche Äußerung als Komplex bezeichnet, wobei man von der Annahme ausgeht, daß es möglich sei, sie von den übrigen Aktivitäten des Individuums abzutrennen. Doch ein solches Vorgehen ist dem Versuch vergleichbar, aus einer zusammenhängenden Melodie eine Note herauszulösen und ihre Bedeutung unabhängig von der erst die Melodie bildenden Notenfolge zu verstehen. Obgleich untauglich, ist diese Methode weit verbreitet." (Adler, 1930a/1997, S. 17)

Gleichzeitig fällt auf, dass Adler beim ästhetischen Blick auf das Ganze, hier das Ganze einer Person – ähnlich wie Herbart – die Neigung hat, eine musikalische Metaphorik zu bevorzugen.

Wie steht Herbart nun zur empirisch-analytischen Forschung? Beim Blick auf seine Psychologie fällt auf, dass Herbart eine Neigung hat, psychische Zusammenhänge in mathematischen Formeln darzustellen. Dadurch entsteht der Eindruck, als arbeite er damit einer rechnenden empirisch-psychologischen Herangehensweise zumindest indirekt zu (vgl. Benner, 1995, S. 250). Bei genauerem Hinsehen zeigt sich Herbarts Mathematisierung aber wohl eher als bloße Darstellungsform, deren Zweck es ist, eine spezifische Relationalität der Vorstellungen und ihrer Verknüpfungen zum Ausdruck zu bringen. Es geht wohl nicht um eine Darstellung erforderlicher Rechenoperationen. Mathematisch lassen sich die Formeln ja auch gar nicht auflösen. Denn es dürfte schwer fallen, für die Variablen konkrete Messwerte einzusetzen. Sicher ist jedenfalls, dass Herbarts Vorstellungspsychologie hermeneutisch genutzt werden kann und in der Lage ist bzw. in die Lage versetzt, Problemzusammenhänge ganzheitlich und damit auch ästhetisch in den Blick zu nehmen.

Was bedeutet das jetzt für meinen weiteren Gedankengang?

Ich möchte im Folgenden Herbarts und Adlers psychologische und pädagogische Einsichten noch weiter aufeinander abgleichen und gehe dabei zunächst von Herbarts vorstellungspsychologisch inspirierter Gedankenkreistheorie aus. Hier soll Herbarts pädagogische Genialität zumindest in Ansätzen sichtbar werden. Denn Herbart *löst* hier theoretisch ein Problem, an dem immer noch ganze Generationen von Pädagogen in und außerhalb von Schule permanent scheitern und an diesem Scheitern eigentlich verzweifeln müssten, wenn sie nur besser wüssten, was sie eigentlich tun.

Auf der anderen Seite versuche ich die Gedankenkreistheorie bis an ihre Grenzen zu verfolgen und glaube sie in der tiefenpsychologischen Schwierigkeit, Individualität zu erfassen, gefunden zu haben.

An dieser Stelle nehme ich den Individual*psychologen* Alfred Adler auf, der im Unterschied zu Herbart nicht nur die Einsichten von Evolutionstheorie und Psychoanalyse kritisch verarbeitet hat, sondern der auch auf eine schon ältere Theorie psychischer Grundbedürfnisse zurückgreift und mit ihrer Annahme an dieser einen Stelle entscheidend über Herbart hinausweist.

## 2. Herbarts Gedankenkreistheorie

### 2.1 Gedankenkreis und Gesichtskreis

Beide Begriffe, Gedankenkreis und Gesichtskreis, sind Spezifika der Herbartschen Pädagogik und werden außerhalb derselben kaum verwandt. Aus Herbarts Sicht könnte man beide für einheimische Begriffe der Pädagogik halten. Denn ohne diese ließe sich weder seine Theorie des erziehenden Unterrichts noch die der Charakterbildung verstehen.

Zunächst zum Gesichtskreis. Er ist im Prinzip die deutsche Übersetzung des ursprünglich aus dem Griechischen entlehnten Begriffs ‚Horizont'.

„Was man wolle, indem man erzieht und Erziehung fordert" ... so beginnt Herbart die Einleitung in die Allgemeine Pädagogik:

> „das richtet sich nach dem Gesichtskreise, den man zur Sache mitbringt. Die meisten, welche erziehen, haben vorher ganz unterlassen, sich für dies Geschäft einen eigenen Gesichtskreis zu bilden; er entsteht ihnen während der Arbeit allmählich, er setzt sich ihnen zusammen aus ihrer Eigentümlichkeit und aus der Individualität und den Umgebungen des Zöglings." (Herbart, J. F., 1806/1913, S. 230) usw.

Der Begriff Gesichtskreis zielt – wie auch schon der Begriff Horizont – metaphorisch unter allen Sinnen auf den Sehsinn. Und das hat weitere Implikate. Der Gesichtskreis markiert eine Grenze, einen Mittelpunkt und eine Perspektive. Die Grenze ist die Grenze des Kreises, die vom Mittelpunkt gleich weit entfernt ist. Der Mittelpunkt ist der eigene Standpunkt, der den Gesichtskreis verengt, vor allem durch die Perspektive, die er einnimmt. Denn die Perspektive ist zielfixiert. Sie ist damit – anders als wenn es sich um einen „Hörkreis" handelte – hochselektiv, was bedeutet: Sie blendet alles aus, was in ihrem toten Winkel liegt. Man kann zwar vom gleichen Standpunkt aus unterschiedliche Perspektiven einnehmen und man könnte auch seinen Standpunkt *verändern* und damit ggf. seinen Gesichtskreis erweitern, natürlich auch verengen.

Um der pädagogischen Aufgabe gerecht werden zu können, muss man auf all das fokussiert sein, was bei ihrer Aufgabe zu berücksichtigen entscheidend ist. Aber in dieser Weise fokussieren sich nach Herbart – 1806 – die meisten eben nicht.

Es deutet sich an: Der Gesichtskreis bestimmt den Gedankenkreis. Nur das, was willkürlich oder unwillkürlich Aufmerksamkeit erlangt, kann ins Bewusstsein treten und bindet die Aufmerksamkeit. Die Verknüpfungen der Vorstellungen im Gedankenkreis bestimmen wieder den Gesichtskreis. Die Erweiterung des Gedankenkreises kann zur Erweiterung des Gesichtskreises führen, auch zur Standpunktveränderung. Zitat:

„Neue Vorstellungen wollen wir mit unseren bisherigen, Antworten mit unseren Fragen verbinden, die Grenzen unseres Gesichtskreises wollen wir erweitern, das ist die Forderung unserer Wissbegierde. Unseren Zustand wollen wir verändern, einen neuen wollen wir an den jetzigen anknüpfen; dahin geht unsere Tendenz im praktischen Leben. Beides wissen wir nicht immer anzufangen; daher wird uns eine Wissenschaft Bedürfnis, welche uns zeige, ob es nicht etwa in *unsrer (R. B.)* Gewalt sei, jenes Streben zu befriedigen, ob nicht etwa das Ganze unsres bisherigen Gedankenkreises schon die Bedingung seiner Erweiterung enthalte, ob wir nicht etwa schon in *diesem* Augenblick das Vermögen besitzen, welches den folgenden Moment und unsern Zustand in demselben unserer freien Bestimmung unterwerfe ..." (Herbart, 1796/1964, S. 6)

so der junge Herbart 1796, im Studium in Jena in einem Kommentar zu einem Aufsatz seines Freundes und Kommilitonen Rist. In diesem programmatischen Gedankengang zeigt sich eine Wahrnehmung und Erfahrung, die Herbart später nicht nur auf sich und seine gleichgesinnten Kommilitonen bezieht, sondern pädagogisch nutzen will.

Was passiert nämlich in der Erweiterung des Gedankenkreises, psychologisch betrachtet?
Es gibt alte Vorstellungen und neue Vorstellungen. Und gesetzt: Die neuen Vorstellungen sollen als diejenigen vorstellt werden, die die Erweiterung ermöglichen. Eine *einzelne* neue Vorstellung bewirkt aber nichts. Es geht stattdessen darum, mehrere neue Vorstellungen durch Verknüpfung in einen Vorstellungszusammenhang zu bringen, sie möglicherweise auch mit anderen älteren Vorstellungszusammenhängen in Verbindung zu bringen, um einen möglichst großen Vorstellungskomplex zu erzeugen. Dieser ist dann den alten, zu überwindenden Vorstellungen überlegen und in der Lage, jene alten Vorstellungen in Vergessenheit geraten zu lassen, weil die neueren Vorstellungen aufgrund ihrer größeren Komplexität eine größere Leichtigkeit haben, jeweils vorrangig

ins Bewusstsein zu treten. Herbarts Bild ist hier: alle Vorstellungen würden am liebsten bei den ihnen passenden Gelegenheiten ins Bewusstsein treten. Aber sie können es nicht, wenn sie durch andere Vorstellungen bzw. Vorstellungsmassen, die aufgrund ihrer vielfältigen Verknüpfungen komplexer und damit dominanter sind, zurückgehalten werden. Dass auf diese Weise alte Vorstellungen völlig in Vergessenheit geraten können, was sehr häufig geschieht, ist nicht immer ein Vorteil. Denn mit den alten Vorstellungen sind u. U. auch die Vorstellungen davon verbunden, was wir dafür tun mussten, um zu den neuen Vorstellungen zu gelangen, was wir wahrnehmen und denken mussten, um zu neuen Erkenntnissen, was wir tun mussten, um zu neuen Fähigkeiten zu gelangen. Leider vergessen wir zu leicht dies alles, sobald wir die neuen Erkenntnisse und Fähigkeiten erlangt haben. Darauf hat schon Dietrich Benner zusammen mit Andrea English in ihrem Aufsatz „Kritik und Negativität" eindrücklich hingewiesen (Benner/English, 2004, v. a. S. 73f.). Dieses Vergessen ist aber gar kein Naturgesetz, sondern der allzu oft alltägliche Preis einer ergebnisorientierten Zielorientierung in der Perspektive unseres Gesichtskreises: Ziel erreicht. Das ist die Hauptsache. Und alles andere interessiert nicht mehr. M. a. W.: Wir wissen manchmal nicht mehr, *wann* und *warum* wir bestimmte Dinge noch nicht gekonnt haben. Und noch häufiger wissen wir nicht, welche Erkenntnisse wir zu welchem Zeitpunkt noch gar nicht gehabt haben und was wir dafür tun mussten, um zu ihnen zu gelangen.

Man kann leicht erkennen, dass dies zumindest im Zusammenhang eigener *pädagogischer* Verantwortung ein ausgesprochener Nachteil ist. Es erschwert das Bemühen, sich in die Schwierigkeiten der Lernenden beim Lernprozesse selbst hineinversetzen zu können.

Herbart hat dieses Problem – zumindest intuitiv – bereits erkannt, indem er Wert darauf legte, dass die neuen Vorstellungen an die ihnen zugehörigen alten Vorstellungen angeschlossen werden und damit auch grundsätzlich mit ihnen erinnert werden können. Und nur dann, wenn die neuen Vorstellungen mit den alten verknüpft werden, kann man eigentlich überhaupt erst – statt von einer „Ersetzung" – von einer „Erweiterung" oder einer „Ergänzung" des Gedankenkreises sprechen.

Nun haben sich die meisten Menschen mit Herbarts Psychologie und Pädagogik nicht beschäftigt und können deshalb nur zufällig zu gleichen problemlösenden Einsichten kommen. Dies ist dann wahrscheinlicher, wenn sie auch unabhängig von Herbart dafür gesorgt haben, dass ihr Gedankenkreis insgesamt geordnet ist und sie zu dieser Ordnung selbst, d. h. *selbstreflexiv,* beigetragen haben.

Bei einem ungeordneten Gedankenkreis, der den Begriff Gedankenkreis eigentlich auch gar nicht verdient, ist das besagte Vergessen der vorausgegangenen Vorstellungen sehr wahrscheinlich und zugleich auch tückisch. Das Bewusstsein wird bestimmt durch ungeordnete Vorstellungsmassen, die sich zufällig durch Erfahrung und Umgang gebildet haben und die keine Gelegenheit zur Verarbeitung und Integration von Lernprozessen bieten. Da ist das Vergessen fast noch das Beste, was dem unbeholfenen Subjekt passieren kann. Ungünstig aber, wenn die alten Vorstellungen an anderer Stelle durch zufällige Verknüpfung mit anderen Vorstellungen wieder auftauchen können und dann in einen unverarbeiteten Gegensatz mit den neueren Vorstellungen treten. Dann sind Inkonsequenzen im Denken, im Empfinden wie im Handeln nur allzu wahrscheinlich, die man auch von außen als – wahrscheinlich unerwartete – Rückschritte wahrnehmen kann.

Denn das Subjekt ist dann weder klar, noch in der Lage sinnvoll zu assoziieren. Wie sollte es dies, wenn es aufgrund der ungeordneten Vorstellungswelt gar nicht richtig unterscheiden kann. Eine ordnende Besinnung hatte hier eben weder Zeit noch Raum finden können.

Kommen wir also zur Ordnung und systematischen Erweiterung des Gedankenkreises.

### 2.2 Ordnung und systematische Erweiterung des Gedankenkreises

Den Aufbau des Gedankenkreises beschreibt Herbart im Wesentlichen über den Wechsel zweier Phasen, die er Vertiefung und Besinnung nennt. Diese beiden Begriffe, ihr Zusammenhang und ihr Wechselverhältnis zueinander sind für Herbarts Verständnis von erziehendem Unterricht grundlegend.

Vertiefung heißt, sich einem Gegenstand unter Ausblendung alles Anderen intensiv zu widmen. Das ist extrem einseitig, aber dadurch vielleicht auch gründlich. An *eine* Vertiefung könnten sich andere anschließen, bis sie in einer vereinigenden Besinnung ordnend zusammengeführt werden. Aber dieses ordnende Zusammenführen des Interessanten – Herbart spricht auf der ersten Stufe der Besinnung von System (= Ordnung) – macht noch kein vielseitiges Interesse aus.

Deutlicher als in anderen Schriften stellt Herbart 1818 in einem „Pädagogische[n] Gutachten über Schulklassen und deren Umwandlung ..." den Unterschied des von ihm eigentlich Intendierten heraus:

# Pädagogik & Psychologie bei Johann Friedrich Herbart und Alfred Adler

„Es ist zwar eine bekannte pädagogische Vorschrift, der Lehrer müsse suchen, seine Schüler für das, was er vorträgt zu interessieren. Allein diese Vorschrift wird gewöhnlich in dem Sinne gegeben und verstanden, als wäre das Lernen der Zweck, das Interesse aber das Mittel. Dieses Verhältnis kehre ich nun um. Das Lernen soll dazu dienen, daß Interesse aus ihm entstehe. Das Lernen soll vorübergehn, und das Interesse soll während des ganzen Lebens beharren." (Herbart, 1818/1919, S. 111)

Wir haben es hier also mit drei Momenten zu tun: dem Lernen, den Gegenständen und dem Interesse.

Es geht zunächst darum, dass die Gegenstände, um derentwillen Unterricht in der Regel veranstaltet wird, überhaupt *nur dann* interessant sein können, wenn Interesse besteht, – dass also Interesse in jedem Fall die *Voraussetzung* dafür ist, dass ein bestimmter Gegenstand für ein lernendes Subjekt – psychologisch betrachtet – überhaupt Bedeutung bekommen kann.

Aber es geht nicht nur darum. Es geht nebenbei auch darum, dass Herbart auf diese Weise ein altes didaktisches Problem löst: das Problem der sog. Stofffülle.

Man könnte sich jetzt Millionen von potenziell interessanten Gegenständen ausdenken, die sich nie erschöpfend unterrichten ließen und bei denen man immer noch weit über 90% nicht berücksichtigt hätte. – Wie soll so etwas denn ein Ganzes ergeben? – Aber das ist genau die Perspektive von Lehrplan-Kommissionen im klassischen Sinne. So etwas kannte Herbart auch schon.[1]

Gegenüber also Millionen von potenziell interessanten Gegenständen richtet Herbart den Gesichtskreis zunächst auf sechs unterschiedliche Interessen: drei Interessen der Erkenntnis und drei Interessen der Teilnahme. Teilnahme ist dabei überhaupt nicht selbstverständlich. Sie drückt eine weniger gegenständliche als vielmehr personale Beziehung zu einem Gegenüber aus, in dem das Gegenüber als Selbstzweck anerkannt ist. Mithin liegt eine solche Haltung der Teilnahme beispielsweise

---

1 Heutige Lehrpläne versuchen dieses Problem über eine Kompetenzorientierung zu lösen, sind dabei aber bildungstheoretisch genauso unzureichend. Denn der Modebegriff der „Kompetenzorientierung" folgt lediglich einem Diktat empirisch-analytischer Überprüfungsabsichten, deren Gesichtskreis detailfixiert ist und den bildungstheoretisch notwendigen Zusammenhang des Ganzen nicht in den Blick nimmt.

bei einem weitgehend konsequenten Egoisten vollkommen außerhalb seines Gesichtskreises.

Und jetzt unterscheidet Herbart dreierlei Teilnahmen: die Teilnahme am einzelnen Menschen, die bei ihm eine ethische Perspektive eröffnet; zweitens die Teilnahme an der Gesellschaft, die einem politischen Interesse entspricht. Die dritte Teilnahme dient angesichts der Endlichkeit menschlichen Denkens und Handelns zur Relativierung der beiden anderen Teilnahmen, auch ihrer möglichen Einseitigkeiten. Es ist die ‚Teilnahme am Höchsten Wesen', welche Herbarts Ausdruck für Religion ist (vgl. u. a. Herbart, 1806/1913, S. 325; 1835/41/1914, S. 79; 1813/1850, S. 159).

Alle diese Interessen, auch die drei erkenntnisgebundenen Interessen *Empirie, Spekulation* und *Geschmack* sind als *reale* Interessen zugleich kognitiv und affektiv. Sie nehmen dabei die ganze Person des Sich-Interessierenden in Beschlag. Darüber hinaus hat das empirische Interesse eine Affinität zum Beobachten, das spekulative eine zum Denken und das ästhetische mit den Teilnahme-Interessen eine besondere Affinität zum Empfinden (vgl. Herbart, 1818/1919, S. 139).

Man könnte diese Interessen auch ganz formal Perspektiven des Gesichtskreises nennen, Perspektiven, die vom gleichen Standpunkt aus eingenommen werden können und die für eine eventuelle Standpunktverschiebung, also eine spezifische Erweiterung des Gedankenkreises sorgen könnten.

Die *Zahl* der Interessen ist im Unterschied zur Anzahl potenziell interessanter Gegenstände äußerst überschaubar. Die eigentliche Herausforderung besteht darin, dass Herbart, wenn er von einem *gleichschwebend* vielseitigen Interesse spricht, damit fordert, dass keines der Interessen gegen eines oder mehrere andere Interessen ausgespielt werden soll und mithin, dass alle sechs Interessen quantitativ und qualitativ eine gleichberechtigte Berücksichtigung erfahren sollen.

Im Blick auf seine praktische Philosophie steht hier die Idee der Vollkommenheit, der bildungstheoretisch nur dann entsprochen werden kann, wenn das zum Vollen kommende, das antizipierte Ganze sich eben durch eine gleichschwebende Vielseitigkeit auszeichnet. Das verbindet also den erziehenden Unterricht mit der praktischen Philosophie und offenbart die unmittelbare Beziehung zwischen allgemeiner Pädagogik und praktischer Philosophie. Hinzu kommt, dass die übrigen vier ursprünglichen praktischen Ideen: innere Freiheit, Wohlwollen, Recht und Billigkeit sich nicht zuletzt *auch* auf die sittliche Charakterbildung beziehen.

Nun kann dieses Ganze ja überhaupt erst für ein sich *bildendes* Subjekt in dieser Weise in den Gesichtskreis geraten, wenn eine bewusste Lebensplanbestimmung zugunsten des Herbartschen Bildungsauftrages erfolgt ist. Das bedeutet umgekehrt, dass in der ganzen, auch pädagogisch begleiteten Genese *vorher* der Gesichtskreis mehr oder weniger von anderen Prioritäten bestimmt ist.

Am augenfälligsten ist das flankiert durch eine zu erwartende völlig ungleichmäßige Berücksichtigung der unterschiedlichen Seiten des Interesses in den unterschiedlichen Phasen der Vertiefung und Besinnung, wenn Vertiefung und Besinnung – im Herbartschen Anspruch – überhaupt eine Rolle gespielt haben. Ab der besagten *Entscheidung zur Bildung*[2] müssen sie, Vertiefung und Besinnung, jedenfalls eine ganz zentrale Rolle spielen. Dabei muss im Sinne *gleichschwebender* Vielseitigkeit der zweite Schritt der Besinnung, den Herbart „Methode" nennt, als „Weg" einer individuell mehr oder weniger dringend erforderlichen kompensatorischen Aufgabe der überproportionalen Verfolgung bisher vernachlässigter Interessen aufgefasst werden.

Auf der anderen Seite könnte uns Herbart jetzt darüber belehren, dass die Einsicht in diese aufgezeigten Zusammenhänge von Pädagogik und praktischer Philosophie, in die Erschließung des Unterrichts als eines Ganzen durch die maßgebende Unterscheidung zwischen Interesse und dem Interessanten, und schließlich in die Grundlegung der gesamten Pädagogik und praktischen Philosophie auf eine alle Grenzen der menschlichen Vermögen überschreitende Vorstellungspsychologie für denjenigen überhaupt nicht naheliegend und von Interesse wäre, dessen Gesichtskreis *nicht* auf Moralität als ganzem Zweck der Erziehung gerichtet ist.

Diesen Gedanken will ich *jetzt* aber nicht weiterverfolgen und etwa der Frage nachgehen: Wie ist denn der Gesichtskreis derjenigen ausgerichtet, die sich ganz ausdrücklich auf Herbart berufen und sich mit der Herbart-Rezeption beschäftigt haben. – Dazu haben wir ja auch noch *andere* Beiträge.

---

2 Eine ausdrückliche *Entscheidung zur Bildung* erwähnt Herbart zwar an keiner Stelle. Sie wird gleichwohl hier vorausgesetzt als Ausdruck des Einverständnisses einer Orientierung am *gleichschwebend* vielseitigen Interesse.

Auch wäre es natürlich interessant zu fragen, wie denn der Gesichtskreis wohl ausgerichtet ist, wenn heute in Familie, Schule oder überall dort, wo es offiziell um Erziehung und Bildung gehen soll, völlig losgelöst von Herbart, auch etwas ganz *Anderes* gedacht, gesagt und getan wird, als es von Herbart her naheliegend gewesen wäre.

Statt also diesen interessanten Fragen nachzugehen, will ich noch einmal kurz auf Herbarts wichtige Unterscheidung zwischen dem Interesse und dem Interessanten zurückkommen. In dieser Entgegensetzung sollte nicht der Eindruck entstehen, als sei das mutmaßlich Interessante (also die Gegenstände des Unterrichts) für Herbart völlig uninteressant und im Grunde austauschbar.

Das wäre ein Kurzschluss. Denn die unterschiedlichen Gegenstände selbst können unterschiedlich leicht *verschiedene* Interessen ansprechen. Aber auch umgekehrt haben die unterschiedlichen Interessen der Individuen – zum einen ganz allgemein, aber auch im Blick auf ihr Lebensalter und darüber hinaus im Blick auf ihre lebensgeschichtlich bereits gewordene Individualität, eine unterschiedliche Ansprechbarkeit durch *bestimmte* Gegenstände. Kurz, es ist also alles viel komplizierter, da viel individueller, aber auf jeden Fall gilt: die Gegenstände sind *nicht* beliebig. Sie haben entschieden Einfluss darauf, *wie* sich der Gedankenkreis bildet und von *welchen* Gedanken er bestimmt wird.

Diese Einsicht führt mich direkt zur Genialität der Herbartschen Gedankenkreistheorie, die ebenfalls in seiner Vorstellungspsychologie begründet liegt. Die Genialität der Gedankenkreistheorie besteht vor allem darin, dass sie auf psychologischem Wege der praktischen Philosophie zuarbeitet (vgl. Herbart, 1835/41/1914, S. 10). Die hier zum Ausdruck kommende Ausrichtung der Pädagogik auf die praktische Philosophie wurde bereits herausgestellt. Damit aber das Verhältnis von Pädagogik und praktischer Philosophie kein instrumentell normierendes ist, ist es entscheidend, dass die praktische Philosophie nicht fertige Urteile vorgibt, sondern „urtheilen macht", wie Herbart sich ausdrückt (vgl. Herbart, 1808/1850, S. 4).

Dazu liefert er nun die pädagogischen Voraussetzungen, insofern die mögliche Ordnung des Gedankenkreises und dessen systematische, d. h. geordnete Fortsetzung unter Ausreizung eines gleichschwebend vielseitigen Interesse genau die entscheidende Vorbereitung einer urteilenden ‚Geschmeidigkeit' für das „allgemeingültige Sittengesetz" (vgl. Herbart, 1806/1913, S. 274) schafft. Das Individuum kann selbst urteilen und hat genau durch das vielseitige Interesse ästhetisch die besten Voraussetzungen dafür.

Der andere Punkt ist: Alles, was sich im Gedankenkreis befindet, bildet ja in Verbindung mit dessen Ausrichtung durch den jeweiligen Gesichtskreis die gedankliche Grundlage aller Urteile. – Wie kann man nun dafür sorgen, dass sich für die ästhetische Urteilsbildung günstige Gedanken im Gedankenkreis vorfinden lassen? Herbarts Antwort könnte sein: Durch die interessegeleiteten Verknüpfungen der Vorstellungen im Gedankenkreises produziert sich spätestens über die Besinnung das Bemühen um eine Gesamtkonstruktion des Gedankenkreises.[3] Wo also die Gedankenverknüpfungen überhaupt nicht dem Zufall überlassen werden, sondern durch ein vielseitiges Interesse bestimmt werden, da werden permanent die für die Urteilsbildung günstigen Verknüpfungen hergestellt. Und diese dominieren dann geradezu automatisch den Gedankenkreis. – Warum? Weil, nach Herbarts Vorstellungspsychologie gilt: Je größer die Gedankenkomplexionen sind, um so dominanter treten sie gegenüber konkurrierenden isolierten und vereinzelten Vorstellungen auf. Letztere geraten dann auf Dauer – umgangssprachlich gesprochen, schlicht in Vergessenheit.

So etwas kann man auch ausdrücklich wollen. Und das ist ja überhaupt Herbarts Strategie des analytischen Unterrichts: bestehende, ungünstige Vorstellungskomplexionen zu zerschlagen, die brauchbaren Vorstellungen in den Gedankenkreis zu integrieren und die anderen Vorstellungen in Vergessenheit geraten zu lassen.

---

3  Dabei muss betont werden, dass mit dem Besinnungsanspruch lediglich die Richtung zur Gesamtordnung der Vorstellungen hin angestrebt wird und nicht von deren möglicher Realisierung im Sinne einer „allumfassenden Besinnung" ausgegangen werden kann. Dies gibt Herbart in seiner Allgemeinen Pädagogik auch ausdrücklich zu verstehen: „Nur soviel dürfen wir hierbei bemerken: daß zwischen den Extremen konzentrierter Vertiefung und allumfassender Besinnung die gewöhnlichen Zustände des Bewußtseins liegen, welche, wie man will, alle partielle Vertiefungen von einer Seite, als partielle Besinnungen von einer anderen angesehen werden können. Da nun vollendete Vielseitigkeit unerreichbar ist, da man sich statt der höchst-umfassenden mit irgendeiner – vielleicht reichen, doch immer nur noch partiellen Besinnung wird begnügen müssen: so würde gefragt werden können, welchen Umriß man ihr geben, *welchen Teil* man aus dem *Ganzen* vorzugsweise herausheben solle, – wenn hier nicht sogleich die Antwort bereit läge: es ist die Individualität und der durch die Gelegenheit bestimmte Horizont des Individuums, der die ersten Vertiefungen schafft; und dadurch, wo nicht Mittelpunkte, doch Anfangspunkte für die fortschreitende Bildung festsetzt, die man zwar nicht ängstlich respektieren, aber auch nicht zu sehr vernachlässigen soll, daß die Gaben der Erziehung und die Gaben der Umstände nicht leicht in eins zusammenfließen könnten." (Herbart, 1806/1913, S. 277).

Ich erspare Ihnen jetzt die *nähere* Ausführung dessen, was insgesamt stattdessen passiert, wenn in unseren heutigen Schulen die Schülerinnen und Schüler massenweise kurzfristig das ganzes Interesse ihres Gesichtskreises auf Prüfungen und deren Ergebnisse fixieren und sie dafür in Kauf nehmen, sich mit kurzfristig *für sie* mehr oder weniger *uninteressanten* Gegenstände zu beschäftigen. Ich will es nur kurz andeuten: Die betreffenden Schülerinnen und Schüler haben 4–6 Wochen nach der Prüfung fast alles wieder vergessen. Ihr Interesse war auch nicht auf die Inhalte, nicht auf deren Bedeutung für das eigene Leben gerichtet. Interessant war lediglich das Bestehen der Prüfung. Damit war ihrem Interesse schon Genüge getan. Die Inhalte waren hierzu nur ein heteronom gesetztes, letztlich beliebig erscheinendes und insofern austauschbares Mittel zum Zweck. Nach der bestandenen Prüfung erfolgt die nächste Prüfung mit ganz anderen Inhalten. Durch die Isolierung der Inhalte sorgt also das jeweils aktuell angesagte Thema für das Vergessen der vorangegangenen Inhalte. Wenn es keine Chance auf Wiederholung und Neuverknüpfung der Vorstellungsmassen zu immer größeren Vorstellungskomplexen kommt, bleibt es dabei (vgl. Bolle, 2019, S. 10ff.)

Aber es ist dann ja überhaupt nicht so, dass, nachdem fast der ganze Unterricht wieder vergessen ist, gar nichts mehr im Bewusstsein bliebe. Das Bewusstsein, der Gedankenkreis und auch der Gesichtskreis werden lediglich von *völlig anderen* Vorstellungen dominiert, die mit denen des Unterrichts *außerhalb* des Unterrichts gar nichts mehr zu tun haben.

Gemessen an Herbarts unterrichtsbezogener Gedankenkreistheorie, in welcher der durch ein vielseitig bestimmtes Interesse bestimmte erziehende Unterricht alle übrigen unkoordinierten außerunterrichtlichen Vorstellungen zurückdrängt und zur Bedeutungslosigkeit führt, ist es bei dem heute nicht von einem vielseitigen Interesse, sondern von sachfremden Zertifikat-Interessen bestimmten Unterricht *genau umgekehrt*. Hier werden die Unterrichtsinhalte vergessen und der Gedankenkreis wird folglich dominiert von außerunterrichtlichen zunächst zufälligen, dann gewohnheitsmäßig bekräftigen Alltagsvorstellungen, die von sich aus aber noch keine Affinität zu einer ästhetischen Urteilsbildung haben.

Am Ende bleiben nur die Zertifikate und der mit ihnen verbundene *Schein*, das tatsächlich die allermeisten Schülerinnen und Schüler „erfolgreich" durch das Schulsystem geschleust werden und dass dieser „Erfolg" ein Hinweis auf „Bildungs-Nähe" bzw. ein Misserfolg ein Hinweis auf „Bildungs-Ferne" sein könnte (vgl. Bolle, 2019, S. 11ff.). Da kommt man hin, wenn ein Fachinteresse, sofern vorhanden, allenfalls partikularistisch ist und ein pädagogisches Interesse, das sich um einen bildenden Zusammenhang des Ganzen bemühte, überhaupt keinen Zugang findet. Und welche Rolle könnten hier Aufklärung und Wissenschaft spielen, wenn die hierzu passende sozialwissenschaftlich ausgelegte empirisch-analytische Erziehungswissenschaft bestenfalls jenes Desaster systematisch produzierter „Unbildung" (Liessmann) konstatieren könnte, ohne aber eine Idee haben zu können, was man ändern könnte, weil handlungstheoretische Fragen gar nicht in ihrem Gesichtskreis liegen.

## 2.3 Grenzen der Gedankenkreislogik angesichts der Individualität

Zunächst einmal lässt sich an dieser Stelle schon feststellen: Herbarts Gedankenkreisbildungstheorie, mit deren Hilfe sich sowohl die gemeinhin üblichen Lernprozesse in Schulen, noch dazu in deren struktureller Fortsetzung auf Hochschulen, völlig auf den Kopf stellen ließe, hat doch in praktischer Hinsicht mindestens zwei Schwachstellen.

Die eine Schwachstelle ist die Individualität des Heranwachsenden.

Die andere ist – und damit sollte man leben wollen – dass eben nicht der Erzieher den Gedankenkreis des Heranwachsenden bildet, sondern der Heranwachsende selbst. Der unterrichtende Erzieher gibt dazu zunächst *nur* Gelegenheiten und Veranlassungen.

Die Individualität des Heranwachsenden ist dem Erzieher vorgegeben. Sie ist das Ergebnis seiner bisherigen Lerngeschichte, maßgeblich bestimmt durch Erfahrung und Umgang. An sie, die bisherige Lerngeschichte, sollte dann die Bildung des Gedankenkreises – so war es von Herbart her gedacht – konstruktiv anknüpfen und diese dann zu einer vielseitigen und sich ihrer selbst bewussten Individualität erweitern. Aber zunächst einmal muss der Erzieher die Individualität durchschauen. Nicht nur seine eigene, sondern natürlich auch die des Heranwachsenden. Das Problem aber ist:

Die Individualität ist unbewusst. So heißt es im Kapitel Individualität und Charakter in der Allgemeinen Pädagogik:

„Wollen, sich entschließen, dies geht im Bewußtsein vor. Die Individualität aber ist unbewußt. Sie ist die dunkle Wurzel, aus welcher unsere psychologische Ahnung dasjenige glaubt hervorsprießen zu sehen, was immer nach den Umständen anders und anders im Menschen hervortritt." (Herbart, 1806/1913, S. 270)

Die Individualität ist unbewusst. Das heißt u. a.: Auch das Kind kann, selbst wenn es wollte, keine zufriedenstellenden Auskünfte über seine Individualität geben. Diese Individualität nun muss der Erzieher selbst entdecken, zu deuten und zu binden wissen, will er wirklich nachhaltig an dessen Genese mitwirken. Dabei helfen ihm zunächst nur die freiwilligen und unfreiwilligen Selbstoffenbarungen des Gedankenkreises, die der Heranwachsende in seinen sprachlichen Äußerungen, den verbalen, mimischen, gestischen absichtlich und unabsichtlich zu erkennen gibt. Hinzu kommen vielleicht die beobachtbaren abweichenden und scheinbar inkonsequenten Verhaltensweisen, die die Differenzierung zwischen subjektivem und objektivem Teil des Charakters so wichtig machen. Wie dem auch sei: Alle diese verarbeitbaren Eindrücke können innerhalb der Logik der Herbartschen Gedankenkreistheorie für den herbartisch orientierten Pädagogen wesentlich hilfreich sein. Aber sie geben nicht letzte Sicherheit. Sie können nicht mit letzter Sicherheit verhindern, dass das Individuum *doch* einen ganz eigenen Weg geht, noch dazu, weil es – auch ohne es zu wissen – letztlich selbst bestimmt, *wie* es mit all den Gelegenheiten, die sich zufällig oder absichtsvoll herbeigeführt ergeben, umgeht.

> „Meistens geschieht es, daß die jugendliche Seele in ihrer Tiefe einen Winkel bewahrt, in / den Ihr nicht dringt und in welchem sie trotz Eures Stürmens still für sich lebt, ahnt, hofft, Pläne entwirft, die bei der ersten Gelegenheit versucht werden und, wenn sie gelingen, nun gerade an der Stelle einen Charakter gründen, die Ihr nicht kanntet. Eben deswegen pflegen Absicht und Erfolg der Erziehung so wenig Zusammenhang zu haben." (Herbart, 1806/1913, S. 238f.)

Diese Aussage bezieht sich zwar auf diejenigen Pädagogen, die völlig gedankenkreisabstinent eine bloße, d. h. unterrichtsfreie, Erziehung wagen. D. h., sie bezieht sich gerade auf diejenigen Pädagogen, denen, auch wenn sie bis heute über 99% aller erzieherisch Tätigen ausmachen würden, Herbart seine Gedankenkreispädagogik genau entgegensetzt. Aber auch *seine* Gedankenkreispädagogik hat einen eigenen Gesichtskreis und damit – aller Vielseitigkeit zum Trotz – tote Winkel, die nicht im Blick sind und die letztlich das beschriebene Scheitern der bloßen Erzieher zwar im Herbartschen Falle unwahrscheinlicher machen, aber nicht unwahrscheinlich.

Fassen wir zusammen: Herbart erkennt das Problem der unbewussten Individualität und er löst es mit einer ausgereiften Individualpädagogik, die sich der Aufgabe der Bildung des Gedankenkreises unter Maßgabe eines gleichschwebend vielseitigen Interesses stellt. Ob das gelingt, hängt aber nicht allein vom Erzieher ab. Das ist *grundsätzlich* so, solange dabei der Heranwachsende als Subjekt seiner eigenen Bildung begriffen werden kann. Aber *was* dabei vom Erzieher abhängt, kann nur so gut bewältigt werden, wie es ihm auch bewusst ist. Hier hat die Individual*pädagogik* das *psychologische* Problem, dass sie das nicht sehen kann, was außerhalb *ihres* spezifischen Gesichtskreises liegt, was *ihrer* Logik also entgangen ist. Fragen wir da also einmal den Individual*psychologen!*

## 3. Adlers individualpsychologische Antwort

### 3.1 Theoretische Voraussetzungen der Adlerschen Individualpsychologie jenseits der Herbartschen Individualpädagogik

Alfred Adler ist Begründer der Individualpsychologie und zählt mit einem ganz eigenständigen Ansatz neben Freud und Jung zu den drei Klassikern der Tiefenpsychologie.

Gegenüber Herbart, der in seinem Werk, wie gesagt, nicht erwähnt wird, lebt er etwa 94 Jahre später (1870–1937) und kann dabei über die mit Herbart übereinstimmende vorstellungspsychologisch erlaubte Kritik der Vermögenslehre hinaus auf drei wichtige von Herbart abweichende Theorietraditionen zurückgreifen.

Adler kann erstens bereits Darwins Evolutionstheorie voraussetzen und er deutet sie dabei in einem ganz auf seine Individualpsychologie zugeschnittenen Sinne.

Zweitens, auch wenn es in der Auseinandersetzung Adlers mit Freud faktisch fast immer nur um Abgrenzungsversuche geht – vielleicht ist das ähnlich wie bei Herbart und Fichte: Trotz aller Abgrenzung gibt es auch wichtige Übereinstimmungen zwischen Adler und Freud, die vor allem für die Abgrenzung Adlers gegenüber Herbart bedeutsam sind.

Schließlich greift Adler drittens auf eine Tradition der Annahme *psychischer Grundbedürfnisse* zurück, die sich bis auf Rousseau, mit dem sich Herbart, insbesondere der ,frühe' Herbart, freilich nicht gründlich genug beschäftigt hat, zurückverfolgen lassen.[4]

---

[4] Strenggenommen lassen sich die psychischen Grundbedürfnisse mindestens bis Comenius zurückverfolgen. Denn wie sollte er sonst unterstellen können, dass sein Lehrverfahren „kurz, angenehm und gründlich", letztlich aber auch „leicht und

Das Problem ist: Für den hier eher sensualistisch denkenden Herbart liegt die Vorstellung von psychischen Grundbedürfnissen leider außerhalb seines Gesichtskreises. Das schließt gleichwohl überhaupt nicht aus, dass Herbart den Begriff „Bedürfnis" in seinem Werk, namentlich in seinen pädagogischen Schriften, gar nicht so selten verwendet. Aber *Bedürfnis* ist bei ihm nicht mehr und nicht weniger als die dritte und höchste Stufe des Interesses. Die Stufen sind: Leichtigkeit – Lust – Bedürfnis (vgl. Herbart, 1802/1913, S. 153f.). Das Interesse ist immer – kantisch ausgedrückt – a posteriori. Ein Bedürfnis a priori muss es da nicht geben, zumindest kein psychisches.

Um das nicht thematisierte Verhältnis Adlers zu Herbart kürzer und prägnanter zu fassen, empfiehlt es sich, auf Herbarts Begrifflichkeit, namentlich den Gesichts- und Gedankenkreis, zurückzugreifen. Da es zudem in diesem Punkt wesentliche vorstellungspsychologische Übereinstimmungen gibt, scheint mir dies hermeneutisch auch in besonderer Weise legitim und reizvoll.

### 3.2 Adlers Gesichts- und Gedankenkreis

Was also kennzeichnet den Adlerschen Gesichts- und Gedankenkreis?

Evolutionsgeschichtlich interpretiert Adler den Menschen insofern als ein Mängelwesen, als er grundsätzlich nicht als allein überlebensfähig vorgestellt werden kann. D. h. der Mensch ist von Anfang an auf andere, auf seine Mitmenschen angewiesen. Das verschafft ihm einerseits ein unvermeidliches Minderwertigkeitsgefühl, von Anfang an und auch später immer wieder. Dieses Minderwertigkeitsgefühl ist psychisch unangenehm und verlangt von daher andererseits nach einer Kompensation, zu der der Mensch auch grundsätzlich in der Lage ist. Entscheidend ist aber die Richtung der Kompensation. Als prinzipiell abhängiges Lebewesen ist der Mensch nämlich für Adler – evolutionstheoretisch betrachtet – nicht der ‚geborene Konkurrent', sondern ein auf Gemeinschaft hin angelegtes Wesen. Um dies aber erkennen zu können, bedürfte er einer

---

sicher mit Glück zu verwirklichen" sei (Comenius, 1657/1957, S. 35), wenn ihm nicht Grundbedürfnisse entgegen kämen. In der Pampaedia unterscheidet er ausdrücklich zwölf „angeborene (...) Bedürfnisse", zu denen er u. a. das Bedürfnis „sich frei zu wissen, d. h. fähig zu sein, das erkannte Gute zu wollen und zu wählen ...", das Bedürfnis „tätig zu sein", das man auch mit Bedürfnis nach „Selbstwirksamkeit" übersetzen könnte, das Bedürfnis „sich hervorzutun und Achtung zu genießen" ebenso wie das Bedürfnis, „bei den Menschen beliebt zu sein und ihr Wohlwollen zu genießen" usw. (vgl. Comenius, 1991, S. 43).

voll ausgereiften Vernunft. Über die verfügt er aber nicht von Anfang an. Und das bedeutet, dass er bis zu dem Zeitpunkt der ausgereiften Vernunft schon ganz viele Empfindungen und Gedanken gehabt hat, die jedoch in Verbindung mit seiner mangelnden Vernunft möglicherweise eine Reihe irrtümlicher Entscheidungen nicht zwangsläufig verhindern konnten. Da sich in dieser frühen Lebensphase, also zwischen dem 2. und 5. Lebensjahr das kindliche Bestreben nach einer Vereinheitlichung der Denk- und Verhaltensweisen (vgl. Adler, 1930a/1997, S. 17) ergibt über eine allgemeine Zielorientierung, die Adler das *Lebensziel* nennt (vgl. Adler, 1930a/1997, S. 7), ist es ganz entscheidend, in welche Richtung das Individuum den Gesichtskreis seiner Lebensperspektive richtet. Sollte nämlich das noch nicht vernünftige Individuum seine radikale Angewiesenheit auf seine Mitmenschen unterschätzen und statt eines dieser Angewiesenheit angemessenen Gemeinschaftsgefühls egoistische Denk- und Verhaltensweisen aufzeigen und mit diesen auch noch vordergründig und kurzfristig einigen Erfolg haben, dann könnte sich diese damit verbundene Lebenshaltung und der ihr entsprechende Lebensplan, wenn er nicht irgendwann als Problem erkannt und bewusst infrage gestellt wird, bis ins hohe Lebensalter halten (vgl. Adler, 1937/1994, S. 32).

Also darin zumindest stimmt Adler doch mit Freud überein, dass die grundsätzlichen Weichen für das Leben bereits vor Eintritt in das Schulalter gestellt sind und dies größtenteils unbewusst.

Dass das Individuum, zumal das kindliche, sich seiner selbst nicht bewusst ist, darum wusste auch Herbart. Was er aber unterschätzt hat, ist, dass dieser Unbewusstheit nach Adlerscher Einsicht sehr wohl schon eine, wenngleich noch nicht ausgereifte, aber doch sehr bestimmte, Richtung gebende Lebensplanperspektive zugrunde liegt.

Wenn Herbart dagegen vom „Lebensplan" spricht, dann meint er damit die bewusste Lebensplanung beispielsweise eines Jugendlichen, der seine eigenen Möglichkeiten und Fähigkeiten überschaut und ganz bewusst *mit* seinem Plan entwirft, was er vom Leben erwartet (vgl. Herbart, 1806/1913, S. 346f.). Dies kann Herbart so sehen, weil er glaubt, dass in dieser Lebensphase die ganz bewussten Weichen für das Leben gestellt werden und dass der erziehende Unterricht dieser Weichenstellung ganz bewusst zuarbeiten kann, dass alle anderen möglichen Entscheidungen durch die Kraft des systematisch geordneten vielseitig interessierten Gedankenkreises einfach bedeutungslos werden.

Aber der Adlersche Lebensplan bildet sich bereits – viel früher – im vorschulischen Alter und er ist – herbartisch gesprochen

– Interessen-konstitutierend und damit charakterbildend. Würde man diesen Lebensplan deuten können – und die Deutung des Lebensplans ist ein wesentlicher erster Schritt der Individualpsychologie – dann würden sich alle möglichen Lebensprobleme, auch sog. schulische Lernprobleme sehr schnell einordnen lassen und sie haben dann nichts mit mangelnder Intelligenz oder mangelnder Begabung zu tun, wohl aber mit ungünstigen und falschen Lebensentscheidungen, deren rechtzeitige Korrektur günstigere Gelegenheiten und vielleicht ein günstigeres pädagogisches Einfühlungsvermögen und ihm entsprechende pädagogische Umgangsweisen erfordert hätten.

Die von Adler diagnostizierte frühzeitige Lebensplanung bedeutet auf der anderen Seite, dass zu dem späteren Zeitpunkt, an dem nun das lernende Subjekt endlich über eine voll ausgereifte Vernunft verfügt, die Determination seines bisherigen Lebens so weit fortgeschritten ist, dass das Subjekt zwar die Folgeprobleme seiner ursprünglichen Entscheidungen empfindet, den Zusammenhang der Folgen mit seinen ursprünglichen und durch zweifelhafte Erfolgserlebnisse fortgesetzten Entscheidungen aber nicht mehr erkennen kann. Das alles liegt schlicht und einfach außerhalb seines Gesichtskreises.

Um dieses Problem lösen zu können, braucht wenigstens der Erzieher einen Gesichtskreis, der genau diese Problematik in den Blick nimmt und er braucht einen Gedankenkreis, der hier die nötigen inhaltlichen Anhaltspunkte liefert.

Entscheidend ist zunächst, in welche Richtung die besagten Minderwertigkeitsgefühle kompensiert worden sind. Die radikale Angewiesenheit des Individuums auf Menschheit fordert sachlogisch eine Kompensation in Richtung Gemeinschaft ein. In und durch Verbindung mit anderen Menschen kann ein Gemeinschaftsgefühl entstehen, in dem sich durchaus eine gewisse Analogie zum Herbartschen Teilnahmebegriff zum Ausdruck bringt.

Aber wie schon Herbart feststellte, dass Teilnahme am Menschen nicht die selbstverständliche Beziehung zu anderen Menschen zum Ausdruck bringt, so lässt sich von Adler her erklärend hinzufügen, dass die Versuche der Kompensation des Minderwertigkeitsgefühls längst nicht immer zum Aufbau von Teilnahme, zum Aufbau von Gemeinschaftsgefühl beitragen, sondern dass im Gegenteil, die Kompensation mindestens genauso wahrscheinlich auch gegen die Gemeinschaft, gegen andere gerichtet sein kann. Das ist dann der Fall, wenn der Mensch sein angeschlagenes Selbstwertgefühl – in Konkurrenzsituation – durch

Herabsetzung anderer zu kompensieren trachtet. Diese Lösung, die von vielen gesellschaftlichen Strukturen, nicht nur den ökonomischen, möglicherweise auch den familiären, gestützt wird, ist zwar in letzter Konsequenz *absolut unvernünftig*. Aber sie erscheint dem beschränkten geistigen Horizont des noch zwangsläufig unmündigen Kindes mitunter *naheliegender* als sich bei der Kompensation des angeschlagenen Selbstwertgefühls in den Dienst der Gemeinschaft, am Ende gar der Menschheit zu stellen.

Wir hatten schon festgestellt: Das Individuum ist sich von sich aus seiner selbst nicht bewusst. Es verletzt ein anderes Individuum und mit ihm eigentlich die Menschheit in seiner Person, unter deren Schutz es steht. „Schutz" heißt: Die Gemeinschaft, die Menschheit, könnte das Individuum einfach aussetzen und verhungern lassen, aber sie tut es nicht. Sie hat dafür auch gute Gründe.

Aber sie lässt sich auch nicht alles gefallen. Gegen die Gemeinschaft gerichtete Kompensationen führen zum Verlust sozialer Anerkennung, führen auch nicht wirklich zum Aufbau von Sicherheit.

Das bedeutet: Im Interesse einer vordergründigen Befriedigung der Selbstwirksamkeit werden die beiden anderen Grundbedürfnisse: das Bedürfnis nach sozialer Anerkennung und das Bedürfnis nach Sicherheit genau vernachlässigt.

Das vom Leben in seiner Selbstwahrnehmung vernachlässigte Kind holt sich ja nur das zurück, was ihm das Leben in seiner Selbstempfindung vorenthält. Ein solcher Gesichtskreis, der in der frühkindlich egozentrischen Lebensphase leicht entstehen kann, setzt sich dann – gleichwohl auf individuelle Art und Weise – ungebremst bis ins Erwachsenenalter fort, wenn es nicht einen bewussten und willentlichen Kurswechsel gibt.

Das alles klänge sehr fatal, wenn Adlers Individualpsychologie nicht genau das Konzept des Kurswechsels und des Wissens um die Alternative wäre. Denn für Adler gibt es prinzipiell nur *einen* Weg zur Befriedigung aller drei Grundbedürfnisse. Diese kann dann gegeben sein, wenn die Kompensation des Minderwertigkeitsgefühls in Richtung des Gemeinschaftsgefühls geschieht, Herbart würde sagen: wenn alles auch im Interesse der Teilnahme geschieht, – dann, wenn der Einzelne sich in den Dienst der anderen, letztlich der Menschheit stellt. Menschheit ist nämlich der Horizont des von Adler gemeinten Gemeinschaftsgefühls (vgl. Adler, 1933/1983, S. 26). – Das alles kommt der Moralität, als dem Herbartschen Gesamtzweck der Erziehung, durchaus sehr entgegen.

Auf der anderen Seite bedeutet die Nichtbefriedigung zweier Grundbedürfnisse des Menschen fast zwangsläufig eine Steigerung des Minderwertigkeitsgefühls. Und so ist nicht ausgeschlossen, dass das Minderwertigkeitsgefühl bei mangelnder Kompensation auf dem einmal eingeschlagenen Wege sich bis zum Minderwertigkeitskomplex steigern kann (vgl. Adler, 1930a/1997, S. 47ff.; 1937/1994, S. 109;1929/1978, S. 41f.).

Minderwertigkeitskomplex ist ein Adlerscher Begriff, den viele adaptiert haben, aber nur wenige mit der Individualpsychologie in einen theoretischen Zusammenhang bringen.

Hinzu kommt noch, dass die gegen andere, also die gegen das Gemeinschaftsgefühl gerichtete Kompensation zugleich das Misstrauen gegen die anderen steigert.

Adler setzt hier wiederholt das Bild von einem Kind, das aufwächst wie im „Feindesland" (vgl. Adler, 1929/1978, S. 44; 1928/2005, S. 246; 1930b/1988, S. 40). Was u. a. auch bedeutet, dass vor lauter Misstrauen gegenüber allen anderen der Gesichtskreis aufgrund der Bedrohung von außen noch stärker nach außen verlagert werden muss. D. h., dieser Teufelskreis steigert alles, nur nicht die Wahrscheinlichkeit einer kritischen Selbstreflexion und eines vollständigen Strategiewechsels.

Auf diese Weise also entstehen egoistische Charaktere, deren psychische Begleiterscheinung durch mutmaßliche zwischenmenschliche Bedrohung des Selbstwertgefühls „Nervosität" ist (vgl. Adler, 1931/1982, S. 164f.).

Adler hat erkannt, dass es zusätzlich bestimmte Faktoren gibt, die eine Entwicklung in diese Richtung begünstigen. Sein erster Eindruck war, dass es hauptsächlich physische und geistige Benachteiligungen, sog. Organminderwertigkeiten sind, die am Ende den nervösen Charakter wahrscheinlich machen (Adler, 1912/²2008, S. 56ff; 1930a/1997, S. 55). Als er aber dann gemerkt hat, dass es vielen gelingt, ihre Defizite in eine sozialverträgliche Richtung zu kompensieren, fiel seine Aufmerksamkeit auf zwei andere Phänomene, die unmittelbar mit der Erziehung zusammenhängen.

Hier unterschied er zwei Gruppen von Kindern: Die einen sind die, die durch eine überstrenge Erziehung ein existenzielles Grundgefühl erhalten, nie den Ansprüchen der sozialen Umgebung zu genügen, keine Anerkennung zu bekommen, kein Selbstwertgefühl aufbauen zu können und dann ihr Pseudoselbstwertgefühl durch entsprechende Reaktionen gegenüber der Außenwelt kompensieren.

Die andere Gruppe, die wesentlich größere Gruppe ist die Gruppe der sog. „verzärtelten Kinder" (vgl. Adler, 1930a/1997, S. 9). Hier scheint es umgekehrt zu sein: Die Kinder haben Gelegenheit, sich durch Zuwendung und zuvorkommende Hilfeleistungen erwachsener Bezugspersonen besonders wahrgenommen zu fühlen, was aber dann übertrieben wird, wenn es demgegenüber keine adäquate Aufforderung zur Selbsttätigkeit gibt. Es wird dann nämlich versäumt, von dem Kind diejenigen Fähigkeiten und Fertigkeiten einzufordern, die es altersgemäß zu entwickeln in der Lage sein müsste.

Innerhalb der Familie ist das Problem oft zunächst überschaubar. Aber sobald das Kind die Familie verlässt, sei es im Kindergarten, spätestens in der Schule, fangen die Probleme an. Dann nämlich, wenn das Kind diejenige Aufmerksamkeit und Hilfeleistungen einfordern wird, die es gewohnt ist, aber dort nicht bekommen kann. Dann ist das Kind schlecht vorbereitet. Wer schlecht vorbereitet ist, droht immer zu scheitern. Denn: „Vorbereitung ist alles", sagt Alfred Adler (Adler, 1937/1994, S. 19f.).

Der schlecht Vorbereitete fühlt sich immer überfordert, eventuell auch immer zu kurz gekommen, benachteiligt und hat die Neigung entsprechend mit seiner sozialen Umgebung umzugehen.

Also auch hier ist wichtig wie in allen anderen Fällen auch: entscheidend ist nicht, was *objektiv* geschieht oder geschehen ist. Entscheidend für das kindliche Empfinden ist der *Gesichtskreis* des Kindes, nämlich das, was von all dem das Kind auf der Grundlage seines bisherigen Gesichts- und Gedankenkreises wahrzunehmen in der Lage ist und was es dann wie – ob zutreffend oder irrtümlich, gerecht oder ungerecht – beurteilt.

Ein Kind kann verzärtelt werden, wenn Eltern oder auch nur ein Elternteil durch verzärtelnde Zuwendung die Selbständigkeit des Kindes stark behindert. Es kann aber auch verzärtelt werden, wenn die Eltern gerade darauf bedacht sind, ihr Kind *nicht* zu verwöhnen, wenn das Kind aber seinerseits, vielleicht aufgrund einzelner abweichender Erfahrungen mit möglicherweise anderen Bezugspersonen, eine Verzärtelung ständig einfordert und auch darin einigen Erfolg hat.

Strenggenommen kann es aber auch umgekehrt sein, dass ein Kind der verzärtelnden Zuwendung seiner Eltern, sprich der angebotenen Bequemlichkeit und Konsumentenhaltung trotzt, sich eingeschnürt fühlt und umso entschiedener seine Selbständigkeit vorantreibt.

Also entscheidend bleibt immer, was das Kind daraus macht. Es handelt aber nicht aufgrund reiflicher Überlegung, sondern in der Regel

intuitiv auf der Grundlage existenzieller Bedürfnisse, abgestimmt auf seinen Lebensplan.
Die gesellschaftlichen Verhältnisse, das eigene Milieu, das kulturelle Kapital usw. determinieren also nicht im strengen Sinne. Adler hat betont: selbst innerhalb einer Familie haben die Kinder unterschiedliche Rahmenbedingungen – das fängt kaum eine soziologische Analyse ein – und sie gehen mit diesen unterschiedlichen Rahmenbedingungen noch einmal unterschiedlich um.
Damit ist aber überhaupt nicht gesagt, dass die Rahmenbedingungen gleichgültig seien. Wer das behauptete, behauptete das Ende der Pädagogik. Denn der Raum der Rahmenbedingungen, der Raum der Gelegenheiten – könnte vielleicht Herbart sagen – ist der Raum pädagogisch möglicher Einflussnahme. So sieht das auch Alfred Adler, wobei die Grenzen zwischen Pädagogik und Therapie, zumal im Zusammenhang mit Kindern bei ihm sehr fließend sind.
An Therapie denkt Herbart nicht. Er konstatiert an diesen Stellen eher die Grenzen pädagogischer Möglichkeiten.
Einige der Grenzen liegen aber auch – unvermeidlich – in seiner Gedankenkreistheorie und dem durch sie wiederum ebenfalls unvermeidlich eingeschränkten Gesichtskreis. Ein Beispiel:
Herbart kann ein egoistisches Kind ein starkes Kind nennen, wenn es nur entschieden seine egoistischen Interessen durchsetzt. Die Stärke steht hier nur für den Grad der Bestimmtheit der Vorstellungskonstellationen. Feste und bestimmte Vorstellungskonstellationen könnte es in sehr unterschiedliche Richtungen geben. Das entgeht Herbart keineswegs. Und deswegen kann er auch den Begriff Charakterstärke nicht einfach für sich stehen lassen, sondern er braucht, um klar zu sein den Doppelbegriff „Charakterstärke der Sittlichkeit".

Bei Adler ist der Gesichtskreis anders ausgerichtet. Für ihn befindet sich ein egoistisches Kind in einem existenziellen Grundirrtum. D. h.: Ein egoistisches Kind erklärt im Prinzip der Menschheit den Krieg, obwohl es radikal auf sie angewiesen ist und dabei fälschlicherweise glaubt, sich diesen Krieg leisten zu können. Der Preis ist enorm hoch. Das Kind ist überhaupt nicht auf dem Weg zu einem starken Charakter, sondern möglicherweise auf dem Weg zu einem Minderwertigkeitskomplex, der immer stärkere Gesten der Zerstörung braucht, um sein Pseudoselbstwertgefühl künstlich aufrechtzuerhalten. Und dort, wo die Gesten der Zerstörung *nicht* nach außen wirksam sein können, weil das Kind auch *dazu* zu schwach ist, gehen sie nach innen. Adler war Arzt. Die medizinischen Folgen dieser Lebensausrichtung – die wir charmant mit dem Begriff der *Zivilisationskrankheiten* umschreiben, weil die Zivilisation zur Verstärkung dieser Phänomene einen entschiedenen Beitrag leistet, sind uferlos.

Dabei handelt es sich im Ursprung ja doch nur um einen *kleinen* Grundirrtum mit zweifellos großen Folgen. Das ist so ähnlich, wie wenn man auf dem richtigen Wege ist und dann irgendwann mal völlig falsch abbiegt und das dann nicht merkt. Dann kommt man ganz woanders hin.

Es ist nur eine Kleinigkeit, die dadurch entschuldbar ist, dass das Kind in dem Stadium, in dem es diesen Irrtum erstmalig begeht, zwar durchaus in der Lage ist, bestimmte vordergründige Vorteile zu empfinden. Aber es verfügt noch nicht über den notwendig erweiterten Gesichtskreis, um den begangenen Irrtum als Irrtum zu erkennen und ihn selbst zu revidieren.

Sowohl bei der Einsicht in diesen Grundirrtum als auch bei der Ermutigung zur Revision sieht Adler den eigentlichen Einsatz des Erziehers. Alle Erziehung ist ihm – kurz zusammengefasst – im Wesentlichen nichts anderes als Korrektur von (fast unvermeidlichen) Irrtümern und Ermutigung zu einem gemeinschaftsfördernden Handeln. Je weiter aber der Einzelne von diesem Weg abgekommen ist, umso mehr Mut braucht er auch, ihn (wieder) aufzunehmen.

## 4. Fazit

Meine Ausführungen liefen bislang darauf hinaus, zunächst im Blick auf Herbart die Stärken einer umfassenden Theorie des Gedankenkreises auf der Grundlage einer Denken, Empfinden und Handeln zusammenbringenden Vorstellungspsychologie herauszustellen.

Unter der Prämisse, dass jeder Gedanken- und Gesichtskreis, so stimmig er auch in sich selbst sein mag, und so offen er die eigene Erweiterung systematisch beabsichtigt, dennoch seine spezifische Grenze und seine toten Winkel hat, ging es in einem zweiten Schritt über die Auseinandersetzung mit der Individualpsychologie Alfred Adlers darum zu zeigen, wie bei grundsätzlicher vorstellungspsychologischer Anschlussfähigkeit, Problembereiche in den Blick geraten können, die außerhalb des Herbartschen Gesichts- und Gedankenkreises lagen und die deshalb die Weiterverfolgung der Herbartschen Pädagogik bis ins 21. Jahrhundert hinein wesentlich bereichern könnten.

Die Adlersche Annahme der drei Grundbedürfnisse nach sozialer Anerkennung, Sicherheit und Selbstwirksamkeit, die zusammen nur durch Kompensationen des Minderwertigkeitsgefühls zugunsten des Gemeinschaftsgefühls befriedigt werden können und die Vorstellung, dass die wichtigen Lebensplanentscheidungen nicht erst unmittelbar vor Eintritt ins Berufsleben, sondern bereits vor Eintritt ins Schulleben getroffen worden sind, sind Punkte, auf die Herbarts Pädagogik eingehen könnte, wenn sie darum wissen könnte.

Die Adlersche Auslegung der Grundbedürfnisse arbeitet nicht in inhaltlicher, aber in formaler Hinsicht noch unmittelbarer als Herbarts ästhetische Darstellung der Welt der Moralität als ganzem Zweck der Erziehung zu.

Und die Adlersche Lebensplantheorie würde wesentlich dazu beitragen können, die Dunkelheit der dunklen Seite von Herbarts Pädagogik zu erhellen, die mutmaßlichen, scheinbaren und wirklichen Interessen der Heranwachsenden besser zu durchschauen, die Individualität insgesamt besser zu verorten und konstruktiver zu begleiten und das alles *dann* mit Hilfe einer Gedankenkreistheorie die durch die Adlersche Erweiterung auf ein Niveau pädagogischer Theoriebildung gehoben würde, das sicherlich noch ausbaufähig, aber seit Herbarts Tagen nirgendwo sonst mehr erreicht worden ist.

**Literatur**

Adler, A.: Über den nervösen Charakter. Grundzüge einer vergleichenden Individualpsychologie und Psychotherapie [1912], hrsg. v. Witte, K. H./Bruder-Bezzel, A./Kühn, R., Göttingen ²2008.
Adler, A.: Lebenskenntnis [1929], Frankfurt a. M. 1978.
Adler, A.: Kindererziehung [1930a], Frankfurt a. M. 1997.
Adler, A.: Die Technik der Individualpsychologie 2. Die Seele des schwer erziehbaren Kindes [1930b], Frankfurt a. M. 1988.
Adler, A.: Der nervöse Charakter [1931]. In: Adler, A.: Psychotherapie und Erziehung. Ausgewählte Aufsätze, Band II: 1930–1932, Frankfurt a. M. 1982, S. 159–172.
Adler, A.: Lebensprobleme. Vorträge und Aufsätze, übersetzt aus dem Niederländischen: Levensproblemen, Utrecht [1937], Frankfurt a. M. 1994.
Adler, A.: Über den Ursprung des Strebens nach Überlegenheit und des Gemeinschaftsgefühls [1933]. In: Adler, A.: Psychotherapie und Erziehung. Ausgewählte Aufsätze, Band III: 1933–1937, Frankfurt a. M. 1983, S. 21–32.

Benner, D.: Wissenschaft und Bildung (1990). In: Benner, D.: Studien zur Didaktik und Schultheorie. Pädagogik als Wissenschaft, Handlungstheorie und Reformpraxis, Bd. 3, Weinheim, München 1995, S. 237–267.

Benner, D./English, A.: Kritik und Negativität. Ein Versuch zur Pluralisierung von Kritik in Erziehung, Pädagogik und Erziehungswissenschaft. In: Benner, D.: Bildungstheorie und Bildungsforschung. Grundlagenreflexionen und Anwendungsfelder, Paderborn/München/Wien/Zürich 2008, S. 58–75.

Bolle, R.: Der Unterschied des Bildungsanspruchs beim Interesse am Lehrerberuf und am akademischen Studium. In: Önder, J./Schwarzenbolz, D. (Hrsg.): Meistens sind Sie mein Lieblingslehrer. Motivierende und erheiternde Einblicke in den vielleicht wichtigsten Beruf der Welt. Weikersheim 2019, S. 7–23.

Comenius, J. A.: Große Didaktik, hrsg. v. Ahrbeck, H., Berlin (Ost) 1957.

Comenius, J. A.: Pampaedia. Allerziehung, in deutscher Übersetzung hrsg. von Schaller, K., St. Augustin 1991.

Herbart, J. F.: Einige Bemerkungen über den Begriff des Ideals in Rücksicht auf Rist's Aufsatz über mor[alische] und ästh[etische] Ideale [1796]. In: Herbart, J. F., Werke, hrsg. v. Kehrbach, K./Flügel, O., Bd. 1, Langensalza 1887/1964, S. 5–8.

Herbart, J. F.: Diktate zur Pädagogik [1802]. In: In: Herbart, J. F., Pädagogische Schriften, hrsg. v. Willmann, O./Fritzsch, Bd. 1, T., Osterwieck/Harz, Leipzig 1913, S. 129–175.

Herbart, J. F.: Allgemeine Pädagogik aus dem Zweck der Erziehung abgeleitet. [1806]. In: Herbart, J. F., Pädagogische Schriften, hrsg. v. Willmann, O./Fritzsch, Bd. 1, T., Osterwieck/Harz, Leipzig 1913, S. 228–430.

Herbart, J. F.: Allgemeine praktische Philosophie [1808]. In: Herbart's Sämmtliche Werke, hrsg. v. Hartenstein, G., Bd. 8. Schriften zur praktischen Philosophie. Erster Theil, Leipzig 1850, S. 1–174.

Herbart, J. F.: Lehrbuch zur Einleitung in die Philosophie [1813]. In: Herbart's Sämmtliche Werke, hrsg. v. Hartenstein, G., Bd. 1. Schriften zur Einleitung in die Philosophie, Leipzig 1850, S. 1–336.

Herbart, J. F.: Pädagogisches Gutachten über Schulklassen und deren Umwandlung, nach der Idee des Herrn Regierungsrat Graff [1818]. In: Herbarts Pädagogische Schriften, hrsg. v. Willmann, O./Fritzsch, Th., Bd. III, Leipzig 1919, S. 101–150.

Herbart, J. F.: Umriss pädagogischer Vorlesungen [1835/41]. In: Herbarts Pädagogische Schriften, hrsg. v. Willmann, O./Fritzsch, Th., Bd. II, Leipzig 1914, S. 1–172.

Liessmann, K. P.: Theorie der Unbildung. Die Irrtümer der Wissensgesellschaft. München/Berlin [11]2016.

ALEXANDRA SCHOTTE

# Herbart, Jena und seine erste Universität

*„Der Anblick ist dem Auge sehr angenehm"*

Der folgende Beitrag möchte einen ausschnitthaften Einblick in das städtische und universitäre Umfeld Jenas im ausgehenden 18. und beginnenden 19. Jahrhundert geben – und damit jenen Zeitabschnitt thematisieren, der nicht nur zu einem der prägenden der Universität gerechnet werden kann, sondern vielmehr die deutsche Geisteskultur überhaupt mitgeformt hat. Das provinzielle Jena galt um 1800 nicht nur als *das* Zentrum der Philosophie, sondern auch mit Weimar als Zentrum der Dichtkunst und der Frühromantik. Es herrschte Aufbruchsstimmung, als der achtzehnjährige Johann Friedrich Herbart 1794 nach Jena aufbrach, um hier Philosophie zu studieren. Im Folgenden wird der Schwerpunkt auf die Stadt- und Universitätsgeschichte gelegt und verknüpft mit Ausführungen zu Herbarts Studium in Jena.

*„Dass man doch wenigstens in einer Stadt ist"*

In seiner umfänglichen *Beschreibung der Stadt Jena* von 1785 berichtet Ernst Basilius Wiedeburg (1733–1789), der seit 1760 in seiner Heimatstadt als Professor für Mathematik an der Universität wirkte, dass die Straßen so eng und die Häuser – oft vier- bis fünfstöckig – so hoch seien „wie irgend in Cairo" (Wiedeburg 1785, S. 60 und 172). Und Friedrich Schiller (1759–1826) urteilte im Rahmen einer Reise, die ihn im Sommer 1787 nach Weimar geführt hatte: „Jena ist, oder scheint ansehnlicher als Weimar; längere Gassen und höhere Häuser erinnern einen, dass man doch wenigstens in einer Stadt ist." (Schiller zit. n. Greiling 2010, S. 53) Wiedeburg zufolge wurde in Jena „ziemlich modern" gebaut (ebd., S. 167), wie er darüber hinaus auf die Zweckmäßigkeit und Bequemlichkeit der Einrichtung verwies. Allerdings beklagte er, dass leider „geschmacklos und nur zu betriebsam modernisiert" würde (Borkowsky

1908, S. 123 zit. nach Wiedeburg 1785). Seine Klage, wonach die ganze Stadt inzwischen voll von grün angestrichenen Häusern sei, die „wie die bunten Zuckerduten" prangten, richtete sich gegen die neue, aber bereits verbreitete Mode der Farbanstriche gegenüber der bis dahin üblichen Weißtüncherei (Wiedeburg 1785, S. 170f.; Borkowsky 1908, S. 123 zit. nach Wiedeburg). Die Kritik seines Zeitgenossen Friedrich Nicolai, wonach die durchaus stattlichen Häuser „altväterlich" gebaut seien und es an Bequemlichkeit mangele, wollte er insofern nicht gelten lassen, auch wenn Wiedeburg zugestand, dass die Räume der häufig schmalen Häuser klein, die Zimmerdecken niedrig, wie überhaupt die Wohnungen gemeinhin weniger kommunikationsförderlich angelegt seien aufgrund fehlender Durchgangszimmer bzw. einer Anordnung „aneinanderhin" (ebd., S. 168).

Über den Berliner Aufklärer Friedrich Nicolai (1733–1811) wiederum, der eine 20-bändige Reisebeschreibung durch Deutschland und die Schweiz veröffentlichte und deren erster Band 1781 erschien, ist u. a. überliefert, dass Jena offensichtlich zu den ersten Städten zählte, deren Häuser mit Hausnummern versehen waren. Nicolai sprach seine Verwunderung darüber aus, dass die in Aufwand und Kosten so überschaubare und vor allem „nützliche Policeyanordnung [...] in vielen sonst gut policirten Städten, besonders auch in Berlin noch" fehle (Nicolai 1783, S. 51f.). Positive Erwähnung fanden überdies die „öffentliche Sicherheit, Brunnen und Feueranstalten", die Nicolai folgend „im besten Zustande" waren (Nicolai 1783, S. 52). Überhaupt wurden von ihm die „sehr gute[n] Policeyanstalten" (ebd., S. 51) hervorgehoben. Weniger vorteilhaft erwies sich hingegen, wie Nicolai ebenso vermerkte, die fehlende Beleuchtung der Gassen sowie das in Mitleidenschaft gezogene Pflaster.

Wenig wohlgefällig fiel zunächst das Urteil des Hallenser Studenten und späteren Mitbegründers der „Gesellschaft der Freunde in der Not" in Weimar, Johannes Daniel Falks (1768–1826), aus, der 1794 durch Jena nach Weimar reiste: „Jena ist als Stadt viel elender und kleiner, als Halle, und bei weitem nicht so volkreich." (Falk 1913, S. 9). Doch relativierte Falk sein Urteil, insofern die persönliche Bekanntschaft mit einigen der hiesigen akademischen Größen den für ihn ersten ungünstigen Eindruck wohl wettmachen konnte (vgl. ebd.).

Jena mit seinen etwa 4000 Einwohnern war letztlich eine kleine Stadt, die, so ein Reiseführer aus dem Jahr 1793, in einer „starken Viertelstunde" zu umgehen sei (Schenk 2017). 1791 zählte man um die 800 Häuser (Steinmetz 1958, S. 222). Die Innenstadt war in drei Stadtbezirke aufgeteilt: das Marktviertel, das Johannisviertel und das Schlossviertel (vgl. Deinhardt 2007, S. 52f.). Das Marktvertel und das Johannisviertel mit der „städtische[n] Hauptader", der Johannisstraße, waren die Akademikerviertel: hier wohnten Professoren, Studenten und Geschäftsleute (vgl. ebd., S. 53). Jena war geprägt von einer zahlenmäßig dominierenden Unterschicht (ca. 70 Prozent); einer überschaubaren Mittelschicht (ca. 20 Prozent) und einer sehr dünnen Oberschicht, die sich auf Einzelpersonen beschränkte und zu der einige Universitätsangehörige, Beamte und Stadtbürger zählten (vgl. Deinhardt 2007, S. 71–73). Dabei war insgesamt gesehen Jenas Bevölkerung ärmer als jene Weimars (ebd., S. 71). Jenas Stadtbevölkerung war – abgesehen von einigen Universitätsangehörigen – lutherischer Konfession. Eine katholische Gemeinde wurde erst nach Napoleons Einzug 1806 begründet; Angehörigen des jüdischen Glaubens blieb die Ansiedlung im Herzogtum Sachsen-Weimar verwehrt (vgl. ebd., S. 43f.)

In zeitgenössischen Darstellungen wurde regelmäßig auch auf die reizvolle Umgebung Jenas sowie das hier vorfindliche gemäßigte, gesunde Klima hingewiesen. Um noch einmal Nicolai zu zitieren:

„Dieß Thal ist sehr reizend. Auf den hohen Bergen siehet man Rudera von alten Schlössern; die Hügel sind voll Wein, zwar nicht von der besten Gattung, doch ist der Anblick dem Auge sehr angenehm. Der Grund ist voll Wiesen und fruchtbaren Ackerland, zwischen welchen sich die Saale schlängelt, in die der neben und durch die Stadt fließende Bach Leutra fällt. Die Dörfer liegen meist sehr angenehm, zum Theil am Abhange der Hügel." (Nicolai 1783, S. 49f.)

Aufmerken lässt die in ganz unterschiedlichen Quellen zur Sprache gebrachte und im wahrsten Sinn *bescheidene* Kochkunst im städtischen und universitären Umfeld, die für Außenstehende offensichtlich sehr gewöhnungsbedürftig war. Selbst wohlwollende Rezensenten konnten sich hier eines Kommentars nicht enthalten (vgl. Borkowsky 1908, S. 122f.).[1]

1 So berichtete etwa Andreas Georg Friedrich Rebmann (1768–1824) in seinen *Briefen über Jena,* dass man „einen Straußenmagen" benötige, um die Speisen zu verdauen, und man werde „bald innig werden, daß der Ruf der Wohlfeilheit [der Stadt] ihn betrog." (Rebmann 1987, S. 30) Ein englischer Student schrieb, dass Jena „berühmt dafür [sei], daß man dort schlechtißt [sic!] und trinkt." (Zit. n. Borkowsky 1908, S. 123) Und Johannes Daniel Falk zeigte sich sehr enttäuscht von seiner Mahlzeit im besten Wirtshause Jenas (Falk 1913, S. 9), wie sich ebenso die

## „Prosperität durch Universität"

Das städtische Leben in Jena war – im Vergleich zu anderen Universitätsstädten – in besonderem Maße abhängig von der 1548 gegründeten Hochschule, die zehn Jahre später zur Universität erhoben worden war. Nahezu das gesamte Dienst- als auch herstellendes Gewerbe war auf den akademischen Betrieb ausgerichtet.[2]

Diesbezüglich lässt sich denn auch ein gewisser ‚Konservatismus' festzustellen, denn ab Mitte des 18. Jahrhunderts unternommene Versuche, das aufkommende Industriewesen längerfristig anzusiedeln, scheiterten; die Bevölkerung hielt hartnäckig an den etablierten Einnahmeformen fest (Steinmetz 1958, S. 222).[3] Dies hatte zur Folge, dass die wirtschaftliche Prosperität der Stadt stark von den Immatrikulationszahlen der Universität abhängig war und mit den zurückgehenden Studentenzahlen Ende des 18. Jahrhunderts der (gemäßigte) Wohlstand der Stadt sank (vgl. Nicolai 1783, S. 51).

Doch: Auch wenn die Stadtbevölkerung an der Universität partizipierte, so existierten letztlich Parallelwelten zwischen dem akademischen Milieu und der nichtakademischen Stadtbevölkerung; hier gab es – Ausnahmen inbegriffen – relativ klare Grenzziehungen (vgl. Deinhardt 2007, S. 350–364 und 371f.). Personelle Überschneidungen

---

Tochter des Portraitmalers Johann Friedrich August Tischbein, Caroline Tischbein, die am Schlegelschen Mittagstische teilnahm, an die wenig schmackhaften Mahlzeiten erinnerte, die die Gastgeberin, Caroline Schlegel, zubereitete, wobei diese offensichtlich das Talent besaß, diese Defizite durch ihren Charme bzw. ihre Gastgeberqualitäten ausgleichen zu können (vgl. Schenck 2017). Dabei hatte die lokale Esskultur nicht nur ihre heitere Seite. Der Mediziner Justus Christian Loder, der eine Schlüsselposition innerhalb der Universitätsverwaltung einnahm, setzte sich 1780 dafür ein, statt der für mittellose Studenten angebotenen Freitische, die gehäuft in dem Ruf standen, eine minderwertige Kost anzubieten, die betreffenden Personen mit Geldbeträgen bzw. Stipendien auszustatten. Doch konnte er sich mit dieser Idee nicht durchsetzen (vgl. Steinmetz 1958, S. 312). Eine geringwertige Kost war – abseits von einer weniger ausgeprägten Esskultur – auch Ausdruck von mangelnder Wertschätzung (in der Literatur wird auf eine abschätzige Behandlung von Seiten der Gewerbetreibenden der Stadt gegenüber mittellosen Studenten verwiesen) wie ebenso von einer Haushaltsführung mit knappen Mitteln.

2   Nicolai erwähnt in diesem Zusammenhang eine trotz fruchtbarer Böden nur mäßig ausgebildete Landwirtschaft, die wesentlich durch den Anbau von Meerrettich bestimmt werde, wie gleichermaßen auch eine nur unbedeutende Viehwirtschaft (vgl. Nicolai 1783, S. 50f.).

3   Dabei gab es auch von Seiten universitärer Vertreter Ambitionen, die Ansiedlung von industriösen Unternehmungen möglichst abzuhalten. Die wirtschaftliche Abhängigkeit der Stadt begann sich erst um 1900 mit der dynamischen Industrialisierung durch die Firmen Zeiss und Schott aufzuweichen (vgl. Deinhardt 2007, S. 336).

zwischen Vertretern der Stadt und Universität finden sich vor allem dort, wo sich ein geselliger, intellektueller Austausch mit einer bildungsbürgerlich orientierten städtischen Elite herausbildete. Ein solches Zentrum bildeten um 1800 die sogenannten „Butterbrotgesellschaften" im Hause des am Fürstengraben ansässigen Verlegers Carl Friedrich Ernst Frommann (vgl. ebd., S. 352). Der Zutritt zu den Familiengesellschaften, wie sie etwa die Familie Griesbach oder Seebeck organisierten, sowie die Aufnahme in die gelehrten Gesellschaften im universitären Umfeld erfolgte gemeinhin über das Beziehungsnetz (in Form von ausgesprochenen Empfehlungen oder Einführungen) (ebd., S. 353), die städtische, nicht akademische Bevölkerung war hier in der Regel nicht eingebunden (ebd., S. 352), was aber nicht einem expliziten Ausschlussdenken, sondern vielmehr dem gewohnten gesellschaftlichen Verkehr und der ideellen Ausrichtung entsprochen haben dürfte.

### „Freie und sichere Republik" der vier Herzöge

Zur Zeit Herbarts und bis ins 20. Jahrhundert hinein unterstand die Jenaer Universität[4] als „ernestinische Gesamtuniversität" vier Erhalterstaaten, womit die Herzogtümer Sachsen-Weimar, Sachsen-Gotha, Sachsen-Meiningen und Sachsen-Coburg gemeint waren. Zum ständigen rector magnificentissimus war im Jahr 1774 der Herzog von Sachsen-Weimar(-Eisenach), Carl August (1757–1828) ernannt worden (Greiling 2010, S. 53).[5] Das universitätsbezogene Wirken des Herzogs lässt sich einerseits als autokratisch, andererseits als durchaus aufgeschlossen – ‚aufklärerisch'[6] – beschreiben (Hartung 1923, S. 34ff.; Steinmetz 1958, S. 229), wie in Hinblick auf Personalbesetzungen aber

---

4  Die Jenaer Universitätsgeschichte, insbesondere die Zeit Ende des 18. und beginnenden 19. Jahrhunderts, kann heute in weiten Teilen als gut aufgearbeitet gelten. Dazu beigetragen haben wesentlich auch die jüngeren Forschungen des von der DFG über 12 Jahre geförderten Sonderforschungsbereichs mit 31 Teilprojekten unter dem Titel „Ereignis Weimar-Jena. Kultur um 1800" (Laufzeit: 1998–2010).
5  Der Herzog war zugleich Hauptfinanzier der Universität.
6  Dass das Herzogtum in einer Reihe universitätspolitischer Angelegenheiten durchaus großzügig/‚liberal' verfuhr, hatte darin seinen Grund, dass man Anfang der 1790er Jahre zum einen keine größere revolutionäre Gefahr im Herzogtum wähnte, wie man im diesem Zusammenhang den Einfluss der Professoren (akademischer Positionen) auf die breite Bevölkerung für relativ gering erachtete (vgl. Steinmetz 1958, S. 232, hier in Bezug auf Bibelkritik und Lehrfreiheit).

auch universitätsinterne Entscheidungsprozesse – zumindest bis zu einem gewissen Grad – rückgeschlossen werden kann. Um 1800 eilte Jena der Ruf einer relativ großen akademischen Freiheit voraus (vgl. u. a. Greiling 2010, S. 57). Diese war quasi das geistige Pfund der finanzschwachen Universität. Die akademische Freiheit war nicht nur auf die hier vorfindlichen liberalen Einstellungen und die sich dann etablierenden Geistesströmungen zurückzuführen,[7] sondern auch eine Folgeerscheinung der besonderen strukturellen universitären Verhältnisse. Diese Situation brachte der „Universitätsbereiser" und Reformer Friedrich Gedike (1754–1803) wie folgt auf den Punkt:

„Die Universität ist bekanntlich von 4 Höfen abhängig. Aber eben darum genießen die Professoren, wie sie selbst versichern, eine desto grössere Freiheit. Nicht einmal einen Verweis kann ein Professor von Einem der Höfe alleinerhalten, sondern die 4 Höfe müssen sich hierzu vereinigen."
(Gedike zit. n. Fester 1905, S. 79).

Die besondere Regierungskonstellation im Kontext akademischer Freiheit wird auch von Schiller in einem Brief vom 29.8.1787 – und damit anderthalb Jahre vor seinem Professurantritt verfasst – an Christian Gottfried Körner betont: „Die unter 4 sächsische Herzöge verteilte Gewalt über die Akademie macht diese zu einer ziemlich freien und sichern Republik, in welcher nicht leicht Unterdrückung stattfindet." (Schiller zit. n. Greiling 2010, S. 53). Doch hatte die akademische Freiheit ihre Grenzen; trotz allen Zugeständnissen ging es dem Herzog und der Regierung angesichts der französischen Ereignisse, die ihre langen Schatten warfen, darum, das „,Corps der Professoren in guter Dressur' zu halten." (Carl August zit. n. Maschke 1969, S. 69). Dies schloss – gerichtet auf die Professoren – den Gedanken ein, die Denkfreiheit nicht dazu zu verwenden, „das Volk gegen scheinbare Bedrückung aufzurufen und Regenten neu erfundene Pflichten einzuschärfen" (Carl August zit. n. Maschke ebd., S. 68). Matthias Steinbach hebt verallgemeinernd hervor: „Die Universität als Ganzes ist bis weit ins 18. Jahrhundert hinein ganz selbstverständlich eine protestantische Erziehungs- und

---

[7] Von der auch Salana genannten Universität fühlten sich um 1800 vor allem „junge, nonkonformistische Geister" angesprochen (Müller 2001, S. 138).

Disziplinaranstalt" (Steinbach 2008, S. 36).[8] Für die Grenzen der akademischen Freiheit bzw. auch der öffentlichen Meinungsfreiheit steht in Jena vor allem die Entlassung Johann Gottlieb Fichtes (1762–1814) aus dem Universitätsdienst in Jahr 1799 im Umfeld des sogenannten „Atheismusstreits".[9]

Im Übergang zum 19. Jahrhundert befand sie sich die Jenaer Universität – wie andere Universitäten – in einem Reformprozess. Kennzeichnend hierfür war der Ausbau zur „extraordinären" Universität (ausführlicher: Müller 2001a und b; Ziche 2001), mittels derer Defizite zur etablierten Struktur ausgeglichen werden sollten (vgl. Müller 2001b, S. 194).[10] Eine Schlüsselposition beim Ausbau des extraordinären Bereichs kam insbesondere ab den 1780er Jahren Johann Wolfgang Goethe zu, der in Darstellungen um 1800 hinsichtlich seines universitätspolitischen Wirkens jedoch kaum Erwähnung findet (vgl. Greiling 2010, S. 60).[11] Dabei kontrollierte er nach 1800 die „gesamte wissenschaftliche Infrastruktur Jenas" (Müller 2001, S. 152).[12] Dass trotz Lenkung Universität und Professorenschaft durchaus auch ein Eigenleben führten, darauf mag Goethes Bemerkung gegenüber Sohn und Schwiegertochter (1818) hindeuten: „Theater und Universität! Eins und ebendasselbe" (Goethe zit. n. Maschke 1969, S. 69).

Eine Reihe von Trägern jener Namen, mit denen die Jenaer Universität in den 1790er Jahren hervorstach, waren Nichtordinarien (ebd., S. 138). Der prominenteste extraordinäre Vertreter an der Universität war in den 1790er Jahren Fichte, der von 1794 bis zu seiner Entlassung

---

8 Und weiterführend: „im Rahmen eines gesamtgesellschaftlichen Rationalisierungsprozesses." (Ebd.)
9 Dabei hatte dieser Fall allerdings Dimensionen erlangt, worauf in der einschlägigen Literatur hingewiesen wird, die über das politische Wirken des Herzogtums hinausgingen und dabei über eigentlich inhaltliche Aspekte hinaus zu einem wesentlichen Teil auf Kommunikationsproblemen beruhten.
10 Die „extraordinäre" Struktur ermöglichte dem Herzogtum Sachsen-Weimar weitgehende Handlungsfreiheit und schnelle Entscheidungen, insofern in Entscheidungsprozesse nicht alle vier Höfe einbezogen werden mussten. Auch wenn andere Universitäten ebenso ihren extraordinären Bereich ausbauten, so war das Jenaer Modell einzigartig in seinen besonderen Konstellationen, die allerdings so nur in Teilen strategisch geplant worden sind, sondern immer auch erwuchsen, begünstigende Umstände eingeschlossen (vgl. Müller 2001, S. 195).
11 Goethe war seit 1776 Mitglied im Geheimen Konzil, dem höchsten Gremium des Herzogtums Sachsen-Weimars. Im Jahr 1788 ließ er sich vom Herzog zum Sonderminister für Wissenschaft und Kultur ernennen (Müller 2001, S. 138).
12 Dabei auch in Abstimmung mit dem Minister Christian Gottlob von Voigt (1743–1819).

lehrte. Fichte hatte die Nachfolge von Karl Leonard Reinhold (1758–1805) angetreten, der seit 1791 Inhaber einer ordentlichen Professur für Philosophie war[13] und Jena zu einem Zentrum der Kantischen Philosophie aufgebaut hatte.[14] Jena galt als „Hauptquartier" der Kantianer. Zu weiteren prominenten Vertretern der Jenaer Universität im ausgehenden 18. Jahrhundert – sowohl ordentliche als auch außerordentliche Professoren einschließend – gehörten neben den bereits Erwähnten etwa die Theologen Johann Jacob Griesbach (1745–1812), Heinrich Eberhard Gottlob Paulus (1761–1851), der Religionsphilosoph Friedrich Immanuel Niethammer (1766–1848), der Anatom und Chirurg Justus Christian Loder (1753–1832), der Jurist Gottlieb Hufeland (1760–1817) und der Mediziner Christoph Wilhelm Hufeland (1762–1836), und als Herbart dann schon nicht mehr in Jena weilte, ab 1798 Friedrich Wilhelm Joseph von Schelling (1775–1854) und ab 1801 Georg Friedrich Wilhelm Hegel (1770–1831).

Ende der 1770er Jahre gehörten zur Universität auch eine Geburtsklinik mit Hebammeninstitut, eine anatomische Anstalt, wie ebenso ein Naturalienkabinett. Die ab den 1780er Jahren entstehenden Gründungen, zu denen ein klinisches Institut, in dem Arme versorgt und angehende Mediziner Praxis erwerben konnten, ein chemisches Laboratorium oder eine Botanische Anstalt gehörten, waren als private oder herzogliche Institute gegründet worden (Müller 2001, S. 140).

### „Wohlfeiles" Studieren der „Totalität des Geistes"

Herbart immatrikulierte sich an der Jenaer Universität am 20. Oktober 1794 unter dem Theologen und Prorektor Johann Wilhelm Schmid (1744–1798) (Herbart 1887/1912, Bd. 16, S. 5). Vom konventionellen Hintergrund wäre als Studienort eigentlich Göttingen in Frage gekommen, da Herbart auf Wunsch der Eltern ein rechtswissenschaftliches Studium aufnehmen sollte, um späterhin – wie der Vater, der ein hoher Beamter war – in den oldenburgischen Dienst einzutreten (Asmus 1968,

---

13 Reinhold war zunächst als außerordentlicher Professor berufen worden.
14 Dabei nahm die Jenaer Kant-Rezeption mit Christian Heinrich Schütz (1747–1832) ihren Anfang (Steinbach 2008, S. 62). Mit der Kant-Rezeption war ebenso eine stärkere Hinwendung zur Psychologie (Anthropologie) verknüpft (vgl. Ziche 2001, S. 223). In diesem Zusammenhang ist insbesondere Carl Christian Ehrhard Schmid (1761–1812) zu nennen; er war der Verfasser der 1796 erschienenen *Empirischen Psychologie* (vgl. auch Bach 2001, S. 160f.).

S. 87).[15] Herbart konnte den Eltern zunächst den Kompromiss eines einjährigen Studiums der Philosophie in Jena abringen; das philosophische Studium in Jena sollte schließlich seine gesamte Studienzeit (1794–1797) ausmachen. Für Jena als Studienort sprach zum einen die Tatsache, dass die thüringische Universitätsstadt, wie erwähnt, als Zentrum der Kant-Rezeption galt und sich Herbart bereits als Jugendlicher in Oldenburg mit Kants Lehre auseinandersetzte (Klattenhoff 2006, S. 104), wie ebenso der aus Oldenburg stammende Historiker Karl Ludwig Woltmann (1770–1817) zu Ostern 1794 auf eine außerordentliche Professur für Philosophie berufen worden war und damit den „durch Unpäßlichkeit an öffentlichen Vorlesungen behinderten Hofrat und Professor Schiller" (zit. n. Asmus 1968, S. 73) ersetzte. Woltmann war offensichtlich von Herbarts Eltern instruiert worden, eine Art Mentorenschaft oder lose Aufsicht über Herbart in Jena zu übernehmen.[16] In Bezug auf Herbart übte Woltmann eine wichtige Mittlerfunktion aus, insofern ihn dieser in die von ihm gemeinsam mit Fichte und Niethammer unterhaltene und bis zu Fichtes „Exil" in Oßmannstedt bis Ostern 1795 bestehende Mittagstafel einführte (vgl. Smidt 1887, S. XXVIII; Herbart 1887/1912, Bd. 16, S. 10)[17] – und ihn so in nähere Verbindung mit Fichte und dessen engeren Kreis an Studenten brachte, wie er Herbart ebenso in die seit 1794 bestehende literarische Gesellschaft bzw. den Bund der freien Männer einführte, indem er ihn als einen „vielversprechenden jungen Mann" empfahl (vgl. Smidt 1887, S. XXVII).[18]

15 In Göttingen studierten die meisten Oldenburger, wie dort ebenso die Rechtswissenschaften einen guten Ruf hatten (vgl. Asmus 1968, S. 87)
16 Dabei hatten Herbarts Eltern Woltmann offensichtlich auch um eine regelmäßige Berichterstattung gebeten.
17 Der aus Bremen stammende Theologiestudent Johann Smidt, der zu einem der engsten Vertrauten Herbarts werden sollte, berichtete in einem Brief (1794) seiner Schwester, wie an dieser Tafel Toleranz praktiziert und „demokratische Tischgespräche" geführt würden. Es herrschte eine anregende Atmosphäre in diesem Kreis, wie aus Smidts Ausführungen hervorgeht: „Um in der neuesten Literatur fortzuschreiten, hätte ich jetzt gar nicht nötig, gelehrte Zeitungen zu lesen, denn unser Tischgespräch gleicht einem rezensierenden Journal." (Smidt zit. n. Marwinski 1992, S. 87).
18 Die Gründung der Gesellschaft war Smidt folgend noch kurz vor der Ankunft Fichtes in Jena (18. Mai 1794) erfolgt. Offensichtlich war sie mittelbar beeinflusst worden durch Fichtes Vorgänger Carl Leonhard Reinhold (Marwinski 1992, S. 15f.). Ein möglicher Gründungsimpuls wird in einem Aufsatz des von Reinholds Schwiegervater (Christoph Martin Wieland) herausgegeben *Neuen Teutschen Merkur* unter dem Titel „Die Gesellschaft der freyen Männer" von „Kr. Str." gesehen (Marwinski 1992, S. 11). Zur Gesellschaft sei auf den Beitrag von Klaus Klattenhoff im vorliegenden Band verwiesen.

Auch wenn Fichte laut Protokollbuch der Gesellschaft lediglich zu einer Sitzung der Gesellschaft anwesend war: zu den meisten Mitgliedern unterhielt er persönlichen Kontakt (vgl. Marwinski 1992, S. 83f.), wie überhaupt das Bestehen der Gesellschaft mit Fichtes Lehrzeit in Jena zusammenfiel (Coriand/Koerrenz 2018, S. 20). Die Gesellschaft, die als ein Gegenmodell zu den in Jena bestehenden Verbindungen gegründet worden war und ein intellektuelles Kommunikationszentrum[19] im akademischen Milieu darstellte, das der „Selbstreflexion und Selbstbildung" diente (Coriand/Koerrenz 2018, S. 20), sollte sich „für viele ihrer Mitglieder [als] eine Art Lebensbund mit zum Teil lang andauernden Kontakten" erweisen (ebd.). Für Herbarts Lebenslauf sollten die hier geknüpften Beziehungen maßgebend sein (ebd.).

Herbart studierte in einem Zeitfenster, in dem für einige wenige Jahre ein regelrechter Ansturm auf die Jenaer Universität zu verzeichnen war. Im Zeitraum von 1791 bis 1798 immatrikulierten sich jährlich über 360 Personen. Nach genauerer Aufschlüsselung waren dies zu 25–30 Prozent Landeskinder und 70–75 Prozent Auswärtige, Studenten aus dem Ausland eingeschlossen (Rasche 2001, S. 103). Die Unterteilung in Landeskinder und Auswärtige lässt sich dabei noch etwas spezifizieren: Der Tendenz nach handelte es sich um ‚arme' Landeskinder und ‚privilegierte' Auswärtige bzw. Ausländer (ebd., S. 93f.)[20] Insofern waren es die Auswärtigen, die den Aufwärtstrend in den 1790er Jahren herbeiführten, der aber auf Dauer nicht die seit der zweiten Hälfte des 18. Jahrhunderts anhaltende langfristige Tendenz rückläufiger Immatrikulationszahlen nachhaltig beeinflussen konnte. Der Trend des „Universitätssterbens" war flächendeckend (vgl. ausführlicher: Rasche 2001).

Jena galt im 18. und an der Schwelle zum 19. Jahrhundert als „wohlfeile" Universität.[21] Ganz gezielt warb man mit einem hier möglichen kostengünstigen Leben, auch wenn sich in den 1790er Jahren längst eine

---

19 Dabei „ohne nationale, religiöse oder standesbetonte Vorbehalte" (Marwinksi 1992, S. 108).
20 Diesbezüglich war die Jenaer Universität bestrebt, die Zahl der ärmeren ausländischen Studenten möglichst gering zu halten (vgl. Rasch ebd., S. 94 FN 62).
21 In seinem ‚Studienführer' *Vertraute Briefe an alle edel gesinnte Jünglinge die auf Universitäten gehen wollen* (1792), führte Carl Heun einige Preise an; ein Zimmer kostete in Jena demnach 10 bis 32 Thaler, Collegia 3 bis 4 Thaler, Unterricht im Reiten im ersten Monat 12, alle weiteren dann 4 Thaler, ein Maaß Landwein 4 Thaler und ein Maaß Bier ein Drittel Groschen (Heun 1792, S. 127; vgl. auch Rebmann 1987, S. 50f.; Steinmetz 1958, S. 311).

Preissteigerung vollzogen hatte, die aber, wie angeführt, keinen Einfluss auf die Immatrikulationszahlen ausübte (vgl. Rasche 2001, S. 92).

Kennzeichnend für die Jenaer Universität um 1800 war ein im akademischen Milieu vorherrschender Umgang, bei dem Standesunterschiede weniger eine Rolle spielten als an anderen Universitäten. Dies wird rückblickend von Herbarts Studienfreund Smidt reflektiert, der diese Besonderheit gegenüber den Konventionsregeln an der Göttinger Universität hervorhob:

> „Wenn es in Jena zu den gewöhnlichsten Erscheinungen gehörte, daß unmittelbar nach Beendigung einer interessanten Vorlesung die Zuhörer sich haufenweise auf der Straße gruppierten, um sich über das Vernommene lebhaft zu unterhalten [...] würde [man] in Göttingen mit den Worten: ‚Mein Herr, ich erinnere mich nicht, daß wir uns gegenseitig vorgestellt worden', schnöde zurückgewiesen sein." Weiter führte Smidt aus: „In Göttingen wurden beim Beginne einer Vorlesung die Zuhörer nach ihrem Stande klassifiziert und von den Professoren als Hochgeboren, Hochwohlgeboren und Wohlgeboren angeredet. Das hätte damals in Jena keiner wagen dürfen, ohne ein allgemeines Gelächter zu riskieren." (Smidt zit. n. Asmus 1968, S. 74)

Smidt berichtet weiter, dass einige ihren Adelstitel während ihres Studiums in Jena bewusst verschwiegen, um sich ungezwungen bewegen zu können (vgl. ebd.). Dabei ist zu bemerken, dass der Anteil von adligen Studenten an der Jenaer Universität (in den 1790er Jahren lag dieser bei 5 bis 6 Prozent mit leicht steigender Tendenz) gegenüber der Universität Göttingen (10 bis 15 Prozent) relativ niedrig war (Rasche 2001, S. 91).

Der im Vergleich zu anderen Universitätsstädten gesellschaftlich lockere Umgang in Jena wird durch Äußerungen in Herbarts Briefen bestätigt, etwa wenn er bemerkt, dass die „Hofrätin G.(riesbach)" selbst die Straße fege (Herbart 1887/1912, Bd. 16, S. 32, vgl. Asmus 1968, S. 74).

Doch sollten diese Wahrnehmungen und Darstellungen wiederum nicht darüber hinwegtäuschen, dass die soziale Stellung (ebenso) in Jena ein Kriterium der Distinktion im akademischen Milieu darstellte.[22] Dennoch muss sich das soziale Klima nicht nur an der Universität,

---

22 Rasche hält Bezug nehmend auf diverse sozialgeschichtliche Studien zu Universitätsbesuchern verallgemeinernd fest: „Weder im Mittelalter noch in den Frühen Neuzeit hat das gemeinsame Studium die sozialen Unterschiede nivelliert." (Rasche 2001,

sondern in der Stadt abgehoben haben von anderen Regionen, was etwa aus medizinischer Sicht von Loder (bei dem Herbart auch eine stark frequentierte Anthropologievorlesung für Nichtmediziner besuchte) bestätigt wird, insofern dieser konstatierte, dass man es in dem „hiesigen Lande" nicht gewohnt sei, „die Ausübung der Menschenliebe nur auf gewisse Stände einzuschränken." (Loder zit. n. Maschke 1969, S. 66)

## „Wucherey" und Hinterhof-Romantik

Die klassischen Wohnquartiere der Studenten waren in der Regel überfüllt. Belegt ist dies etwa für die nach ihrem vormaligen Eigentümer, dem Prof. der Physik und Theologie Johann Friedrich Wucherer (1682–1737), und seiner Witwe benannte Studentenburse „Wucherey" am Fürstengraben, die 1858 von der Universität angekauft und in den Folgejahren zum Hauptgebäude mit Verwaltungsräumen und Hörsälen umgestaltet wurde, oder die „Schrammei" in der Jenergasse (vgl. Deinhardt 2007, S. 57), in der zeitweilig auch Schiller wohnte. Um die hygienischen Bedingungen in den ‚Massenquartieren' stand es dabei offensichtlich nicht zum Besten: Herbarts Studienfreund Rist, der sich Ostern 1795 in Jena eingeschrieben hatte, wohnte in eben dieser „Wucherey", die zu dieser Zeit mit 30 Mann belegt war. Rist berichtet u. a.

S. 88) Im universitären Kontext kam schließlich dem monetären Aspekt, der an den sozialen Status gekoppelt war, ein nicht zu vernachlässigender Stellenwert zu. Einen heiklen Punkt stellten in dieser Hinsicht die Armutszeugnisse zur Berechtigung eines weitgehend kostenfreien Studiums dar. In einer Eingabe an die Universitätsleitung 1783 brachten Jenaer Professoren ihren Unmut zum Ausdruck, dass in fast allen privaten Collegien, die Hälfte, wenigstens jedoch ein Drittel der Landeskinder mit Freistellungsbescheiden (testmoniis paupertatis) sitzen würden und die übrigen noch um die Hälfte der Kolleggelder handeln wollten (nach Steinmetz 1958, S. 311). Dabei war insbesondere die Gruppe der unbesoldeten Privatdozenten auf Kolleggelder angewiesen (vgl. Bach 2001, S. 156f.) – D. h. die finanzielle Problematik wurde demnach nicht, wie an den Kolleggeldern zu ersehen ist, (durchgehend) strukturell bearbeitet, sondern ‚nach unten' verlagert bzw. personalisiert. Grundsätzlich suchten alle Professorengruppen, also die, die ein Gehalt aus dem akademischen Fiskus bezogen (Ordinarien) (vgl. ebd.) über andere Einnahmequellen wie Veröffentlichungen – oder, soweit möglich – über Mittagstische ihren Etat aufzubessern. Und auch in anderer Hinsicht barg das Finanzierungsmodell über Kolleggelder Schwierigkeiten bzw. traten Abhängigkeiten klar zu Tage. Denn es gab durchaus die Tendenz einer stillschweigenden Übereinkunft, Gelder in Bildungszertifikation zu transformieren. So berichtet ein Student: „Wer dem Professor das Colleg ordentlich bezahlt hat, bekommt das schönste Zeugniß, ob er gleich kein einzigesmal darinn gewesen ist, der Professor bekümmert sich darum nicht und kann es bey der Menge seiner Zuhörer nicht." (zit. n. Steinmetz ebd., S. 311)

von schmierigen Wänden, zahllosen Wanzen, Mäusen im Bettstroh sowie Wärterinnen, die keinen reinlichen Eindruck vermittelten (vgl. Asmus 1968, FN 106, S. 325f.). Vom „Wall" waren es Rist zufolge nur ein paar enge Gäßchen und über den Leutrabach bis zu Herbarts Wohnung (Asmus, S. 87): ein interessanter Hinweis auf die Lage seines Quartiers. Herbart hatte in der Tat mehr Glück mit seiner (teureren) Unterkunft, war es ihm doch möglich, ein Zimmer (mit Aufwartung) in der Leutragasse[23] zu nehmen, als er im Sommer 1794 nach Jena kam und sich dann im Oktober desselben Jahres immatrikulierte (Kehrbach, Bd. 16, S. 5). Er logierte in der Leutragasse 5, genauer gesagt, im Hinterhaus des Gebäudes.[24] Das Vorderhaus wurde vornehmlich von Professoren bewohnt, in ihm befand sich auch ein Auditorium. Dabei ist anzumerken, dass bis Mitte des 19. Jahrhunderts die Professoren selbst für Räumlichkeiten zu sorgen hatten; größere Professorenhäuser verfügten über eigene Hörsäle.[25] Da Herbarts Landsmann Woltmann im gleichen Hause wohnte, liegt es nahe, dass dieser ihm die Unterkunft vermittelt hatte.

Im Oktober 1796 bezogen August Wilhelm Schlegel und seine Frau Caroline mit deren Tochter aus erster Ehe eine Wohnung im Hinterhaus (Kösling 2010, hier S. 22). Vom Herbst 1799 bis zum Frühjahr 1801 lebten sie dann als Wohngemeinschaft gemeinsam mit Friedrich Schlegel, dem Bruder, und dessen späterer Ehefrau Brendel bzw. Dorothea Veit (der Tochter von Moses Mendelssohn) und deren Sohn hier (vgl. Kösling ebd., S. 22f.). Das Haus Nr. 5 gilt mit der Schlegel-Familie und ihrem damaligen Umgangskreis als die Keimzelle der Frühromantik, als das eigentliche „Romantikerhaus"[26] in Jena.

23 Der „Wall" – die seinerzeit noch vorhandene Stadtmauer, der „Leutrabach" – einer der drei Arme des von der Höhe westlich von Jena einfließenden, bereits o. g. genannten Leutrabaches. Die Leutragasse, später Leutrastraße, wurde eine der wichtigsten Geschäftsstraßen in der Altstadt. Sie existiert heute nicht mehr.
24 Das Haus hatte 1785 der Geheime Kirchenrat und Theologe Prof. Johann Christoph Döderlein (1745–1792) erworben, seine Witwe führte es weiter. Ausführlich zur Hausgeschichte (und den Wohnverhältnissen der Frühromantiker): Kösling 2010, hier S. 24ff.
25 Seit ihrem Umzug von Wittenberg nach Jena 1548 hatte sich das Collegium Jenense mit einer im Zuge der Reformation aufgelassenen Klosteranlage des Dominikaner-Ordens als Heimstatt begnügen müssen; räumliche Erweiterungen entstanden erst ab Mitte des 19. Jahrhunderts.
26 Anlässlich des Universitätsjubiläums 1858 wurde am Haus (neben zahlreichen weiteren) eine Gedenktafel für Herbart angebracht (vgl. Jenas Gedenktafeln, Sonderdruck aus „Alters und Neues aus der Heimat", Jena 1934. Der Verfasser, Friedrich Thieme, würdigte Herbart wie folgt: „Herbart, Johann Friedrich * 1776 Oldenburg, † 1841 Göttingen; Philosoph, Pädagoge; studierte 1794/99 in Jena Phil., wo er zu der

Dass es diese räumliche Nähe zur Schlegel-Familie gab, darüber findet sich in Herbarts Briefen lediglich eine allgemein gehaltene Notiz („Beyde [die Schlegel-Brüder] halten sich jetzt hier auf" [Herbart 1887/1912, Bd. 16, S. 47]), die nicht auf einen engeren Kontakt hindeutet (vgl. Naschert 1998, S. 121) bzw. diesen eher ausschließt.[27]

## „Lesen, philosophieren, diskutieren" – und zweifeln

Ein überkommenes briefliches Zeugnis von Herbart in Jena liegt erst vom 28. August 1795 an den Kanzleirat von Halem in Oldenburg vor; in diesem schilderte er die Anfangsschwierigkeiten seines Studiums, er äußerte (hier noch) Bewunderung gegenüber Fichte, dessen „Totalität seines Geistes", die sich auch in seinen Schriften niederspiegle. Herbart selbst lebte – wie sich den Briefen entnehmen lässt – anfänglich eher zurückgezogen, geplagt von Selbstzweifeln einschließlich gesundheitlicher Beeinträchtigungen.[28] Einen Großteil seiner Zeit verwendete er zum Selbststudium;[29] Herbarts Stube war sprichwörtlich Studierstube.

von Fichte geförderten oppositionellen ‚Gesellschaft freier Männer' gehörte und dem Kreis der Frühromantiker nahestand; H. schuf unter dem Einfluß von Kant, Fichte und Pestalozzi eines der ersten geschlossenen Systeme der modernen Pädagogik." Bei einem Bombenangriff am 19.3.1945 wurde das Haus völlig zerstört.

27 Womöglich aber war Herbarts Adressat, sein väterlicher Freund und Mentor, der Kanzleirat Gerhard Anton von Halem in Oldenburg über die Wohnsituation im Bilde. Herbart berichtete ihm zu Beginn des Jahres 1797, dass sich die beiden Schlegel-Brüder in Jena aufhalten würden und inzwischen die tätigsten Rezensenten in der Allgemeinen Literatur-Zeitung im ästhetischen Fache seien (Herbart Bd. 16, S. 46f.) Herbarts knappes Urteil gegenüber den Schlegel-Brüdern fiel jedoch wenig günstig aus (Herbart 1887/1912, Bd. 16, S. 46f.). Aus der Perspektive der Schlegel-Familie entfaltet Peter Neumann sein Panorama Jena 1800: Die Republik der freien Geister (München 2018), wobei er auch auf die Wohnsituation in der Leutragasse eingeht.

28 Als hemmend erlebte Herbart in Jena dabei auch seinen eigenen moralischen Anspruch („die Ordre meines Ichs" [Herbart 1887/1912, Bd. 16, S. 14]): „ich thue so selten *was ich will*" schreibt er in Form einer Selbstanklage an Smidt (ebd.). Ebenso macht er sich Gedanken darüber, dass er keine rechte Erfüllung im geselligen, studentischen Leben fände, – Herbart nimmt sich als „so arm an geselligen Tugenden" wahr (ebd.), wie ihm dies durch den Besuch im „Sonntagsklub" gegenwärtig geworden sei (vgl. ebd.). Eine nicht unwesentliche Rolle scheint die Sexualität zu spielen: Herbart wünschte sich den gesellschaftlichen Umgang mit Damen, aber öffnete sich Smidt dahingehend, dass er „sein Herz noch immer in einer stolzen Ruhe lassen" würde – er empfindet zu diesem Zeitpunkt (und darüber hinaus?) nichts für das andere Geschlecht (ebd.).

29 Die Collegien besuchte Herbart sehr gewählt, denn wie er in einem Brief an seinen Studienfreund Rist im Januar 1796 schrieb, wisse dieser, dass Collegien ihn nicht bänden würden, weniger noch als sie sollten (Herbart 1887/1912, Bd. 16, S. 14). Dieses Urteil wird auch durch eine Anmerkung von Herbarts Mutter bestätigt (vgl.

Von zu Hause hatte er sich sein Klavier schicken lassen, auf dem er in Mußestunden frei herumstreifte (Herbart 1887/1912, Bd. 16, S. 14), wenn er nicht gerade Spaziergänge etwa nach Roda oder Lobeda mit den von Schiller herausgegebenen „Horen" in der Tasche unternahm. Eigene Vertonungen zu Gedichten Schillers, den er einmal auf einer Reise nach Leipzig begleitete (vgl. ebd., S. 10 FN 1), gab er später auf seiner Stube den Studienfreunden zum Besten, wie er sich überhaupt in Jena den Ruf des besten Klavierspielers der Stadt erwarb (Herbart 1887/1912, Bd. 16, S. 17, 24, 47).

Herbarts Freundschaften, die sich vornehmlich im Bund der freien Männer konzentrierten, waren für ihn sowohl für seine mentale Verfassung wie die Entwicklung einer eigenständigen Lehre von Bedeutung; so bildeten für ihn denn die „Monate von Januar bis März 1796 [...] aufgrund des Umgangs mit Berger, Hülsen, Gries und Rist [allesamt Mitglieder des Bundes, A. S.] den (menschlichen) Höhepunkt der Jenaer Zeit. Bis 12 Uhr nachts wurde gelesen, philosophiert und diskutiert." (Jamme zit. n. Naschert 1998, S. 119)[30]

Dass Herbart und seine engeren Freunde während ihres Studienaufenthalts dabei auch die Umgebung der Stadt zu schätzen wussten, geht aus der Herbartschen Briefkorrespondenz, die u. a. Schreiben seiner Studienfreunde einschließt, hervor. Berichtet wird von Spaziergängen und Ausflügen. Schließlich suchte Herbart in den Sommermonaten der städtischen Enge und Hitze zu entfliehen. Er wohnte im Sommer, wie dies für das Jahr 1795 belegt ist, im nahegelegenen Dorndorf nördlich von Jena. Von Johann Georg Rist – zwischen Rist und Herbart sollte sich eine enge freundschaftliche Beziehung entwickeln –, ist eine Schilderung eines ersten persönlichen Eindrucks überliefert. Ihn gewann Rist bei einem Ausritt, der ihn u. a. nach Dorndorf führte, wo Herbart offensichtlich in dem auch von Goethe frequentierten Gasthaus zum blauen Schild Logis bezogen hatte:

ebd., S. 72). Herbart hatte ein Arbeitsmuster entwickelt, das, so legen es die Briefe nahe, vornehmlich auf ein Selbststudium angelegt war. Allein, später dann im engeren Freundeskreis – hier dann auch in der Funktion eines Mentors – durcharbeitete er etwa Schellings Philosophie. Das Selbststudium diente der Entwicklung einer eigenen, sich von den Philosophie Fichtes und Schellings abgrenzenden Wissenschaftslehre (vgl. Asmus 1968, S. 106f.) Bereits für das Jugendalter hat Klaus Klattenhoff herausgestellt, dass das unmittelbare Lebensumfeld als Lernort Herbart stärker prägte als es die Schule vermochte (vgl. Klattenhoff 2006, S. 104).

30 Dabei datieren Herbarts Ausführungen gegenüber Smidt ebenso auf Januar 1796 (21.1.), siehe Fußnote 29.

„Mit seinem ledernden Käppchen schlenderte er [Herbart, A. S.] unbefangen auf dem Vorsaal des Wirtshauses umher; seine Züge waren wohl ernst, aber jugendlich und fromm; ich hatte ihn mir so nicht gedacht; nun fühlte ich keine Scheu mehr, und von dem Augenblick, da ich zur Gesellschaft [dem Bund der freien Männer] gehörte, und sein, wenngleich eckiges, doch mildes Wesen erkannte, nahte ich mich ihm mit unbedingtem Vertrauen" (Kehrbach, Bd. 16, S. 7).[31]

Eine nicht unproblematische Konstellation ergab sich durch die Anwesenheit von Herbarts Mutter seit Juli 1796 in Jena.[32]

*„Hirsch", „Sonne" und „begünstigende Faktoren"*

Wenn man nach dem charakteristischen Jenaer Studenten und Studentenleben fragt, dann beziehen sich derartige Zuschreibungen oder Überzeichnungen vornehmlich auf den privilegierten Studenten.

Zielten ältere Darstellungen bis Mitte des 18. Jh. noch darauf ab, eine gewisse Grobheit im Auftreten herauszustellen (vgl. Heun 1792, S. 125f.), so wurde gegen Ende des 18. Jahrhunderts auf einen deutlichen Wandel hingewiesen (vgl. Greiling 2010, S. 58f.).

Welche Vergnügungen Studenten in Jena erwarten konnten, darauf verweist Carl Heun in seinem studentischen Ratgeber von 1772, der auch für spätere Jahre noch Geltung beansprucht haben dürfte:

„In der Stadt selbst ist für die Winterlustbarkeiten ein wöchentliches Concert, und ein Ball, der alle 14 Tage des Sonnabends gegeben wird, bestimmt, und außer diesen, sehen sich die Studenten hauptsächlich im Hirsche, in der akademischen Rose, dem Burgkeller, dem Ballhaus, dem

---

31 Aufschlussreich ist Rists Darstellung auch im Hinblick lokaler studentischer Lebens-/Modekultur. Das lederne Käppchen war unter den Studenten beliebt und verbreitet, wie einer Anmerkung von Johannes Daniel Falk zu entnehmen ist, der dieser Modeerscheinung jedoch nichts abgewinnen konnte: „Was mir am ersten hier [in Jena, A. S.] auffiel, war die geschmacklose Art der Studenten, ihren Kopf zu bedecken, die fast alle schwarzlerndende Halbkappen, wie die Juden oder katholischen Pater, statt Nachtmützen tragen, wie ich an mehr als fünfzig bemerkte" (Falk 1913, S. 9).
32 Die Mutter-Sohn-Beziehung wird in der Literatur als ambivalent beschrieben.

Fürstenkeller, bey Hartung u. d. m. Die besten Gasthöfe sind die Sonne und der schwarze Bär." (Heun 1772, S. 128)[33]

Das Jenaer Studentenleben zeigte sich (dennoch) in den 1790er Jahren nicht nur von seiner kultivierten Seite. Gerade das Verbindungswesen stellte ein ernsthaftes Problem dar, wobei dieses in den 1790er Jahren ein sehr heterogenes Bild bot. Präsent waren zu dieser Zeit waren vor allem Orden und Kränze. Nahezu 20 Prozent der Studenten in Jena gehörten Orden an, den größten Anteil stellten dabei die Juristen. (vgl. Rasche 2001, S. 124).

Eine weitere Komponente, die mit dem Studentenleben in Verbindung steht, allerdings nicht durch dieses ausschließlich zu erklären ist, betrifft die sehr hohe Anzahl an sogenannten ‚illegitimen' Geburten in Jena, die um 1800 einen Spitzenwert von über 24 Prozent erreichte (Pöhnert 2004, S. 81).[34] Als Studenten- und Garnisonsstadt mit einem ausgeprägten Dienstleistungsgewerbe wies Jena eine Reihe ‚begünstigender' Faktoren auf.[35] Zu berücksichtigen ist dabei auch, dass Jena seit Ende der 1770er Jahre über ein sogenanntes Accouchierhaus[36] und damit über eine der ersten geburtshilflichen Kliniken und Hebammenlehranstalten Deutschlands verfügte. Dieses wurde von dem bereits genannten Mediziner Justus Christian Loder, von 1778 bis 1803 ordentlicher Professor der Anatomie und Chirurgie in Jena sowie von Johann Christian Stark, seit 1779 außerordentlicher und ab 1784 ordentlicher Professor der Medizin, in der Funktion des Subdirektors geleitet. Gegenüber einer solchen Einrichtung bestanden im ausgehenden 18. Jahrhundert jedoch noch Vorbehalte. Eine Lösung – die nicht frei von Druck war – fand man darin, ledigen schwangeren Frauen aus Jena und „aus allen Landesteilen" (Pöhnert 2004, S. 93) – was insofern auch die Zahl

33 Zu den studentischen Vergnügungen im Sommer zählten ebenso Aufenthalte in Kaffeegärten, Kahnfahrten, das Baden in der Saale, Würfel- und Kartenspiele oder Billard. Jena verfügte darüber hinaus über eine Reitbahn (vgl. Borkowsky 2008, S. 110f.)
34 Die Stadt Gießen wies hierzu im Vergleich – denselben Zeitraum betreffend (1791–1800) – einen Wert von 4,4 Prozent auf (vgl. ebd.). Rebmann wusste zu berichten: „Unter jedem Mantel, einem bei den gemeinen Weibspersonen hier gewöhnlichen Kleidungsstücke, sieht eine Kraftäußerung irgend eines Studierenden hervor. Und jeder Pferdejunge gibt Ihnen auf die Frage ‚Wer ist dein Vater?' gewöhnlich die Antwort: ‚Een Bursche.'" (Rebmann 1987, S. 52)
35 So war das Dienstleistungsgewerbe mit einem langen, unter Umständen lebenslänglichen Ledigenstatus verbunden (vgl. ebd.).
36 Am Fürstengraben; das Gebäude ist nach wie vor im Eigentum der Universität.

der illegitimen Geburten erhöhte –, die sich ‚verpflichteten', ihr Kind im Accouchierhaus zu gebären, Straffreiheit zuzusichern.[37]

## „Tief von ihrer Höhe herabgesunken"

Noch einmal zurück zu Herbart: Was hatte ihn bewogen, im Frühjahr 1797 Jena zu verlassen und in der Schweiz eine Hauslehrerstelle anzutreten? Diesbezüglich lassen sich mehrere Gründe anführen.[38] Zweifelsohne dürfte zu diesem Entschluss wesentlich das Gefühl einer gewonnenen Unabhängigkeit gegenüber der Lehre Fichtes beigetragen haben (vgl. Asmus 1968, S. 106f.; Coriand/Koerrenz 2018, S. 20f.). Diesbezüglich hat auch eine gewisse Sättigung mit den Lebensumständen in Jena eine Rolle gespielt. Für die Entwicklung seiner eigenen Lehre sah und erwartete er hier keine neuen Impulssetzungen, vielmehr keimte in ihm das Gefühl von Stagnation und Unzufriedenheit. Längst war das Klima – auch durch den Wegzug von Studienfreunden – in Jena (auch innerhalb des Bundes) ein anderes geworden. An Smidt schreibt Herbart Anfang Dezember 1796: „Unsere Gesellschaft ist tief von ihrer Höhe heruntergesunken. [...] Jetzt kömmt die Gesellschaft nur zusammen, wenn sie berufen wird" (Herbart 1887/1912, Bd. 16, S. 44). Als ein Impuls von außen sollte sich für ihn schließlich das Angebot einer Hauslehrerstelle in der Schweiz – vermittelt durch seinen Schweizer Studienfreund Johann Rudolf Fischer – eröffnen. Bemerkenswert dabei ist, dass Herbarts Mutter ihren Sohn bestärkte (konkreter: drängte), dieses Angebot anzunehmen und gemeinsam mit seinen Studienfreunden des ‚Bundes' ein neues Lebenskapitel in der Schweiz aufzuschlagen.[39] Insofern war sie es auch, die ihn aus der engen und ambivalenten Mutter-Sohn-Beziehung ‚entließ', ihm den Druck einer (vielleicht unausgesprochenen) moralischen Verpflichtung/

---

37 Als Strafe drohte den Frauen u. a. eine bis zu vierwöchige Zuchthausstrafe oder eine abzukaufende Landesräumung. Die vorbildhafte medizinische Versorgung vermochte nicht die Besorgnis der Frauen um (endgültige) Rufschädigung durch den Aufenthalt in diesem Haus zu kompensieren.
38 An dieser Stelle sei auf den Beitrag von Albena Chavdarova im vorliegenden Band verwiesen.
39 In einem Brief an Smidt vom Februar 1797 schreibt Herbart, dass es ihm „keine lange Überlegung" gekostet habe, den Anblick des Fuchsturms mit dem der Alpen vertauschen zu wollen (Herbart, Bd. 16, S. 50). Dennoch suchte Herbart angesichts eines bevorstehenden Studienabbruchs diesen Schritt vor sich selbst zu rechtfertigen. Für ihn sollte der Aufenthalt „verdient" sein, der Selbstbildung und Charakterfestigung gewidmet.

Verantwortungslast ihr gegenüber nahm. Herbart erlebt die Erziehertätigkeit einhergehend mit einer festen Tagesstruktur als äußerst heilsam. Rückblickend schreibt er im Juni 1797 an seinen Freund Rist:

> „In Jena war ich in der letzten Zeit zu träge, oder zu dumm, meine Wissenschaftslehre förmlich und ordentlich fortzuführen, zu stolz, um andere Beschäftigungen an ihre Stelle zu setzen, zu arm an Mannigfaltigkeit der äusseren Verhältnisse, um im Leben das Bedürfniss eines sichern, ganz geprüften, aller Wege kundigen Führers – so etwas soll doch wol ein phil.[osophisches] System seyn, – tief genug zu fühlen. Auch wurde mir die letzte Zeit die Physionomie der Universität, und das Leben im Burschenquartier gar zu widerlich." (Herbart 1887/1912, Bd. 16, S. 62)

## „Eigenthümlichkeit ungewöhnlichen Scharfsinns"

Das Jahrzehnt am Ausgang des 18. Jahrhunderts, mit dem die Jenaer Universität Geschichte schrieb, endete 1803 mit einem tiefen Einschnitt, da bedeutende Repräsentanten die Salana verließen: Dazu gehörten Loder, der seine Präparate-Sammlung mitnahm, Schelling, der Jurist Hufeland sowie Schütz, der die für Jenas Strahlkraft so bedeutende „Allgemeine Literatur-Zeitung" mit nach Halle nahm. Feuerbach hatte bereits 1802 Jena verlassen (vgl. Maschke 1969, S. 80).

Dass der Herzog das 1774 das durch einen Brand größtenteils zerstörte Weimarer Schloss wiederaufbauen ließ, was sämtliche finanzielle Ressourcen absorbierte (vgl. ebd.), hatte den Weggang von Professoren aus Jena wesentlich mit beeinflusst. So werden die Baukosten zu Spitzenzeiten (1801) mit bis zu 4000 Thalern in der Woche beziffert.

Nach der Schlacht bei Jena und Auerstedt 1806 verließ ein Jahr später dann auch Hegel die Stadt. Jena als Zentrum der idealistischen Philosophie war nun endgültig Geschichte. Die Universitätsstadt wurde nicht mehr primär mit dem geistigen Leben, sondern mit der militärischen Niederlage Preußens gegen Napoleons assoziiert. In der Folgezeit verlor die Universität deutlich an Anziehungskraft für den akademischen Nachwuchs, zumal nach dem Weggang gerade der jüngeren Professorenschaft verstärkt konservative Kräfte wirkten (vgl. auch Steinmetz 1958, S. 226).

25 Jahre nach seinem Weggang aus Jena findet sich Herbarts Name im Jahr 1822 unvermittelt an erster Stelle auf einer internen Vorschlagsliste

der Fakultät für die Neubesetzung der Professur für Philosophie in der Nachfolge von Jacob Friedrich Fries (1773–1843) (Wundt 1932, S. 323). Fries war wegen seiner Teilnahme am Wartburgfest der Burschenschaften 1817 suspendiert worden. Die Platzierung widerspiegelt vermutlich jedoch weniger die Präferenzen der Kandidatenwahl als vielmehr die Pietät. Zweifelsohne war Herbart der prominenteste der Kandidaten. Als Nachfolger von Fries kam er jedoch nicht in Frage, wie dies eindeutig im Gutachten des Dekans der Philosophischen Fakultät (Karl Friedrich Bachmann) zum Ausdruck gebracht wurde. „[P]olitisch eher unverdächtig" (Steinbach 2008, S. 64) wurde Herbarts Philosophie – insbesondere „in moralischer und religiöser Hinsicht" (Bachmann zit. n. Wundt 1932, S. 325) als nicht tragbar bzw. konsensfähig erachtet („wegen des immer noch tief sitzenden Ressentiments gegen alles Spekulative" [Steinbach 2008, S. 64]). Im Bericht an den Prorektor heißt es abschließend über Herbart:

> „Ungeachtet nun zwar das in diesen Schriften in den Grundzügen dargelegte System eine sorgfältige Prüfung nicht bestehen dürfte, indem sich große und unübersteigliche Schwierigkeiten gegen dasselbe erheben, besonders auch in moralischer und religiöer Hinsicht, da dasselbe die Freiheit aufhebt und behauptet, es gebe für den Glauben an Gott durchaus keine Data, weder in der Erfahrung noch in der Vernunft, so können wir doch auch nicht umhin, die Eigenthümlichkeit, die Probleme der Philosophie zu stellen und zu lösen, den ungewöhnlichen Scharfsinn und eine Fülle von Erkenntnissen anzuerkennen, so wie auch mehrere Nachrichten in der Angabe der vorzüglichen Lehrgaben dieses Denkers übereinstimmen." (Bachmann zit. n. Wundt 1932, S. 325)

Steinbach bilanziert in diesem Zusammenhang: „Eine philosophische Pädagogik mit dem Anspruch praktisch gesellschaftlicher Wirksamkeit hatte es [...] in Jena nach Fichte überaus schwer." (Steinbach 2008, ebd.)

**Literatur:**

Asmus, W.: Herbart. Eine pädagogische Biographie. Bd. 1. Heidelberg 1968.
Borkowsky, E.: Das alte Jena und seine Universität. Jena 1908.
Chemnitius, Fr.: Als Jena noch 3700 Seelen zählte. Ein Jenaer Adreßbuch des Jahres 1810. Jena 1935.
Coriand, R./Koerrenz, R.: Johann Friedrich Herbart. Einführung mit zentralen Texten. Paderborn 2018.

Deinhardt, K.: Stapelstadt des Wissens. Jena als Universitätsstadt zwischen 1770 und 1930. Köln Weimar Wien 2007.

Falk, J. D.: Johannes Falks Reise nach Jena und Weimar im Jahre 1794. Mitgeteilt von Rudolf Eckart. Jena 1913.

Fester, R.: Der ‚Universitäts-Bereiser' Friedrich Gedike und sein Bericht an Friedrich Wilhelm II. (= Archiv für Kulturgeschichte, Beih.1). Berlin 1905, S. 79.

Günther, J.: Lebensskizzen der Professoren der Universität Jena. Jena 1858.

Greiling, W.: Universität und Öffentlichkeitsarbeit. Wahrnehmung und „Öffentlichkeitsarbiet" der Alma mater Jenensis um 1800. In: Bauer, J./Breidbach, O./Hahn, H.-W. (Hrsg.): Universität im Umbruch. Universität und Wissenschaft im Spannungsfeld der Gesellschaft um 1800. Stuttgart 2010, S. S. 75–93.

Hartung, Fr.: Das Großherzogtum Sachsen unter der Regierung Carl Augusts 1775–1828. Weimar 1923.

Heun, C.: Vertraute Briefe an alle edelgesinnte Jünglinge, die auf Universitäten gehen wollen./Allgemeiner Uebersicht sämmtlicher Universitäten Deutschlands oder der vertrauten. Briefe Zweyter Theil. Leipzig 1792.

Herbart, J. Fr.: Herbarts Sämtliche Werke in chronologischer Reihenfolge. Bd. 16. Hrsg. v. K. Kehrbach/O. Flügel, Berab. v. Th. Fritzsch. Langensalza 1912 = Briefe von und an Herbart. Urkunden und Regesten zu seinem Leben und seinen Werken. Bd. 1. Langensalza 1912.

Kinkel, W.: Joh. Fr. Herbart. Sein Leben und seine Philosophie. Giessen 1903.

Klattenhoff, K.: Johann Friedrich Herbart (1776–1841). In: Dollinger, B. (Hrsg.): Klassiker der Pädagogik. Die Bildung der modernen Gesellschaft. Wiesbaden 2006, S. 101–123.

Kösling, P.: Die Familie der herrlichen Verbannten. Die Frühromantiker in Jena. Jena 2010.

Koerrenz, R.: Religiöse Selbstformierung und die Funktionalisierung der Offenbarung. Friedrich Immanuel Niethammer und die universitären Bildungsreformdebatten um 1800. In: Bauer, J./Breidbach, O./Hahn, H.-W. (Hrsg.): Universität im Umbruch. Universität und Wissenschaft im Spannungsfeld der Gesellschaft um 1800. Stuttgart 2010, S. 283–295.

Maschke, E.: Universität Jena. Köln [u. a.] 1969.

Marwinski, F.: „Wahrlich, das Unternehmen ist kühn ..." Aus der Geschichte der Literarischen Gesellschaft der freien Männer von 1794/99 zu Jena. Jena und Erlangen 1992.

Müller, G.: Perioden Goethescher Universitätspolitik. In: Müller, G./Ries, K./Ziche, P. (Hrsg.): Die Universität Jena. Tradition und Innovation um 1800. Stuttgart 2001, S. 135–153. (= Ziche 2001a)

Müller, G.: Die extraordinäre Universität – Jena Modernisierungsweg. In: Müller, G./Ries, K./Ziche, P. (Hrsg.): Die Universität Jena. Tradition und Innovation um 1800. Stuttgart 2001, S. 191–195. (= Ziche 2001b)

Naschert, G.: August Ludwig Hülsens erster Beitrag zur philosophischen Frühromantik 1998. Abrufbar unter: https://edoc.hu-berlin.de/bitstream/handle/18452/6349/naschert.pdf?sequence=1&isAllowed=y [15.09.2019].

Nicolai, Fr.: Beschreibung einer Reise durch Deutschland und die Schweiz im Jahre 1781. Nebst Bemerkungen über Gelehrsamkeit, Industrie, Religion und Sitten. Erster Band. Berlin und Stettin 1783.

Pöhnert, K.: Zum Problem der Illegitimität in Jena in der Zeit von 1770 bis 1820. In: Ries, K. (Hrsg.): Zwischen Universität und Stadt. Aspekte demographischer Entwicklung in Jena um 1800, S. 77–94.

Rasche, U.: Umbrüche – Zur Frequenz der Universität Jena im ausgehenden 18. Und frühen 19. Jahrhundert. In: Müller, G./Ries, K./Ziche, P. (Hrsg.): Die Universität Jena. Tradition und Innovation um 1800. Stuttgart 2001, S. 79–134.

Rebmann, G. Fr.: Briefe über Jena. Jena 1987 (Nachdruck).

Smidt, J.: Erinnerungen an J. F. Herbart. In: K. Kehrbach (Hrsg.): Joh. Fr. Herbart's Sämtliche Werke in chronologischer Reihenfolge. Bd. 1. Langensalza 1887, S. XXI–XXXXIV.

Steinbach, M.: Ökonomisten, Philanthropen, Humanitäre. Professorensozialismus in der akademischen Provinz. Berlin 2008.

Steinmetz, M.: Geschichte der Universität Jena 1548/58–1958. Bd. 1. Jena 1958.

Wiedeburg, J. E. B.: Beschreibung der Stadt Jena nach ihrer Topographisch-Politisch- und Akademischen Verfassung nebst vier Kupfer-Tafeln den Grund- und Auf-Riß nebst einer Karte über den nähern Distrikt, und einige denkwürdige Inschriften und Siegel darstellend. Jena 1785.

Wundt, M.: Die Philosophie an der Universität Jena. Jena 1932.

Ziche, P.: Die Grenzen der Universität. Naturforschende, physikalische und mechanische Aktivitäten in Jena. In: Müller, G./Ries, K./Ziche, P. (Hrsg.): Die Universität Jena. Tradition und Innovation um 1800. Stuttgart 2001, S. 221–237.

Albena Chavdarova

# Herbarts Studium in Jena – eine bahnbrechende Entscheidung für seine spätere pädagogische Laufbahn

Am 20.10.1794 schrieb sich der achtzehnjährige Herbart an der Universität Jena ein. Er folgte dem Wunsch seines Vaters und nahm ein Jura-Studium auf, um sich danach „der Laufbahn eines oldenburgischen Beamten" (Asmus 1948/1949, S. 21) zu widmen. Zu dieser Zeit, am Ende des 18. und am Anfang des 19. Jahrhunderts, war Jena nicht „irgendeine Stadt mit irgendeiner Universität und irgendwelchen Professoren", sondern „das literarische und philosophische Zentrum Deutschlands" (Habeck 1996, S. 6). Diesen Ruhm hatte die Stadt den vielen namenhaften Persönlichkeiten zu verdanken, die nach Jena kamen; nicht nur um dort zu leben, sondern um beruflich zu wirken und an der Universität zu lehren. Von ihnen ist an erster Stelle Johann Wolfgang Goethe (1749–1832) zu nennen, der zwar seit 1775 im nahen Weimar residierte, aber dazu beigetragen hatte, die „wissenschaftliche Infrastruktur der Universität" in Jena zu entwickeln – so zum Beispiel die Bibliothek, die verschiedenen Sammlungen, die Sternwarte u. a. Von 1789 bis 1799 lebte und lehrte in Jena Friedrich Schiller (1759–1805), dessen Namen heute die Universität trägt. Zwischen den Jahren 1794 und 1799 hatte Johann Fichte (1762–1814) den Lehrstuhl der Philosophie inne. Friedrich Schelling (1775–1854) war im Wintersemester 1798/1799 außerordentlicher Professor. Wilhelm von Humboldt (1767–1835) lebte in Jena von 1794 bis 1797 und gehörte zusammen mit anderen jungen Schriftstellern und Philosophen wie Novalis (1772–1801), Clemens Brentano (1778–1842), Fr. D. E. Schleiermacher (1768–1834) u. a. zum avantgardistischen Kreis um die Gebrüder August und Friedrich Schlegel. In der Stadt lebte ab Oktober 1794 auch Friedrich Hölderlin (1770–1843) und im selben Jahr, zehn Tage früher als Herbart, wurde Casimir Boehlendorff (1775–1825) immatrikuliert.

In Jena geriet Herbart nicht nur in die „Stapelstadt des Wissens und der Wissenschaft" (Goethe an Schiller, 1800), sondern auch an eine der damals fortschrittlichsten Universitäten, wo die Studenten beim Beginn der Vorlesung nicht „nach ihrem Stande" von den Professoren „klassificirt wurden" (Smidt 1887, S. XXV), wie es an den meisten anderen üblich war.

Am Ende des Studiums traf Herbart ganz unerwartet eine wichtige Entscheidung, nämlich in die Schweiz zu reisen und dort ein privates Lehramt bei einer wohlhabenden Familie aufzunehmen. Warum hat er diese Entscheidung getroffen? War es mit „Erwägungen und Nachdenken verbunden" (Aristoteles) oder war es ein spontaner Einfall eines unruhigen jugendlichen Geistes?

Im Vortrag wird versucht, auf diese Fragen eine Antwort zu geben, und zwar auf Grund einer historischen Rekonstruktion der Ereignisse, die sich vor Herbarts Abreise nach Bern und kurz danach abgespielt haben.

Es werden die folgenden Thesen geprüft:
1. Herbart war vom Studium und vom Leben in Jena enttäuscht und suchte eine Veränderung.
2. Herbart ist von seinen Freunden beeinflusst worden, Hauslehrer in der Schweiz zu werden.
3. Herbart wollte sich aus der Obhut seiner ehrgeizigen Mutter befreien und selbständig werden.

These 1: **Herbart war vom Studium und vom Leben in Jena enttäuscht und suchte eine Veränderung**

Wie schon erwähnt, musste Herbart in Jena Jura studieren, „vielleicht nicht ohne inneres Widerstreben" (Hartenstein 1842, S. XIV). Dass Herbart bereits in seiner Jugend von der Philosophie begeistert war, beweist ein erhaltener Aufsatz, wo er etwa vierzehnjährig „über die Lehre von der menschlichen Freiheit" nachdachte und einige „Gründe für und wider der menschlichen Freiheit" (ebd., S. IX) skizzierte. Später teilte Herbart noch mit, dass „nicht bloss als Knabe durch Privatunterricht, sondern auch als Jüngling an der öffentlichen Schule […] in der Philosophie unterwiesen worden" war (Herbart 1821, S. IX).

Die vom Elternhaus vorgezeichnete Laufbahn schloss für Herbart eine Beschäftigung mit der Philosophie völlig aus. Trotzdem wurde diese bald „das Centrum, auf welches sich alle seine übrigen Studien

bezogen" (Hartenstein 1842, S. XIV). Gleich nach seiner Ankunft in
Jena besuchte Herbart die berühmten Sonntagsvorlesungen von Fichte, die im Wintersemester 1794/95 vor einem begeisterten Publikum
von Studenten stattfanden und für „Neid der anderen Professoren" und
„Eifersucht der Geistlichkeit" gesorgt hatten (Smidt 1887, S. XXVIII).
Fichte hatte schon erste Ansätze seiner „Wissenschaftslehre" veröffentlicht, nämlich „Über den Begriff der Wissenschaftslehre oder der sogenannten Philosophie" und seine Thesen wurden mit Begeisterung unter
der jüngeren Generation der Studentenschaft diskutiert.

Noch ein anderes Ereignis bestimmte Herbarts Aufenthalt in Jena.
Gleich nach seinem Eintritt ins Studium wurde er in die literarische, die
sog. „Gesellschaft der freien Männer" aufgenommen; ein Bund, in dem
Studenten verschiedener Fakultäten Mitglieder waren. Herbarts Aufnahme geschah auf Empfehlung vom Prof. Woltmann (1770–1817)[1],
ein Oldenburger und Bekannter der Familie Herbart, der den jungen
Herbart als „ein philosophischer Kopf, ein trefflicher Jüngling" schätzte
(Herbart 1887–1912, Bd. 16, S. 11). Ebenfalls auf Empfehlung von Prof.
Woltmann hatte Herbart zudem das Privileg, am gemeinschaftlichen
Mittagstisch von Prof. Fichte (Smidt 1887, S. XXVII) teilzunehmen;
dies allerdings nur für eine kurze Zeit, weil nach Fichtes Rückzug nach
Osmannstädt nach Ostern 1795 keine Zusammenkünfte mehr stattfanden (ebd).

In diesem hochintellektuellen Kreis der „ausgezeichneten Köpfe" fand
der junge Herbart nicht nur die Möglichkeit, sich frei zu verschiedenen
Themen auszusprechen, die damals ihn und die anderen Studenten beschäftigten, philosophische Dispute zu führen oder eigene literarische
Dichtungen vorzutragen, sondern auch lebenslange freundschaftliche
Beziehungen zu knüpfen. Die Atmosphäre forderte den wissbegierigen

---

1  Karl Ludwig v. Woltmann war Schriftsteller und Geschichtsforscher, geboren in
   Oldenburg am 9. Februar 1770 und gestorben in Prag am 19. Juni 1817. Ab 1788
   studierte er Jura und Geschichte an der Universität Göttingen. Im Frühjahr 1792
   kehrte er ohne Studienabschluss nach Oldenburg zurück und hielt am örtlichen
   Gymnasium Vorlesungen über die deutsche Geschichte. Im Frühjahr 1793 ging er
   nach Göttingen und gab dort Privatunterricht, Vorlesungen für Gymnasiasten und
   war auch literarisch tätig. 1794 folgte er einem Ruf als außerordentlicher Professor an
   der philosophischen Fakultät der Universität Jena. Dort stand er mit Fr. Schiller, W.
   v. Humboldt, Ch. W. Hufeland, J. W. v. Goethe und Fr. Hölderin in Kontakt. Nach
   H. Laube „kollidirte Woltmann in seinen geschichtlichen Vorlesungen mit Schiller,
   wurde nicht besonders gefördert, und verließ Jena" 1797 (vgl. Laube 1835, Mendheim 1898).

Studenten heraus, sich noch tiefer mit philosophischen Studien zu befassen. Nach den Worten seines Jenaer Freundes Johann Rist gehörte Herbart zu denjenigen sechs bis acht Personen, die sich „als die vorzüglichsten Talente" auszeichneten, sogar er selbst „hatte sich von Herbart über Philosophie unterrichten lassen" (Rist 1880, Teil I, S. 56f). Das ist vielleicht die Zeit gewesen, als sich Herbart entschieden hatte, „die Jurisprudenz so lange liegen zu lassen" bis er „mit der Philosophie, den schönen Wissenschaften, selbst mit der Mathematik" vorankomme, so offenbarte er sich in einem Brief an Halem (Herbart 1887–1912, Bd. 16, S. 9). Für ihn bedeutete das nicht bloß „fremde ihm mitgeteilte Gedanken zu reproducieren, sondern selbstständig zu verarbeiten und zu prüfen" (Hartenstein 1842, S. XXIV). Diese verwirklichte „Revolution in Herbarts eigenem Denken" (Ebd.) gab ihm mehr Selbstbewusstsein. Er wagte es, eigene philosophische Ansätze zu verfassen[2], die er in einem Brief an Smidt als „philosophische Versuche" bescheiden bezeichnete (Herbart 1887–1912, Bd. 16, S. 42).

Herbart war vom „regelmässigen Arbeiten" an den wissenschaftlichen Studien schier besessen und diese Beschäftigungen haben ihn schließlich aus jenem „Zustande herausgehoben", in den er nach der Ankunft in Jena geraten war. „Manche Menschen flössten mir Achtung ein, aber ihr Ton, ihre Sitten waren mir fremd, ich wusste nicht mit ihnen umzugehen" – teilte Herbart seinem Freund Halem am 28.08.1795 mit. Abgesehen von den Freundschaften, die er in der Gesellschaft der freien Männer pflegte (Herbart 1887–1912, Bd. 16, S. 9), schien er nach dem ersten Studienjahr nicht besonders glücklich in Jena gewesen zu sein und seine Stimmung verfiel oft „düsteren Gedanken" und „trüben Sinnen", die er in der Natur zerstreuen wollte (Ebd., Bd. 1, S. 34). Bald veränderte sich die Situation, „die Fülle der Freude und des Mutes und der Hoffnung" kehrten wieder, Herbart fühlte sich wohl; darüber berichtet er in einigen Briefen dieser Zeit an Smidt und Halem.

Trotzdem: Anfang des Jahres 1797 war für Herbart das philosophische Studium zwar immer noch erstrangig, aber er war mit sich nicht

---

2 Aus der Jenaer Studienzeit stammen 5 philosophische Schriften Herbarts: Bemerkung zu Fichte's Grundfrage der gesamten Wissenschaftslehre (1794); Einige Bemerkungen über den Begriff des Ideals, in Rücksicht auf Rist's Aufsatz über moralische und ästhetische Ideale (1796); Spinoza und Schelling, eine Skizze (1796); Versuch einer Beurteilung von Schelling's Schrift: Über die Möglichkeit einer Form der Philosophie überhaupt (1796); Über Schelling's Schrift: Vom Ich, oder vom Unbedingten im menschlichen Wissen (1796).

ganz zufrieden. „Wie wenig ich bis jetzt nach Wahl und Plan zu arbeiten im Stande bin", schätzte er sich selbst kritisch in einem Brief an seinen Freund Halem ein (Herbart 1887–1912, Bd. 16, S. 46). Herbart wollte wohl mehr erreichen, aber es gelang ihm nicht wegen der Zerrissenheit in der er sich befand, einerseits die Absicht zu folgen, „es nicht auf das Brodstudium anzulegen", andererseits die Erwartungen der Eltern zu erfühlen. Dazu verschlechterte sich die Situation seiner Familie, was ihm bestimmt Anlass zu großen Sorgen gegeben hat. Die Reise in die Schweiz ermöglichte es ihm, sich selbst und neuen Lebensmut zu finden.

**These 2: Herbart ist von seinen Freunden beeinflusst worden, Hauslehrer in der Schweiz zu werden.**

Am Ende des Jahres 1796 überlegten einige der Freunde aus der Gesellschaft der freien Männer, unter ihnen J. Fischer (1772–1800)[3], J. Steck (1772–1805)[4], C. Boehlendorff (1775–1825)[5], Fr. Eschen (1776–1800)[6],

3 Johann Rudolf Fischer wurde am 1.07.1772 in Langenthal als Sohn eines Pfarrers geboren. Er studierte Theologie in Bern, Lausanne und Jena, wo er sich mit Herbart befreundete. 1798, in der Zeit der Helvetischen Republik, wurde er vom Minister Philipp Albert Stapfer zum Sekretär berufen und befasste sich mit der Organisation der öffentlichen Erziehung. Fischer stand im engen Kontakt zu J. H. Pestalozzi und besuchte ihn in Neuhof und Burgdorf (vgl. Stadler, Bd. 1, S. 447; Pestalozzi 1927–1996, Bd. 13, S. 11). Auf Antrag des Direktoriums skizzierte er ein Projekt zur Gründung von sechs Lehrerseminaren. Trotz Stapfers Fürsprache wurde das Seminar vom Direktorium nicht unterstützt. Fischer starb (1800) an einem typhösen Fieber mit 28 Jahren.
4 Johann Rudolf Steck wurde am 16.05.1772 in Bern geboren. Er studierte Jura, danach arbeitete als Volontär an der Berner Staatskanzlei. 1795 kam er mit dem Freund Fischer an die Universität in Jena, wo er im Rahmen der „Gesellschaft der freien Männer" Herbart kennenlernte. Steck beteiligte sich als Generalsekretär des helvetischen Direktoriums. Nach dem Zusammenbruch der Republik, ab 1803, wurde er in den Großen Rat gewählt und danach in das Oberste Appelationsgericht. Steck starb 1805 an Brustkrankheit (vgl. Steck 1893, S. 540).
5 Casimir Ulrich Boehlendorff wurde im Jahre 1775 in Mitau (heute Jelgava, Lettland) geboren. Nach einem Jahr juristischen Studiums in der Heimatstadt ging er 1794 nach Jena, wo er sich dem Bund der freien Männer anschloss. Zwei Jahre war er Hauslehrer in der Schweiz, dort blieb Boehlendorff mit den Freunden Herbart, Fischer und Muhrbeck im Kontakt. 1800 kehrte er nach Jena zurück, danach folgte ein kurzer Aufenthalt in Dresden. Ab November 1800 bis 1802, in der gleichen Zeit wie Herbart, weilte Boehlendorff in Bremen und hielt Vorträge in der Literarischen Gesellschaft. Bis 1825, als er Selbstmord beging, lebte er in seiner Heimat und verfasste mehrere Gedichte und Theaterstücke (vgl. Zunker 1974, S. 101f.)
6 Friedrich August Eschen wurde am 7.02.1776 in Eutin in die Familie eines Juristen geboren. Er hat Literatur und Philosophie in Jena studiert, war Mitglied der „Gesellschaft der Freien Männer", übersetzte aus dem Griechischen und Lateinischen,

Fr. Muhrbeck (1775–1827)[7] und Herbart selbst, eine Reise in die Schweiz zu unternehmen. Damals war die Schweiz besonders attraktiv, nicht nur wegen der Natur, wie Herbart im Jahre 1797 in einem Brief an Smidt schrieb, „reine Luft … ein Anschauen der unerschütterlichen, unergründlichen, Himmel und Erde verbinden Alpen …" (Herbart 1887–1912, Bd. 16, S. 52), sondern viel mehr durch die aufklärerischen und fortschrittlichen Ideen der Helvetischen Gesellschaft, die besonders unter den Jenaer Studenten diskutiert wurden. Herbart hatte schon längst davon geträumt, die Schweiz zu besuchen; er hatte gehofft, dorthin „in den reiferen Jahren" reisen zu können, aber „viel zu früh", ganz unerwartet, bot sich ihm nun die Möglichkeit dazu und „ohne lange Überlegungen" folgte er „gern und freudig" seinem Glück (Ebd.).

Herbart trat die Reise in die Schweiz an, um Privatunterricht bei der wohlhabenden Berner Familie Steiger zu erteilen. Der Landvogt von Interlaken, so Bartholomäi, „hatte mehreren Schweizern … unbeschränkte Vollmacht erteilt, für seine drei Söhne … einen Erzieher zu wählen" (Herbart 1883–1884, Bd. 1, S. VI). Der Sache hatte sich vorwiegend Fischer angenommen und Zeugnis dafür ist ein Brief von Herbart an Herrn Steiger (Datierung vor 18. Febr. 1797), wo er schrieb, es sei ihm durch den Freund Hr. Fischer mitgeteilt worden, dass der Landvogt „geneigt sein" würde, seine „Söhne einem deutschen Lehrer anzuvertrauen" (Herbart 1887–1912, Bd. 16, S. 48). Das bestätigte auch Steck, der in einem Brief seiner Mutter mitteilte, dass die Stelle „für welche Fischer Bestellung hatte", von Herbart aufgenommen wurde. Peter Stadler schreibt zudem in seiner geschichtlichen Biographie über Pestalozzi, dass Herbart als Hauslehrer „in der Nachfolge Fischers" im Dienst der Familie Steiger trat (Stadler 1993, Bd. 2, S. 173).

publizierte eigene Gedichte. 1798 reiste er zusammen mit Herbart in die Schweiz, um Hauslehrer zu werden. Dort machte er, wie Herbart und Theodor Ziemssen (1777–1843), mit Pestalozzi Bekanntschaft. 1800 ist er tödlich verunglückt bei einer Gletscherwanderung in der Schweiz (vgl. Wortmann 2017).

7 Friedrich Muhrbeck wurde am 23.09.1775 in Greifswald als Sohn des Philosophen J. Ch. Muhrbeck geboren. Er studierte an der Universität Greifswald Philosophie, Mathematik und Chemie. Nach der Magisterpromotion ging er an die Universität Jena, um die Vorlesungen von Prof. Fichte zu hören. Dort trat er mit Schelling und Hegel in Bekanntschaft. Muhrbeck reiste zusammen mit Herbart in die Schweiz. Seit 1800 hielt er an der Universität in Greifswald Vorlesungen über Einleitung in das philosophische Studium, Logik, Anthropologie, Psychologie, Naturrecht und wurde 1814 zum außerordentlichen Professor ernannt (vgl. Zunker 1974).

Die anderen „freien Männer" hatten andere Motivationen als Herbart, in die Schweiz zu reisen. Muhrbeck, der nach Worten von Herbart „Brustkrankheiten" hatte, „suchte am Genfersee [...] seine Gesundheit herzustellen". Boehlendorf und Eschen sollten die Stelle eines Hofmeisters in Bern übernehmen, Lange würde die Schweiz, so Herbart, „den schönsten Platz der Einsamkeit und Eingezogenheit" anbieten oder er könnte dort ein „zweckmässigeres Studium als in Jena" anfangen. Steck wollte sich politisch in seiner Heimat engagieren. Fischer hatte sich für eine Professorenstelle an der Berner Akademie beworben, aber weil er sie nicht bekam, nahm er 1797 das Amt eines Vikars in Schinznach auf (Herbart 1887–1912, Bd. 16, S. 50). Wichtig war, dass alle Freunde zusammen waren. Herbart bedeutete dies viel. Er hoffte, mit „eine[r] Reihe von innigen Freunden", mit denen er gewohnt hatte, nicht nur „Genuss und Arbeit zu teilen", sondern auch sich an ihnen „in trüben und schwachen Stunden" anzulehnen (Ebd.).

Die Entscheidung war getroffen. Ende Februar 1797 war Herbarts Antrag als Hauslehrer positiv entschieden, die Abreise für den 26. März geplant, wie Boehlendorff in einem Brief an Smidt (Herbart 1887–1912, Bd. 16, S. 53) meldete. Herbart sah seinem neuen Leben in der Schweiz mit großen „Hoffnungen, Wünschen, Besorgnissen, Plänen" entgegen (ebd., S. 52). Während der Reise hatte er durchaus Zweifel, mit dieser Entscheidung den richtigen Weg gewählt zu haben. „Auf zwei Jahre bin ich gebunden, ich weiss nicht, wie ich es tragen werde", schrieb er an seinen Freund Rist am 28. März. Aber mit der Ankunft in Bern war der junge Lehrer von dem „schönen Plätzchen" begeistert, von den Bedingungen, die ihm dargeboten wurden („die völlige Freiheit in der Anordnung der Arbeit"), von den freundlichen Gesichtern, von der Hochachtung seitens der Familie Steiger (ebd., S. 61). Bald lagen „die ängstlichen Nebel" hinter ihm, Herbart war „froh und heiter", er fühlte sich in den neuen Verhältnissen wohl und war damit fest überzeugt, mit dem neuen Anfang mehr „klüger und vester" zu werden (Herbart 1887–1912, Bd. 1, S. 366–367).

**These 3:   Herbart wollte sich von der Obhut seiner ehrgeizigen Mutter befreien und selbständig werden**

Frau Lucia Margareta Herbart, war nach einer Beschreibung von Smidt, „eine seltene und merkwürdige Frau", mit einer „lebhaften Phantasie", die „zum Regimente geboren" war; sie „wollte schaffen und wirken".

Damit stand sie „im vollesten Contrast" zu ihrem Gatten, Herbarts Vater, der „schweigsam, trocken, phlegmatisch" schien (Smidt 1887, S. XXX). Ihre Ehe war „unglücklich". Als Mutter hatte sie all ihre Kräfte eingesetzt, den Sohn „nach einem Ideal" zu erziehen, was sie an ihrem Mann „vermisste". Daneben sollte Herbart als einziges Kind das verwirklichen, was die Eltern betreffend das Studium auszuführen anstrebten, obwohl er sich „nach einer literarischen, geistig kosmopolitischen Tätigkeit" sehnte. Trotz der vorgegebenen elterlichen Richtlinien wollte er seinen eigenen Weg gehen und mit der Wahl, sich an der 400 km vom Geburtsort entfernten Jenaer Universität einzuschreiben, war dieser Wunsch offenbar in Erfüllung gegangen. Schon damals kam für Herbart „eine Rückkehr nach Oldenburg … gar nicht in Frage" (ebd.).

Das erste Studienjahr war für den jungen Mann anstrengend, Herbart widmete seine ganze Zeit dem Studium der Philosophie, traute sich aber nicht, seinen Eltern über seine zukünftigen Studien- und Lebenspläne zu schreiben. Noch mehr, fast ein ganzes Jahr kam kein Brief nach Oldenburg von dem „ungezogenen" Sohn, der dies danach damit erklärte, die Aufwärterin habe die Briefe unterschlagen, um „das Postgeld zu stehlen!!!" (Herbart 1887–1912, Bd. 16, S. 13). Die Eltern waren tief besorgt und man kann sich vorstellen, wie viele „Spekulationen ihnen durch den Kopf" (Niemöller 2000, S. 32) gegangen sein werden. Der Freund Smidt sollte es übernehmen, die Eltern zunächst über Herbarts „Unglück" („die Dieberey") (Herbart 1887–1912, Bd. 16, S. 13) aufzuklären und sie dann über dessen Vorhaben zu informieren. Smidt besuchte die Familie und bat „Herbarts weiteren Entwicklungsgang nicht zu unterbrechen" (Smidt 1887, S. XXIX). Es ist anzunehmen, dass die hoch ambitionierte Mutter mit den Absichten „ihres Söhnchens" nicht besonders zufrieden war. Bereits als er ein Kleinkind war, hatte sie seine „Schul- und Akademiekarriere fest im Visier" (Niemöller 2000, S. 32) und jetzt konnte sie diese nicht mehr beeinflussen. Ein guter Grund nach Jena zu fahren, obwohl Frau Justizrätin schon vorher „Fluchtpläne" hatte (darüber Niemöller 2000, S. 35–47). So reiste sie einige Monate später (20.05.1796) ab und blieb dort, bis sich Herbart nach Bern begab, etwa zehn Monate. In Jena pflegte Frau Herbart Kontakt zu prominenten Persönlichkeiten, die damals in der Stadt residierten. Besonders eng war ihr Verhältnis zu der Frau von Prof. Fichte. In einem Brief schrieb Marie Johanna Fichte, dass Frau Justizrätin Herbart die „erste weibliche Seele" sei, mit der sie nach ihrer Abreise von der Schweiz „recht reden konnte" (Herbart 1887–1912,

Bd. 16, S. 58). Die Mutter verkehrte auch mit den Freunden ihres Sohnes, mit einigen stand sie auch lange Zeit danach im Briefwechsel. Man kann sich vorstellen, wie Herbart sich fühlte, wenn seine Mutter jedem seiner Schritte folgte, wenn sie, ihrer Natur nach, ihn „fortwährend ziehen" wollte. Aber der 20-jährige Mann wollte nicht mehr von der Mutter bevormundet werden (Smidt 1887, S. XXV), er wollte seine Zukunft selbst gestalten und selbständig sein. Die Reise in die Schweiz bot ihm eine gute Gelegenheit. Es muss sehr schmerzhaft für Frau Herbart gewesen sein festzustellen, dass ihr Bemühen gescheitert war. Sie hatte schon den Glauben an ihren Sohn verloren und als „die Frage an Herbart herangetreten" war, die Stelle in der Schweiz aufzunehmen, stimmte sie zu mit den Worten: „Gehe ... Was machst Du denn hier? Collegia hörst Du nicht, Du studierst alles allein ...; die Gesellschaft, der Umgang mit unseren Freunden ist Dir weit mehr wert, als das alles ..." (Herbart 1887–1912, Bd. 16, S. 72). Für Herbart war das eine große Erleichterung.

**Schlusswort**

Unabhängig davon, was Herbart bewegt haben mag, die Entscheidung zu treffen, sein Studium abzubrechen; sich dem Hauslehreramt in der Schweiz zu widmen, war entscheidend für seine weitere pädagogische Laufbahn. Warum?

*1. Als Hauslehrer sammelte Herbart praktische pädagogische Erfahrungen, die ihn zu theoretischen Schlüssen führten:* Herbart traf in Bern Ende April 1797 ein. Er wandte sich der erzieherischen Tätigkeit „mit reinstem sittlichen Ernste" hin, obwohl es ihm bewusst wurde, dass es ihm an Wissen fehlte. Aber in den zweimonatlichen Berichten Herbarts an Herrn Steiger lässt sich gut nachlesen, wie gründlich er sich mit der Sache befasste. Am Anfang war sein Augenmerk auf das Wesen der menschlichen Natur gelegt, „man solle keine menschliche Kraft lähmen", und war sicher, dass sie „unter dem Schutze des sittlichen Gesetzes" gedeiht. Seiner tiefsten Überzeugung nach, würde die Erziehung Tyrannei sein, „wenn sie nicht zur Freiheit führe". Aber „wo wollen wir dann aufhören", fragte sich der junge Lehrer, „damit wir die Willkür vermeiden wollen und weiter „künsteln" dürfen?" (Herbart 1887–1912, Bd. 1, S. 48). Die Antwort lautete, so Herbart, „wenn wir den Zweck der Erziehung bestimmen", für ihn „die Kinder dem

Spiele des Zufalls zu entreissen" (Ebd., S. 51). Diese erzieherischen Gedanken werden zur Grundlage der künftigen theoretischen Ansichten Herbarts.

2. *In der Schweiz begegnete Herbart durch „einen Zufall" dem „ehrwürdigen Pestalozzi",* wie er in einem Brief an Halem (28.01.1798) schrieb. Dieses Treffen war für Herbarts weitere pädagogische Tätigkeit bestimmend und bestärkte ihn darin, sich fortan der Pädagogik zu widmen. Die drei Freunde Eschen, Fischer und er hatten sogar „Entwürfe", ein pädagogisches Institut in der Schweiz zu gründen, aber diese Pläne scheiterten bald danach. Im Dezember 1799 verließ Herbart endgültig die Schweiz. Eschen kam im August 1800 bei einem Unfall ums Leben und Fischer starb einige Monate vorher an Typhus. Dennoch setzte sich Herbart nach seiner Rückkehr in Deutschland intensiv mit den Schriften Pestalozzis auseinander. Dies geschah in den Jahren 1800–1802, als er sich in Bremen aufhielt. In der Lesegesellschaft am Bremer Museum wurde das Buch Pestalozzis „Wie Gertrud ihre Kinder lehrt" intensiv diskutiert. Herbart schaltete sich in die Debatte „für" und „gegen" die „Methode" ein und schrieb zuerst eine Rezension über den von Johann Ith verfassten „Amtlichen Bericht über die Pestalozzische Anstalt, und die neue Lehrart derselben". Dort äußerte er überzeugt die Meinung, dass im Institut zu Burgdorf „wirklich etwas Neues, Musterhaftes, Nachahmungswertes" geleistet wurde und die deutschen Lehrer sollten damit bekannt gemacht werden (Herbart 1887–1912, Bd. 12, S. 3–4). Nach dieser ersten Rezeption der Pestalozzischen Lehrtätigkeit, die Herbart selbst erlebt hatte, folgten weitere pädagogische Aufsätze: „Über Pestalozzis neuste Schrift: Wie Gertrud ihre Kinder lehrte. An drei Frauen" (1802), „Pestalozzi's Idee eines ABC der Anschauung" (1802, 1804), „Über den Standpunkt der Beurteilung der Pestalozzi'schen Unterrichtsmethode" (1804). In diesen Schriften, so Herbart, lieferte er nicht nur eine „ausführliche" Skizze über die „Unternehmungen" des Schweizer Pädagogen, sondern viel mehr wollte er darüber hinausgehen und „die ästhetische Wahrnehmung als den Haupt-Nerven der Erziehung" darzustellen. Mit den Publikationen hoffte er seinen Ideen Raum zu schaffen (Herbart 1887–1912, Bd. 16, S. 247).

In der Zwischenzeit, genauer am 22. Oktober 1802, promovierte und habilitierte Herbart an der Universität in Göttingen und hielt seine „Rede bei Eröffnung der Vorlesungen über Pädagogik".

Der Weg zur Pädagogik stand ihm offen.

## Literaturverzeichnis

Asmus, W.: Die Herbarts in Oldenburg. In: Lübling, H. (Hrsg.): Oldenburger Jahrbuch des Oldenburger Landsvereins für Geschichte, Natur- und Heimatkunde. 48. und 49. Band. Oldenburg 1948/1949, S. 11–51.

Goethe an Schiller. In: www.friedrich-schiller-archiv.de/briefe/briefwechsel-goethe-schiller/jahr-1800, Brief 751.

Habeck, R. Ich träum den Hafen, wo die Welle ruht. Das tragische Leben des Casimir Ulrich Boehlendorff. Hessen 1996.

Hartenstein, G.: Einleitung. In: Hartenstein, G. (Hrsg.): J. Fr. Herbarts kleinere philosophischen Schriften und Abhandlungen, nebst dessen wissenschaftlichem Nachlasse.1. Band. Leipzig 1842, S. V–CXX.

Herbart, J. Fr.: Fr. Bartolomäi (Hrsg): Pädagogische Schriften. 2 Bände. Langensalza 1883–1884.

Herbart, J. Fr.: Vorrede. In: Lehrbuch zur Einleitung in die Philosophie. Königsberg 1821, S. III–XX.

Joh. Fr. Herbart`s Sämtliche Werke in chronologischer Reihenfolge. K. Kehrbach, Flügel, O. (Hrsg.). Langensalza 1887–1912.

Laube, H.: Moderne Charakteristiken. Erster Band. Mannheim: Löwenthal 1835, S. 365f.

Mendheim, M.: Woltmann, Karl Ludwig von. In: Allgemeine Deutsche Biographie (ADB). Band 44, Leipzig 1898, S. 188–190.

Niemöller, G.: Herbart gegen Herbart oder Lucia Margareta läßt sich scheiden. Oldenburg 2000.

Pestalozzi, J. H.: Sämtliche Werke. Kritische Ausgabe. 29 Bände. Berlin/Leipzig/Zürich (1927–1996).

Rist, J. G.: Lebenserinnerungen. Gotha 1880.

Smidt, J.: Erinnerungen an J. F. Herbart. In: K. Kehrbach (Hrsg.): Joh. Fr. Herbart`s Sämtliche Werke in chronologischer Reihenfolge. 1. Band. Langensalza 1887, S. XXI–XXXXIV.

Stadler, P.: Pestalozzi. Geschichtliche Biographie. 2 Bände. Zürich 1993.

Steck, R.: Steck, Johann Rudolf. In: Allgemeine Deutsche Biographie (ADB). Bd. 35, Leipzig 1893, S. 540–541.

Woltmann, M.: Der freie Mann Friedrich Augudt Eschen (1776–1800). Verlag Ch. Möllmann 2107.

Zunker, E.: Casimir Ulrich Boehlendorff und die pommerschen Freunden aus der Gesellschaft der freien Männer und im Einflußbereich Hördenlins. In: Baltische Studien. Neue Folge (Hrsg): Gesellschaft für pommersche Geschichte und Altertumskunde, Bd. 60, Marburg 1974, S. 101–126.

KLAUS KLATTENHOFF
# Herbart und der Bund freier Männer

## 1. Vorbemerkungen

Dass Herbart als Schüler hervorragende Lehrer hatte – sowohl Privatlehrer als auch Lehrer an der Lateinschule in Oldenburg – ist für seine Persönlichkeit und spätere akademische Laufbahn sicher von wesentlicher Bedeutung gewesen. Der Rektor der Lateinschule, Johann Siegmund Manso (1731–1796), schrieb in der Ankündigung von Herbarts Rede zum Abschied der Schulabgänger 1794:

> „Unter den Abgehenden hat sich, wie überhaupt unter allen seinen Mitschülern, stets Herbart durch Ordnung, gute Aufführung, Eifer im Studieren u. Beharrlichkeit ausgezeichnet und seyne guten natürlichen Anlagen durch unermüdlichen Fleiß zu entwickeln und auszubilden getrachtet." (Kehrbach/Flügel, Band 16, 1912, S. 5)

Ebenso wie der private Unterricht und die Schule ihn prägten, war sein Aufwachsen in einem kulturellen Umfeld, das auch im kleinen Oldenburg durchaus weltoffen und individuell förderlich war, sicher sehr wichtig. Und dass das offizielle Studium in Jena, wo er hervorragende Gelehrte vorfand, für ihn ebenfalls von grundlegender Bedeutung für sein wissenschaftliches Denken und die Entwicklung seiner Theorien mit dem Ergebnis eines eigenständigen, fundierten Gedankengebäudes war, sei unbestritten.

Zwischen den Bildungsmöglichkeiten über Lehrer, Schule und Elternhaus einerseits und akademischer Bildung durch ein hervorragendes Angebot an der Universität in Jena andererseits, gab es aber noch einen persönlichkeits- und theorieformenden Raum für ihn, der sozialisationswirksam und geistig förderlich gewesen ist: Seine Zugehörigkeit zum *Bund der freien Männer*. Dazu hier einige Hinweise.

## 2. Die Gesellschaft der Freien Männer/Bund freier Männer

### 2.1 Verhältnisse in Jena

Herbart ging mit seinem Abschied vom bekannten Oldenburg in ein neues Domizil, in einen neuen Abschnitt des Lebens, der in Jena beginnen sollte. Der Umbruch war groß.
Das Jena gegen Ende des 18. Jahrhunderts wird von Peter Neumann als *"so etwas wie der geistig-kulturelle Mittelpunkt Deutschlands"* (2018, S. 17) bezeichnet, und Walter Asmus klassifizierte Jena sogar als *"Weltstadt im Reiche des Geistes"* (Asmus 1968, S. 72). Bezogen auf das Stadtbild und das Leben in der Stadt stellte Neumann fest, es handelte sich um

> "ein verfilztes Netz aus Studenten, Professoren und Philistern. An den drei großen, von Ost nach West verlaufenden Straßen [...] stehen mitunter recht imposante Gebäude, viele davon Professorenhäuser, halb Gelehrtenwohnung, halb Vorlesungssaal, weitervererbt seit Generationen. In den Gassen dazwischen aber hält sich der Muff." Es "stoßen hier die Gegenstände sich im Raum. Sonnenlicht, das nur in die obersten Etagen dringt. Spitzgiebel, die sich nach hinten beugen, andere, die drohen, nach vorn zu fallen. Im Gegensatz zu den Dozenten ist es den Studenten verboten, außerhalb der Stadtmauern zu wohnen. Auch deshalb ist alles so eng, gedrungen, bleibt kein Platz zum Atmen. Gegen die schmierigen Wände, die Wanzen und Mäuse, die sich im Bettstroh eingenistet haben, hilft kein Mittel." (Neumann ebd., S. 17) "Die Leutra schlängelt sich an den Gärten außerhalb der Stadtmauer entlang, ein dünner Silberfaden, der zweimal pro Woche durch die schmalen Gassen geleitet wird und den Unrat des Alltags mitnimmt, den Inhalt der Nachttöpfe, die man frühmorgens aus den Fenstern auf die Straße kippt, bis sich alles schließlich in die Saale ergießt." (Ebd., S. 16) "Und doch zieht dieses Städtchen alle an, die Rang und Namen haben oder hoffen, selber einmal Rang und Namen zu erlangen. Hier, ist bald in ganz Europa zu vernehmen, sei die eigentliche Residenz des Geistes. Platons Akademie, sie steht jetzt an der Saale." (Ebd., S. 17)

In Jena lehrten in den 90er Jahren des 18. Jahrhunderts bekannte Geistesgrößen. 1794 wurde Johann Gottlieb Fichte (1762–1814) für Philosophie als Nachfolger von Carl Leonhard Reinhold (1757–1823) berufen. Seit 1789 lehrte Johann Christoph Friedrich Schiller als außerordentlicher Professor für Philosophie Geschichte. Als er diese Tätigkeit aus gesundheitlichen Gründen aufgeben musste, wurde Karl Ludwig Woltmann (1770–1810) sein Nachfolger. Seit 1793 war der Theologe Heinrich Eberhard Gottlob Paulus (1761–1851) in Jena tätig. Ab 1794 lehrte Friedrich Philipp Immanuel Niethammer in Jena Philosophie. Vom Sommer 1794 bis zum Herbst 1795 wohnten auch Wilhelm und Karoline von Humboldt in Jena. Johann Jakob Griesbach (1745–1812) war seit 1775 Professor für Neues Testament hier. Und ab 1795 lehrte der Literaturhistoriker, Altphilologe und Indologe August Wilhelm Schlegel (1767–1845) in Jena.

In dieses Umfeld geriet Herbart nun mit seiner Ankunft in Jena.

Die von den Studenten in Jena praktizierte ungezwungene freie Lebensart war für ihn nicht nur fremd, sondern auch wohl abstoßend. Sie führte in den 90er Jahren in einem größeren Ausmaß auch zu Auswüchsen. Vermutlich inspiriert durch die Ereignisse in Frankreich, kam es im Juli 1792 mit einem *„Studentenauszug"* aus der Stadt zu einer Demonstration gegen den Senat und die Regierung. Dieser *„Exodus"* wurde jährlich wiederholt und mit dem Absingen von Freiheitsliedern profiliert. Darüber hinaus tobten Studenten sich aus. Eine Verwilderung von Sitten und Gebräuchen, insbesondere von studentischen Verbindungen, sogenannten Orden, ging damit einher. Zum Beispiel wurden – begleitet von Schimpfwörtern – in Fichtes Haus dreimal die Fenster eingeworfen.

Herbart reiste im Frühsommer 1794 nach Jena. Seinen Eltern, die von ihm ein Jurastudium erwarteten, hatte er abgerungen, vorher ein Jahr lang Philosophie studieren zu dürfen. Dafür kam Göttingen nicht in Frage – zu konservativ. Aber Jena! Hier konnte der schon an Kant orientierte Herbart seinen Horizont erweitern. Doch Herbart hatte nicht nur die für ein wissenschaftliches Studium gute Grundbildung, sondern auch eine Reihe aus Oldenburg mitgebrachter gesundheitlicher Beeinträchtigungen – körperliche Beschwerden, Sehprobleme – im Gepäck, als er in Jena eintraf. Und darüber hinaus erwies er sich als schüchtern und unbeholfen (was ihm bewusst war), hatte Minderwertigkeitsempfindungen gegenüber anderen Studierenden, was ihn in den Augen anderer als verschlossen erscheinen ließ. Außerdem waren ihm die Sitten der neuen Umgebung fremd. Aber er hatte den 1794 berufenen Historiker Carl Ludwig Woltmann, wie er Oldenburger, als Stütze an seiner Seite. Von Woltmann, der bei Fichte am Mittagstisch saß, wurde auch er an diesen Tisch empfohlen, was er dann bis Ostern 1795 wahrnahm.

## 2.2 Die Freien Männer

Als Johann Friedrich Herbart sich nach der Anreise im Sommer am 20. Oktober 1794 zum Studium in Jena immatrikulierte, gab es schon den einige Monate alten *Bund der freien Männer*. Der war Anfang Juni gegründet worden (das erste Sitzungsprotokoll der Vereinigung stammt vom 18. Juni 1794) und Herbart wurde nach dem Vorlesen eines Probeaufsatzes auf der 20. ordentlichen Sitzung am 26. November 1794 aufgenommen.

Im Vergleich zu den von Studenten in Jena gepflegten Auffälligkeiten in der Öffentlichkeit der Universitätsstadt (siehe oben) war der *Bund der freien Männer* eine Gruppe Studierender, die leise Töne pflegte. Johann Georg Rist, der spätere Politiker und Diplomat, schrieb in seinen Lebenserinnerungen:

> „Es war nichts Geheimes dabei im Spiel, als eben, daß sich die stille, der gegenseitigen Ausbildung gewidmete, wenig zahlreiche Verbindung schon durch diesen Charakter der öffentlichen Aufmerksamkeit entzog. Unter den Studenten galt es doch als ein Ehrentitel, zu den freien Männern zu gehören, und die sechs bis acht Mitglieder zeichneten sich als die vorzüglichsten Talente aus." (Kehrbach/Flügel, ebd., S. 6)

## 2.3 Ausgangspunkt

Die *„litterärische Gesellschaft der freien Männer in Jena"* verstand sich als eine Vereinigung, die unabhängig von damals in Jena vorhandenen Studentengruppen und üblichen studentischen auffälligen Aktionen ihren Vorstellungen nachgehen wollte, also von allem Vorhandenen frei sein, sich nicht durch Teilnahme daran verpflichtet fühlen.

In der Präambel der 1795 veröffentlichten *Gesetze des Bundes* heißt es im §en1:

> „Durchdrungen von der innigsten Liebe für alles Gute und Wahre und der Unzulänglichkeit unserer Kräfte im einzelnen, bey dem besten thätigsten Willen, den Zweck der Humanität zu befördern, vereinigen wir uns, um mit vereinten Kräften, zur Verbreitung der Wahrheit zu wirken, und ihren Gesezen allgemeine Gültigkeit zu verschaffen. – Wahrheit ist unser einziges, unser höchstes Ziel." (Zitiert nach Raabe 1959, S. 337; vgl. auch den Abdruck der „Gesetze" bei Asmus 1968, S. 76)

Und im §en 5 heißt es: „*Wir lieben uns als Brüder, und ehren uns als Menschen, und unser Bund trennt uns von keinem, dessen Antlitz menschlich, und dessen Herz edel ist.*" (Ebd.)

## 2.4 Einflüsse

Die Idee eines *Bundes freier Männer* an der Universität in Jena hat – so darf vermutet werden – ihren Ausgang genommen von einem im „*Neuen Teutschen Merkur*", Band 2, Juni 1793, erschienenen „*Traktat*" mit dem Titel „*Die Gesellschaft der freyen Männer*". Der Verfasser schrieb ihn nach der Auflösung des Bundes, dem er angehört hatte, und nennt die Gründe, die ihn bewogen haben, diesen Traktat zu verfassen. Es sind die Erfahrungen von Freude und freundschaftlichem Umgang bei der Erörterung zeitgenössischer Sachfragen in einer Runde Gleichgesinnter.

„Ich habe zwiefach Ursache an diese Gesellschaft mit Dank zurückzudenken, denn ich habe viel dabey gelernt." (Ebd., S. 106) Und seine Hoffnung ist: „Ich glaube dadurch Veranlassung zu geben, daß vielleicht an andern Orten, wo sich ähnliche Menschen mit denselbigen Bedürfnissen finden, eine ähnliche Gesellschaft errichtet werde." (Ebd., S. 109) Die Mitglieder der Gesellschaft „waren Männer von Kopf und mannichfaltigen Kenntnissen darinnen". (Ebd.) Und die Erfahrungen waren notwendig, denn: „Wir haben in den gebildeten Ständen viel an frohem Sinn, an Empfänglichkeit für Freude verloren; – was bey unserer übertriebenen Verfeinerung, Schwelgerey und unserm unmäßigen Hange nach sinnlichem Wohlleben, unausbleibliche Folge seyn mußte." (Ebd., S. 113) Der Verfasser nennt diese Lebensweise eine „unnatürliche Lebensart" (ebd., S. 114). „Andere verlernen bey vielem unverdauten Lesen das Selbstdenken. […] Viele glauben zu wissen, was sie nicht wissen." (Ebd., S. 115)

Diese Darstellung spiegelt deutlich Positionen der Spätaufklärung. Der Herausgeber des „*Neuen Teutschen Merkur*", Christoph Martin Wieland (1733–1813), war der Schwiegervater des in Jena lehrenden Philosophen Carl Leonhard Reinhold (1757–1823), der als Vorgänger von Johann Gottlieb Fichte (1762–1814) dort bis 1794 lehrte. Die Idee eines *Bundes freier Männer* könnte über ihn an die Studentenschaft herangetragen worden sein. Von Fichte selbst ist der Bund während seiner Lehrtätigkeit in Jena positiv gesehen und durch „seine" Philosophiestudenten beeinflusst worden. Am 4. September 1794 nahm er auch selbst an einer Sitzung des Bundes teil. Die Idee der Gründung eines Studentenbundes mit anderen Zielen als den von den Orden vertretenen, musste er von seinem Selbstverständnis und seiner Auffassung von einem sinnvollen Zusammenleben befürworten und unterstützen.

Der *Bund der freien Männer* wurde dann am 1. Juni 1794 von zehn Studenten gegründet, im gleichen Jahr, in dem Fichte auch seine wissenschaftliche Tätigkeit in Jena aufnahm.

## 2.5 Zugehörige

Wer nun gehörte diesem *Bund der freien Männer* an? Raabe spricht von zwölf Gründern. Mitte 1795 gehörten 17 Mitglieder den freien Männern an. (S. 342) Insgesamt zählt Raabe 44 Personen namentlich auf und verweist auf deren Herkunft und spätere Wirkungsfelder. Viele Lebensläufe, Persönlichkeitsprofile und Wirkungsfelder der freien Männer aus Jena kann man heute in der *Allgemeinen Deutschen Biographie* und der *Neuen Deutschen Biographie* nachlesen.

Die große Mehrheit der freien Männer wurde zwischen 1770 und 1777 geboren. In der Regel waren sie in Lebensverhältnissen aufgewachsen, in denen Positionen der Spätaufklärung die geistigen Standorte der Bezugspersonen mindestens mitbestimmten.

Einige der freien Männer sollen hier kurz vorgestellt werden, insbesondere solche, mit denen Herbart intensiven Kontakt hatte und befreundet war.

An erste Stelle sei hier – weil er auch für diejenigen, die sich mit Herbart befassen, unübersehbar ist – Johann Smidt aus Bremen (1773–1857) genannt. Er gehört zu der Gründungsgruppe der freien Männer, dem Bund gehörte er aber nur ein Jahr lang an (1794/1795), ging danach in die Schweiz, wo er 1797 zum Prediger ordiniert wurde. Dann kehrte er nach Bremen zurück, unterrichtete dort an einem Gymnasium, wurde Bürgerschaftsabgeordneter, 1821 Bürgermeister und als solcher Gründer der Stadt Bremerhaven. Smidt war einer der wichtigsten Freunde Herbarts. Nach seiner Rückkehr aus der Schweiz wohnte Herbart bei Smidt in Bremen. Hier bereitete er sich auf seinen wissenschaftlichen Werdegang vor.

Früh befreundeten sich Herbart und Johann Georg Rist (1775–1847), der aber schon 1795 Jena verließ und in Kiel weiter studierte. Nach einer Zeit als Privatsekretär des dänischen Finanz- und Handelsministers Graf Ernst Heinrich von Schimmelmann trat er in den diplomatischen Dienst Dänemarks. Mit seinen 1880 von G. Poel veröffentlichten Lebenserinnerungen hat er eine wichtige Quelle hinterlassen, die zur Rekonstruktion der Geschichte der freien Männer unentbehrlich ist.

Ein weiterer sehr geschätzter Freund Herbarts war Casimir Ulrich Karl Boehlendorff (1775–1825), der 1794 nach Jena kam und als Dichter, Schriftsteller und Historiker bekannt geworden ist. Auch mit dem früh (1800) durch einen Unfall verstorbenen Friedrich August Eschen (1776–1800), der ab 1796 in Jena studierte und sich als Homer-Übersetzer einen Namen machte, war Herbart intensiv freundschaftlich verbunden.

Ebenso mit August Ludwig Hülsen (1765–1809); der kam 1795 nach Jena, wo er aber nur ein Jahr lang blieb. Er war zehn Jahre älter als die Studierenden, die als Fichteschüler in Jena Philosophie studierten. Im *Bund der freien Männer* war er außerordentliches Mitglied und mit Berger verband ihn eine enge Freundschaft. Beide lebten nach ihrer Zeit in der Schweiz in Schleswig-Holstein als Bauern.

Johann Erich Berger (1772–1833) war einer der Mitinitiatoren bei der Gründung des *Bundes der freien Männer*. Nach dem frühen Tod von Hülsen (1809) studierte er in Göttingen bei Gauß noch Astronomie. An der Universität in Kiel wurde er 1814 Professor für Astronomie und nach seiner Promotion 1815 in Philosophie an der gleichen Universität 1826 als Professor für Philosophie berufen. Herbart und Berger kamen sich in den ersten Monaten des Jahres 1796 *„in stundenlangem Philosophieren und Diskutieren"* (Asmus, ebd., S. 324) näher. Herbart schätzte an Berger besonders dessen Scharfsinn. 1795 hatte Berger im *„Genius der Zeit"* einen Aufsatz über Bedingungen der Nationalerziehung veröffentlicht, den Herbart in einer Versammlung der freien Männer am 5. Mai vorlas und wozu er dort eine Stellungnahme abgab.

Theodor Ziemssen (1777–1843) trat erst Anfang 1799, also wenige Monate vor der Auflösung Ostern des gleichen Jahres in den *Bund der freien Männer* ein. Herbart lernte ihn, den späteren Theologen und Gründer einer privaten Erziehungsanstalt (1807) erst in der Schweiz kennen.

Befreundet war Herbart auch mit Johann Diederich Gries (1775–1842), der in Jena Jura studierte und den er als Ästheten sehr schätzte. Die Annäherung der beiden Männer erfolgte über die Musik. Bei philosophischen Erörterungen konnten sich jedoch keine positiven Beziehungen zwischen ihnen Raum verschaffen. Bekannt geworden ist Gries u. a. auch durch die Übersetzung des *Tasso*.

Habe ich einige wichtige übersehen? Vermutlich, denn Herbart unterhielt Kontakte mit allen Mitgliedern im Bund der freien Männer.

## 2.6 Aktivitäten

Von seiner Gründung bis zu seiner Auflösung trafen sich die dem *Bund freier Männer* angehörenden Studenten zu 123 Sitzungen. Das erste Protokoll trägt das Datum 18. Juni 1794, das letzte Protokoll wurde für die Sitzung am 6. März 1799 verfasst. Rein rechnerisch heißt das also, dass etwa alle zwei Wochen eine Sitzung stattfand. Die Sitzungstermine sind jedoch nicht im gleichmäßigen zweiwöchigen Abstand festgelegt worden. Manchmal trafen sich die freien Männer in dichteren Abständen, zum Beispiel wöchentlich, manchmal sind erweiterte Zeiträume festgelegt worden.

In den Sitzungen hielten Mitglieder des *Bundes der freien Männer* Vorträge, lasen selbst verfasste Texte und aus Veröffentlichungen vor und deklamierten zwecks Schulung der eigenen Rhetorik und Überzeugungsfähigkeit.

Die Themen der Sitzungen spiegeln das Interesse der freien Männer an Staat und Gesellschaft einerseits und an der Situation und der Rolle des Individuums andererseits. Und alles, was dazwischen denkbar ist, also Kultur, Religion, Philosophie. Und die Pädagogik und deren Funktion in den Zusammenhängen. Die Philosophie ist dabei Bezugspunkt und Maßstab. Das Leben muss im philosophischen Sinn in Ordnung sein bzw. in Ordnung gebracht werden. Und das gelingt nach der Auffassung der freien Männer durch Wahrheitsliebe und Vernunft. Der Mensch muss mit sich selbst stimmig sein. Die anthropologische Grundfrage *„Was ist der Mensch?"* und daraus folgernd *„Was ist seine Bestimmung?"* und wie steht das im Verhältnis zur Natur, die den Menschen umgibt, sind klärungsbedürftig, wobei das als Einheit zu denken ist. Die Besinnung auf sich selbst vollzieht sich im Geistigen, und die dort entstehende geistige Welt steht über der Außenwelt. (Vgl. die Darstellung von Rist, der sich das von Herbart erläutern ließ und dadurch zunächst nur Verwirrung bei sich ausmachte) Kant hatte Aufklärung als Ausgang des Menschen aus seiner selbstverschuldeten Unmündigkeit gesehen und dafür Gründe genannt. Um sich daraus zu befreien muss sich der Mensch durch die Wahrheit zum Menschen befreien lassen. Wahrheit ist über Wissen zu erwerben und Wissen ist Voraussetzung für Willen, der wiederum Sittlichkeit ermöglicht. Um die hier angedeuteten Zusammenhänge aufzubauen bzw. in Bewegung zu bringen, bedarf es einer Form des Zusammenlebens, in der jeder jeden schätzt, und in der man möglichst freundschaftlich miteinander verbunden ist. Die freien Männer waren eine solche Gruppierung. Sie haben das erfolgreich praktiziert. Ihre Beziehungen blieben auch noch lange nach dem Ende ihres Studiums durch Besuche und Briefkontakte erhalten.

## 2.7 Herbart im Bund

Herbart war nicht nur Fichtes *„erster Schüler"* (Rist in Kehrbach/Flügel, ebd., S. 7). Im *Bund der freien Männer* entwickelte er sich auch als wesentlicher Impulsgeber, sowohl in der Verbreitung des Verständnisses von Fichtes Philosophie als auch der im Verlauf der Zeit deutlicher werdenden eigenen Kritik daran.

Rist berichtet von einem Spaziergang, auf dem er Herbart seine Vorstellungen vom Lauf und Sinn der Dinge darstellte.

> „Herbart lächelte, und mit der ihm eigenen Klarheit und Bündigkeit hob er nun an, von den einfachsten Wahrnehmungen der sinnlichen und geistigen Erfahrung ausgehend, mein schönes Gebäude einzureißen und mir begreiflich zu machen, daß nur in meinem Kopfe jene Gesetze des Weltalls, das Weltall selbst, die ganze leibliche und übersinnliche Natur sammt allen ihren Erscheinungen existiere, daß ich mich nur in Allem sehe, und folglich auch nichts habe außer mir, alles Andere Schatten von mir, ein Traum der Seele sei, in ihren Tiefen geträumt. – Mir war allmählich eiskalt, wie ich so um mich her Alles verschwinden sah, die befreundete Welt mit ihren heiteren Farben, die Luft der Sinne und was das Herz liebte in der Natur, deren leibhaftiges Kind ich mich wohl nennen durfte." (Kehrbach/Flügel, ebd., S. 7)

In einem Brief Herbarts vom 30. März 1796 an Smidt heißt es: *„Meine Philosophie, oder vielmehr mein Philosophieren geht mehr und mehr seinen eigenen Gang; besonders sind mir gegen Fichte's Lehre von der Freiheit sehr große Zweifel aufgestiegen."* (Kehrbach/Flügel, ebd., S. 31) Und im Juni schrieb er an Smidt: *„Unendlich viel war mir das Vierteljahr!"* (Zitiert bei Flitner 1913, S. 14)

Der personelle Wechsel in der Mitgliedschaft des Bundes der freien Männer enthielt auch immer die Notwendigkeit, sich auf neue einzustellen und einzulassen. Im September 1796 schrieb Herbart an Rist in Anknüpfung an die positiven Erfahrungen des Jahres:

> „Mit den Schweizern hoffe ich noch einmal recht glücklich werden zu können. Sie vereinigen viel Geist mit großen Kenntnissen und dem vortrefflichen Charakter, sie sehen mich gern, ich esse Abends bey ihnen,

wahrscheinlich wird auch Böhlendorf, wie er schon angefangen, unsere Gesellschaft vermehren. Mir fehlt nichts, wenn ich mit ihnen bin, – als Du, lieber Rist." (Kehrbach/Flügel, ebd., S. 36)

## 3. Das Schweizer Trio

### 3.1 Freie Männer aus Jena in der Schweiz

Aus dem Studium heraus oder nach dem Ende des Studiums zog es mehrere Mitglieder des Bundes der freien Männer in die Schweiz. Einige Schweizer studierten in Jena und gehörten auch dem *Bund der freien Männer* an (Johann Jacob Cramer (1771–1855), Johann Rudolf Fischer (1772–1800), Albrecht Friedrich May (1773–1853), Johann Rudolf Steck (1772–1805). Sie haben in der Vermittlung von Hauslehrerstellen eine gewisse Rolle gespielt. Die Schweiz war aber vor allem aus politischen Gründen ein beliebtes Ziel. Hier hatte Rousseau gelebt, hier war man der Französischen Revolution nahe, hier wurde darüber diskutiert. Und für die pädagogisch Interessierten gab es Pestalozzi.

1796 gehen Johann Erich Berger und August Ludwig Hülsen nach Bern. Während ihres Aufenthaltes in der Schweiz (1796–1798) besuchen sie u. a. Johann Heinrich Pestalozzi (1746–1827) und Philipp Emanuel Fellenberg (1771–1844).

1797 reisen insgesamt sechs freie Männer in die Schweiz. Insgesamt befinden sich in dem Jahr zwölf freie Männer in der Schweiz, darunter auch Herbart. Er verlässt 1797 Jena und wird Hauslehrer in Bern. Auch Casimir Ulrich Karl Boehlendorff war von 1797 bis 1799 Hauslehrer in Berner Familien. Und Friedrich August Eschen kommt 1798 hinzu und wird dort Hauslehrer. Theodor Ziemssen ist von 1799–1803 Hauslehrer in der Schweiz.

In der Schweiz hielten die freien Männer Kontakt zueinander. Man besuchte sich, hielt über Briefe Kontakte aufrecht, auch zu denen, die nicht mit in die Schweiz gegangen waren. Die freien Männer Steck, Herbart, Boehlendorff, May, Eschen und Ziemssen beteiligen sich an der *Berner Lesegesellschaft*. (Wortmann 2017, S. 664) Die philosophischen Diskurse von Jena wurden in der Schweiz fortgesetzt bzw. wieder aufgenommen.

### 3.2 Eschen, Herbart, Ziemssen

Eschen und Herbart waren schon zu Studienzeiten in Jena befreundet, in der Schweiz gesellte sich Ziemssen dazu. Und dieses „Trio" entwickelte gemeinsam Zukunftsplanungen, Ideen für die Gestaltung des Erziehungs- und Unterrichtswesens und darüber hinaus Pläne für die Gründung eines großen Erziehungsinstituts. Ihre Ideen dazu fußten einerseits auf die in Jena erworbenen Theorien und Ansichten und andererseits auf die Praxiserfahrungen aus ihren Hauslehrertätigkeiten. Und durch die Auseinandersetzung mit Pestalozzi, den sie besuchten und der seinerseits auch Herbart aufsuchte.

Am 20. April 1800 schrieb Herbart – nun schon aus Bremen – an Eschen:

„Es ist noch von andern gemeinschaftlichen Unternehmungen der Freunde unter uns die Rede gewesen. Von einem Erziehungswesen im Grossen. Es ist auch von 3 Örtern die Rede gewesen, von der Schweiz, – von Bremen [...] – von der Insel Rügen. [...] Von einer Zeit ist noch nicht geredet. Wohl aber von allerley sehr nöthigen wissenschaftlichen Vorbereitungen; auch von Grund und Boden [...] und vom Nerven der weltlichen Dinge. Das hat uns eben nicht geschreckt. [...] Möchtet Ihr? [...] Wisst Ihr nun, warum ich gerade jetzt überlege, ob, und was, und wie [...] man auf die Freundschaft bauen könne? – Euer Herbart." (Zitiert nach Wortmann 2017, [Anhang], CD-ROM, S. 1353)

Am 9. Juni 1800 schrieb Ziemssen an Herbart. In dem Brief setzt er sich mit Pestalozzi auseinander.

„Ich denke Erziehung hier besonders für Bildung des Charakters nehmen zu müssen, und stimme vollkommen mit Dir überein zu verlangen, daß Unterricht und Erziehung fast identisch werde. Aber wir reden hier von der frühen Kindheit, und da möchte ich denn doch wohl lieber sagen, der Unterricht müße sich gleichsam unmerklich in den (natürlich zugleich erziehenden) Umgang einmischen, als jede Lehrstunde müße zugleich erziehen, welches für spätere Jahre ganz richtig seyn kann." (Kehrbach/Flügel, ebd., S. 162)

Am 12. Juni 1800 schrieb Eschen an Herbart:

„Der Gedanke an eine mögliche engere Vereinigung zum Wirken auf die Bildung der Menschheit, worüber Du mit Schmidt sprachst, hat mir und meinem Freunde Ziemßen schon manche frohere Stunde gemacht, selbst indem wir den Gedanken blos als Gedanken mit dem Flügel der

Einbildungskraft verfolgten. Was wäre herrlicher, als eine solche unmittelbare Vereinigung zum unmittelbaren Nuzen, und unter Freunden, die einem so ähnlichen Ziele in ihrem Wirken zuzustreben scheinen, und unter einem Himmel, der jede Freude über Gelungenes im Guten und Schönen lachender aufnimmt! Wenn der Gedanke an diese Möglichkeit uns so hinreißt, was würde nicht die Wirklichkeit? Welch ein Altar der Freundschaft würde nicht in dem Kreise sich erheben, voll von Blumen und Früchten, die unter der Pflege der Freundschaft schneller und reicher aufwuchsen! Die Bekanntschaft mit Pestalozzi und das Anschauen seiner Kraft und Wirkung machte uns die Idee noch lebendiger und wir streiften über das, was im Wege zu stehen schien, leichter und schneller hinweg." (Zitiert nach Wortmann 2017, [Anhang], CD-ROM, S. 1360)

Beendet wurden diese Planungen durch den Tod Eschens, der am 7. August während einer gemeinsamen Erholungstour mit Ziemssen am Mont Blanc in der Nähe von Chamonix tödlich verunglückte. Herbart war im Frühjahr 1800 aus Bern abgereist. Eschen war sein Nachfolger als Erzieher der Steigersöhne geworden. Ziemssen war von diesem Unglück so getroffen, dass er danach an einer längeren Nervenkrankheit litt.

Am 16. Oktober 1800 schrieb Ziemssen von Bern aus an Herbart. In dem Brief drückt er zunächst seine große Trauer und Betroffenheit über den Tod Eschens aus. Dann aber kommt er auf das gemeinsam ins Auge gefasste Anliegen zurück:

„Von Deinen und meinen Plänen, sowie von unserm gemeinschaftlichen Plane, schreibe ich Dir heute nichts weiter, obgleich ich noch manche Idee hierüber mit Dir auswechseln möchte. Denn theils fühle ich mich wirklich heute nicht ganz dazu aufgelegt, mit Ordnung und Gründlichkeit darüber zu reden." (Kehrbach/Flügel, ebd, S. 175)

Was ist geblieben und heute noch erkennbar?
Ziemssen gründete 1807 eine private Erziehungsanstalt in Hanshagen bei Greifswald. Es ist davon auszugehen, dass die gemeinsamen Zukunftsplanungsgespräche mit Herbart und Eschen hierbei einen Einfluss hatten. Aber sicher auch und vielleicht noch viel mehr die Erfahrungen, die Ziemssen weiterhin in der Schweiz sammeln konnte, wo er bis 1803 blieb. Sein Kontakt zu Pestalozzi führte dazu, dass dieser ihn in die Leitung seines Erziehungsinstituts in Burgdorf berufen wollte. Ziemssen gehörte auch der fünfköpfigen Kommission an, die der Bildungsminister

der Helvetischen Republik Philipp Albert Stapfer (1766–1840) einberief, um Pestalozzis Methode überprüfen zu lassen. Später schrieb Pestalozzi an Ziemssen: *„Es ist wahr, Sie waren einer der ersten, der in dem schwachen Keime die Früchte ahnete!"* (Zitiert nach Gülzow 1927, S. 86) Und bei Herbart? Die Durchleuchtung seiner Veröffentlichungen geben davon Zeugnis.

## 4. Spuren in Herbarts Theorie

Zu manchen Ideen aus diesem regen Gedankenaustausch, die in den Briefen angesprochen werden, finden sich in den frühen Veröffentlichungen von Herbart Hinweise. Das betrifft sowohl die von Herbart benutzten Begriffe als auch konzeptionelle Grundüberlegungen. Dabei spielen nicht nur die Gespräche und schriftlichen Stellungnahmen (Briefe) der freien Männer in den Jahren des Aufenthaltes in der Schweiz eine Rolle, sondern auch die durch den Aufenthalt erworbenen Praxiserfahrungen, die sie als Hauslehrer machen konnten, und die Eindrücke, die sie aus Besuchen bei Pestalozzi mitnahmen. Die Schriften Herbarts, die einschließlich seines grundlegenden Werkes *„Allgemeine Pädagogik zum Zweck der Erziehung"* von 1806 vor seiner Berufung nach Königsberg erschienen („Ideen zu einem pädagogischen Lehrplan für höhere Studien, 1801"; „Über Pestalozzis neuste Schrift: Wie Gertrud ihre Kinder lehrte, 1802"; „Pestalozzis Idee eines ABC der Anschauung, 1802"; „Über die ästhetische Darstellung der Welt als das Hauptgeschäft der Erziehung, 1804"), müssten diese Spuren enthalten. Ihnen nachzugehen, ist hier an dieser Stelle nicht möglich, sollte aber als Aufgabe gesehen und bestehen bleiben. Sowohl Ziemssen als auch Eschen haben zumindest Begriffe in ihren schriftlichen Äußerungen benutzt, die für die Herbartsche Pädagogik eine zentrale Bedeutung haben.

### Literatur

Asmus, W.: Johann Friedrich Herbart. Eine pädagogische Biographie. Band I: Der Denker. 1776–1809. Heidelberg 1968.
Asmus, W. (Hrsg.): Johann Friedrich Herbart. Pädagogische Schriften. Erster Band. Kleine pädagogische Schriften. Düsseldorf und München 1964.
Berger, J. E.: Ueber die vorhergehenden Bedingungen einer verbesserten Nationalerziehung. In: Der Genius der Zeit, Sechster Band, September bis December 1795, S. 266–318.

Die Gesellschaft der freyen Männer. In: Der Neue Teutsche Merkur vom Jahre 1793. Herausgegeben von C. M. Wieland. Zweyter Band. Weimar 1793. 6. Stück, Juni 1793, S. 105–121.

Flitner, W.: August Ludwig Hülsen und der Bund der freien Männer. Jena 1913.

Gülzow, E.: Theodor Ziemssen, ein Greifswalder Freund Pestalozzis. In: Unser Pommerland, Monatsschrift für das Kulturleben der Heimat, 12 (1927) 3, S. 85–87.

Kehrbach, K./Flügel, O. (Hrsg.), Fritzsch, T. (Bearb.): Johann Friedrich Herbarts sämtliche Werke, Band 16, Langensalza 1912.

Krämer, U.: „…meine Philosophie ist kein Buch". August Ludwig Hülsen (1765–1809). Leben und Schreiben eines Selbstdenkers und Symbolphilosophen zur Zeit der Frühromantik. Frankfurt am Main 2001.

Neumann, P.: Jena 1800. Die Republik der freien Geister. ³München 2018.

Poel, G. (Hrsg.): Johann Georg Rists Lebenserinnerungen. Teil 1 und 2. Gotha 1880.

Raabe, P.: Das Protokollbuch der Gesellschaft der freien Männer in Jena 1794–1799. In: Festgabe für Eduard Berend zum 75. Geburtstag am 5. Dezember 1958. Weimar 1959, Seite 336–383.

Strümpell, [L. von]: Die Pädagogik der Philosophen Kant, Fichte, Herbart. Ein Überblick. Brauschweig 1843.

Willmann, O./Fritzsch, T. (Hrsg.): Johann Friedrich Herbarts pädagogische Schriften, 3 Bände. Dritte Ausgabe. Osterwieck/Harz und Leipzig 1913–1919.

Wortmann, M.: Der Freie Mann Friedrich August Eschen (1776–1800). Aus der Zeit ‚großer Klassiker'. Biografie – Briefe – Werke – Kontexte – Pädagogik – Rezeption. [Und CD-ROM mit Quellen]. Borchen 2017.

Nadia Moro

# Vom Idealismus zur wissenschaftlichen Psychologie. Gegensatz in der Philosophie von Johann Friedrich Herbart

> *Reinlichkeit* der Forschung
> ist die Bedingung ihres Gelingens.
>
> Johann Friedrich Herbart

Johann Friedrich Herbart hat behauptet, dass seine wissenschaftliche Psychologie aus den Mängeln des Idealismus, und insbesondere der Philosophie von Johann Gottlieb Fichte, entwickelt wurde. Als junger Student der Philosophie in Jena setzte sich Herbart intensiv mit der Wissenschaftslehre seines Mentors Fichte auseinander. Schon zu einem frühen Zeitpunkt problematisierte Herbart idealistische Haltungen und begann, seinen kritischen Realismus zu begründen. In diesem Prozess findet die Analyse des Begriffs des Gegensatzes statt, dessen Bearbeitung wesentlich und aufschlussreich für die Entfaltung von Herbarts philosophischem Realismus ist.

In den philosophischen und psychologischen Werken Herbarts spielt der Begriff ‚Gegensatz' eine erhebliche Rolle. Einer Analyse dieses Begriffs, wie Herbart ihn verwendet, dient der vorliegende Aufsatz; hiermit soll ein kleiner Beitrag zur Begriffsgeschichte des frühen 19. Jahrhunderts und innerhalb von Herbarts Denken geleistet werden.[1] Denn es gilt allgemein, dass Herbarts Übergang vom Idealismus zum Realismus um der Jahrhundertwende stattfindet, als er nach einer „Ohnmacht des Körpers und des Geistes" (Herbart 1895, S. 9) die Grundlagen von Fichtes transzendentalem Idealismus in Frage stellt und schließlich entscheidet, Jena zu verlassen, als Hauslehrer in die Schweiz zu gehen, um neuen

---

[1] Die Autorin hat früher eine Rekonstruktion des Begriffs der „Verschmelzung" innerhalb von Herbarts Psychologie ausgeführt (vgl. Moro 2012, S. 101–105).

Raum für sein eigenes Denken zu schaffen und später in Göttingen seine Thesen zur Promotion und *venia legendi* einzureichen. Diesen philosophischen Prozess, der sich innerhalb von wenigen Jahren vollzieht, hat insbesondere Renato Pettoello in seiner Monographie aus dem Jahr 1986 rekonstruiert. Wenn Herbart seit seiner Bremer und ersten Göttinger Zeit konsequent sein System des „strenge[n] Realismus" (Herbart 1806/1808, S. 215) erarbeitet, so geschieht dies *nicht ohne* begriffliche Veränderungen. Diese Veränderungen dienen der Aufstellung und Verfeinerung von begrifflichen Mitteln („zufällige Ansichten" oder „Hilfskonstruktionen") zur Ergänzung und zum Verständnis der Erfahrung. Die auf diese Weise errungenen Lehren entsprechen Herbarts Auffassung von Philosophie als Bearbeitung der Begriffe.

Der Begriff Gegensatz spielt historisch und systematisch eine zentrale Rolle in der Distanzierung Herbarts vom Idealismus und in der theoretischen Bearbeitung seines Systems des Realismus. Denn erst durch die Bearbeitung des Begriffs des Gegensatzes wird das Vielfältige in der Erfahrung erklärt; diese Erklärung ist im Rahmen von Herbarts Realismus möglich, indem sie über Fichtes Idealismus hinausgeht. Die These über die Geltung des Gegensatzbegriffs, die hier vertreten wird, ergibt sich aus einer nahen Lektüre von Herbarts philosophischen und psychologischen Haupttexten und Aufsätzen.

Der Klarheit halber soll vorausgeschickt werden, dass ‚Gegensatz' nicht ‚Widerspruch' ist und nicht mit den Widersprüchen zusammenfällt, welche in der Erfahrung oft auftauchen und für Herbart als Ausgangspunkt des Philosophierens gelten: *„in den Formen unserer Erfahrung liegen innere Widersprüche"* (Herbart 1828, S. 15). Z. B. findet Herbart Widersprüche im Ich; denn die Einheit, welche wir dem Ich zuschreiben, verträgt sich nicht mit der Vielheit und dem kontinuierlichem Wechsel von Eindrücken, Wahrnehmungen, Gefühlen, die wir erleben. Das Ich als Setzung, wie es bei Fichte als erste Grundlage vorkommt, ist ebenfalls in Widersprüchlichkeit befangen – was der junge Herbart bereits in Jena zu zeigen versucht hat. Die Auflösung dieses und ähnlicher Widersprüche ist Aufgabe der Philosophie im Allgemeinen. Erst später im komplexen Prozess der Auflösung von Widersprüchen taucht der Begriff des Gegensatzes auf, welcher zu philosophischen Stellungnahmen wie Realismus und Pluralismus führt.

Philosophie hat auch die Aufgabe, unser psychisches Leben zu erklären. Das heißt, ausgehend von Prinzipien zu verstehen, und gegebenenfalls zu rekonstruieren, wie im Bewusstsein die erwähnte Vielfalt von

Eindrücken, Wahrnehmungen, Gefühlen überhaupt entstehen kann, wenn die Seele metaphysisch eins und einfach, das Bewusstsein psychologisch eins ist.

Der Begriff Gegensatz ist sehr spezifisch und gehört in diesem Zusammenhang, in der Art und Weise, wie das Viele der Vorstellungen zur Einheitlichkeit gelangen kann und gleichzeitig eine gewisse Ausdifferenzierung zulässt. Um das Zusammen und die Vielfalt der Vorstellungen zu erklären, verwendet Herbart den Begriff Gegensatz insbesondere in der Psychologie, obwohl er ihn in der Ontologie durch die Lehre vom wirklichen Geschehen, d. h. die Lehre von den Störungen und Selbsterhaltungen der Wesen, systematisch vorbereitet. Selbsterhaltungen sind Akte, durch welche die Wesen Störungen erwidern, die sie durch andere Wesen erleiden, und sich selbst erhalten. Durch Selbsterhaltungen und Störungen wird das Zusammen vieler Wesen im wirklichen Geschehen erklärt; daraus ergibt sich die ontologische Verträglichkeit einer Vielheit von ansonsten absoluten Wesen[2]. Ontologisch betrachtet ist die Seele eins dieser einfachen Wesen.

Psychologie will Herbart als eine Wissenschaft begründen, die, wie die „Naturforschung, [...] den völlig regelmäßigen Zusammenhang der Erscheinungen überall voraussetzt, und ihm nachspürt durch Sichtung der Thatsachen, durch behutsame Schlüsse, durch gewagte, geprüfte, berichtigte Hypothesen, endlich, wo es irgend seyn kann, durch Erwägung der Größen und durch Rechnung" (Herbart 1824, S. 185). Historisch stammt Herbarts Psychologie aus seiner Kritik des Idealismus, wie er am Anfang des ersten, synthetischen Bandes der *Psychologie als Wissenschaft* darlegt (ebd., S. 237–253). Aber systematisch hätte er von mathematischen Annahmen ausgehen können (Herbart 1828, S. 4–5). Das ist eine wertvolle methodologische und epistemologische Aussage für jemanden – wie Herbart – der die Aufstellung der Mechanik des Geistes anstrebte und sich mehrmals die Achtung und Mitarbeit von Mathematikern wünschte.

Der Plan zur systematischen Behandlung der Psychologie wird knapp bereits 1806/1808 in den *Hauptpuncten der Metaphysik*, § 13. *Elemente einer künftigen Psychologie* geschildert. Es geht um einen sehr dichten

---

2 Herbarts Lehre vom wirklichen Geschehen ist aus verschiedenen Perspektiven gedeutet worden. Träger (1982, S. 20–23) betont den Verweis auf die menschliche Perspektive innerhalb von einer Theorie der Repräsentation; Pettoello (2002) und Maigné (2005, S. 76–81) rekonstruieren den Zusammenhang zwischen absoluter und relativer Setzung und weisen dadurch die theoretische, begriffliche Begründung von Herbarts Ontologie nach.

Text, der uns heutzutage erst durch einen gründlicheren Vergleich mit Herbarts späteren Hauptwerken, der *Allgemeinen Metaphysik* (1828–1829) und der *Psychologie als Wissenschaft* (1824–1825) aufgeht.

Im Text der *Hauptpuncte der Metaphysik* wird das sogenannte „erste psychologische Postulat" klar formuliert: „Gegensatz und Ausschließungskraft der Vorstellungen unter einander" (Herbart 1806/1808, S. 209)[3], wobei Vorstellungen „das Element unsres geistigen Daseyns selbst ausmachen" (ebd., S. 210). Als Fachterminus der Psychologie bezeichnet ‚Vorstellung' ein Einfaches, etwas, was nicht zusammengesetzt und nicht zerlegbar ist, und was als theoretische Grundlage – aber nicht als absolut bestehendes Ding oder isolierbarer Zustand – dient. Eine Vorstellung im psychologischen Sinne ähnelt der Behandlung von materiellen Punkten in der Mechanik oder der Annahme einfacher Empfindungen als letzter Bestandteile der Wahrnehmung in einfachster Form, z. B. „das Kalt, Warm, Roth, Blau, Süß, Sauer, u. s. w." (ebd., S. 185). Vorstellungen werden in der Psychologie mathematisch als Größen betrachtet, die zueinander bestimmte Verhältnisse bilden. Was genau für Verhältnisse dies sind, hängt grundsätzlich vom Gegensatz ab, den es nun näher zu bestimmen gilt.

Wenn man den unaufhörlichen Wechsel unserer Wahrnehmungen und Gedanken betrachtet, sieht man ein, dass theoretisch eine sehr große Anzahl von Vorstellungen anzunehmen ist, was die mathematische Konstruktion und die philosophische Analysis und Synthesis erschwert. Das ist der Grund, warum Herbarts Ansatz im ersten, synthetischen und im zweiten, synthetischen Band der Psychologie so verschieden ist. Im ersten Band werden die psychologischen Begriffe (wie z. B. Reproduktion, Hemmung, Verstärkung, Verdunkelung, Schwelle, Reihe) durch mathematische Formeln bearbeitet und dargestellt. Im zweiten Band setzt sich Herbart vielmehr mit Beobachtungen und Erkenntnissen über das Wahrnehmen und Fühlen sowie über kognitive Tätigkeiten auseinander. Sein Endziel ist, das Komplexe (d. h. unser „buntes" geistiges Leben) auf das Elementare, also auf einfache Vorstellungen und ihre Verhältnisse, zurückzuführen.

Zu diesem Zweck erarbeitet Herbart eine Grundform von Verhältnissen unter sehr wenigen Vorstellungen, zunächst nur zwei oder drei – auf

---

3   Später wird Herbart auf den Grundbegriff der Psychologie eingehen und als Ausgangspunkt den Begriff des Strebens gehemmter Vorstellungen bezeichnen (Herbart 1828, S. 4, 5), der auf die Verhältnisse des Gegensatzes und der Hemmung zurückgeht.

diese vereinfachte, doch grundlegende Betrachtung beschränken sich die vorliegenden Betrachtungen. Diese Grundform modifiziert Herbart immer weiter, indem er mehrere Vorstellungen (Milliarden), ihre Kräfteverhältnisse, zeitliche Veränderungen und weitere Größen in die Rechnung miteinschließt, um womöglich bis zur Erklärung vom Wahrnehmen, Benehmen, Räsonieren und ästhetisch Urteilen in mathematisch-mechanischer Form zu gelangen.

Die Erklärung fängt mit nur zwei oder drei Vorstellungen an, welche als einfache Einheiten rein theoretisch eingeführt werden und nur hypothetisch mit vorhandenen Empfindungen korrespondieren, wie beispielsweise zwei Tonhöhen. Um das gegenseitige Verhältnis dieser Vorstellungen einzuschätzen, werden sie jeweils in Teile der Gleichheit und Teile des Gegensatzes geteilt, sofern sie einander ähneln bzw. voneinander unterscheiden. Streng genommen gilt Gegensatz nur für Vorstellungen, die homogen sind, d. h. einem gemeinsamen Sinnbereich zugehören: Farben mit Farben, Tönen mit Tönen, usw.

Wie Herbart (bereits 1812, S. 109–110) nahelegt, kann man Vorstellungen schematisch als geometrische Strecken darstellen, die sich teilweise, komplett, oder gar nicht decken. Da, wo Übereinstimmung zwischen den Vorstellungen stattfindet, ist Gleichheit, eine Größe, welche die beiden Vorstellungen gemeinsam haben (und daher nur einmal in der Rechnung vorkommt). Wo die Vorstellungen sich nicht decken, da ist Gegensatz; er stellt die Größe dessen dar, was die Vorstellungen voneinander unterscheidet. In der Rechnung, die nur zwei Vorstellungen betrifft, wird der Gegensatz zweimal genommen, denn Herbart rechnet für jede Vorstellung einen gesonderten Gegensatz. Es sei betont, dass die Einteilung von Vorstellungen in Teile der Gleichheit und des Gegensatzes nicht wirklich stattfindet, sondern nur im Hinblick auf Rechnung geschieht. Darin sind nicht die absoluten Werte von Belang, sondern die Verhältnisse zwischen Gleichheit und Gegensätzen.

Gegensatz definiert der junge Herbart als „die Fähigkeit zu hemmen" (Herbart 1806/1808, S. 213). Je grösser der Gegensatz ist, desto gesonderter bleiben die Vorstellungen und unsicherer ihr Gleichgewicht im Bewusstsein; insofern hemmen sie einander. Je kleiner der Gegensatz, desto grösser die Gleichheit und somit die gegenseitige Verbindung und Verstärkung von Vorstellungen[4]. Wie dieses Verhältnis ausgestal-

---

4　Stärke ist eine weitere Veränderliche in der Rechnung und bezieht sich auf die Intensität der Vorstellungen. Vorstellungen stören einander und zwar so, dass die Stärkere

tet und genauer definiert werden kann, hängt für Herbart eng mit der mathematischen Rechnung nicht zuletzt durch intensive Größen, welche die Inhalte (Qualitäten, wie z. B. Töne[5]) der Vorstellungen und ihre gegenseitigen Stärke darstellen.

Der Gegensatz als ein Grundgedanke von Herbarts Psychologie soll (wenigstens in äußerst vereinfachter Form) nachvollziehbar machen, dass Vorstellungen in genaue Verhältnisse zueinander treten, sofern sie (auch nur teilweise) in Gleichheit übereinstimmen oder sich wegen des Gegensatzes voneinander trennen. Gleichheit und Gegensatz sind die Maßstäbe, oder vielmehr die Größen, welche in Bezug auf das Bewusstsein konstruiert und berechnet (obwohl nicht gemessen) werden können. Man soll allerdings all diese Größen in steter Veränderung denken, denn neue Vorstellungen, und mit ihnen „neue Gegensätze bringen neue Verändrungen (sic!) in das Streben zum Gleichgewicht" (ebd.). Dieses Gleichgewicht wird immer wieder neu etabliert, indem weitere Vorstellungen in ein Verhältnis zueinander und zu den bereits vorhandenen Vorstellungen treten. Dadurch entstehen komplexere Strukturen wie Reihen, Complexionen[6] und Massen, welche im Grunde durch Gleichheit und Gegensatz und deren intensive Verhältnisse entstehen. Es sei vorweggenommen: Eine solche Masse ist das Ich.

Das oben genannte erste Postulat der Psychologie kann von einer weiteren, philosophischen Perspektive betrachtet werden. Dem Postulat gemäß kommt es auf Gegensatz an, wenn man überhaupt auf die Elemente des Psychischen einzugehen gedenkt. Warum ausgerechnet Gegensatz und nicht Gleichheit oder beispielsweise Verbindung, Assoziation oder

---

die Schwächere dämpft, bis die letztere auf die Schwelle gedrängt wird, d. h. nicht mehr Einfluss auf die Größen (Vorstellungen) hat, welche das Gleichgewicht im Bewusstsein mathematisch-mechanisch bestimmen – bis sie wieder erweckt wird und dem Streben vorzustellen entsprochen wird.

5   Farben dienen hier nicht als hilfreiches Beispiel, denn Herbarts vereinfachtes Schema nur unter der sogenannten „Voraussetzung der vollkommenen Hemmung" (oder des vollkommenen Gegensatzes) gilt (Herbart 1824, S. 281–282, 324–335; vgl. Moro 2012, S. 97–101). Ihm gelingt nicht, die Grundstrukturen im zweidimensionalen Farbenspektrum zu finden; hingegen ist Herbart überzeugt, die Grundverhältnisse der Wahrnehmung in der Harmonielehre exakt entsprochen zu finden. Sie gelten Herbart sogar als Bestätigung seiner Rechnungen und somit seines ganzen Ansatzes zur Psychologie.

6   Auf höherer Ebene hat man komplexere Verbindungen, wie „die *Complication* mehrerer Reihen von entgegengesetzten Vorstellungen", „Complexionen von Merkmalen, welche wir *Dinge* nennen" (Herbart 1806/1808, S. 212).

gar Synthesis findet man im ersten Postulat, wenn es darum geht, schließlich Gegenstände als etwas Einheitliches aufzufassen? Hierin liegt eine Neuheit von Herbarts Ansatz gegenüber Kant und gegenüber den idealistischen Entwicklungen des Transzendentalen bei Fichte.

Denn Herbart wendet ein, dass das Problem der Verbindung, der Einheit, der Synthesis zwar besteht, aber nur insofern sich ein Vieles, Mannigfaltiges zunächst als solches zu erkennen gibt und nicht zu leugnen ist. Ein Mannigfaltiges ist erfahrungsmäßig gegeben. Für Herbart gilt: kein Ganzes ohne Teile; keine Dinge ohne Eigenschaften; keine Begriffe ohne Merkmale; keine umfassende Wahrnehmung ohne Auffassung des Vielen und Einfachen. Dies gilt bis in den einfachsten Verhältnissen, welche die Psychologie verzeichnet: keine Gleichheit (Verbindung, Synthesis) ohne Gegensatz (Trennung).

Zwei Aspekte von Herbarts Argumentationsgang sind anzumerken. Erstens erhebt Herbart Einwände gegen die transzendentale Forschung, d. h. gegen Kants Fragen nach den Bedingungen der Möglichkeit und sein Verlangen nach der „Bestimmung der formalen Bedingungen eines vollständigen Systems der reinen Vernunft", wie die transzendentale Methodenlehre heißt (Kant 1787, S. 609). Vielmehr räumt Herbart der Psychologie die Funktion ein, eine Kritik des Erkennens durchzuführen – und zwar, wie bei Kant, eine Kritik im philosophischen Sinne, wo nach der Berechtigung der Erkenntnis gefragt wird, aber, im Gegensatz zu Kant, nach der Berechtigung vorhandener Auffassungen und Erkenntnisse gefragt wird, und nicht nach der Möglichkeit der Erfahrung überhaupt. Soviel zum Unterschied zwischen der transzendentalen Forschung und der neu gegründeten Psychologie.

Zweitens leitet Herbart die Umkehrung vom Kantischen Problem der Synthesis (Verbindung) zugunsten der Frage nach dem Mannigfaltigen und der Unterscheidbarkeit ein. Wie kann man das Eine vom Anderen auseinanderhalten? „Warum wird nicht das Haus mit dem Baum daneben, mit dem Menschen davor, – warum nicht das Wasser mit seinem Gefässe als Eins aufgefasst?" „Woher nun Begränzung und hiemit Gestaltung der Objecte?" (Herbart 1840, S. 322).

Vor Herbart hatte man von Assoziation gesprochen, um die Zusammenstellung von einfachen Ideen oder sinnlichen Eindrücken in allgemeinen Begriffen und komplexen Ideen zu bezeichnen; der Verweis auf Locke, dessen Werke Herbart gut kannte und häufig zitierte, liegt nahe. Aber Herbart denkt nicht additiv, das Bewusstsein ist wohl mehr als die

Summe von mehr oder weniger ähnlichen Eindrücken. Bereits Gleichheit und Gegensatz werden nicht einfach summiert, sondern als intensive Größen behandelt.

Die Grundlagen der Psychologie sind für Herbart Erfahrung, Metaphysik und Mathematik. Herbarts mathematische Begriffsbildung sollte ernsthaft ans Licht gebracht werden[7]. Erfahrung ist der Ausgangspunkt aller Fragestellungen und sollte auch der Endpunkt der Spekulation sein. Dazwischen wird die Metaphysik entwickelt, die bei Herbart pluralistisch ist. Denn in der Philosophie ist mehrmals, und zwar vergeblich, versucht worden, Vielheit auf Einheit zurückzuführen oder gar Vielheit aus der Einheit zu deduzieren. Umsonst, denn aus der Ableitung des Vielen aus dem Einen entstehen Aporien, die für Herbart „überhaupt und überall [...] das Ende und der Ruin aller gesunden Metaphysik" sind (Herbart 1812, S. 102–103). Insbesondere die Spekulation der Idealisten fällt der Widersprüchlichkeit anheim und öffnet den Weg zum Realismus. Im Realismus wird Einheit ebenfalls angenommen, aber zugleich gilt Vielheit der Einheit; mehrere Einheiten können angenommen werden, weil diese Annahme keine Widersprüche herbeiführt. Herbarts Ontologie ist pluralistisch und lässt die Setzung vieler Wesen. Soviel zur allgemeinen Metaphysik, der alsdann eine angewandte Metaphysik folgt – diese besteht in der Psychologie und Philosophischen Naturlehre[8].

In der Psychologie begegnet man ebenfalls einem Pluralismus in Form einer großen Anzahl von Vorstellungen für ein Bewusstsein; pluralistisch ist übrigens auch der methodologische Ansatz (Herbart 1824, S. 191–196, 200–205). Die Seele, als metaphysisches Wesen, ist einfach; ihr Gegenstück in der Psychologie, das Bewusstsein, ist nicht inhaltlich, sondern nur durch Verhältnisse zu erklären. Das sind exakt die Verhältnisse unter den vielen Vorstellungen, die schließlich auf Gleichheit und Gegensatz zurückgehen. Woher Gleichheit und Verbindung, woher Gegensatz und Ausdifferenzierung, denn? Qualitativ betrachtet hat man es mit den spezifischen Inhalten der Vorstellungen, die erfahrungsgegeben sind (wie Farben, die Härte eines gegebenen Tisches, die Höhe einer Stimme). Aber wenn die Seele eine und einfach ist – wie sie laut der Allgemeinen Metaphysik ist – dann müsste alles, was in eine Verbindung

---

7  Pettoello (2001) leistet einen Beitrag in diese Richtung durch eine Auseinandersetzung mit Herbarts Allgemeiner Metaphysik.
8  Interessant ist, dass nach Herbart (1806/1808, S. 210) seine psychologischen Theorien prinzipiell Anwendungen „auf die gesammte Naturforschung" zulassen.

mit der Seele tritt, ebenfalls zu einer undifferenzierten Einheit werden und sozusagen verschwinden; denn sobald es als mehrfach gelte, wäre die Seele nicht länger einfach und eins mit sich selbst (sondern würde in einen Widerspruch treten). Die metaphysische Einheit der Seele impliziert, dass alle Vorstellungen in Bezug auf ein Bewusstsein verbunden werden.

Das Übereinkommen von Vorstellungen versteht sich von selbst, wenn einmal Herbarts Ontologie angenommen wird. „Die Synthesis versteht sich überall von selbst, weil keine Scheidewände im Bewusstsein (eigentlich in der Seele) vorhanden sind. Dem gemäss sollte Alles in ein ungeschiedenes Eins zusammenfallen" (Herbart 1840, S. 327). Demnach sollte aber kein Nebeneinander im Raum und kein Nacheinander in der Zeit erfahren werden. „Das ereignet sich aber nicht. Und *dass* es sich nicht ereignet, *davon* sind die Gründe aufzusuchen, weil es keiner Gründe der Synthesis bedarf" (ebd.). Herbart braucht keine Zurückführung des Mannigfaltigen, als die Synthesis, auf ein Subjekt, ein Ich, ein Prinzip der Einheit, sofern die metaphysische Auffassung der Seele diese Begründung überflüssig macht. „*Formen der Hemmung* (anstatt der Formen der Synthesis), *wie wenn dergleichen ursprünglich in der Seele lägen*, wird Niemand hier erwarten [...]. Dennoch sind Raum und Zeit allerdings eben sowohl Formen der *Trennung*, als Formen der Zusammenfassung" (ebd.).

Was uns zwingt, ein Vielfaches anzunehmen, ist die Tatsache, dass das Mannigfaltige, das uns erscheint, nicht weggeleugnet werden kann. In Herbarts Erklärung besteht das Mannigfaltige als die Form vieler Vorstellungen im Bewusstsein – wo ‚Form', ‚Verhältnis' bedeutet. Die vielen Vorstellungen werden durch den Gegensatz in ihren bestimmten Inhalten unterschieden, wie z. B. verschiedene Farben oder verschiedene Klänge. Dieser Gegensatz ergibt sich aus dem Zusammentreten verschiedener Inhalte, liegt nicht ursprünglich oder mittelbar in der Seele oder im Bewusstsein, vor allem wird er nicht vom Ich gesetzt. Der Gegensatz und mit ihm die Trennung ist schließlich in der Erfahrung gegeben und auf psychologischer Ebene durch Verhältnisse des Mannigfachen erklärt und mathematisch durch intensive Größen dargestellt.

Wenn man die Funktion des Gegensatzes in Herbarts Psychologie ins Auge gefasst hat, kann man Herbarts Umkehrung des Idealismus in den Realismus einschätzen. Dabei geht es um Erscheinungen und um die gesamte Ichheit.

„Dieser Begriff der Vorstellungen selbst als Kräfte, (statt aller vermeinten Gemüthskräfte, welche nichts anders sind als allgemeine Namen für Gruppen ähnlicher Phänomene) muß als die Grundlage der gesammten Psychologie angesehn werden. Es gehört dazu das Nacheinander, die Zeitfolge der Vorstellungen, (also auch der Störungen) als Bedingung der Ichheit; weil sonst nur ein stetiges Gleichgewicht aller unter einander Statt haben könnte" (Herbart 1806/1808, S. 209).

Das stetige Gleichgewicht (und dessen Störungen) unter Vorstellungen wird zur Bedingung vom Ich. Ein solches Gleichgewicht ergibt sich aus den Kräfteverhältnissen von den Vorstellungen. In anderen Worten, erst die spezifische Verschiedenheit der Vorstellungen, die schließlich auf den Gegensatz der Vorstellungen zurückgeht, macht die Ichheit überhaupt möglich. Das Ich entsteht somit durch die Dynamik der Vorstellungen und gilt lediglich als der gemeinsame Bezugspunkt aller Vorstellungen, von denen es bedingt wird. Daher eine Umkehrung von Fichtes Ich, das sich selbst setzt.

In vereinfachter Form sind im vorliegenden Aufsatz Themen angedeutet worden, die aus Herbarts früher Auseinandersetzung mit Fichte stammen und erst durch die Ausarbeitung seines Realismus zu ihrer vollen Entfaltung gekommen sind. Davon sind hier lediglich einige Resultate knapp geschildert worden. Herbarts Realismus schließt zahlreiche Ebenen und komplexe Vermittlungen zwischen allgemeiner Metaphysik und Psychologie ein, denn seine wissenschaftliche Begriffsbildung ist auf Konsequenz und Ausführlichkeit angelegt. Diese Eigenschaften bestätigen die systematische Konstruktion seiner Lehren und letztlich die innere Durchdringung von Philosophie und Psychologie.

## Literaturverzeichnis

Joh. Fr. Herbart's Sämtliche Werke. In chronologischer Reihenfolge. Hrsg. von Kehrbach, K./Flügel, O. 19 Bde. Bde. 16.–19.: Briefe von und an Herbart. Urkunden und Regesten zu seinem Leben und seinen Werken. Bearb. von T. Fritzsch. Beyer, Langensalza 1887–1912/Scientia, Aalen ²1964, ³1989.

Herbart, J. F.: Brief an G. A. von Halem, 28. August 1895. In: Joh. Fr. Herbart's Sämtliche Werke. Bd. 16, S. 9–11.

Herbart, J. F.: Hauptpuncte der Metaphysik. Vorgeübten Zuhörern zusammengestellt. Baier, Göttingen 1806/²1808. In: Joh. Fr. Herbart's Sämtliche Werke. Bd. 2, S. 175–226.

Herbart, J. F.: Psychologische Bemerkungen zur Tonlehre, 1812. In: Joh. Fr. Herbart's Sämtliche Werke. Bd. 3, S. 96–118.

Herbart, J. F.: Psychologie als Wissenschaft neu gegründet auf Erfahrung, Metaphysik und Mathematik. Erster, synthetischer Theil. Unzer, Königsberg 1824. In: Joh. Fr. Herbart's Sämtliche Werke. Bd. 5, S. 177–434.

Herbart, J. F.: Psychologie als Wissenschaft. Neu gegründet auf Erfahrung, Metaphysik und Mathematik. Zweyter, analytischer Theil. Unzer, Königsberg 1825. In: Joh. Fr. Herbart's Sämtliche Werke. Bd. 6, S. 1–338.

Herbart, J. F.: Allgemeine Metaphysik, nebst den Anfaengen der philosophischen Naturlehre. Erster historisch-kritischer Theil. Unzer, Königsberg 1828. In: Joh. Fr. Herbart's Sämtliche Werke. Bd. 7, S. 1–346.

Herbart, J. F.: Allgemeine Metaphysik, nebst den Anfaengen der philosophischen Naturlehre. Zweiter, systematischer Theil. Unzer, Königsberg 1829. In: Joh. Fr. Herbart's Sämtliche Werke. Bd. 8, S. 1–388;

Herbart, J. F.: Psychologische Untersuchungen. Zweytes Heft. Dieterich, Göttingen 1840. In: Joh. Fr. Herbart's Sämtliche Werke. Bd. 9. S. 177–343.

Kant, I.: Critik der reinen Vernunft. Zweyte hin und wieder verbesserte Auflage. Hartknoch, Riga 1787. In: Kant, I.: Werke in sechs Bänden. Hrsg. von Weischedel, W. Bd. II. Wissenschaftliche Buchgesellschaft, Darmstadt 1983.

Maigné, C.: Le réalisme rigoureux de J.-F. Herbart. In: Herbart, J. F.: Les points principaux de la métaphysique. Par C. Maigné. Vrin, Paris 2005, S. 7–162.

Moro, N.: Estetica trascendentale in musica. La psicologia del suono di J. F. Herbart e C. Stumpf. Mimesis, Milano/Udine 2012.

Pettoello, R.: Idealismo e realismo. La formazione filosofica di J. F. Herbart. La Nuova Italia, Firenze1986.

Pettoello, R.: L'objet et ses limites: réalité et infinitésimal chez J. F. Herbart. In: Cahiers de Philosophie de l'Université de Caen (36) 2001, S. 11–30.

Pettoello, R.: La realtà dell'apparenza e i modi di dire l'essere. Il realismo senza oggetto di J. F. Herbart. In Poggi, S. (a cura di): Le leggi del pensiero tra logica, ontologia e psicologia. Il dibattito austro-tedesco (1830–1930). Unicopli, Milano 2002, S. 35–64.

Träger, F.: Herbarts realistisches Denken. Ein Abriß. Rodopi, Amsterdam 1982.

Jean-François Goubet

# Jena und kein Ende. Die lebenslange Auseinandersetzung Herbarts mit seinem alten Lehrer Fichte

## 1. Jena nach Jena: Fichtes und Herbarts Erklärungen über ihren ehemaligen gemeinsamen Standort

Nach seiner Abfahrt aus Jena hat sich Fichte immer wieder über diese wichtige Periode seines Lebens geäußert. In seiner Königsberger Wissenschaftslehre von 1807 sagt er Folgendes: Jena war im „letzte[n] Jahrzehend des abgewichnen Jahrhunderts ein Muster einer guten Universität" (Fichte, 1807a/1962, S. 125).

Früher wurden in seinem Plan für Erlangen die ehemaligen Kontakte der Jenenser Studenten zueinander erwähnt: „Ich kenne mehrere [...] Zirkel von Freunden, die in Jena sich an einander anschlossen; welche jetzt durch alle deutsche Provinzen [...] zum Theil in bedeutenden Aemtern stehen, nicht von einander laßen" (Fichte, 1805–1806/1962, S. 366–367).

Die *alma mater jenensis* diente als Muster für die Veranstaltungen und den Lebensstil der anderen Universitäten. Fichte war auch bewusst, dass die Jena-Zeit den Höhepunkt seines Einflusses darstellte. Zu dieser Zeit besaß er einen großen Wirkungskreis, vor allem dank seiner Studenten. Ob er an Herbart dachte, als er sich über Jena aussprach, ist nicht festzustellen. Seinen ehemaligen Studenten hatte Fichte jedoch nicht vergessen, was seine schriftlichen Bemerkungen über Herbarts *Hauptpuncte der Metaphysik* und seinen Empfehlungsbrief für künftige Königsberger Kollegen belegt[1]. Zuneigung für die Person des Jüngeren und also auch

---

1 Fichte und Herbart haben sich in Berlin den 2. April 1809 wiedergesehen. Die Herausgeber der Fichte-Gesamtausgabe bemerken dazu Folgendes (in Fichte 1807b/1962, S. 250): „Das Wiedersehen scheint herzlich verlaufen zu sein; Fichte bezeichnet Herbart in seinen Empfehlungsschreiben [für Stägemann und Altenstein] als seinen ‚ehemaligen fleißigen Zuhörer, einen Mann von Geiste, und mannigfaltigem Talent'."

Achtung für dessen Kompetenz, trotz aller Unversöhnlichkeit der jeweiligen philosophischen Standpunkte, hatte der Ältere bewahrt. Für Fichte war in Berlin aus dem früher in Jena vertrauten Herbart kein Fremder geworden.

Umgekehrt herrschte auch keine Gleichgültigkeit. Obwohl Herbart bereits in der Zeit seines schweizerischen Aufenthalts das Fichtesche systematische Lehrgebäude als einen unbewohnbaren „Feenpalast" (Herbart in Willmann/Fritzsch, 1913, S. 62 Anm.) erklärte, hat er sich dauerhaft mit seinem ehemaligen Jenenser Lehrer auseinandergesetzt. Stellen aus den Werken Fichtes sind in denjenigen Herbarts zu finden. In seiner posthumen Rede über die Katastrophe der Göttinger Sieben ist z. B. die durch den Sohn Immanuel Hermann Fichte besorgte Ausgabe des Fichteschen Jenenser Naturrechts zitiert worden. Aber Fichte war nicht nur als Schriftsteller in den Arbeiten Herbarts zugegen: Erinnerungen an seine lebendige Anwesenheit, genauso wie Weiterentwicklungen von früher diskutierten Problemen befinden sich darin[2]. Auf diese möchte ich jetzt meine Aufmerksamkeit lenken.

## 2. Die Zurückweisung des Fichteschen Tons in der Philosophie und die Wiederaufnahme der in Jena aufgestellten metaphysisch-psychologischen Probleme

Die persönlichen Stellungnahmen Herbarts über sein Verhältnis zu Fichte befinden sich vor allem in Konferenzen, die er vor einem kleinen Publikum gehalten hat, bzw. in Reden, in denen er sich offenbarte, obwohl er sich nicht ohne weiteres zu öffnen pflegte. Bei solchen Gelegenheiten schien es einfacher zu sein, als in Büchern, die sich an eine anonyme Leserschaft richten, etwas Intimes zu äußern.

### 2.1 Eine frühere Erinnerung an Fichte: der Vortrag im Bremer Museum von 1804

In einer Bremer Konferenz über Pestalozzi, den er in der Schweiz kennenlernte, zieht Herbart einen Vergleich zwischen seinen beiden Meistern: ihre abstrakteren Schriften lassen nichts von ihrer lebendigen Sprache erahnen, die doch in anderen erfolgreicheren Werken zu hören ist:

---

2 Einige direkte Diskussionen haben in Jena stattgefunden, wie z. B. über Schellings Werke. Über das frühe Verhältnis Herbarts zu Fichte, vgl. Langewand, 1997.

„*Fichte*, der durch einige anonyme Schriften sich so viele feurige Anhänger und ebenso feurige Gegner erworben hatte, die nur darin übereinkämen, die Kraft und Klarheit seiner Sprache erstaunenswürdig zu finden, – dieser nämliche Fichte erschien als der ärgste, dunkelste Scholastiker, sobald er seine Wissenschaftslehre verfaßte. Sonderbar in der Tat, daß gerade die lebendigsten Menschen den allertrockensten Ton annehmen, wenn es ihnen recht darum zu tun ist, sich rein auszusprechen" (Herbart, 1804/1919, S. 284–285).

Zwei Züge bezeichnen die lebendige Lehre Fichtes, wie Herbart ihr während seiner Studienzeit in Jena begegnete: die Kraftsprache zum einen und die Klarheit beim Formulieren einiger philosophischen Probleme zum anderen. Ich möchte beide jetzt nacheinander in Betracht ziehen.

### 2.2 Eine Warnung gegen die Kraft der Sprache und der Begriffe

In Texten aus der ersten Göttinger Zeit, in den ersten Jahren des neunzehnten Jahrhunderts, befinden sich klare Distanzierungen zum imponierenden Ton, der für Fichte im Katheder üblich war. Im Gegensatz zu der feurigen Rhetorik seines ehemaligen Lehrers wollte Herbart einen anderen, untergeordneten und bescheidenen, Ton annehmen. Dieses ist bereits in der Einleitung zu den *Hauptpuncte[n] der Metaphysik* zu bemerken:

„was [...] die Unterscheidung von fremden Systemen anlangt, sammt der Bemühung, dem Leser nöthigenfalls aus der Befangenheit herauszuhelfen, wohinein eine Kraftsprache, die nicht Kraft der Gedanken ist, ihn könnte versetzt haben: hiezu ist schon vom Vf. durch seine Schrift über philosophisches Studium ein Beytrag geliefert worden" (Herbart, 1806–1808/1964, S. 177).

Im Stillen sind die metaphysischen Probleme aufgetaucht, und in einsamen Meditationen oder höchstens in Privatkreisen sind die gedruckten Blätter zu kommentieren. Herbart weiß wohl, wie die Sprache des Idealismus die Jugend locken, sogar bezaubern kann. Sein Ethos als Philosophielehrer bildet sich in einer Reaktion gegenüber seiner eigenen Erfahrung als Student in Jena. Die Pflicht eines Meisters ist seit Wolff, Kant oder Fichte immer dieselbe, und zwar das Selbstdenken zu befördern. Jedoch ist es nicht nötig – wie die Idealisten es irrtümlich glauben – dazu, rhetorische Mittel zu benützen. „Kräftige Begriffe", wie Herbart sie nennt (vgl. Herbart, 1807/1964, S. 243), können viel zu leicht zu einseitigen philosophischen Ansichten führen, was einer allgemeinen Bildung zuwider ist. In einer Zeit, wo philosophische Systeme überall keimen, ist es nötig, die Jugend gegen die Gefahr der Halbbildung zu warnen. Die Zeit seiner philosophischen Lehrjahre war noch sehr nah, und Herbart war sich der Bedingungen seines eigenen Selbstdenkens sehr bewusst. Anders als bei Fichte, der die Natur ganz und gar verkannte, der auch keinen Sinn für Mathematik hatte, sollte sich bei Herbart der Student Zeit lassen, um eine vielseitige Bildung zu erwerben und aus kaltem Blut eine ausgeglichene und reife Frucht der Spekulation hervorzubringen.

### 2.3 Trotz einer Anerkennung der Gültigkeit vorgefundener Begriffe

Obwohl Herbart die voreilige Weisheit tadelt, die aus einer einseitigen Weltanschauung geschöpft ist und demnach die Berücksichtigung der ganzen Realität nicht erschöpft, denkt er nicht, dass die aus der idealistischen Sicht entnommenen Begriffe nichts wert sind. Diese Begriffe spielen in der Tat eine gewisse Rolle in der Entstehungsgeschichte eines verbesserten Realismus, wie es Herbart z. B. im *Lehrbuch zur Einleitung in die Philosophie* zugibt. In einer Anmerkung der vierten Auflage, also um 1837, ist Folgendes zu lesen:

> „Der Idealismus richtet sich jederzeit nach dem Realismus, den er vorfindet. Diesen sucht er umzukehren. Alsdann ergibt sich, ob der vorhandene Realismus schwach genug ist, sich umkehren zu lassen oder nicht. Der *wahre* Realismus […] darf die Probe nicht scheuen; und sich ihr nicht entziehen. Eben durch die Unmöglichkeit eines haltbaren Idealismus erlangt er seine ganze Stärke" (Herbart, 1837/1993, § 151Anm, S. 276).

Nicht nur findet der Idealismus (wie der Fichtesche) einen Realismus (wie etwa denjenigen, den Karl Christian Erhard Schmid in Jena lehrte) vor, sondern der Realismus (wie der Herbartsche) findet einen Idealismus (wie den Fichteschen) vor. Hier sagt Herbart auf einer objektiven Seite, was er selbst erfahren hat: die Zurückweisung der vermeinten Dinge, die an sich als real in Raum und Zeit existieren, durch Fichte war ein Fortschritt in der Geschichte der Philosophie; die Einführung des Selbstbewusstseins als Thema in dieselbe war auch ein notwendiger Schritt. Allein enthält das Fichtesche Ich zahlreiche Widersprüche, die es unhaltbar machen. Ein wahrer Realismus muss also mit dem Ich-Begriff rechnen, und nichtsdestoweniger eine Vielfalt realer Verhältnisse behaupten. Anders gesagt wird das Ich zum dauerhaftem Problem, das nur am Ende eines psychologischen, sogar metaphysischen Ganges untersucht werden kann.

Persönliche Akzente dieser Jenenser Periode, wo sich zwei Kantische Schulen (vgl. Fischer, 1862) in Jena voneinander distanzierten, sind in der ersten Auflage desselben Werkes zu finden, und zwar in der Vorrede. Erstaunlicherweise spricht Herbart seine Achtung vor dem Idealismus aus. Er fügt aber unmittelbar hinzu, dass dieser in sich selbst seine Vernichtung enthält: mit Widersprüchen behaftet, ist er verurteilt zu sterben. Wer ist aber damit gemeint? Aus dem Kontext ist es klar, dass vor allem Fichte gemeint ist. Und wofür diese Verteidigung des Idealismus? Weil ein ehemaliger Schüler Schmids in Jena, namentlich Jakob Fries, viel zu weit in seiner Kritik gegen den alten Meister Fichte ging. In der Tat hat Fries an gegebenen Vermögen (wie Sinnlichkeit oder Verstand) geglaubt, als ob der Idealismus Fichtes sie nicht für nichtig vorgewiesen hatte. Persönliche Abneigung gegen Fries klingt in einer harten Formel Herbarts: „Indessen mache ich nicht Anspruch, jemanden zu belehren, der von Fichten nichts zu lernen gewußt hat" (Herbart, 1813/1993, S. 6).

### 3. Mäßigkeit gegenüber Übertriebenheit in der akademischen Haltung und methodische Hingabe an spekulative Probleme

Während Fichte seinen Kollegen Schmid mit viel härteren Wörtern erledigt hatte, indem er ihn als nichtig erklärte (vgl. Fichte, 1796/1962, S. 266), also gleichsam annihilierte, pflegt Herbart mehr Urbanität beim Aussprechen seiner Indignation gegenüber seinem ehemaligen Kommilitonen in Jena. Überhaupt zeichnet sich bei Herbart nicht nur ein Lehrerethos, der einen anderen Weg als den Fichteschen begeht, sondern auch ein Gelehrtenethos bei anderen akademischen Gelegenheiten ab. Hier erscheint wieder der ehemalige Jenenser Meister mit zwei Gesichtern: einmal spielt er die Rolle des Gegenbeispiels, womit es dringlich ist zu brechen, und das andere Mal vertritt er eine bahnbrechende Position, die fortgeführt werden soll. Wie ich es mit Hilfe anderer Texte zeigen will, hat sich Herbart mit dem von ihm persönlich bekannten Fichte während seiner eigenen akademischen Laufbahn regelmäßig auseinandergesetzt.

## 3.1 Fichte als Vorläufer akademischer Verwicklungen in Herbarts universitären Testament

Was in Herbarts Laufbahn frappierend ist, ist, dass er sich auch am Ende an Fichte erinnert. Nicht genug, dass er immer wieder seine Diskrepanz zu der Philosophie des Idealismus als Modephilosophie der Zeit betont hat: letztendlich muss er noch die Feder nehmen, um seine wissenschaftliche Haltung von der politischen der Göttinger Sieben zu unterscheiden, und dazu sieht er sich verpflichtet, von Fichte als Person und als Theoretiker des Naturrechts zu erzählen. Am Anfang seiner Rede über die Göttinger Katastrophe taucht der Name des alten Meisters auf. Am 9. Juli hat Herbart das Dekanat niedergelegt und jetzt spricht er nicht mehr im Namen einer Institution, sondern in seinem eigenen Namen: „Vor mehr als vierzig Jahren war ich FICHTES Schüler; seine Uebertreibungen lehrten mich Mässigung" (Herbart, 1838/1964, S. 32).

Der implizite Vernunftschluss Herbarts ist Folgender: Dahlmann, die Gebrüder Grimm und die anderen haben, wie Fichte in seiner Zeit, alles Maß überstiegen; es war ihnen untersagt, als Gelehrte und Erzieher der Jugend eine ordnungsstörende politische Meinung öffentlich gelten zu lassen.

Was erstaunlich ist, ist, dass Fichte 1814 in Berlin gestorben war, also etwa ein Viertel Jahrhundert früher, und dass meines Wissens die Göttinger Sieben sich nicht ausdrücklich auf Fichtes Naturrecht berufen haben. Es ist, als ob Herbart seine eigene Fichte-Fokussierung in die Debatte hineinprojiziert hätte. Die Göttinger Sieben wären dann die sieben Schatten des Jenenser Unikums, des großen Fichte.

Die Spätschrift über die sogenannte Göttinger Katastrophe endet, wie sie angefangen hat. Nach einem Zitat Jakob Grimms, welcher für die Einmischung des Gelehrten in die politischen und gesellschaftlichen Gelegenheiten der Zeit mit viel Kraft und Gewandtheit plädiert, tadelt Herbart erneut eine Haltung, die vorher Fichte verkörpert hat:

„Meine Gedanken kehren noch einmal in meine Jugend und zu FICHTEN zurück. Freymüthig sprach er gegen das Nächste, was ihm missfiel; gegen die Zweikämpfe der Studirenden. Darob zürnten sie ihm, und er fand für gut, sich zum Sommer einen ländlichen Aufenthalt zu wählen. Er kam zurück; nach einigen Jahren hatte er seinen Idealismus rücksichtslos in die Theologie übertragen wollen; es erfolgte die Anklage wegen des Atheismus; und bald hatte er seinen Abschied" (Herbart, 1838/1964, S. 43).

Die Zuflucht Fichtes in Oßmannstedt und kurz das darauf 1817 stattfindende Wartburgfest sind in einer einzigen Erinnerung Herbarts verschmolzen. Thüringische Sachen kommen ihm also nicht aus dem Sinn. Im Zentrum steht Fichte, dessen erbärmliche akademische Laufbahn in Jena als selbst eine Reihe von Katastrophen erscheint. Die Affäre um die Göttinger Sieben ergibt sich in der Perspektive Herbarts als die letzte Replik eines ursprünglichen Erdbebens, welches während seiner Studentenjahre in Jena stattfand.

### 3.2 Und trotzdem Fichte als Vorbild eines konsequenten Denkers

Die Zurückweisung der konkreten Folgen des Engagements Fichtescher Art durch Herbart darf nicht zum Schluss treiben, dass derselbe Herbart alle Konsequenz im Denken verweigert hat. Eine methodische Haltung in der Spekulation war für ihn erforderlich, wie es früher für seinen Jenenser Meister der Fall war. Tatsächlich erbt Herbart das Fichtesche Gedankengut lediglich unter öffentlichem Inventar. Vor allem zwei Sachen will er nicht haben: zum einen die Mischung von Gefühlen und praktischer Überzeugung in rein theoretischen Angelegenheiten; zum zweiten den Sprung von der philosophischen Theorie zur unmittelbaren Handlung in die Welt. Die Universität ist für ihn ein Ruheort, wo Gewissheiten von selbst und zu ihrer Zeit entstehen sollen. Aber Gewissheiten und wohltemperierte globale Auffassungen können nur unter der Voraussetzung der Nicht-Widersprüchlichkeit bestehen. Mit anderen Worten: ein System muss prüffähig sein, eine hohe Konsistenz haben. Und dieses Erfordernis hat Herbart bei Fichte gelernt. Das eben möchte er für sich selbst beanspruchen.

Um dieses Fichtesche Erbe in der Lehre Herbarts sichtbar zu machen, könnte man sich auf die Spur des Gebrauchs der transzendentalen Methode machen. Einen anderen Pfad möchte ich aber hier begehen, und zwar denjenigen der Psychologie. Dieses Gebiet, das im Zusammenhang mit Metaphysik einerseits und mit Pädagogik andererseits steht, scheint mir als am geeignetsten, um die Filiation zwischen Fichte und Herbart hervorzuheben.

Wie die Herausgeber Otto Willmann und Theodor Fritzsch darauf verwiesen haben, ist der erste Abdruck der philosophischen Ansicht Herbarts in der früh erschienenen Schrift *Pestalozzis Idee eines ABC der Anschauung* zu lesen; und diese Stelle, obwohl sie Fichte nicht nennt, ist in dem Kontext der Bearbeitung des Ich-Begriffs in der Jenenser Wissenschaftslehre zu verstehen (vgl. Willmann/Fritzsch, 1919, S. 310ff. Anm.). Herbart offenbart sich hier als Philosoph in der spekulativen Tradition:

„Es liegt in der Natur der Philosophie, allgemeine Begriffe zu isolieren, und sie für eine Zeitlang aus der Sphäre ihrer reellen Anwendbarkeit herauszusetzen. Es ist ihr erstes unerläßliches Geschäft, den Begriff, den sie zum Untersuchen vor sich nimmt, von den zufälligen Nebenbestimmungen zu trennen und zu säubern, welche in der Masse des *Gegebenen*, aus welcher er herausgehoben ward, mit ihm zusammenhingen" (Herbart, 1802–1804/1919, S. 310–312).

Sicherlich hat Fichte nicht vom Ich als etwas Gegebenem, sondern als etwas Gesetztem gesprochen, und in dieser Hinsicht stimmen beide Philosophen nicht überein. Aber die Würdigung des Rechts der Abstraktion ist jedoch ernst zu nehmen: der Jenenser Lehrer hat wirklich das Ich, das Selbstbewusstsein zum zugespitzten Problem gemacht. Schade nur, dass er zwei entgegengesetzte Fehler begangen hat, „daß er einem Begriffe, in welchem er innere Widersprüche anerkennt, gleichwohl unbedingte Realität zuschreibt" (Herbart, 1802–1804/1919, S. 312).

Wie es die Einleitung des ersten Teils der *Psychologie als Wissenschaft* ausdrücklich in Verknüpfung mit Fichte sagen wird, war der Versuch einer auf dem Ich gebauten Spekulation gar kein bloßes Hirngespinst. In seinen frühen, d. h. Jenenser Werken hat Fichte „den Idealismus mit einer bis dahin unbekannten Consequenz" verfolgt, und er hat das Verdienst als erster „ein weitläufiges System von Beziehungen" gemacht zu haben. Zwar hat Fichte eine verbindende, totalisierende Methode verwendet, wo Herbart eine trennende, relationale Methode gebrauchen will. Aber ein Teil seiner eigenen Psychologie zeichnet sich durch „[d]ieselbe Art der Untersuchung über denselben Gegenstand" (Herbart, 1824/1964, § 12, S. 204) aus. Das Ich absolut zu machen, heißt seine Widersprüche zu verkennen und Ergänzungsbegriffe nicht zu suchen. Das war der Fehler Fichtes. Sein Verdienst war aber eine methodische Haltung in der Wissenschaft besessen zu haben, was auch immer seine Erfolge gewesen sein mochten.

### 4. Herbart im Spiegel Fichtes: gleichzeitig Verehrung und Tadel, sowie Weiterführung eines spekulativen Trends in der Philosophie

Am Ende dieser kleinen, synthetischen Präsentation maße ich es mir nicht an, die vielfältigen Beziehungen zwischen beiden Denkern erschöpft zu haben. Zum einen wäre eine Untersuchung in den Details der jeweiligen Lehren notwendig, um zu bestimmen, was genau beide verbindet bzw. unterscheidet. Zum zweiten wäre es auch nötig, die Kenntnisnahme der Berliner Schriften Fichtes durch Herbart in Betracht zu ziehen. Bekanntlich sind die *Reden an die deutsche Nation* und das vorige Werk *Die Grundzüge des gegenwärtigen Zeitalters* nicht ohne Nachwirkung auf Herbart gewesen. Eine Konferenz wie *Über Fichtes pädagogische Ansichten* belegt die kritische Stellungnahme Herbarts gegenüber seinem alten Lehrer, nachdem die Französische Revolution zur deutschen Erniedrigung geführt und nachdem der Atheismusstreit ihn verlegen zurückgelassen hatte.

Jena scheint also der Höhepunkt der Fichteschen Laufbahn gewesen zu sein und auch inmitten der Rücksichtnahme der späteren Werke ist noch etwas von diesem Ort zu spüren. Warum hat Fichte seine praktischen Interessen mit seinem theoretischen Hang nicht versöhnen können? „Das Asyl der Mathematik und Naturwissenschaft, was jeden Denker zur Ruhe einladet, war ihm verschlossen" (Herbart, 1831/1919, S. 437).

Und woher wusste Herbart das? Vielleicht, weil er selbst einen Brief in Jena geschrieben hatte, wo er Fichte einige aus Wolffs und Kästners Elementen der Mathematik beibringen wollte (Herbart in Fichte, 1795/1962, S. 411–415), nachdem sein Lehrer es gewagt hatte, eine Frage an die Mathematiker in seiner Einladungsschrift *Über den Begriff der Philosophie* zu adressieren (Fichte, 1794/1962, S. 135).

Unter anderen Dingen wurde das mathematische Modell ein Gegengewicht zum Einfluss des Idealismus Fichtes. Aber das Herbartsche Philosophieren ist spekulativ geblieben, was seine Schriften über Psychologie bzw. Metaphysik genug zeigen. Ich denke, dass Herbart überhaupt nicht ironisch war, wenn er Fichte einen großen Mann nannte (Herbart, 1831/1919, S. 435–436 Anm). Allein war dieser große Mann zu einseitig und zugleich voll von Widersprüchen, und wagte zu viel, wenn er über Gebiete sprach, von denen er die meisten Tatsachen nicht kannte.

Zum Schluss möchte ich selbst ein Gleichnis wagen, weil ich auch vielleicht einen Hang zum Idealismus habe. Herbart hat sich in Fichte wie in einem Spiegel gesehen. Nicht, dass er sich selbst sah, wenn er darin schaute. Vielmehr war der Spiegel ein Mittel, um sich selbst zu entdecken; objektiv gesehen, sieht man sich nicht im Spiegel, sondern man sieht jemanden spiegelverkehrt, der nur danach mit sich selbst verglichen werden kann. Der Realist Herbart musste also sein eigenes Bild gewinnen, nachdem er sich in einer anderen projektiven Figur, diejenige des Idealisten, gesucht hatte. Wollend kann jemand mit sich selbst einig sein, aber denkend (und fühlend) ist es leider nicht der Fall: das Ich, das sieht, ist nicht das Ich, das gesehen wird. Die Herbartsche Spekulation entzieht sich vor der Täuschung der mit sich selbst reibungslosen Koinzidenz, eben weil sie die Beziehungen zwischen vielfältigen Realen als Basis der Spekulation setzt. Damit er er selbst werden konnte, musste also Herbart sich als Person von der Person seines Lehrers distanzieren, und danach darüber weiterforschen, was Elemente der Realität sind, und in welcher Beziehung sie zueinanderstehen.

**Bibliographie:**

Fichte, J. G., 1794/1962: Ueber den Begriff der Wissenschaftslehre oder der sogenannten Philosophie, als Einladungsschrift zu seinen Vorlesungen über diese Wissenschaft, Gesamtausgabe der Bayerischen Akademie der Wissenschaften (= GA) I, 2, Frommann-Holzboog, Stuttgart-Bad Cannstatt, ab 1962.

Fichte, J. G., 1796/1962: Vergleichung des vom Hrn. Prof. Schmid aufgestellten Systems mit der Wissenschaftslehre, GA I, 3.

Fichte, J. G., 1805–1806/1962: Ideen für die innere Organisation der Universität Erlangen, GA II, 8.

Fichte, J. G., 1807a/1962: Wissenschaftslehre Königsberg, GA II, 10.

Fichte, J. G., 1807b/1962: Vorwort zur Herbarts Hauptpunkte der Metaphysik, GA II, 11.

Fischer, K., 1862: Die beiden Kantischen Schulen in Jena, Cotta, Stuttgart.

Herbart, J. F., in J. G. Fichte, 1795/1962: Brief an Fichte vom 1. Oktober 1795, GA III, 2, Nr. 318, S. 411–415.

Herbart, J. F., 1798/1913: Brief an Muhrbeck vom 28. Oktober 1798, Pädagogische Schriften: mit Einleitungen, Anmerkungen und Registern sowie reichem bisher ungedruckten Material aus Herbarts Nachlass (= PS), O. Willmann und Th. Fritzsch (Hg.), Bd. 1, Zickfeldt, Osterwieck am Harz/Leipzig, S. 62Anm.

Herbart, J. F., 1802–1804/1919: Pestalozzis Idee eines ABC der Anschauung, PS, Bd. 3, Zickfeldt, Osterwieck am Harz/Leipzig.

Herbart, J. F., 1804/1919: Über den Standpunkt der Beurteilung der Pestalozzischen Unterrichtsmethode, PS, Bd. 3.

Herbart, J. F., 1806–1808/1964: Hauptpuncte der Metaphysik, Sämtliche Werke in chronologischer Reihenfolge (=SW), Bd. 2, Scientia Verlag, Aalen, ab 1964.

Herbart, J. F., 1807/1964: Ueber philosophisches Studium, SW, Bd. 2.

Herbart, J. F., 1837/1993: Lehrbuch zur Einleitung in die Philosophie, W. Henckmann (Hg.), Meiner, Hamburg. Anmerkung: erste Ausgaben in 1813, 1821 und 1834.

Herbart, J. F., 1824/1964: Psychologie als Wissenschaft, Erster Teil, SW, Bd. 5.

Herbart, J. F., 1831/1919: Über das Verhältnis des Idealismus zur Pädagogik (Fichtes pädagogische Ansichten), PS, Bd. 3.

Herbart, J. F., 1838/1964: Erinnerung an die Göttingische Katastrophe im Jahre 1837, SW, Bd. XI.

Langewand, A., 1997: Die Fichte-Lektüre des jungen Herbart (1796–1798), Fichte-Studien Nr. 12, S. 273–284.

Katja Grundig de Vazquez

# Der pädagogische Korrespondenznachlass Wilhelm Reins: Dokumente internationaler pädagogischer Vernetzung

Der folgende Beitrag gibt Einblick in ein laufendes Projektvorhaben, das auf die wissenschaftliche Auswertung, Aufbereitung und digitale Edition des historischen pädagogischen Briefnachlasses von Wilhelm Rein (1847–1929) zielt. Das Projekt verortet sich im Bereich der Digital Humanities und versteht sich als Beitrag zur Grundlagen- und Netzwerkforschung im Rahmen einer transnationalen, also länder- und kulturübergreifenden Bildungsgeschichte. Es ist zum einen als infrastrukturelles Vorhaben konzipiert, das ein Hilfsmittel für weiterführende Forschungsvorhaben zur Verfügung stellen will. Gleichzeitig sollen durch eine methodisch kombinierte transnationale historische Netzwerkforschung und Inhaltsanalyse grundlegende Erkenntnisse zu pädagogischen Netzwerk- und Kontaktstrukturen und zum Austausch und der Rezeption pädagogischer Theorien und Praxen gewonnen werden, wie sie durch den o. g. Korrespondenznachlass für einen Zeitraum im ausgehenden 19. und beginnenden 20. Jahrhundert dokumentiert werden.

## 1. Konzeption und Zielperspektiven

### 1.1 Transnationalität als grundlegender Forschungszugang

Zentraler Ansatz ist ein transnationaler historischer Zugang, da ein solcher die Internationalität des Quellenkorpus, auf welches das Vorhaben aufbaut, ausdrücklich berücksichtigt und in den Mittelpunkt des Forschungsinteresses stellt. Im Bereich der Bildungsgeschichte verorten sich transnationale Ansätze neben internationalen und vergleichenden Zugängen als Perspektiven, die über örtlich begrenzte Historiographien hinausgehen. Anders als internationale bzw. vergleichende Zugänge verstehen transnationale Ansätze[1] geopolitische Grenzen als zugeschriebene Begrenzungen geschichtlicher Entwicklungen, die je nach Forschungskontext überwunden werden müssen (vgl. Pernau 2011, S. 17–19). In diesem Sinne werden in Feldern historischer Forschung, so auch in der historischen Bildungsforschung, zunehmend supra- und transnationale Ansätze verfolgt (vgl. Roldán Vera/Fuchs 2019, S. 13ff.; Mayer 2019; Caruso 2014; Droux/Hofstetter 2014). Diese greifen durchaus Traditionen länder- und kulturübergreifender Forschung auf (vgl. kritisch Wehler 2006), rücken den transnationalen Aspekt aber ausdrücklich in den Vordergrund. Sie gehen also über vergleichende Ansätze hinaus, die nationale bildungsgeschichtliche Stränge zueinander in Bezug setzen, diese aber i. d. R. als einzelne Entwicklungslinien behandeln (vgl. Caruso 2014). Auch im Kontext des hier umrissenen Projektes soll die vergleichende Perspektive teilweise durchbrochen werden. Transnationale Bildungsgeschichte wird als ein kultur- und länderübergreifendes, wie -verbindendes Entwicklungsgefüge verstanden, das auf Grenzen überschreitenden pädagogischen Austausch zurückgeht und aus dem sich nationale pädagogische Historiographien ableiten lassen, das aber in seiner Komplexität und in seinem Zusammenhang mehr ist als die bloße Summe einzelner nationaler Bildungsgeschichten (vgl. Caruso 2014, S. 11ff.). Sie wird als eine eigene in sich geschlossene Interpretationslinie der Geschichtsschreibung verstanden, die gleichberechtigt neben nationalen Gegenstücken steht, neue Forschungsperspektiven eröffnet (vgl. Mayer 2019) und so wenig Summe oder Weiterführung nationaler Bildungsgeschichten ist, wie diese nicht nur Ausschnitte oder Reduktionen einer internationalen oder transnationalen Geschichte sind. Beide Perspektiven werden als in ihrer gegenseitigen mehrdimensionalen Verzahnung und Abhängigkeit (vgl. Popkewitz 2019) gleichwertig bedeutsam verstanden. Das zugrundeliegende Phänomen eines länderübergreifenden pädagogischen Austauschs wird dabei nach Michel Espagne als Kulturtransfer (vgl. Espagne 1999) interpretiert, der für den Untersuchungszeitraum vor dem Hintergrund von „processes of Westernization" (Iggers 2006, S. 84) gedacht werden muss. In Bezug auf den transnationalen Forschungsansatz wird deshalb von der These ausgegangen, dass eine länderübergreifende Bildungsgeschichte sowohl durch die Überwindung von Grenzen, als auch durch die Abgrenzung (vgl. Mann

---

1 Zu Konzept und Genese des Transnationalen in Geschichte und historischer Forschung der Pädagogik vgl. auch Roldán Vera/Fuchs 2019.

2006) unterschiedlicher Kulturen und Bildungssysteme voneinander geprägt ist. Vergleichende wie länderübergreifende Perspektiven sollen daher in der Analyse gekoppelt werden (vgl. Popkewitz 2019).

## 1.2 Methodischer Ansatz

Die Auswertung der Dokumente soll im Zuge einer methodisch kombinierten transnationalen historischen Netzwerkforschung und Inhaltsanalyse erfolgen, die Elemente transnationaler Historiographie, historischer Netzwerkforschung, qualitativ-quantitativer Inhaltsanalyse und hermeneutischer Textanalyse koppelt. Grundsätzlich ist festzuhalten, dass sozialwissenschaftliche methodische Ansätze für die Erforschung historischer Quellen attraktiv sind, aber nicht ohne weiteres auf diese übertragen werden können (vgl. Marx 2016, Bixler/Reupke 2016). Bei Briefdokumenten wie jenen, die im Reinschen Korrespondenzkorpus erhalten sind, handelt es sich um teilstandardisierte Quellen, welche die Erhebung quantitativer und relationaler Daten ermöglichen. Weiterführende Inhaltsanalysen können durch qualitative Ansätze (vgl. u. a. Mayring 2015, Kuckartz 2016) geleistet werden, allerdings sollten diese im Kontext historischer Grundlagen- und Netzwerkforschung mit hermeneutischen Verfahren gekoppelt werden: Nacherhebungen sind bei diesem Quellenmaterial nicht möglich; die Dokumente müssen in ihren historischen Kontext eingebettet und aus diesem heraus interpretiert werden (vgl. Marx 2016, Bixler/Reupke 2016). Zudem bilden sie die historischen Vernetzungen und Korrespondenzen nur punktuell ab, geben aber gleichzeitig – da der Korpus einen Zeitraum von rund 60 Jahren abdeckt – Einblick in unterschiedliche zeitliche Schichten und Entwicklungsstadien. Die gewonnenen Daten können daher nur durch die Triangulation quantitativer, qualitativer und hermeneutischer Methoden zufriedenstellend interpretiert werden. Erkenntnisse werden dabei sowohl deduktiv wie auch induktiv abgeleitet. So sollten z. B. Aussagen und Beziehungsverhältnisse, die sich in den Quellentexten als Datum angegeben finden, aus historischer Perspektive hinterfragt (vgl. Bixler/Reupke 2016) und unter Einbezug sinngebender Aussagen, fachbezogener und historischer Erkenntnisse und quantitativer Daten interpretiert werden.

## 1.3 Zentrale Ziele

Drei zentrale Ziele bestimmen das Vorhaben:

1) der Aufbau einer recherchierbaren bio-bibliographischen Open Access Online-Edition (OAE) der pädagogischen Korrespondenz Wilhelm Reins,
2) eine schwerpunktmäßige Auswertung der Quellen im Rahmen einer methodisch kombinierten transnationalen historischen Netzwerkforschung und Inhaltsanalyse, sowie eine
3) dauerhafte Verfügbarkeit der aufbereiteten Quellentexte und Ermöglichung, Anregung bzw. Initiierung weiterführender (kooperativer) Forschungsvorhaben.

Die anvisierte recherchierbare OAE ist als ein Forschungswerkzeug (vgl. Baillot/Schnöpf 2015) konzipiert, durch das zum Ende der Projektlaufzeit vier grundlegende Elemente zur freien Verfügung gestellt werden, nämlich (I) editierte, verschlagwortete und durchsuchbare Volltexte aller Korrespondenzdokumente, (II) Retrodigitalisate aller Originaldokumente, (III) ein recherchierbares digitales Bestandsverzeichnis und (IV) bio-bibliographische Informationen zu beteiligten Autoren und verschlagworteten Personen. In der Architektur dieser digitalen Forschungs- und Rechercheumgebung sollen die editierten Volltexte der Korrespondenzdokumente mit den Retrodigitalisaten der Originale verlinkt angeboten, was den Nutzern einen unmittelbaren Abgleich der annotierten Transkripte mit den Abbildern der originären Quellen ermöglicht. Durch die Integration entsprechender Indizes kann das Korpus nach inhaltlich-systematischen Schlagworten, Personen, Geographika, Zeitangaben und Ereignissen durchsucht werden. Ergänzend soll ein bio-bibliographisches Personenverzeichnis zur Verfügung gestellt werden, wobei die ausgezeichneten Metadaten zu Personen, Institutionen und Geographika, soweit möglich, mit den entsprechenden Normdaten der Gemeinsamen Normdatei (GND) verknüpft werden.

In Verbindung mit dem sukzessiven Aufbau des Forschungstools und der Edition der Texte werden die Quellen im Rahmen einer transnational ausgerichteten pädagogisch-historischen Grundlagenforschung methodisch kombiniert ausgewertet (in Anlehnung an Mixed Methods Ansätze bzw. den Ansatz der Methodentriangulation). Vier gekoppelte inhaltliche Schwerpunkte bestimmen dabei das Forschungsinteresse, die miteinander verschränkt den Forschungsfokus zunehmend konzentrieren:
I. Historisch-pädagogische Netzwerkforschung
II. „Pädagogische Reform" als verbindendes und mehrdeutiges pädagogisches Motiv

III. Hochschulpädagogik und frühe hochschuldidaktische Ansätze und Diskurse

IV. Erziehender Unterricht im Kontext der Schulpädagogik

Verbindender Rahmenschwerpunkt ist eine bildungshistorische Netzwerkforschung[2], die darauf zielt, ausgehend von Wilhelm Rein als zentralem Knoten, Kontaktstrukturen nach strukturellen und inhaltlichen Dimensionen nachzuvollziehen und abzubilden. Strukturell wird untersucht, welche Akteure zu welchen Zeitpunkten über welche Zeitspannen beteiligt waren und welche Intensität und Häufigkeiten die jeweiligen Korrespondenzkontakte aufgewiesen haben. Strukturell und inhaltlich sind pädagogische Motive, Diskurse oder Praxen bzw. Ereignisse, Dynamiken oder Anlässe (z. B. internationale Kongresse, Studentenaustausche, Bildungsreformen) von Interesse, welche die Entwicklung und Konstellation bestimmter Kontaktstrukturen bedingt und geprägt haben. So können z. B. „Denkkollektive" (der Begriff wird hier genutzt in Anlehnung an Ludwik Fleck 1980) identifiziert und auf Aspekte ihrer Entwicklung, Beziehung und Wirkung untersucht werden. Zentrale pädagogische Paradigmen und Motive der Zeit können herausgestellt und Wege und Formen ihrer Rezeption nachvollzogen werden. Der Fokus in der Netzwerkforschung wird dabei auf den Nachvollzug des Motivs „Pädagogische Reform" als ein verbindendes und mehrdeutiges Paradigma im durch den Reinschen Nachlass dokumentierten Korrespondenzgefüge gelegt. Pädagogische Reform soll systematisch als zentrales pädagogisches Motiv (vgl. Koerrenz/Winkler 2013, S. 99ff.; vgl. Koerrenz 2014) interpretiert werden, das für den Untersuchungszeitraum länderübergreifend als Leitbild gesellschaftlicher und kultureller Entwicklung gelten kann. Der Gedanke, dass Erziehung und Bildungswesen erneuert werden müssten, bestimmte nicht allein Theorien und Praxen pädagogischer Strömungen, die typischerweise der Reformpädagogik zugeordnet werden, sondern bedingte und prägte auch darüber hinaus die Entwicklung der Erziehungswissenschaft, der Erwachsenen- und Lehrerbildung und des staatlichen Schulwesens. Basierend auf der These, dass Neuerungen im Bildungswesen auch Neuerungen in den Lebenswirklichkeiten und im menschlichen, gesellschaftlichen und kulturellen Bewusstsein hervorrufen, reichte die

---

2 Zu Methode, Potenzial, Kritik und Anwendungsbeispielen bildungshistorischer Netzwerkforschung vgl. die Beiträge in Grunder/Hoffmann-Ocon/Metz 2013; allgemein zur Methode historischer Netzwerkforschung außerdem Bixler/Reupke 2016, Düring/Kerschbaumer 2016, Marx 2016.

Bedeutung der Forderung nach pädagogischer Reform über den Bereich des explizit Pädagogischen hinaus (vgl. ebd., exemplarisch für Frankreich vgl. Trouillet 1991, S. 2ff., 19ff.; mit Fokus auf Reformpädagogik vgl. Skiera 2010, 18ff.). Pädagogische Reform erscheint daher zunächst einmal als ein transnationales pädagogisches Paradigma, das fach- und länderübergreifend zum Diskurs angeregt hat. Dies spiegelt sich in der pädagogischen Korrespondenz, die im Reinschen Nachlass erhalten ist, wider. Reform als grundlegender pädagogischer Anspruch bildet den gemeinsamen Boden fachlichen Austauschs. Motive pädagogischer Reform werden besonders häufig aufgegriffen und reflektiert und dienen der Kontroverse wie Verständigung zwischen unterschiedlichen Positionen. Dabei scheint pädagogische Reform als Motiv und Paradigma vielfältige Widersprüche überwunden zu haben, die einem dem Zeitgeist entsprechend spannungsreichen Korrespondenzgefüge eingeschrieben waren, das durch Ansprüche von Fortschrittlichkeit und Kosmopolitismus einerseits und Konservatismus und Nationalismus andererseits geprägt war. Seine verbindende Wirkung muss allerdings kritisch reflektiert werden. Pädagogische Reform soll nicht als einheitliches Paradigma verstanden, sondern in Anlehnung an Luhmann und Schorr (1988) als ein Motiv interpretiert werden, das der Pädagogik an sich inhärent ist (vgl. auch Koerrenz 2014, S. 31ff.). Entsprechend ist es wesentlich bedeutungsvoll für alle pädagogischen Diskurse, kann dabei jedoch je unterschiedlich konnotiert sein. Ein wesentliches Forschungsinteresse richtet sich darauf, (a) ob/inwiefern dieses Motiv pädagogische Reform als vermeintlich verbindendes Paradigma den fachlichen Austausch zwischen Akteuren der pädagogischen Korrespondenznetzwerke um Wilhelm Rein begünstigt hat und (b) ob/inwiefern unterschiedliche Auslegungen zu Missverständnissen und Differenzen geführt haben.

Die Auseinandersetzung mit dem Motiv Reform konzentriert sich wiederum auf zwei Schwerpunkte: Zunächst sollen im Kontext hochschulpädagogischer Diskurse frühe explizit hochschuldidaktische Ansätze und Theorien länderübergreifend nach Praxen und Rezeption identifiziert und nachvollzogen werden. Auf Zusammenhänge zwischen der Hochschulpädagogik des späten 19./frühen 20. Jahrhunderts und einer modernen Hochschuldidaktik haben bereits u.a. Leitner 1984, Leitner 1990, Queis 1990 und Schmithals 1990 hingewiesen. Zur Ausprägung und Bedeutung früher hochschuldidaktischer Ansätze im Rahmen der Hochschulpädagogik als Vorläufer einer modernen Hochschuldidaktik besteht allerdings nach wie vor Forschungsbedarf. Weiterhin wird die

Hochschuldidaktik disziplinär und bildungsgeschichtlich gemeinhin erst ab den 1960er Jahren verortet und beschrieben. Z. B. Ernst Bernheim, Friedrich Paulsen und Otto Willmann, die mit Rein in Briefkontakt standen, formulierten allerdings bereits wesentlich früher hochschuldidaktische Überlegungen. Bernheim kritisierte Vorlesungen als starre Formate universitären Unterrichts (vgl. Bernheim 1898), welche die Hörer zu Passivität zwängen, Paulsen setzte sich ausführlich mit Formaten des Universitätsunterrichts auseinander und griff dabei die Kritik Bernheims auf (vgl. Paulsen 1902/1966, S. 136–186). Willmann erklärte 1913 explizit die Notwendigkeit der Einrichtung einer „Hochschuldidaktik" als akademische Disziplin (vgl. Willmann 1913; vgl. hierzu auch Coriand 2009). Die Einrichtung und Konzipierung z. B. universitärer Lehrerseminare mit Übungsschule, wie nach dem Jenaer Modell unter Stoy und später Rein, kann als Institutionalisierung neuer Ansätze in der Hochschuldidaktik interpretiert werden. Im Reinschen Korrespondenznachlass sind Briefe einschlägiger hochschulpädagogischer Akteure und Mitglieder der Gesellschaft für Hochschulpädagogik erhalten; neben Wilhelm Rein selbst und den genannten Ernst Bernheim und Otto Willmann zählten dazu u. a. Nicolas M. Butler, Georg Kerschensteiner, Karl Lamprecht, Conrad Matschoss, Ernst Meumann und Hans Schmidkunz. Mit Friedrich Paulsen und Adolf Harnack korrespondierten allerdings auch erklärte Kritiker der Gesellschaft für Hochschulpädagogik (vgl. Schmithals 1990, S. 79) mit Rein. Der zweite Schwerpunkt im Nachvollzug pädagogischer Reform liegt im Bereich der Schulpädagogik. Erforscht werden sollen Ansätze und Umsetzungen von Erziehendem Unterricht als reformerisches Schulkonzept. Das Anliegen, Persönlichkeitsbildung und individuelle Entfaltung von Schülern im pädagogischen Handeln mit Interessenbildung und Wissensvermittlung zu koppeln, hat im Untersuchungszeitraum in besonderem Maße die reformerischen Bestrebungen unterschiedlicher pädagogischer Schulen geprägt. Es eröffnen sich Perspektiven auf organisatorische Ausgangsbedingungen für Ansätze von erziehendem Unterricht und auf die Anwendung und Weiterentwicklung von Unterrichtsmethoden in einzelnen Ländern. Welche Bedeutung hatte ein länder- und theorienübergreifender Austausch zwischen Lehrern zur Gestaltung, Reflexion und Weiterentwicklung ihrer Unterrichtspraxis oder des Schullebens? Dabei verweisen die Quellentexte auch auf strukturelle Faktoren, welche die pädagogische Arbeit der Lehrer in unterschiedlichen Ländern begünstigt oder erschwert haben.

*1.4 Weiterführende Perspektiven*

Das Vorhaben setzt also einen Schwerpunkt in der historisch-pädagogischen Grundlagenforschung. Zudem dient es dazu, den einmaligen Quellenbestand zu erhalten, für die weiterführende Forschung aufzubereiten und dauerhaft zur Verfügung zu stellen. Langfristig sollen so vergleichende, inter- und transnationale Ansätze und Forschungsvorhaben im Bereich historischer Bildungsforschung unterstützt und angeregt werden. Da das Forschungspotenzial der Quellen über eine fachliche Verortung in den Bildungswissenschaften im Allgemeinen und der historischen Bildungsforschung im Besonderen hinausgeht, sind weitere Anschlüsse, z. B. in Bereichen der Politik-, Sozial- oder Wissenschaftsgeschichte denkbar.

## 2. Das Quellenkorpus: Der pädagogische Korrespondenznachlass von Wilhelm Rein

*2.1 Forschungspotenzial und Einordnung des Bestands*

Im späten 19. und frühen 20. Jahrhundert entwickelten sich weltweit neue Ansätze und Praxen in Pädagogik und Erziehungswissenschaft. Reformen z. B. in Lehrerbildung, Schulwesen, Erwachsenenbildung oder frühkindlicher Erziehung waren dabei an die Etablierung und Professionalisierung der Erziehungswissenschaft, wie die zunehmende Bedeutung sog. Reformpädagogischer Positionen und Strömungen geknüpft (vgl. Hofstetter/Schneuwly 2006, Hofstetter 2010, Koerrenz 2014). Die Institutionalisierung neuer pädagogischer Ansätze und Strukturen fand in der Regel auf nationaler Ebene statt und wies im internationalen Vergleich Unterschiede auf. Trotzdem haben diese Entwicklungen nicht unabhängig voneinander stattgefunden (vgl. Caruso 2014, Droux/Hofstetter 2014). Nationale Bildungsreformen wurden und werden wesentlich durch transnationale Diskurse und länderübergreifende Kontakte zwischen Akteuren unterschiedlichster professioneller Hintergründe beeinflusst (vgl. ebd., vgl. Oelkers 2010). In Hinblick nun auf die Darstellung und Analyse von Netzwerken und Kontakten, die diese Pädagogen verbunden haben und in Hinblick auf beteiligte Akteuren und Länder besteht anhaltender Forschungsbedarf, auch wenn in jüngerer Zeit Untersuchungen zu historischen pädagogischen Netzwerkgefügen bildungsgeschichtlich verstärkt vorangetrieben werden (vgl. Roldán Vera/Fuchs 2019, S. 9ff.). Dabei ist das Forschungsinteresse solcher Vorhaben in der Regel – und eigentlich notwendig – transnational, also auf die

Analyse länderübergreifender Entwicklungen hin angelegt, wobei die inneren Strukturen solcher Kontaktgefüge über konventionelle Quellen, wie primäre oder sekundäre Fachliteratur, nur begrenzt zugänglich sind. Diese reflektieren vor allem offizielle fachliche Diskurse und Positionen. Sie zeigen so nicht viel mehr als die Spitze des Eisbergs. Für einen umfassenden forschenden Zugriff auf pädagogische Netzwerke muss man auf Quellen zurückgreifen können, welche die Knoten und Kanten solcher Strukturen belegen und die fachlichen Positionen und Diskurse, die den Austausch zwischen den beteiligten Akteuren geprägt haben, möglichst unverfälscht und unzensiert offenlegen. Zu den Quellen, die solche Ansprüche weitgehend erfüllen, zählen Korrespondenzdokumente (Briefe etc.), die in professionellen Netzwerken ausgetauscht worden sind. Leider sind nur wenige umfangreiche pädagogische Korrespondenznachlässe erhalten und von diesen sind nicht alle für die Forschung zugänglich.

Einen solchen seltenen und einzigartigen Bestand stellt der internationale Korrespondenznachlass Wilhelm Reins aus den Jahren 1869–1929 dar. Er birgt bedeutendes Forschungspotenzial, das zunächst auf die länderübergreifende historische Bedeutung Wilhelm Reins für die Entwicklung der Pädagogik und Erziehungswissenschaft zurückgeht. Rein hatte in Jena die erste ordentliche Professur für Pädagogik in Deutschland inne und leitete mit dem pädagogischen Universitäts-Seminar mit Übungsschule ein *universitär* angebundenes Lehrerseminar, das theoretische und praktische Elemente der Lehrerbildung koppelte. Als Lehrerbildner und pädagogischer Reformer war er in seiner Zeit international anerkannt. Seine Publikationen wurden international rezipiert, seine *Pädagogik im Grundriss* (1890) in mehrere Sprachen übersetzt. Im Laufe seiner Karriere berücksichtigte er zunehmend seine internationale Leserschaft und länderübergreifende Perspektiven auf pädagogische Fragestellungen, was sich auch in der Gestaltung und breiten Rezeption des von ihm in zwei unterschiedlichen Auflagen herausgegeben *Encyclopädischen Handbuch für Pädagogik* (Rein 1895–1899; 1903–1910) widerspiegelt. Insgesamt legte er Wert darauf, „[…] aus aller Herren Länder […] Vertreter und Vertreterinnen aller pädagogischer Richtungen, sämtlicher Schulgattungen und des sonstigen Erziehungs- und Bildungswesens […]" (Zeißig 1911) in Diskurs zu bringen. Fachlich wird er als „letzter großer Herbartianer" (Oelkers 1998, S.) verortet. Er wirkte aber weit über diesen Schwerpunkt hinaus als „Wissenschaftskoordinator" (Coriand 2008, S. 79; Coriand/Koerrenz 2009). Sein weitverzweigtes professionelles Netzwerk führte Pädagogen verschiedener Fachrichtungen,

Institutionen und Positionen zusammen und überwand so nicht nur Kultur- und Länder-, sondern auch ideologische, Status- und Geschlechtergrenzen. Unter seinem Einfluss entwickelte sich der pädagogische Standort Jena in besonderem Maße zu einem „Ort internationaler Beziehungen" (Graff/Schotte 2009), aber auch zu einem Ort inter- bzw. transfachlicher Kontakte.

Reins Korrespondenznachlass dokumentiert mit über 6.000 Schriftstücken diese professionellen Kontakte in bedeutenden Ausschnitten und gewährt Einblick in wesentliche länderübergreifende Kontakte zwischen pädagogischen Schulen oder Bewegungen im relevanten Zeitraum. Er ergänzt erschlossene Korrespondenzbestände[3], kann perspektivisch selbst um weitere Bestände ergänzt werden und macht länderübergreifende pädagogische Vernetzungen und Kontakte über bekannte Zusammenhänge hinaus strukturell, inhaltlich und personell zugänglich und erforschbar.

Zur historischen und fachlichen Einordnung des Korrespondenznachlasses muss die Bindung an den Pädagogen Rein und seine fachliche Verortung als Herbartianer berücksichtigt werden. Inhalte, Diskurse und Akteure die durch diese Quellendokumente zugänglich werden, sind notwendig erst einmal mit seinem professionellen Wirken verknüpft. Die Themen, die behandelt werden, stehen in Verbindung mit Positionen und Fragestellungen, die Reins Arbeit und seine fachlichen Kontakte bestimmt haben. Allerdings handelte es sich dabei v. a. um zeittypische fachlich prägende Themen, Motive und Anliegen, die sich exemplarisch in seinem Korrespondenznachlass widerspiegeln. Wilhelm Rein als verbindendem Knoten stehen rund 3.500 Autoren aus 40 Ländern gegenüber, die eigene Akzente und Themen sowie kulturelle, fachliche und persönliche Hintergründe eingebracht haben. Sein professionelles Netzwerk markiert den Schnittpunkt verschiedener Kontaktgefüge unterschiedlicher Reichweite, Dauer und Internationalität, in die er nicht immer zentral eingebunden war. Der Korrespondenznachlass weist durch seine Architektur über eine Verortung im pädagogischen Herbartianismus oder eine Fokussierung auf Reins fachliche Positionen also deutlich hinaus.

---

3 Zu nennen sind hier die Briefnachlässe seiner Korrespondenzpartner Friedrich Wilhelm Dörpfeld, Wilhelm Flitner und Friedrich Paulsen (vgl. Goebel 1976; Glaser 2013; Bartholome/Kabara/Prondczynsky 2013).

## 2.2 Stand der Forschung zum Bestand

Einzelne Dokumente aus der pädagogischen Korrespondenz Reins sind bereits in den 1970er Jahren schwerpunktbezogen herausgegeben und ausgewertet worden (vgl. Pohl 1972; Goebel 1976). Pohl hat für seine historisch-pädagogisch-biographisch angelegte *Pädagogik Wilhelm Reins* Einsicht in den Gesamtbestand des Familienarchivs genommen (vgl. Pohl 1972, S. 14). Er zitiert ausgewählte Briefe zu Aspekten von Reins professioneller Biographie und der Entwicklung seiner pädagogischen Positionen. Goebel transkribierte für seine Gesamtausgabe der Briefe Friedrich Wilhelm Dörpfelds den Rein-Dörpfeldschen Briefwechsel aus dem Reinschen Nachlass und veröffentlichte die Transkripte von insgesamt 76 Briefen, teils mit Kommentar versehen und vereinzelt mit Bezug auf Pohl 1972 (vgl. Goebel 1976, S. 415, 533). Danach scheint der Originalbestand über rund drei Jahrzehnte nicht mehr wissenschaftlich genutzt worden zu sein. Ab 2009 hatte die Autorin die Möglichkeit, für ihre Forschungen zur Promotion (vgl. Grundig de Vazquez – im Folgenden GdV – 2015; GdV 2016; GdV 2018) Einblick in den schriftlichen Nachlass Reins zu nehmen. Sie recherchierte Kontakte französischer Pädagogen zu Wilhelm Rein und wertete insgesamt 31 einzelne Briefe und fünf Brieffolgen aus (vgl. GdV 2015, S. 317f.; GdV 2016; GdV 2018). Sie leitete u. a. Erkenntnisse zur offenen und verdeckten Rezeption herbartianischer Positionen durch französische Pädagogen ab (vgl. GdV 2015, S. 277–282; GdV 2016; GdV 2018) und veröffentlichte sieben der Briefe als Kopie im Anhang zu ihrer Promotionsschrift (vgl. GdV 2015, S. 345–356). Darüber hinaus ist der Korrespondenznachlass Wilhelm Reins bisher noch weitestgehend unerforscht.

## 3. Erste Erkenntnisse

### 3.1 Vorarbeiten

Im Rahmen eines Anschubprojektes (2018/2019) wurden die Quellendokumente des Reinschen Korrespondenznachlasses durch die Autorin archivarisch aufbereitet und digitalisiert. Den Verfassern der Briefe wurden projekteigene Grundsignaturen, den Briefen Dokumentsignaturen zugewiesen. Grundlegende Metadaten zu den Dokumenten wurden erhoben und in einer elektronischen Datenbank erfasst. Aus diesen Vorarbeiten liegen zunächst strukturelle Zwischenergebnisse bzw. Ausgangsstrukturen für aufbauende Projektphasen vor.

## 3.2 Strukturelle Ergebnisse

Bisher kann das Vorhaben auf folgende strukturelle Ergebnisse verweisen: Zunächst liegen aufbereitete Originale vor, d. h. die Quellendokumente wurden nach Autoren alphabetisch-chronologisch aufsteigend sortiert und händisch mit Signaturen und Seitenzahlen versehen. Die Originale wurden in Faltmanschetten mit grundlegenden Angaben zu den Briefen (Verfasser/Empfänger, Datum, Anzahl der Seiten) abgelegt. Sämtliche Originalquellen wurden retrodigitalisiert. Die grundlegenden Metadaten wurden in einer Dokumentendatenbank[4] erfasst. Zusätzlich wurde eine Autorenliste erstellt. Die Vorarbeiten erleichtern die weitere Arbeit mit den Originalen und Digitalisaten, ermöglichen, Vollständigkeit und Ordnung der Quellentexte nachzuvollziehen und dienen als Grundlage weiterführender Forschung.

## 3.3 Erste inhaltliche Erkenntnisse

Erste inhaltliche Erkenntnisse basieren zunächst auf ersten Sichtungen der gewonnenen Metadaten und stichprobenhaften Einblicken in die Inhalte der Korrespondenztexte. Die weiterführende Grundlagen- und Netzwerkforschung ist Ziel und Schwerpunkt einer gegenwärtig laufenden Projektphase. Verweisen lässt sich auf erste Ergebnisse zu Aspekten der zeitlichen und geografischen Verortung und zum Umfang des Korrespondenznetzwerks, zu beteiligten Akteuren und zu Themen und Motiven, welche die Korrespondenzen geprägt haben. So wurde herausgearbeitet, dass die Korrespondenz einen Zeitraum von 60 Jahren (1869–1929) dokumentiert. Insgesamt sind 6.057 Dokumente erhalten, davon 5.137 Briefe an, 756 Briefe von Wilhelm Rein und 164 Kondolenzschreiben. Beteiligt waren rund 3.500 Autoren aus (mindestens) 40 Ländern (s. Abb. 1). Anhand der erfassten Daten zur Anzahl der Korrespondenzdokumente lassen sich in Bezug auf Menge und Frequenz der gesendeten Briefe die Autoren als Netzwerkknoten bereits gewichten. Allerdings erlauben solche Gewichtungen noch keine Aussagen über fachliche Bedeutung oder Einfluss der jeweiligen Personen: Zum einen ist der erhaltene Bestand nicht vollständig. Einige Briefe sind nur als Fragmente erhalten, einzelne Brieffolgen weisen offensichtliche Lücken auf und nur wenige

---

4   Erfasst sind jeweils: (1) Signatur, (2) Verfasser/Empfänger, (3) Ausstellungsdatum, (4) Ausstellungsort, (5) Umfang (Seiten), (6) Dokumenttyp, (7) ggf. Sprache, (8) ggf. weiterführende Vermerke, (9) Dateinamen der zugehörigen Images der Retrodigitalisate. Die Dateinamen der Digitalisate sind in Zotero erfasst, um die Images in FuD automatisiert mit den zugehörigen Metadaten zusammenführen zu können.

Briefe von Rein selbst zählen zum Nachlassbestand. Vollständige beidseitige Briefwechsel sind nur mit Friedrich W. Dörpfeld und Edmund Scholz erhalten. Zum anderen steht eine systematische Inhaltsanalyse zu Themen und Motiven der Korrespondenzen noch aus. Erst wenn diese Daten vorliegen, können unter Einbezug der o. g. Mengendaten wissenschaftlich begründet Rückschlüsse auf Bedeutung und Einfluss beteiligter Autoren gezogen werden. Für die zeitliche und geographische Mikrostruktur des Netzwerks gilt zum jetzigen Stand der Analyse, dass der Blick auf die Gesamtheit aller Kontakte keine realistische Darstellung der Netzwerkstrukturen zu einem bestimmten Zeitpunkt bietet. Vielmehr bildet sich dadurch eine Überlagerung von Gefügen unterschiedlicher Dauer und Reichweite ab (s. Abb. 1).

Abb. 1: Länderüberblick über die Reichweite des Korrespondenznetzwerks

Solche unterschiedlichen Schichten und Strukturen müssen ausdifferenziert werden, u. a. nach der zeitlichen und geographischen Verbreitung bestimmter behandelter Themenschwerpunkte. Hinsichtlich der Diskursinhalte der pädagogischen Korrespondenz lässt sich festhalten, dass von den meisten beteiligten Korrespondenten ein Grundanspruch pädagogischer Neuerung, also Reform geteilt wurde. Dabei muss angenommen werden, dass das Motiv Reform durch verschiedene Autoren unterschiedlich interpretiert worden ist. Legt man ein weites Reformverständnis z. B. nach Koerrenz 2014 zugrunde, wonach „Reform" auf ein kritisches Reflektieren (1) der Übergänge von Vergangenheit zu Gegenwart zu Zukunft, (2) der gegenwärtigen Gegebenheiten und (3) des Menschseins verweist, zählten einige der Autoren zu den einflussreichsten pädagogischen Reformern[5] ihrer Zeit. Sie hatten unterschiedliche berufliche, theoretische, ideologische und gesellschaftliche Hintergründe, reflektierten aber übergreifend ähnliche Motive und Themenschwerpunkte, weshalb die Quellentexte länderverbindend pädagogische Diskurse aus vielfältigen fachlichen Perspektiven abbilden. Als wiederkehrende und verbindende Themenschwerpunkte bzw. Diskursmotive scheinen z. B. auf: Erwachsenenbildung, Erziehungswissenschaft, Frauen- & Mädchenbildung, Fremdsprachendidaktik, Hochschulpädagogik, Pädagogische Psychologie, Pädagogische Reform, Reformpädagogik, Professionelle Lehrerbildung, Sozialpädagogik, Volkhochschulentwicklung. Wie Textstichproben zu Korrespondenzen bekannterer Autoren zeigen, scheinen sie in ihren Briefen an Rein vorrangig Themen aufgegriffen zu haben, die ihre eigene Pädagogik in Theorie und Praxis geprägt haben. So äußerten sich z. B. zur (Entwicklung von) Universitätspädagogik und Erziehungswissenschaft Wilhelm Flitner, Ferenc Kémény, Charles A. McMurry, Frank M. McMurry, Friedrich Paulsen, Joseph M. Rice, Eduard Spranger; zu reformpädagogischen Themen Adolf Damaschke, Henriette Goldschmidt, Ludwig Gurlitt, Georg Kerschensteiner, Hermann Lietz, Cecil Reddie; zur Erwachsenenbildung Reinhard Buchwald, Poul La Cour, Kristiane Iversen, Johannes Tews, Heinrich Weinel. Grundlegender Forschungsbedarf besteht hingegen zu pädagogischen Positionen heute unbekannter Autoren, wie Lehrer unterschiedlicher Schulformen, die zahlreich in Reins Korrespondenznetzwerk eingebunden waren.

---

5 Zum Beispiel die Erziehungstheoretiker und Universitätsprofessoren Wilhelm Flitner, Ferenc Kémény, Charles & Frank McMurry, Friedrich Paulsen, Eduard Spranger, die Reformpädagogen Adolf Damaschke, Georg Kerschensteiner, Hermann Lietz, Cecil Reddie, der Pionier empirischer Forschungsmethoden Joseph Mayer Rice, die Begründer und Akteur der Volkshochschulbewegung Reinhard Buchwald, Kristiane Iversen, Heinrich Weinel, die Frauenrechtlerinnen und Reformerinnen der Frauen- & Mädchenbildung Gertrud Bäumer, Helene Lange, Helene Stöcker, die Psychologen Wilhelm Ament, Susanna Rubinstein, Wilhelm Wundt.

## 4. Ausblick

Die Quellentexte des pädagogischen Korrespondenznachlasses Wilhelm Reins machen fachliche Positionen beteiligter Autoren, Zusammenhänge und Überlagerungen zwischen diesen Positionen und ihre länderübergreifende Rezeption zugänglich. Zudem verweisen sie auf pädagogische Praxen: Einige Autoren diskutieren didaktische Konzepte oder beschreiben und reflektieren Unterrichtsmethoden/-verläufe, sowie Aspekte des Schullebens. Durch den weiten dokumentierten Zeitraum von 60 Jahren werden dabei die Motive, Diskurse und Praxen nicht nur statisch abgebildet, sondern können dynamisch in ihrer Entwicklung nachvollzogen werden. Zudem transportieren die Quellen Daten und Informationen zu gesellschaftlichen, kulturellen und politischen Hintergründen zeitgenössischer pädagogischer Entwicklungen. Dadurch ergeben sich Forschungsperspektiven sowohl für eine vergleichend oder transnational angelegte Herbartinismusforschung, wie auch weit darüber hinaus. Das Korrespondenznetzwerk Wilhelm Reins kann nicht auf ein herbartianisches Netzwerk reduziert werden, sondern hat länder-, theorien- und zeitenübergreifend vor allem reformerisch motivierte, aber auch konservative Pädagogen unterschiedlichster Strömungen miteinander verbunden und auch Vertreter aus Psychologie, Philosophie oder (Sozial)Politik inbegriffen. Eine als mehrdimensional durchsuchbares Forschungswerkzeug aufbereitete Online-Edition des pädagogischen Korrespondenznachlasses Wilhelm Reins ermöglicht perspektivisch interessierten Forschern, orts- und zeitunabhängiger auf die Quellentexte zuzugreifen, zu recherchieren, weiterführende, auch kooperative Forschungsvorhaben zu entwickeln und umzusetzen und gegebenenfalls auch eine Erweiterung des Editionskorpus und einen Ausbau der Funktionalitäten der digitalen Edition mit zu konzipieren und voranzutreiben. Das hier vorgestellte Projektvorhaben hofft, dadurch zu einer Stärkung vor allem auch transnational und international vergleichend angelegter kooperativer Forschungsvorhaben in der historischen Bildungsforschung beitragen zu können.

## Literaturverzeichnis

Baillot, A., Schnöpf, M.: Von wissenschaftlichen Editionen als interoperable Projekte, oder: Was können eigentlich digitale Editionen? In: Schmale, W. (Hrsg.): Digital Humanities. Praktiken der Digitalisierung, der Dissemination und der Selbstreflexivität. Stuttgart 2015, S. 139–156.

Bartholome, D., Kabara, M., Prondczynsky, A. v.: Der Briefnachlass Friedrich Paulsens als nationales und transatlantisches Netzwerk. Grunder, H.-U., Hoffmann-Ocon, A., Metz, P. (Hrsg.): Netzwerke in bildungshistorischer Perspektive. Bad Heilbrunn 2013, S. 228–245.

Bernheim, E.: Der Universitätsunterricht und die Erfordernisse der Gegenwart. Berlin 1898.

Bixler, M., Reupke, D.: Von Quellen zu Netzwerken. In: Düring, M., Eumann, U., Stark, M., Keyserlingk, L. v. (Hrsg.): Handbuch Historische Netzwerkforschung. Berlin 2016, S. 101–122.

Caruso, M. (2014): Within, between, above and beyond: (Pre)positions for a history of the internationalisation of educational practices and knowledge. In: Paedagogica Historica 50, 10–26, DOI: 10.1080/00309230.2013.872678

Coriand, R.: Otto Willmann und der „Anspruch der Pädagogik auf akademisches Bürgerrecht", in: Adam, Erik/Grimm (Hrsg.): Die Pädagogik des Herbartianismus in der österreichisch-ungarischen Monarchie, S 37–53.

Coriand, R., Koerrenz, R.: Jena als Ort der Allgemeinen Pädagogik. In: Koerrenz, R.: Laboratorium Bildungsreform. Jena als Zentrum pädagogischer Innovationen. München 2009, S. 63–82.

Droux, J., Hofstetter, R. (2014): Going international: the history of education stepping beyond boarders. In: Paedagogica Historica 50, 1–9, DOI: 10.1080/00309230.2013.877500

Düring, M., Kerschbaumer, F.: Quantifizierung und Visualisierung. Anknüpfungspunkte in den Geschichtswissenschaften. In: Düring, M., Eumann, U., Stark, M., Keyserlingk, L. v. (Hrsg.): Handbuch Historische Netzwerkforschung. Berlin 2016, S. 31–43.

Espagne, M.: Les transferts culturels franco-allemands. Paris 1999.

Fleck, L.: Entstehung und Entwicklung einer wissenschaftlichen Tatsache. Frankfurt/M. 1980.

Glaser, E.: Zwischen Disziplingeschichte und Biographieforschung: Das Briefnetzwerk Wilhelm Flitners. In: Grunder, H.-U., Hoffmann-Ocon, A., Metz, P. (Hrsg.): Netzwerke in bildungshistorischer Perspektive. Bad Heilbrunn 2013, S. 203–213.

Goebel, K. (Hrsg.): Dein dankbarer und getreuer F. W. Dörpfeld. Gesamtausgabe der Briefe Friedrich Wilhelm Dörpfelds (1824–1893) mit Erläuterungen und Bilddokumenten. Wuppertal 1976.

Grunder, H.-U., Hoffmann-Ocon, A. (Hrsg.): Netzwerke in bildungshistorischer Perspektive. Bad Heilbrunn 2013.

Grundig de Vazquez, K.: Science de l'éducation und Wege professioneller Lehrerbildung. Zum Einfluss der pädagogischen Herbart- und Herbartianismusrezeption in den ersten Jahrzehnten der Dritten Französischen Republik (1870–1913) – Eine analytische Spurensuche. Klinkhardt, Bad Heilbrunn 2015.

Grundig de Vazquez, K.: Science de l'éducation et l'éducation comme une science – La réception des théories pédagogiques de J. F. Herbart et ses disciples en France. In: Revue Germanique (23). La pédagogie allemande dans l'espace francophone. CNRS 2016, S. 95–110.

Grundig de Vazquez, K.: Pädagogik als Wissenschaft – Anmerkungen zu grundlegenden Bausteinen der republikanischen Bildungsreform der Dritten Französischen Republik und ihrer theoretischen Fundierung. In: Jean-François Goubet/Rainer Bolle (Hrsg.): Herbart als Universitätslehrer. Garamond, Gera/Jena 2018, S. 151–164.

Hofstetter, R.: Genève: Creuset des sciences de l'éducation (fin du XIXe siècle – première moitié du XXe siècle). Genf 2010.

Hofstetter, R., Schneuwly, B. (Hrsg.): Passion, Fusion, Tension. New Education and Educational Sciences – Education Nouvelle et Sciences de l'education. End 19th – middle 20th century/fin du 19e – milieu du 20e siécle. Berlin 2006.

Iggers, G.: Modern Historiography from an Intercultural Global Perspective. In: Budde, G., Conrad, S., Janz, O.: Transnationale Geschichte. Themen, Tendenzen und Theorien. Göttingen 2006, S. 83–93.

Koerrenz, R.: Reformpädagogik. Eine Einführung. Paderborn 2014.

Koerrenz, R., Winkler, M.: Pädagogik – eine Einführung in Stichworten. Paderborn 2013.

Kuckartz, U.: Qualitative Inhaltsanalyse. Methoden, Praxis, Computerunterstützung. 3., überarbeitete Auflage. Weinheim und Basel 2016.

Leitner, E.: Hochschul-Pädagogik. Zur Genese und Funktion der Hochschul-Pädagogik im Rahmen der Entwicklung der deutschen Universität 1800–1968. Frankfurt am Main 1984.

Ders.: Die hochschulpädagogische Bewegung in ihrem Verhältnis zur Hochschulreform. In: Leitner, E., Queis, D. v., Schmithals, F.: Die pädagogische Herausforderung der Universität 1898–1934. Weinheim 1990, S. 31–45.

Luhmann, N., Schorr, K. E. (1988): Strukturelle Bedingungen von Reformpädagogik. Soziologische Analysen zur Pädagogik der Moderne. In: Zeitschrift für Pädagogik 34, Heft 3, S. 463–480.

Mann, M.: Globalization, Macro-Regions and Nations-States. In: Budde, G., Conrad, S., Janz, O.: Transnationale Geschichte. Themen, Tendenzen und Theorien. Göttingen 2006, S. 21–31.

Marx, C.: Forschungsüberblick zur Historischen Netzwerkforschung. Zwischen Analysekategorie und Metapher. In: Düring, M., Eumann, U., Stark, M., Keyserlingk, L. v. (Hrsg.): Handbuch Historische Netzwerkforschung. Berlin 2016, S. 63–84.

Mayer, C.: The Transnational and Transcultural: Approaches to Studying the Circulation and Transfer of Educational Knowledge. In: Fuchs, E., Roldán

Vera, E. (Hrsg.): The Transnational in the History of Education. Concepts and Perspectives. Cham 2019. eBook: https://doi.org/10.1007/978-3-030-17168-1, S. 49–68.

Mayring, P.: Qualitative Inhaltsanalyse. Grundlagen und Techniken. 12., überarbeitete Auflage. Weinheim/Basel 2015.

Oelkers, J.: Wilhelm Rein und die Konstruktion von „Reformpädagogik". In Coriand, R., Winkler, M. (Ed.): Der Herbartianismus – die vergessene Wissenschaftsgeschichte. Weinheim 1998, 129–154.

Ders.: Reformpädagogik. Entstehungsgeschichten einer internationalen Bewegung. Zug 2010.

Paulsen, F.: Die deutschen Universitäten und das Universitätsstudium. Berlin 1902. Reprografischer Nachdruck 1966.

Pernau, M.: Transnationale Geschichte. Göttingen 2011.

Pohl, H.-E.: Die Pädagogik Wilhelm Reins. Bad Heilbrunn 1972.

Popkewitz, T. S.: Transnational as Comparative History: (Un)Thinking Difference in the Self and Others. In: Fuchs, E., Roldán Vera, E. (Hrsg.): The Transnational in the History of Education. Concepts and Perspectives. Cham 2019. eBook: https://doi.org/10.1007/978-3-030-17168-1, S. 261–291.

Queis, D. v.: 36 Jahre Hochschuldidaktik. Die erste hochschulpädagogische Bewegung 1898–1934. In: Leitner, E., Queis, D. v., Schmithals, F. (Hrsg.): Die pädagogische Herausforderung der Universität 1898–1934. Weinheim 1990, S. 47–75.

Rein, W.: Pädagogik im Grundriss. Leipzig 1890.

Ders. (Hrsg.): Encyklopädisches Handbuch der Pädagogik. 2. Aufl., 10 Bände + Registerband, Langensalza 1903–1911.

Roldán Vera, E., Fuchs, E.: Introduction: The Transnational in the History of Education. In: Fuchs, E., Roldán Vera, E. (Hrsg.): The Transnational in the History of Education. Concepts and Perspectives. Cham 2019. eBook: https://doi.org/10.1007/978-3-030-17168-1, S. 1–47.

Schmithals, F.: Die Gesellschaft für Hochschulpädagogik als Modellfall für die Institutionalisierungsprobleme der Hochschul-Pädagogik. In: Leitner, E., Queis, D. v., Schmithals, F.: Die pädagogische Herausforderung der Universität 1898–1934. Weinheim 1990, S. 77–96.

Skiera, E.: Reformpädagogik in Geschichte und Gegenwart. Eine kritische Einführung. 2. Auflage. München 2010.

Trouillet, B.: „Der Sieg des preußischen Schulmeisters" und seine Folgen für Frankreich 1870–1914. Köln/Wien 1991.

Wehler, H.-U.: Transnationale Geschichte – der neue Königsweg historischer Forschung? In: Budde, G., Conrad, S., Janz, O.: Transnationale Geschichte. Themen, Tendenzen und Theorien. Göttingen 2006, S. 161–174.

Willmann, O. (1913): Der Anspruch der Pädagogik auf akademisches Bürgerrecht. In: Zeitschrift für christliche Erziehungswissenschaft 7, S. 5–13.

Zeißig, E.: Geleitwort. In: Rein, W.: Systematisches Inhaltsverzeichnis zu Encyklopädisches Handbuch der Pädagogik, 2. Auflage. Langensalza 1911, S. 1–2.

SILKE ANTONI

# Jena und der Herbartianismus im Königreich Bayern zwischen 1871 und 1918

## 1. Vorbemerkung

„Die Verhältnisse im Königreich Bayern sind mir nicht vertraut" (Metz 1992, S. 128). Mit diesen Worten brachte Peter Metz vor über 25 Jahren sehr treffend die allgemeine Forschungslage über die Verbreitung und Rezeption herbartianischen Gedankenguts im Königreich Bayern in den Jahren des Deutschen Kaiserreiches auf den Punkt – über den Herbartianismus in Bayern war damals wenig bekannt.

Auch wenn in der Zwischenzeit manches Forschungsdesiderat behoben werden konnte und zu einzelnen Aspekten sehr verdienstvolle Vorarbeiten geleistet wurden (etwa durch die Publikation von Caruso 2003), so fehlt dennoch bis heute eine *systematische* Aufarbeitung sowohl der Verbreitung herbartianischer Theorien in Bayern im letzten Drittel des 19. und zu Beginn des 20. Jahrhunderts als auch ihres Beitrags u. a. zur Professionalisierung der angehenden Volksschullehrer. Für andere Länder des Deutschen Kaiserreiches sowie für mehrere Staaten des europäischen und außereuropäischen Auslands liegen entsprechende Untersuchungen bereits vor.[1]

Um diese Lücke zu schließen, ist am Lehrstuhl für Pädagogik der Universität Augsburg ein größer angelegtes Forschungsprojekt in Vorbereitung, das sich den genannten Fragestellungen widmen wird.

Der vorliegende Beitrag präsentiert erste Ergebnisse dieses Projektes, indem er sich auf die Spurensuche nach der Verflechtung der bayerischen Herbartianer mit der Stadt Jena und ihren pädagogischen Vertretern begibt. Er konzentriert sich dabei zum einen auf den „Verein für wissenschaftliche Pädagogik", der vor allem über Wilhelm Rein untrennbar mit der Jenaer

---

1 Vgl. etwa aus jüngerer Zeit die beeindruckende Dissertation von Katja Grundig de Vazquez (2015) und das Forschungsprojekt von Marcel Hauer (vgl. Hauer 2018, S. 165).

Pädagogik verbunden war, und zum anderen auf die Person Wilhelm Reins selber, dessen Werke auch im Königreich Bayern rezipiert wurden und der darüber hinaus durch seine zahlreichen Vortragsreisen auch direkt Einfluss auf die Gestaltung der dortigen Lehrerbildung nehmen konnte. Da das Augsburger Forschungsprojekt als „work in progress" zu verstehen ist, haben die nachfolgenden Ausführungen lediglich explorativen Charakter.

## 2. Der „Verein für wissenschaftliche Pädagogik"

### 2.1 Die bayerischen Mitglieder im „Verein für wissenschaftliche Pädagogik" (1868–1915)

Der „Verein für wissenschaftliche Pädagogik" (in der Folge abgekürzt mit VfwP) wurde am 16. Juli 1868 von Tuiskon Ziller, seit 1864 außerordentlicher Professor für Philosophie und Pädagogik an der Universität Leipzig (zuvor bereits mehr als zehn Jahre Privatdozent ebenda), und dem Berliner Hauptlehrer Eduard Senff gegründet (zur Geschichte des Vereins vgl. besonders Franke 1909 und Maier 1940). Ziel des Vereins war – laut § 1 der Vereinsstatuten – „die Förderung der wissenschaftlichen Pädagogik" (1. Revision der „Statuten und Geschäftsordnung des Vereins für wissenschaftliche Pädagogik" 1871, zitiert nach Metz 1992, S. 119), genauer „die Förderung der Theorie der wissenschaftlichen Pädagogik und ihre Verbreitung durch Lehre und Schrift" (§ 3, zitiert nach ebd., S. 120). Als „gemeinsame(r) Boden" (§ 2, zitiert nach ebd., S. 119) dienten den Mitgliedern dazu „die Lehren der Herbartischen Pädagogik und Philosophie als allgemeine(r) Beziehungspunkt für ihre Untersuchungen und Ueberlegungen" (ebd.), sei es, dass diese „anerkannt, ausgebaut und weiter geführt" (ebd.) oder aber „bekämpft, widerlegt und ersetzt" (ebd.) wurden. Mittel zur Erreichung des gesteckten Zieles waren zum einen die periodisch herausgegebenen Vereinszeitschriften[2], zum anderen die jährlich (meist an Pfingsten) abgehaltenen Generalversammlungen (vgl. Maier 1940, S. 11–18).

Unter seinen drei langjährigen Vorsitzenden Tuiskon Ziller (1868–1882), Theodor Vogt (1882–1906; zunächst außerordentlicher,

---

2   Vor allem das „Jahrbuch des Vereins für wissenschaftliche Pädagogik" (1869–1917; abgelöst 1917/18 durch die „Vierteljahrsschrift für philosophische Pädagogik"), nebst den „Erläuterungen zum Jahrbuch des Vereins für wissenschaftliche Pädagogik" (ab 1876) und den „Mitteilungen" an die Mitglieder des Vereins (ab 1883; vgl. Maier 1940, S. 12).

später ordentlicher Professor für Pädagogik in Wien) und Wilhelm Rein (1908[3]–1922[4]; zum Zeitpunkt der Übernahme des Vorsitzes noch Honorarprofessor für Pädagogik in Jena) stieg die Mitgliederzahl des Vereins rasch an: Bei seiner Gründung zählte er 26 Mitglieder, zehn Jahre später bereits mehr als 300. Den größten Zulauf hatte der Verein im Jahr 1888 mit 800 Mitgliedern. In den folgenden Jahren sank deren Zahl – womöglich unter dem Einfluss der aufkommenden Reformpädagogik – bis unter 600 im Jahr 1900, stabilisierte sich in den folgenden Jahren bis 1915 aber wieder bei 600 bis 700 Mitgliedern (die Ausführungen stützen sich hier und im Weiteren auf die tabellarische Übersicht über die Mitgliederzahlen des VfwP nach Jahren und Ländern bei Metz 1992, S. 122).

Der VfwP galt bereits während seines Bestehens aufgrund der starken Position Tuiskon Zillers, der auch über seinen Tod hinaus die pädagogische Richtung des Vereins maßgeblich beeinflusste, der großen Zahl evangelischer Theologen unter seinen Mitgliedern und seines religionspädagogischen Arbeitsschwerpunktes als dezidiert *protestantische* Institution. Die Integration der katholischen Pädagogen gelang – so ist schon bei Maier (1940, S. 23) zu lesen – nicht im größeren Umfang, obwohl mit Theodor Vogt ein Katholik dem Verein über 25 Jahre vorstand.

Die Vermutung liegt nahe, dass die starke protestantische Prägung des VfwP Auswirkungen auf seine Akzeptanz auch im Königreich Bayern hatte, dessen Bevölkerung in der weit überwiegenden Mehrheit dem katholischen Glauben angehörte[5]. Diese Annahme wird be-

---

3  Nach dem Tode Vogts hatte der Altenburger Schul- und spätere Lyzeumsdirektor Karl Sigismund Just das Amt des Vorsitzenden interimsweise übernommen (vgl. Maier 1940, S. 24).
4  Rein verzichtete 1922 aus Altersgründen auf eine Wiederwahl. Den Vorsitz übernahm ein gebürtiger Bayer, nämlich der außerordentliche Professor und Schwiegersohn Reins Georg Weiß aus Jena. Die Generalversammlung fand 1922 zum letzten Mal statt. Das weitere Schicksal des Vereins verliert sich im Dunkeln (vgl. Maier 1940, S. 15f. und 24).
5  Laut den amtlichen Ergebnissen der Volkszählung betrug der Anteil der Katholiken an allen Einwohnern des Königreiches im Jahr 1900 70,55%. Ihnen gegenüber standen den 28,17% Protestanten, 0,89% Israeliten und 0,39% Angehörige sonstiger Glaubensbekenntnisse. Im Hinblick auf die Verteilung der beiden christlichen Konfessionen bestanden allerdings zwischen den einzelnen bayerischen Regierungsbezirken ganz erhebliche Unterschiede: Während die drei altbayerischen Regierungsbezirke Niederbayern (99,04%), Oberbayern (92,28%) und die Oberpfalz (91,47%) beinahe ausschließlich von Katholiken bewohnt wurden, überwogen in Mittelfranken die Protestanten (72,58%). Konfessionell gemischt waren Oberfranken (57,10% Protestanten, 42,25% Katholiken) und die Pfalz (53,73% Protestanten, 43,88% Katholiken) (vgl. k. Statistisches Bureau 1902, S. XXIXf.).

reits von Maier formuliert: „Die süddeutschen Staaten schlossen sich nur langsam an, bei Bayern mag diese Tatsache konfessionell bedingt gewesen sein" (ebd.). Und Metz (1992, S. 128) spricht sogar von einer „unterdurchschnittliche(n) Rezeption" des VfwP im Königreich Bayern, die „mit dem konfessionellen Faktor zusammenhängen" könnte.

Zur Überprüfung der These, dass sich unter den Mitgliedern des VfwP prozentual nur auffallend wenige Bayern befanden, wurde deren Anteil an allen Mitgliedern des Vereins aus dem Deutschen Reich mit dem Anteil aller Bayern an der Gesamteinwohnerzahl des Deutschen Reiches verglichen. Das Ergebnis der Berechnung ist in Abb. 1 graphisch dargestellt. Der exemplarisch für das Jahr 1900[6] errechnete Referenzwert von 10,96% für den Anteil der Bayern an allen Einwohnern des Deutschen Reiches (vgl. Kaiserliches Statistisches Amt 1902, S. 1) wurde dabei zur Vereinfachung der Graphik für alle Jahre beibehalten, für die – nach Metz (1992, S. 122) – Mitgliederverzeichnisse des VfwP vorliegen. Als Näherungswert reicht er für die Zwecke dieser Untersuchung aus.[7]

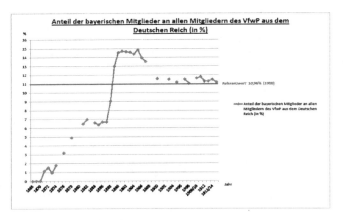

Abb. 1: Anteil der bayerischen Mitglieder an allen Mitgliedern des VfwP aus dem Deutschen Reich (in %)
Quelle: eigene Darstellung nach Metz 1992, S. 122

6 Ausgewählt wurde ein Erhebungsjahr, das etwa mittig im Untersuchungszeitraum liegt.
7 Der Wert müsste formal korrekt für jedes einzelne Jahr neu berechnet werden. Vor allem für die Jahre vor der Reichsgründung 1871 dürfte der Wert des Jahres 1900 zu niedrig sein, da Elsass-Lothringen noch nicht Teil des Deutschen Reiches war.

Der Abbildung ist zu entnehmen, dass die Entwicklung der Zahl der Mitglieder des VfwP aus dem Königreich Bayern in drei Phasen verlief: In einer ersten Phase von der Gründung des Vereins 1868 bis ca. 1887 traten anfangs nur vereinzelt Bayern dem Verein bei. Ihre Zahl nahm aber ab 1873 stetig zu und mit ihr der prozentuale Anteil der Bayern an allen Mitgliedern des Vereins aus dem Deutschen Reich. Er erreichte den Referenzwert von 10,96% aber dennoch nicht. Die zweite Phase, die in etwa die Jahre 1888 bis zur Jahrhundertwende umfasst, ist gekennzeichnet durch einen zunächst sprunghaften Anstieg der Zahl der bayerischen Mitglieder[8]. Im Jahr 1889 lag der Anteil bayerischer Mitglieder an allen Mitgliedern aus dem Deutschen Reich mit knapp 13% erstmals über der Marke von 10,96%. Der Höchststand wurde 1891 mit 92 Mitgliedern erreicht. Es folgte ein langsames Absinken der Mitgliederzahl. Dennoch waren die Bayern in diesem Zeitraum seit 1889 mit einem Anteil von bis zu 14,85% (im Jahr 1895) im Verein zwar leicht, aber dennoch erkennbar überrepräsentiert. Die Zahl der Mitglieder aus dem Königreich sank bis auf 57 im Jahr 1900, stieg danach aber wieder an und lag in der Folge bis 1915 konstant zwischen 60 und 70 Mitgliedern und einem prozentualen Anteil an allen Mitgliedern aus dem Deutschen Reich von 11–12%. Damit entsprach ihr Anteil in dieser dritten Phase ziemlich genau demjenigen der bayerischen Einwohner an der Gesamtbevölkerung des Deutschen Reiches.

Ein Blick auf die beschriebene Entwicklung zeigt, dass von einer *generell* unterdurchschnittlichen Rezeption des VfwP im Königreich Bayern, wie sie von Metz angenommen wird, nicht die Rede sein kann. Vielmehr wird deutlich, dass es zwar lange dauerte, bis sich bayerische Vertreter überhaupt in einem nennenswerten Ausmaß dem Verein anschlossen, dass sie diesem dann aber auch in den schwierigen Zeiten der erstarkenden Reformpädagogik die Treue hielten, was insgesamt weniger als Ausdruck einer *grundsätzlichen* Ignoranz gegenüber neuen wissenschaftlichen Theorien und pädagogisch-didaktischen Reformen im Königreich (vermeintlich bedingt durch den großen Einfluss der katholischen Kirche vor allem auf das niedere Schulwesen) zu verstehen ist als vielmehr als gewisse konservative *Trägheit* im Umgang mit diesen gedeutet werden kann.

---

8 Im Jahr 1888 fand die Generalversammlung des VfwP zum ersten und einzigen Mal auf bayerischem Boden, nämlich in Nürnberg statt (vgl. Maier 1940, S. 15), was auch dazu beigetragen haben dürfte, dass sich die Zahl bayerischer Mitglieder von 1887 bis 1889 mehr als verdoppelte.

Für die Tatsache, dass das Königreich Bayern trotz seines insgesamt hohen Katholikenanteils an der Gesamtbevölkerung im VfwP seit 1889 gerade nicht unter-, sondern, im Gegenteil, zeitweise sogar leicht überrepräsentiert war, sind zwei mögliche Erklärungen denkbar: Entweder haben sich die protestantischen Vertreter in Bayern prozentual in deutlich größerer Zahl als in anderen Ländern des Deutschen Reiches dem Verein angeschlossen und so die geringe Beteiligung ihrer katholischen Kollegen kompensiert oder unter den bayerischen Mitgliedern befanden sich eben doch mehr als nur vereinzelt auch Katholiken.[9]

### 2.2 Dr. Carl Andreae[10] (1841–1913) – der erste Bayer im „Verein für wissenschaftliche Pädagogik"

Abb. 2: Dr. Carl Andreae (1841–1913)
Quelle: Weidmann 2000, S. 235

Carl Andreae wurde am 27. Januar 1841 in Jettenbach (heute: Landkreis Kusel, Rheinland-Pfalz[11]) als mittleres von drei Kindern in eine angesehene protestantische Lehrerfa-

---

9 Die These von der vergleichsweise geringen Beteiligung von Katholiken am VfwP ist erheblich schwieriger zu überprüfen, da in den Mitgliederverzeichnissen des Vereins zwar der Wohnort der Mitglieder, nicht aber deren Glaubensbekenntnis vermerkt ist. Auffallend ist aber z. B., dass von den insgesamt 57 bayerischen Mitgliedern des Vereins im Jahr 1900 16 – mehr als ein Viertel – aus Unterfranken stammten (vgl. Anonymus 1900, S. 2f.), einem Regierungsbezirk, in dem die Katholiken mit 79,88% die deutliche Mehrheit stellten (vgl. k. Statistisches Bureau 1902, S. XXX). Neben der geographischen Nähe zu Thüringen und damit zu der herbartianischen Hochburg Jena, die durch die Möglichkeit eines persönlichen Zusammentreffens mit Gleichgesinnten die Akzeptanz des VfwP erhöht haben könnte, dürfte diese Tatsache auch auf das Wirken des wohl eifrigsten und kämpferischsten bayerischen Zillerianers Peter Zillig, eines Katholiken (!), in Würzburg zurückzuführen sein (zu Leben und Werk Zilligs vgl. Zillig 1930 und Dippold 2000). Auch über die Grenzen Bayerns hinaus bekannt wurden Zillig und seine herbartianischen Mitstreiter, unter denen sich sowohl Protestanten als auch Katholiken befanden, durch den sog. „Würzburger Schulstreit" der Jahre 1893–1897 (vgl. Caruso 2003, S. 128f. und 229f.).
10 Alternative Schreibweise: Karl Andreä.
11 Nach wechselvoller Geschichte war die linksrheinische Pfalz mit ihrer Hauptstadt Speyer von 1816 bis zu ihrer Eingliederung in das 1946 neu gebildete Bundesland Rheinland-Pfalz bayerisch (mit Ausnahme der bereits nach dem Ersten Weltkrieg aus-, während der Zeit des Nationalsozialismus aber wieder eingegliederten Saarpfalz).

milie hineingeboren. Sowohl sein Großvater als auch sein Vater Jakob waren Volksschullehrer gewesen. Carl wurde zum letzten Vertreter der über insgesamt fünf Generationen reichenden „pädagogischen Dynastie" (Weidmann 2000, S. 402) der Andreaes.

Nach dem Besuch der Lateinschule in Kusel und des Gymnasiums in Zweibrücken studierte Andreae von 1859 bis 1862/63 evangelische Theologie und Philosophie in Erlangen, Heidelberg und Utrecht. Das sich anschließende Vikariat absolvierte er in Landau. Dort trat er 1867 auch seine erste Stelle als Gewerbeschullehrer an, nachdem er zuvor die Lehramtsprüfung abgelegt und sich endgültig von der Theologie ab- und der Pädagogik zugewendet hatte. Während seiner Zeit in Landau unternahm Andreae zu seiner eigenen philosophischen und pädagogischen Fortbildung Studienreisen an die Universitäten Jena, Heidelberg und Leipzig, wo er u.a. Tuiskon Ziller, vor allem aber Karl Volkmar Stoy[12] hörte. Aus dieser Bekanntschaft mit Stoy entwickelte sich eine lebenslange Freundschaft. 1869, mit gerade 28 Jahren, wurde Andreae die Stelle des Seminarinspektors (später -direktors) am protestantischen Lehrerseminar in Kaiserslautern übertragen, die er bis zu seiner Versetzung in den Ruhestand 1909 volle vierzig Jahre bekleidete. Den Unterricht in den pädagogischen Fächern (u.a. „Logik", „Empirische Psychologie", „Erziehungslehre" und „Unterrichtslehre") nahm er dabei – wie die Jahresberichte der Anstalt zeigen – in die eigene Hand.

1885, nach dem Tode Stoys, erging zunächst an Andreae der Ruf an die Universität Jena. Aus Pflichtgefühl seinem Kaiserslauterner Lehrerseminar gegenüber lehnte er aber ab. So wurde Wilhelm Rein Stoys Nachfolger in Jena.

1909 ließ sich Andreae auf eigenen Wunsch in den Ruhestand versetzen, um zwei Jahre später das zu tun, was er sich selbst 1885 noch versagt hatte: Vom Wintersemester 1911/12 bis zum Wintersemester 1912/13 lehrte er als Privatdozent für systematische und historische Pädagogik an der Ludwig-Maximilians-Universität in München sowie an der Technischen Hochschule ebenda.

Carl Andreae starb am 8. Mai 1913 in München (zur Biographie Andreaes vgl. vor allem Fritz 1919, S. 133–142; Löhr 1928; Kesselring 1962 und Weidmann 2000).

---

12 Zum Beitrag Stoys zur Disziplingeschichte der Pädagogik und zur Professionalisierung der Lehrerbildung vgl. Coriand 2000.

Neben den ab dem Schuljahr 1871/72 regelmäßig erschienenen Jahresberichten des Lehrerseminars in Kaiserslautern und den ihnen beigegebenen „Programmen" (kleineren Abhandlungen zu unterschiedlichen Themen) publizierte Andreae zahlreiche Beiträge in einschlägigen (herbartianischen) Zeitschriften und Sammelbänden, häufig zu Fragen der Lehrerbildung. Er wirkte außerdem an Wilhelm Reins „Encyklopädischem Handbuch der Pädagogik" (7 Bände, 1895–1899, die 2. Auflage in 11 Bänden 1903–1911) mit, für das er mehrere Lemmata verfasste. Zu seinen wichtigsten größeren Abhandlungen zählen seine Schrift „Zur inneren Entwicklungsgeschichte der deutschen Lehrerbildungs-Anstalten" (1893) und sein Hauptwerk „Die Entwicklung der theoretischen Pädagogik" (1911), das erst nach seiner Zeit als Seminardirektor entstanden ist. Seinem akademischen Lehrer und Freund Stoy hat Andreae unmittelbar nach dessen Tod ein literarisches Denkmal gesetzt: „Zum Andenken an Prof. Dr. Carl Volkmar Stoy" (= „Programm der kgl. Lehrerbildungsanstalt Kaiserslautern" 1884/85).[13] (zur Bibliographie Andreaes insgesamt vgl. Kesselring 1962, S. 50).

Die Stellung Andreaes zum Herbartianismus und seinen Vertretern war ambivalent. Zwar wurde er bereits seit 1871 im Mitgliederverzeichnis des VfwP geführt und war damit der erste Bayer überhaupt, der dem Verein beitrat, sein Verhältnis vor allem zu dessen Vorsitzendem Ziller trübte sich aber schon wenige Jahre später. Anlass war der sog. „Märchenstreit", der 1876 auf der Generalversammlung in Jena eskalierte. Andreae und sieben weitere Mitglieder des Vereins (darunter Karl Volkmar Stoy, dessen Sohn Heinrich und Wilhelm Rein) übten scharfe Kritik an der inhaltlichen Ausrichtung des „Jahrbuchs", in erster Linie an dem ausgedehnten Raum, der der Diskussion über die methodische Behandlung der Märchen im Anfangsunterricht eingeräumt wurde, und brachten zwei Anträge in die Versammlung ein[14]: Zum einen sprachen sie sich für grundsätzliche Veränderungen im Hinblick auf die Stoffauswahl für das „Jahrbuch" aus, zum anderen forderten sie konkret

---

13 Von Andreae stammt auch die Einleitung zu der von Heinrich Stoy herausgegebenen Sammlung „Karl Volkmar Stoy's kleinere Schriften und Aufsätze" (1898). Ein weiteres pädagogisches Vorbild Andreaes, dem er ebenfalls mehrere Publikationen widmete, war Adolph Diesterweg.

14 In den „Erläuterungen zum Jahrbuch des Vereins für wissenschaftliche Pädagogik" des Jahres 1876 sind die Unterzeichneten namentlich aufgeführt. Der erste Name in der – nicht (!) alphabetisch sortierten – Liste ist der Name Andreaes. Es kann also davon ausgegangen werden, dass er den Antrag initiiert hat.

den vorläufigen Ausschluss des Märchenthemas aus dem Organ und den Beratungen der Generalversammlung. Als Reaktion darauf machte Ziller die Annahme seiner Widerwahl als Vorsitzender des Vereins von der Ablehnung dieser Anträge abhängig (vgl. zum gesamten Streit Ziller 1876, S. 27–37). Aus Protest traten in der Folge Karl Volkmar Stoy und weitere 32 Mitglieder aus dem Verein aus (vgl. Maier 1940, S. 58). Andreae blieb Mitglied, zog sich aber aus der Vereinstätigkeit zurück. Zum endgültigen Bruch mit Ziller kam es, als Andreae dessen „Vorlesungen über Allgemeine Pädagogik" (1876) in der „Jenaer Literaturzeitung" 1878 zwar in der Summe als verdienstvoll anerkannte, aber dennoch offen Kritik übte an dem religiösen Fundament seiner pädagogischen Theorie, seinem Konzentrationsbegriff und dem kulturgeschichtlichen Aufbau der Gesinnungsstoffe, mithin an wichtigen Kernelementen der Lehre Zillers (vgl. Andreae 1878).

Inniger als das Verhältnis zu Ziller waren die Beziehungen Andreaes zu zwei weiteren Herbartianern, zu Karl Volkmar Stoy – wie bereits erwähnt –, den er seinen „unvergeßlichen Lehrer und Freund" (Andreae, zitiert nach Löhr 1928, S. 33) nannte, und zu Ernst von Sallwürk, mit dem er mehrere pädagogische Studienreisen unternahm (vgl. ebd.).

Insgesamt hat Andreae die Lehre Herbarts wohl recht selbständig verarbeitet. Zur Klärung der Stellung Andreaes dem Herbartianismus im Allgemeinen gegenüber verweist Löhr in seiner Publikation aus dem Jahr 1928, vielleicht in dem Bestreben, diesen von jedem „Vorwurf" der Anhängerschaft freizusprechen, auf folgende Bemerkung Andreaes in einer Landtagssitzung des Jahres 1894:

„Ich würde mich der Undankbarkeit gegen meine Lehrer in der Pädagogik schuldig machen, wenn ich nicht zu den Vorwürfen gegen sie bestimmt Stellung nähme. Ich setze aber gleich hinzu, daß ich mich nicht unter die Herbartianer rechnen kann" (Andreae, zitiert nach ebd., S. 38).

Die Verdienste Herbarts selber, vor allem um die Entwicklung der Pädagogik als Wissenschaft, würdigte Andreae dagegen bereits 1876, anlässlich des 100. Geburtstages dieses „Großcapitalisten des Geistes" (Andreae 1876, S. 162), in anerkennender, ja pathetischer Weise:

„Auf dem breiten Grunde einer kritisch gesichteten Erfahrung erhebt sich hier (sc. in Herbarts „Allgemeiner Pädagogik", S.A.) in dem Stile antiker Einfachheit und Würde ein ebenmäßig ausgeführtes Gebäude wissenschaftlicher Erziehungslehre. Seine Spitze reicht hinein in den Himmel der ethischen Ideale; und doch ist's kein Luftschloß. Greifbar ist das gesammte Material, maßvoll die Verwendung der Mittel; kein geschmackloser Zierrat stört den edlen Eindruck des Ganzen. Aber drinnen herrscht, wie in einem Dome, eine weihevolle Dämmerung, und nur ein wissenschaftlich gerüstetes Auge sieht die Schätze, die hier zum Theil noch unverwendet liegen. Wer unberufen und ungeschult eintritt, erschrickt über die eigene Blindheit. Doch was soll ich beschreiben, wo man sehen, rühmen, wo man verstehen muß?" (ebd., S. 180).

Die Verehrung einer Geistesgröße zeigt sich für Andreae aber gerade nicht im blinden Epigonentum, sondern – im Gegenteil – in der denkenden Verarbeitung des Vorbilds:

„Ehren wir ihn so, wie die wahrhaft Großen eines Volkes geehrt zu werden verdienen, nicht dadurch, daß man auf seine Autorität pocht und auf seinen Namen schwört, sondern daß man zu verstehen sucht, was er gewollt, ausführt, was er angestrebt, sich aufrichtet an seinem Muth und seiner Wahrheitsliebe, und das Maß von Anregung und Wissen, das er uns hinterlassen, zu nutzen und zu erweitern bestrebt ist mit jenem selbstlosen Ernst und Eifer, in dem er ein leuchtendes Vorbild ist für alle Zeiten!" (ebd., S. 181).

Und noch 1911, 35 Jahre später und mit dem Wissen um die Weiterentwicklung der Theorien Herbarts durch seine geistigen Erben, resümiert Andreae in seiner Probevorlesung an der Universität München:

„So wird es begreiflich, daß er (sc. Herbart, S.A.) für viele der autoritative Vertreter einer selbständigen, einer autonomen Pädagogik geworden ist, und man versteht nicht nur den Einfluß, sondern auch den Eifer, mit dem seine Gedanken weiter ausgebaut – wenn auch oft wenig glücklich – und verbreitet wurden. In dem pädagogischen System Herbarts liegt eine gewaltige erzieherische Kraft, nicht zum wenigsten (sic!) für den Pädagogen selbst. Wie sich kein Philosoph denken läßt, der nicht durch die strenge Schule Kants hindurchgegangen, so sollte der Pädagoge seinen Weg durch Herbart nehmen, und wäre es auch nur, um sich denkend von dem Druck seiner Autorität zu befreien" (Andreae 1911, S. 446f.).

Genau das scheint Andreae getan zu haben. Die vollständige Aufarbeitung seiner Werke und damit die Einordnung seiner Position bzw. die Abgrenzung von den gängigen Theorien anerkannter Herbartianer steht allerdings noch aus. Für das Verständnis der spezifischen Ausprägung herbartianischen Gedankenguts im Königreich Bayern und seiner Verbreitungswege ist die intensive Beschäftigung mit Andreae aber umso wichtiger, da er aufgrund seiner beruflichen Stellung nicht unbedeutenden Einfluss auf die Gestaltung des niederen Schulwesens – regional wie überregional – nehmen konnte: Als langjähriger Direktor des Lehrerseminars in Kaiserslautern hat er persönlich viele Generationen protestantischer pfälzischer Volksschullehrer in ihrer pädagogischen Haltung – im Sinne Herbarts – geprägt (insgesamt sollen über 1.000 Seminaristen seine Schule durchlaufen haben; vgl. Weidmann 2000, S. 414), als Landtagsabgeordneter für die liberale Partei (von 1894 bis 1907) hat er sich auch auf politischer Ebene für ein modernes bayerisches Bildungswesen eingesetzt und als Mitglied der Landesschulkommission für das gesamte Königreich (seit 1905) sowie als Berater und Gutachter für das bayerische Kultusministerium hatte er Anteil an bedeutenden Reformen u. a. auf dem Gebiet der Lehrerbildung (vgl. ebd., S. 414–424; Kesselring 1962, S. 50).

## 3. Wilhelm Rein und die Ausbildung der Volksschullehrer im Königreich Bayern

Die Strahlkraft Wilhelm Reins (1847–1929), der als „einflußreichster, aber auch letzter Vertreter des Herbartianismus" (Schlüter 2003, S. 342) gilt, reichte weit über die Grenzen seines engeren Wirkungsortes Jena hinaus, wo er ab 1886 zunächst als Honorar-, später als ordentlicher Professor für Pädagogik lehrte. Seine zahlreichen Schriften wurden auch im Königreich Bayern gelesen. Zwar gelang es keinem seiner Werke, in den Rang eines offiziell zugelassenen Lehrbuches für das Fach „Erziehungs- und Unterrichtskunde" an den bayerischen Lehrerbildungsanstalten erhoben zu werden, dennoch scheinen sie dort zuweilen auch ohne ministerielle Approbation verwendet worden zu sein. Belegt ist dieses Vorgehen zumindest für das protestantische Lehrerseminar Altdorf (Mittelfranken), in dem Anfang/Mitte der 1880er-Jahre das achtbändige Werk „Theorie und Praxis des Volksschulunterrichts nach Herbartischen Grundsätzen" (1. Auflage 1878–1885) von Rein und seinen beiden Kollegen Pickel und Scheller im Unterricht genutzt wurde (vgl.

Antoni 2018, S. 25–27 und 29–42). Die „Schuljahre", wie die Bände umgangssprachlich auch genannt wurden, wurden darüber hinaus mehrfach in den „Blättern für die Schulpraxis in Volksschulen und Lehrerbildungsanstalten", dem Organ des „Vereins des Lehrerpersonals an den bayerischen Lehrer- und Lehrerinnen-Bildungsanstalten" rezensiert, nicht überschwänglich, aber zumeist positiv. Der anonyme Rezensent (Johann Helm, Direktor des protestantischen Lehrerseminars in Schwabach?) der 4. Auflage des „zweiten Schuljahres" möchte das Buch „den *Lehrern* zum Studium empfehlen, da aus der konsequenten psychologischen Begründung der Lehrgänge *sehr viel zu lernen*" (Anonymus 1895, S. 475; Hervorhebungen im Original) sei. Derselbe Rezensent, der vier Jahre später die 6. Auflage des „ersten Schuljahres" bespricht, empfiehlt „das Studium des Buches, das sehr viele wertvolle Gedanken enthält, aufs beste (sic!)" (Anonymus 1899, S. 219), „um den methodischen Blick zu schärfen" (ebd.), äußert aber auch Bedenken hinsichtlich der praktischen Durchführbarkeit einiger Forderungen:

> „Dass sich […] in der Praxis bei den verschiedenen Lehrgegenständen, bei der verschiedenen Begabung der Schüler und bei der verschiedenen Zusammensetzung der Schulklassen die am grünen Tisch entstandenen Zillerschen Gedanken nicht immer mit Erfolg durchführen lassen und dass oftmals ein viel einfacheres, kürzeres und schneller zum Ziel führendes Lehrverfahren einzuschlagen ist, als das Buch angibt, darüber wird ein nicht voreingenommener Methodiker bald im klaren (sic!) sein" (ebd.).

Die überwiegend günstigen Besprechungen der „Schuljahre" kamen nicht von ungefähr: Johann Helm, der mutmaßliche Verfasser der beiden Rezensionen, war eifriges Mitglied im „Verein für wissenschaftliche Pädagogik" und hatte selbst an den „Schuljahren" mitgearbeitet, indem er für das „achte Schuljahr" den Abschnitt über den Gesangsunterricht verfasste (zu weiteren Beziehungen Reins nach Mittelfranken, einer der Hochburgen der Lehre Herbart-Zillers in Bayern vgl. Antoni 2018, S. 102f.).

Rein wirkte aber nicht nur mittelbar durch seine Publikationen auf die Lehrerbildung im Königreich Bayern ein, sondern auch persönlich: Eine seiner zahlreichen Reisen führte ihn 1901 nach Nürnberg, wo er auf Einladung des Bezirkslehrervereins drei Vorträge über die ethischen und psychologischen Grundlagen der Pädagogik und die Lehrplantheorie hielt. Von Nürnberg aus reiste er in das nahe gelegene Altdorf, um dem dortigen Lehrerseminar einen Besuch abzustatten und auch vor dem Kollegium und den Schülern der Anstalt sowie interessierten Laien aus der Stadt und der Umgebung einen Vortrag zu halten. Dieser Besuch Reins in Altdorf wurde ein voller Erfolg: Die anwesende Zuhörerschaft brachte dem „sympathische(n) und gewandte(n) Redner" (Vogel 1901, S. 239) ihren „reichen, wohlverdienten Dank zum Ausdrucke" (ebd.) für die „geistanregenden und genussreichen Stunden" (ebd., S. 240). Johann Georg Vogel, Seminarlehrer in Altdorf und Schwabach und späterer Nachfolger Andreaes als Seminardirektor in Kaiserslautern, der von dem Besuch Reins in Altdorf in den „Blättern für die Schulpraxis" berichtet hatte, widmete Rein 1907 zu dessen 60. Geburtstag in demselben Organ eine Eloge, mit der er zum Ausdruck bringen wollte, „dass dem berühmten Meister der Pädagogik in Jena auch in Süddeutschland dankerfüllte Herzen verehrungsvoll entgegenschlagen" (Vogel 1907, S. 270).

Weitere wertvolle Erkenntnisse über die Beziehungen Wilhelm Reins zu den Pädagoginnen und Pädagogen im Königreich Bayern sind von der Erschließung des internationalen Korrespondenznachlasses Reins zu erwarten, die im Rahmen eines laufenden Forschungsprojektes gerade am Lehrstuhl für Allgemeine Didaktik der Universität Duisburg-Essen geleistet wird.

## 4. Schlussfolgerungen

Aus den im Vorangehenden präsentierten Ergebnissen der Beschäftigung mit ausgewählten Verbindungslinien zwischen Jena als nationalem und internationalem Zentrum des Herbartianismus und den gleichnamigen Bestrebungen im Königreich Bayern lassen sich trotz ihres exemplarischen Charakters grundlegende Rückschlüsse ziehen, die für die weitere Erforschung der Rezeption und Verbreitung herbartianischer Theorien in Bayern im ausgehenden 19. und beginnenden 20. Jahrhundert von Bedeutung sind:

1. Die Analyse der Beteiligung bayerischer Vertreter am „Verein für wissenschaftliche Pädagogik" hat deutlich gemacht, dass manches vermeintlich sichere Wissen über den Herbartianismus im Königreich dringend hinterfragt, zumindest aber kritisch geprüft werden muss, um einer latenten oder bereits manifesten Mythenbildung zu begegnen.

2. Die Biographie Carl Andreaes zeigt anschaulich, dass es einzelne Persönlichkeiten in wichtigen Funktionsstellen (wie Seminarlehrer oder Vereinsvorsitzende) waren, die die pädagogische Haltung z. T. ganzer Lehrergenerationen prägten und auf diese Weise die Verbreitung herbartianischen Gedankengutes entweder forcierten (als Multiplikatoren) oder behinderten. Wer die Diffusionswege verstehen will, muss diese zentralen Persönlichkeiten im Laufe des Forschungsprozesses identifizieren.
3. Die Rezeption Wilhelm Reins in der Ausbildung der Volksschullehrer im Königreich Bayern ist Beleg dafür, dass die einzelnen meinungsbildenden Protagonisten in der Regel in größere, z. T. recht komplexe Netzwerke eingebunden waren und – häufig auf der Ebene persönlicher Beziehungen – Kontakt zu anderen Herbartianern im In- und Ausland gehalten haben. Auf diese Weise trugen sie zur Verbreitung der pädagogischen Theorien auch über Ländergrenzen hinweg bei.

Die bislang gewonnenen Erkenntnisse über die Verflechtung des bayerischen mit dem Jenaer Herbartianismus untermauern somit nachdrücklich die Gültigkeit der in der Transferforschung seit Langem bekannten Mechanismen der Verbreitung von Wissensbeständen.

## Literaturverzeichnis

### *Primärquellen und Sekundärliteratur bis 1918*

Andreae, C.: Joh. Fr. Herbart. Eine Rede, gehalten am 4. Mai im K. Schullehrerseminar zu Kaiserslautern. In: Deutsche Blätter für erziehenden Unterricht, Jg. 3, 1876, S. 161–164 und 177–181.

Andreae, C.: Rez. zu „Tuiscon Ziller, Vorlesungen über allgemeine Pädagogik". In: Jenaer Literaturzeitung, Jg. 5, 1878, S. 36f.

Andreae, C.: Die Selbständigkeit der Pädagogik gegenüber ihren Grund- und Hilfswissenschaften. Probevorlesung, gehalten am 29. April 1911 vor der 1. Sektion der phil. Fakultät der Universität München. In: Zeitschrift für pädagogische Psychologie und experimentelle Pädagogik, Jg. 12, 1911, S. 441–448.

Anonymus: Rez. zu „Dr. Rein, A. Pickel und Scheller, Theorie und Praxis des Volksschulunterrichts nach Herbartischen Grundsätzen. Das zweite Schuljahr". Vierte Aufl. In: Blätter für die Schulpraxis in Volksschulen und Lehrerbildungsanstalten, Jg. 6, 1895, S. 474f.

Anonymus: Rez. zu „Dr. Rein, Pickel † und Scheller, Theorie und Praxis des Volksschulunterrichts nach Herbartschen Grundsätzen bearbeitet. Das

1. Schuljahr". 6. Auflage. In: Blätter für die Schulpraxis in Volksschulen und Lehrerbildungsanstalten, Jg. 10, 1899, S. 219.
Anonymus: Mitgliederverzeichnis 1900. In: Mitteilungen des Vereins für wissenschaftliche Pädagogik 32, 1900, S. 1–14.
Franke, Fr.: Art. „Verein für wissenschaftliche Pädagogik". In: Rein, W. (Hrsg.): Encyklopädisches Handbuch der Pädagogik. Bd. 9: Strafe – Vortrag, mündlicher. Langensalza ²1909, S. 559–573.
Kaiserliches Statistisches Amt (Hrsg.): Statistisches Jahrbuch für das Deutsche Reich. Jg. 23. Berlin 1902.
K. Statistisches Bureau (Hrsg.): Gemeinde-Verzeichniss für das Königreich Bayern, bearbeitet auf Grund der Volkszählung vom 1. Dezember 1900. Mit einem Berichte über die Ergebnisse der Volkszählung. (= Heft LXIII der Beiträge zur Statistik des Königreichs Bayern). München 1902.
Vogel, J. G.: Professor Dr. Rein in Altdorf. In: Blätter für die Schulpraxis in Volksschulen und Lehrerbildungsanstalten, Jg. 12, 1901, S. 239f.
Vogel, J. G.: Zu Professor Reins 60. Geburtstag. In: Blätter für die Schulpraxis in Volksschulen und Lehrerbildungsanstalten, Jg. 18, 1907, S. 268–270.
Ziller, T.: Grundzüge der geschäftlichen Verhandlungen. In: Erläuterungen zum Jahrbuch des Vereins für wissenschaftliche Pädagogik nebst Mittheilungen an seine Mitglieder, Jg. 8, 1876, S. 23–37.

## Sekundärliteratur ab 1919

Antoni, S.: „Auf die Methode kömmt alles an". Elementarer Geschichtsunterricht im Spiegel ausgewählter Lehrwerke für die bayerischen Lehrerbildungsanstalten der Kaiserzeit (1871–1918). Bad Heilbrunn 2018.
Caruso, M.: Biopolitik im Klassenzimmer. Zur Ordnung der Führungspraktiken in den Bayerischen Volksschulen (1869–1918). Weinheim u. a. 2003.
Coriand, R.: Karl Volkmar Stoy und die Idee der Pädagogischen Bildung. Würzburg 2000.
Dippold, G.: Peter Zillig (1855–1929). Lehrer und pädagogischer Schriftsteller. In: Dippold, G./Meixner, A. (Hrsg.): Staffelsteiner Lebensbilder. Zur 1200-Jahr-Feier der Stadt Staffelstein. Staffelstein 2000, S. 165–172.
Fritz, A.: Geschichte der Lehrerbildungsanstalt Kaiserslautern von 1818–1918. Eine Festgabe zu ihrem Jubiläum nach meist ungedruckten Quellen verfaßt. Kaiserslautern 1919.
Grundig de Vazquez, K.: Science de l'éducation und Wege professioneller Lehrerbildung. Zum Einfluss der pädagogischen Herbart- und Herbartianismusrezeption in den ersten Jahrzehnten der Dritten Französischen Republik (1870–1913) – Eine analytische Spurensuche. Bad Heilbrunn 2015.
Hauer, M.: Die Rezeption des Jenaer Herbartianismus als Universitätspädagogik in den USA – ein Beitrag zur Transferforschung pädagogischer Ideen. In: Goubet, J.-Fr./Bolle, R. (Hrsg.): Herbart als Universitätslehrer. Gera/Jena 2018, S. 165–178.

Kesselring, M.: Seminardirektor Dr. Carl Andreae. Ein Lebensbild aus der Schul- und Bildungsgeschichte des 19. Jahrhunderts. In: Pfälzische Heimatblätter, Jg. 10, 1962, S. 49f.

Löhr, O.: Dr. C. Andreae und die Pädagogik des 19. Jahrhunderts. In: Pfälzische Lehrerzeitung, Jg. 54, 1928, S. 33, 37f. und 45f.

Maier, H.: Die Geschichte des Vereins für wissenschaftliche Pädagogik. Leipzig 1940.

Metz, P.: Herbartianismus als Paradigma für Professionalisierung und Schulreform. Ein Beitrag zur Bündner Schulgeschichte der Jahre 1880 bis 1930 und zur Wirkungsgeschichte der Pädagogik Herbarts und der Herbartianer Ziller, Stoy und Rein in der Schweiz. Bern u. a. 1992.

Schlüter, M.: Art. „Rein, Georg Wilhelm". In: Neue deutsche Biographie, Bd. 21, 2003, S. 342f.

Weidmann, W.: Dr. Carl Andreae (1841–1913). In: Ders. (Hrsg.): Schul-, Medizin- und Wirtschaftsgeschichte der Pfalz. Bd. 2. Otterbach 2000, S. 397–432.

Zillig, M.: Peter Zilligs Lebenswerk. Eine Übersicht seiner Schriften. München 1930.

András Németh

# Die ungarischen Teilnehmer der Jenaer Ferienkurse und ihre Rolle in der Gründung der Universitätspädagogik und der Lehrerbildung

## 1. Einführung

Zur pädagogischen Strömung des Herbartianismus zählten im 19. Jahrhundert neben zahlreichen deutschen Vertretern wie Tuiskon Ziller, Karl Volkmar Stoy, Wilhelm Rein, Ludwig Strümpell, Friedrich Wilhelm Dörpfeld oder auch – im weiteren Sinne – Theodor Waitz, Carl Mager und Otto Willmann viele Pädagogen aus ost- und ostmitteleuropäischen Ländern: aus Österreich, Böhmen, Polen, Ungarn, Kroatien, Bulgarien u. s. w. Die Herbartianer haben mit ihren verschiedenen Interpretationen Herbarts Pädagogik als Wissenschaft von der Erziehung zu universitären Rang verholfen und der Organisation von Lehr-Lern-Prozessen besonders in der Schule eine systematische Grundlage gegeben. Vor diesem Hintergrund entwickelten die Herbartianer eigene Systementwürfe und strebten eine Professionalisierung der pädagogischen Praxis dadurch an, dass für Lehramtstudenten an den Universitäten neben fachwissenschaftlichen Studien auch erziehungswissenschaftliche Inhalte und schulpraktische Übungen angeboten werden sollten. Die Jenaer Universität – neben Halle und Leipzig – gehörte in dieser Zeit zu den wichtigen Zentren des Herbartianismus. Der geistige Urheber des Pädagogischen Seminars an der Universität in Jena war Heinrich Gustav Brzoska, nach dessen Ideen Karl Volkmar Stoy 1844 das Jenaer Universitätsseminar mit einer Übungsschule begründete. Der Herbartianismus war in vielen Ländern gerade auch durch seine Hochburg Jena von bedeutendem Einfluss auf unterschiedliche bildungspolitische Reformbestrebungen der Epoche (vgl. Adam 2009, S. 9–10, Friedrich 1998, S. 244–245, Tenorth 2001).

Als Wilhelm Rein 1886 zum ordentlichen Honorarprofessor der Pädagogik in Jena ernannt wurde, folgte er als einer der einflussreichsten

Vertreter der Arbeit seiner akademischen Lehrer Stoy und vor allem Tuiskon Ziller. Ein Teil seiner Tätigkeit war die weltweite Verbreitung des Herbartianismus. Rein machte die wissenschaftliche Pädagogik von Herbart und seiner Nachfolger und ihre schulpädagogische Praxis im internationalen Raum bekannt. Es gab kaum einen Staat in Europa, der in Reins Universitätsseminar oder in den Jenaer Ferienkursen nicht wenigstens durch ein Mitglied repräsentiert wurde. Zudem kamen zahlreiche Studenten aus Ost- und mitteleuropäischen Länder, aber auch aus den Vereinigten Staaten, aus Südamerika, aus Japan und aus Australien. Jena wurde ein internationales Mekka der Pädagogik. Die Gründe für den durchschlagenden Erfolg des Herbartianismus in der zweiten Hälfte des 19. Jahrhunderts liegen in seinem transnationalen Charakter (vgl. Lütgert 1998, S. 221–223). Dieser ermöglichte eine Rezeption ohne nationale Scheuklappen; auch in den unterschiedlichen nichtdeutschen ostmitteleuropäischen Ländern. (Adam/Grimm 2009, S. 2.)

Der Beitrag fokussiert mit dem Beispiel Ungarn auf eine Richtung dieser nationalspezifischen Rezeption. Es werden sowohl der Einfluss der Jenaer Pädagogik auf die Arbeit des in Budapest gegründeten Lehrerbildungsseminars in den Blick genommen, wie auch untersucht, welche Rolle die Jenaer Ferienkurse bei der Verbreitung des Herbartianismus in der ungarischen Lehrerbildung und Weiterbildung um die Jahrhundertwende gespielt haben. Diese Wirkungen werden anhand theoretischer Werke und der praktischen pädagogischen Tätigkeit bekannter Protagonisten des ungarischen Herbartianismus untersucht, die Mitglieder des Budapester Seminars gewesen sind.

## 2. Der Hintergrund der Herbartianismusrezeption in Ungarn

Durch den Ausgleich von 1867 und die Union mit Siebenbürgen wurde Ungarn zu einem innenpolitisch nahezu völlig selbständigen, zentralistisch verfassten Nationalstaat innerhalb der Habsburgmonarchie. Der Zusammenschluss zur Liberalen Partei unter der Führung von Kálmán Tisza führte (siehe detailliert Gottas 1978) in Ungarn zu einer lang anhaltenden politischen Stabilität, die gleichwohl auf einem restriktiven Wahlrecht beruhte. Zugleich ermöglichte dies auch den inneren Ausbau Ungarns zu einem modernen Verfassungsstaat (vgl. Helmedak/Roth 2009, S. 201–202).

Dank der liberalen Regierung wurde mit dem Ausgleich von 1867 auch der Weg zur Entwicklung eines modernen dualen Schulsystems geebnet. Die Neuordnung des Volksschulwesens hatte sowohl in Ungarn als auch in Österreich eine hohe Priorität. Im Jahre 1868 verabschiedet die ungarische Regierung ein neues Volksschulgesetz (GA 38/1868), das erstmals die allgemeine Schulpflicht für sechs- bis zwölfjährige Kinder festschreibt, an die sich eine dreijährige „Wiederholungsschule" anschließt. Das ungarische Mittelschulwesen war durch den österreichischen Organisationsentwurf von 1849 tiefgreifend reformiert worden und umfasste ein völlig neu ausgebautes achtklasssiges Gymnasium mit je einem vierklassigen Unter- und Obergymnasium. Zugleich wurde auch das Fachlehrersystem eingeführt. Neben die Gymnasien trat die ebenfalls achtklasse Realschule (vgl. Németh 2018, S. 112)

In der Reformperiode nach dem Ausgleich wurde eine neue Pädagogik notwendig, die im Dienste der neuen Bildungspolitik mehrere Erwartungen erfüllen sollte. Die wirkungsvolle Arbeit des ungarischen Schulwesenssystems schulpädagogisch zu untermauern, schien in dieser Zeit der Herbartianismus am geeignetsten zu sein. Dessen Rezeption setzte sich – wie auch für die anderen mitteleuropäischen Länder feststellbar (Oelkers 1989, Tenorth 2001) – während der in den 1870er Jahren beschleunigten Modernisierung des ungarischen Schulwesens immer stärker durch. Der Hauptvertreter des ungarischen Herbartianismus, Mór Kármán (1843–1915), studierte Philosophie, Pädagogik und Philologie an der Universität Wien und promovierte 1866 an der Philosophischen Fakultät der Pester Universität. Zwischen 1868 und 1869 unterrichtete Kármán jüdische Religion an Gymnasien in Pest. József Eötvös, der Minister für Religion und Bildung, beauftragte ihn mit dem Studium des Systems der deutschen praktischen Lehrerausbildung an der Universität Leipzig, wo er von 1869 bis 1871 in Tuiskon Zillers Pädagogischem Seminar mit Stipendium studierte.

Ziller war nach dem Unistudium einige Jahre als Gymnasiallehrer tätig. 1853 wurde er in Leipzig in Jura habilitiert. Als Privatdozent begann er aber ab 1854 über Pädagogik zu lesen. Er gründete 1861 sein privat betriebenes Pädagogisches Seminar, dem er 1862 mit Hilfe eines Vereins von Schulfreunden eine Übungsschule zufügte. 1864 wurde er zum außerordentlichen Professor ernannt. Als führende Figur des Herbartianismus wurde er 1868 Gründungsvorsitzender des Vereins für Wissenschaftliche Pädagogik. Im Wintersemester 1869/1870 ging auch Wilhelm Rein, der sich in dieser Zeit endgültig der Pädagogik zuwandte, an die Universität Leipzig, um Tuiskon Ziller zu hören. An dessen Übungsschule war er, ähnlich wie Kármán, zunächst als Praktikant, dann als Lehrer tätig. Wegen sachlicher Differenzen mit Ziller wechselte Rein 1871 ans Realgymnasium Barmen. Nachdem seine erste Dissertation an den Universitäten in Leipzig und Bonn abgelehnt worden war, wurde er schließlich 1872 mit einer Arbeit über Herbarts Regierung, Unterricht und Zucht an der Universität Rostock zum Dr. phil. promoviert. (Vgl. Coriand 2003, S. 88–92.)

Während seiner Leipziger Zeit wurde Mór Kármán mit Wilhelm Rein bekannt. Diese Bekanntschaft entwickelte sich später zu einer lebenslangen Freundschaft und zu einer intensiven wissenschaftlichen Zusammenarbeit. Die wissenschaftlichen Karrieren beider Pädagogen entwickelten sich ab dieser Zeit auch ähnlich. Nach seiner Rückkehr nach Ungarn 1871 konnte sich Kármán 1872 habilitieren, woraufhin er eine Privatdozentur für Pädagogik, Ethik und Psychologie an der Pester Universität erhielt. Im selben Jahr wurde er vom Bildungsministerium beauftragt, in Budapest ein Modellgymnasium für die Lehrerausbildung einzurichten; dort blieb er bis 1897 als Supervisor. Zwischen 1873 und 1883 war Kármán Sekretär des Ungarischen Bildungsrates, und er spielte eine wichtige Rolle bei der Gestaltung des Lehrplans für Gymnasien. Zwischen 1873 und 1876 gab er zusammen mit Gusztáv Heinrich die Zeitschrift Magyar Tanügy (Ungarische Bildung) heraus, nach 1876 bis 1882 als Alleinherausgeber. Aufgrund schwerer Krankheiten lebte er nach 1897 mehrere Jahre ein zurückgezogenes Leben. Ab 1907 war er jedoch im Ministerium für Religion und Bildung für die theoretische Pädagogik zuständig. Im Jahr 1908 wurde er in den Adelsstand erhoben. Im folgenden Jahr wurde er zum ordentlichen Professor an der Universität in Budapest ernannt. (Németh 2003, S. 234–235.)

## 3. Die Institutionalisierung des herbartianischer Positionen in Ungarn

Die Institutionalisierung herbartianischer Positionen als Grundstein der Universitätspädagogik und Gymnasiallehrerbildung geschah auf einem „Umweg", bedingt durch eine Ablehnung des Herbartianismus an der Budapester Universität. Herbartianisch geprägte Pädagogik wurde daher vor allem am durch Kármán geleiteten Pädagogischen Institut in Budapest gelehrt und umgesetzt, das nach dem Vorbild von Zillers pädagogischem Seminar in Leipzig gegründet wurde. In der pädagogischen Abteilung des Instituts, die im Jahre 1872 durch Kármán entstanden ist, konnten die Lehrerkandidaten die spezifischen Fragen der „gymnasialis paedagogia" studieren. Auch das 1872 gegründete zugehörige Gymnasium war durch die pädagogischen Ansätze der Zillerschen Übungsschule in Leipzig und später des Jenaer Pädagogischen Universitäts-Seminars unter Rein geprägt. Das Gymnasium arbeitete mit vier Klassen, abwechselnd begannen die mit 20 Schülern aufgestellten 1., 3., 5., 7., sowie die 2., 4., 6., 8. Klassen. Bis zur Jahrhundertwende erhielten rund 500 Lehrerkandidaten eine niveauvolle praktische Ausbildung in diesem Rahmen. Die wichtigste Aufgabe des Übungsgymnasiums war die einjährige praktisch-methodologische Ausbildung. Dadurch konnten sie sich in die Arbeit an den Schulen integrieren, konnten Stunden besuchen, Probestunden halten, und an den theoretischen und methodologischen Vorlesungen teilnehmen. Das Praxisjahr der Probanden wurde mit 4–6 Probestunden beendet, deren Plan in einem detaillierten Stundenentwurf dargestellt werden musste. Auf die Probestunde folgte eine Versammlung. Während dieser werteten der Seminarlehrer und die anderen Probanden die Stunde aus und analysierten aufkommende theoretische und praktische Fragen. Im Laufe der Zeit adaptierte das Seminar mehrere Elemente der Jenaer Lehrerbildung unter Wilhelm Rein. Das *Theoretikum* ergänzte Kármáns Vorlesungen zur Pädagogik: Hier wurden pädagogische Fachliteratur und selbständige Arbeiten der Mitglieder besprochen. Im *Praktikum* hielten die Seminarmitglieder Probestunden, im *Kritikum* wurden die Lehrproben besprochen, wobei zunächst der Lehrende selbst zu Wort kam, danach ein vorher bestimmter Rezensent. Darauf folgt eine Diskussion. In der *Konferenz* schließlich, wurden Fragen des Schullebens besprochen. Diese beinhalten u. a. Themen zur Hygiene oder Moral, zur Schulordnung oder zu Lehrmittelanschaffungen (vgl. Németh 2003, S. 236–238).

Die wissenschaftliche Zusammenarbeit von Kármán und Rein äußerte sich u. a. darin, dass Kármán seit 1895 Mitglied des internationalen Expertenkommitees für die Ferienkurse in Jena war. Zudem bekamen mehrere Studenten Kármáns, ähnlich wie früher Kármán bei Ziller in Leipzig, die Möglichkeit, in Jena als Stipendianten bei Rein zu studieren. Ein typisches Beispiel dafür war János Waldapfel, ein bekannter Protagonist des Herbatianismus in Ungarn. Er studierte seit 1882 bis 1893 an der Pester Universität und war zwischen 1889–1893 Mitglied des Pädagogischen Seminars Kármáns und des Übungsgymnasiums. Nachdem er 1893 das Gymnasiallehrerdiplom bekommen hat, ging er für ein Jahr an das Jenaer Seminar und machte an der zugehörigen Übungsschule sein Praktikum. 1895 schrieb er die erste ungarische Rezension über die

Jenaer Ferienkurse. Nach seiner Rückkehr nach Ungarn erwarb er 1896 an der Pester Universitat den Doktortitel und unterrichtete von da an bis 1924 am Übungsgymnasium Pädagogik und deutsche Sprache (vgl. Balogh 1967, S. 115–120).

Aufgrund des wachsenden Einflusses der herbartianischen Pädagogik wuchs gegen Ende der 1890er Jahren in Ungarn eine Wissenschaftlergeneration, die sich fast ausschließlich aus Schülern Mór Kármáns rekrutierte; Pädagogen wie Ernst von Fináczy, János Waldapfel, László Nagy, Ödön Weszely, die wesentlich dazu beitrugen, dass der Herbartianismus nach der Jahrhundertwende zu einer Universitätsdisziplin wurde, beziehungsweise dass er über die mittelschulische Lehrerbildung hinaus in der volksschulischen Lehrerausbildung und in der Praxis der Volksschule eine bedeutende Rolle spielte (vgl. Németh 2003, S. 238).

## 4. Die Jenaer Ferienkurse und ihre ungarischen Teilnehmern

Rein war der Mitbegründer und Leiter der von dem Botaniker Wilhelm Detmer 1889 initiierten Jenaer Ferienkurse, die zunächst als „Fortbildungskurse an der Universität Jena für Lehrer Deutschlands, Österreichs und der Schweiz", später für Lehrer und Lehrerinnen und andere Interessierte aus allen Ländern organisiert wurde. Am Anfang dienten die Ferienkurse, ganz im Sinne des Botanikers Detmers, in erster Linie der naturwissenschaftlichen und nicht der pädagogischen Fortbildung von Lehrern. Die Ankündigung der Fortbildungskurse von 1890 weist lediglich einen Kurs von insgesamt 14 zu einem rein pädagogischen Thema aus. Rein allerdings, anfangs eher der Vertreter Detmers bei dessen Abwesenheit, gewann immer mehr Einfluss auf die Gestaltung und das Programm der Kurse (vgl. Lütgert 1998, S. 219) und setzte sich u. a. dafür ein, auch Volksschullehrer und Frauen zur Teilnahme zuzulassen. Dieses Vorhaben scheiterte vorerst am Kurator der Universität und den Regierungen der unterstützenden deutschen Staaten, die nur akademisch vorgebildeten Lehrern eine Weiterbildung an der Universität gestatten wollten. 1893 allerdings werden die Fortbildungskurse auch für Interessenten aus anderen Ländern geöffnet und von 29 Teilnehmern besucht, die Sprachkurse von 23 Engländern und Amerikanern. Um auch Frauen und Volksschullehrern die Teilnahme zu ermöglichen weichen die Veranstalter ab 1895 mit Kursen, die keine wissenschaftlich-technischen Einrichtungen der Universität benötigen, auf Räume außerhalb der Universität aus. Seit dieser Zeit dominieren unter den Teilnehmern die Ausländer und ab demselben Jahr befinden sich darunter auch ungarische Teilnehmer. 1901 wurden alle Kurse endlich auch für Volksschullehrer zugänglich. Es kommen 247 Teilnehmer. Im Jahr 1905 werden bereits 35 verschiedene Kurse durchgeführt, von denen sich acht mit pädagogischen und vier mit psychologischen Themen beschäftigen. Die Teilnehmerzahlen entwickeln sich rasant. Zunehmend kommen auch Teilnehmer, die keine Lehrer sind. Ab 1912 finden dann auch alle Kurse in der Universität statt. In den Kriegsjahren pausierten die Kurse und wurden ab 1920 wieder angeboten. Rein führte nach seiner Emeritierung in 1923 die Ferienkurse weiter. Kurz vor seinem Tod wurden sie in Reinsche Ferienkurse umbenannt (vgl. Lütgert 1998, S. 222–225).

Der erste Bericht zu den Ferienkursen wurde 1896 in der pädagogischen Fachzeitschrift Magyar Paedagogia (Ungarische Pädagogik 1892) von Albert Kardos veröffentlicht, der daran teilgenommen hatte. Er informierte die Leser über die Gründung eines internationalen Organisationskommitees, zu dessen Mitgliedern auch der bekannte ungarische Wissenschaftler Mór Kármán gehöre. Er berichtete, dass die Kurse dank sorgfältiger Vorbereitung von mehr als 80 Teilnehmern besucht worden sei, die Hälfte von ihnen Ausländer, davon 6 Ungarn. Ein Drittel seien Frauen gewesen. Kardos kritisierte, dass die seiner Meinung nach wichtige Veranstaltung weder von der Stadt Jena, noch der Universität, noch von staatlicher Seite Unterstützung bekommen habe (vgl. Kardos 1896, S. 273–281).

Ein anderer ungarischen Teilnehmer, Ödön Weszely, schrieb in demselben Heft über die pädagogischen Vorlesungen der Ferienkurse. In einem ersten Teil berichtete er über die Pädagogik-Vorlesungen von Rein, in einem zweiten über die Psychologie von Ziehen und in einem dritten Teil über Vorlesungen zur Schulhygiene von Gartner. Rein bewertete er sehr positiv: „Dr. Rein machte die Hörerschaft mit der Theorie der herbartianischen Pädagogik bekannt. Er las sehr interessant und angenehm vor, er ist nicht so wie wir uns den deutschen Wissenschaftlern vorstellen. Er ist eine sehr systematisierende Persönlichkeit, der Systeme liebt. Überall sucht er systematische Zusammenhänge, er hat für alle Begriffe eine separate Schachtel. Durch seine 12 Vorlesungen stellte er kurz eine Systematische Pädagogik vor. Darin sind enthalten die 3 Grundlehren seiner Pädagogik; die Kulturstufen, die

Konzentration und die Lehre der Formalstufen." (Weszely 1896, Übersetzung: A. N., S. 282–285)

Seit dieser Zeit berichtete jene Zeitschrift regelmäßig bis zum I. Weltkrieg über die Jenaer Ferienkurse. Um 1900 zeigt sich die thematische Vielfalt im pädagogischen Programm, die sich in folgenden Themen widerspiegelt: 1. Allgemeine Didaktik, 2. Spezielle Didaktik, 3. Schulhygiene, 4. Abnormale Kinder und ihre Erziehung, 5. Pädagogische Kinderpsychologie, 6. Fröbelpädagogik in dem Kindergarten und in der Grundschule, 7. die Grundformen des Schullebens, 8. die Theorie des Arbeitsunterrichts (vgl. Magyar Paedagogia 1900, S. 446–447). 1906 wird darüber berichtet, dass an die klassischen pädagogischen Themen zahlreiche psychologische, pathologische, feministische, theologische, nationalökonomische und kunstpädagogische Vorträge anknüpfen. Die Zeitschrift berichtet auch über die Verbreitung der Kinderpsychologie und der Kinderforschung, die auch nach der Jahrhundertwende in Ungarn eine wichtige Rolle gespielt haben. Zu den ersten Schritten in diese Richtung seit 1898 waren die Jenaer Ferienkurse ein wichtiger Initiator (vgl. Pethes 1900, S. 487–499).

Nach dem Muster der Jenaer Sommerkurse wurden von 1901 an auch in Ungarn Sommerkurse für Lehrern der verschiedenen Schularten organisiert. Diese Reihe wurde zunächst für Mittelschullehrer angeboten und dann auf die Lehrer der Anstalten für Grundschullehrerbildung ausgeweitet. Schließlich wurden sie auch für die breiten Kreisen der Grundschullehrer geöffnet. Ihre Kosten wurden seit 1903 vom zuständigen Ministerium finanziert.

Zum Kreis der ungarischen Teilnehmer in Jena gehörte auch ein anderer Student Kármáns: László Nagy, der Lehrer der Budaer Lehrerbildungsanstalt, der der wichtigste Protagonist der ungarischen Pädologie war. Er und seine Mitarbeiter gründeten 1906 die Ungarische Gesellschaft für Kinderforschung. Sie wurden die Organisatoren der Gesellschaft, die von der Verbreitung moderner pädagogisch-psychologischer Ansätze – ähnlich den ausländischen Repräsentanten der Richtung (vgl. Depaepe 1993) – die Begründung der Erziehungswissenschaft auf einer experimentellen, empirischen Grundlage und die Verbreitung der neuen pädagogischen Anschauungsweise erwarteten. Um die kinderzentrierte pädagogische Auffassung verbreiten zu können, wurden

Fortbildungskurse für praktizierende Lehrer gehalten sowie Bücher und Zeitschriften herausgegeben: ab 1907 erschien unter der Redaktion von László Nagy die unabhängige Zeitschrift der Gesellschaft: „A gyermek" (Das Kind). Außerhalb der Hauptstadt entstanden ebenfalls neue Zentren der Kinderstudien. Als eine der hervorragendsten Persönlichkeiten der theoretischen Pädagogik in Ungarn tat Ödön Weszely viel dafür, dass sich die Bewegung ausbreiten konnte und die Ergebnisse der Kinderstudien und der Reformpädagogik auch anderen Lehrern zugänglich wurden (vgl. Németh 2008, S. 71).

Nach dem I. Weltkrieg gibt es keine Nachricht über die Sommerkurse, die in den 1920er Jahren erweitert wurden. Der letzte ausführliche Bericht stammt aus dem Jahr 1930. Er informiert darüber, dass das 36. Jenaer Sommerkurs zu Ehren des verstorbenen Wilhelm Rein mit dem Namen Reinsche Ferienkurse weitergeht. Das bunte Programm ist um 8 Themenkreise angeordnet: 1. Philosophie und Psychologie, 2. Pädagogik, 3. Naturwissenschaften, 4. Haushaltslehre, 5. Literatur, Kunst und Körperentwicklung, 6. Sprachstörungen, 7. Fremdsprachen, 8. Deutsche Sprache für Ausländer. Folgende pädagogische Themen wurden dabei angeboten: Weiss: Die Richtungen der heutigen Pädagogik, Reukauf: Die Fragen der heutigen religiösen Richtungen, Sellmann: Fröbel und Maria Montessori, Hennig: Geopolitik im Geographie- und Geschichtesunterricht, Weiss: Arbeitsunterricht und Arbeitschule, Herrmann/ Herzer: Slöjdarbeit, Bergemann-Konitzer: Plastische Gestaltung als Ausgangspunkt der schulische Arbeit, Frucht: Die Grundfragen der Körpererzieheung, Sellmann: Die Presse und die Schule (vgl. Magyar Paedagogia, 1930, S. 65).

## 5. Fazit: ein typisches Beispiel über die Wirkung und das Weiterleben der Jenaer Herbartianismus in Ungarn

Die persönliche Wirkung des Jenaer Herbartianismus unter Rein demonstriert am besten das Lebenswerk von Ödön Weszely. Er stammt aus einer Pester Handwerkerfamilie, verwaiste früh, und begann seine Karriere als Grundschullehrer. Typisch für eine damalige pädagogische Karriere, hatte er nach Erhalt des Lehrerdiploms an mehreren Bürgerschulen der Hauptstadt eine Stelle als Unterrichtskraft inne. Im Alter von 32 Jahren qualifizierte er sich zum Gymnasiallehrer, dann arbeitete er ab 1899 als Lehrer an der Hauptrealschule im 4. Stadtbezirk, wo er 1906 zum Direktor ernannt wurde. Seit Anfang der 1890er Jahre verfasste er mehrere erfolgreiche Grammatik- und Literaturbücher, dann wandte er sich auf Zureden seines Lehrers, Mór Kármán, der Erziehungswissenschaft zu. Im Jahre 1895 lernte er im Rahmen der Jenaer Ferienkurse die weltbekannte herbartianische Pädagogik und Lehrerbildung unter Wilhelm Rein kennen; er wurde einer ihrer konsequentesten Anhänger (vgl. Németh 2003, S. 241).

Die ersten Impulse zur Entwicklung seiner pädagogischen Theorie erhielt Weszely ebenfalls von Mór Kármán, aber in seinen ersten pädagogischen Werken, die nach der Jahrhundertwende herausgegeben wurden (vor allem in dem populären Ausbildungsbuch „Bildungskunde, Erziehungskunde und Methodik für die Volksschulen"), scheinen bereits durch Rein inspirierte herbartianische Positionen auf. Ein wichtiges Kapitel im frühen pädagogischen Schaffen von Weszely bildet die Organisierung der Umstrukturierung des Schulwesens in der Hauptstadt. Diese Tätigkeit zwischen 1906 und 1918 war mit den stadtpolitischen Reformen von István Bárczy, dem liberalen Oberbürgermeister von Budapest verbunden. Als Direktor des Pädagogischen Seminars nach 1906, als Redakteur des kulturpolitischen und bildungspolitischen Presseorgans des Bárczy-Programms, der Zeitschrift „Volksbildung", war er einer der wichtigsten Theoretiker der kulturpolitischen Reform (vgl. Németh 1987, S. 21–28).

Ab Anfang der 1920er Jahre lehrte Weszely zuerst an der Universität in Pressburg, dann in Pécs als Professor der Pädagogik. Trotzdem stand sein Lebenswerk den theoretischen Bestrebungen der Budapester Universität am nächsten. Im Lebenswerk von Weszely vollendet sich der späte ungarische Herbartianismus, v. a. in der Ausprägung in enger Orientierung an den Positionen Reins.

In seinen theoretischen und schulpädagogischen Arbeiten scheinen Einflüsse der neuen pädagogischen Auffassungen aus der Zeit nach der Jahrhundertwende auf, auch aus der Pädologie und der modernen Psychologie. Dies geschieht im Rahmen der theoretischen Konstruktion des traditionellen Herbartianismus, und in diesem Zusammenhang strebt man nach dem theoretischen pädagogischen System, das als integrierte Gesellschaftswissenschaft aufgefasst wird. Die geisteswissenschaftlichkulturpädagogische Orientierung seiner systematisierenden Werke aus den zwanziger Jahren stellt eine einzigartige Brücke, einen Übergang zwischen dem späten Herbartianismus und der kulturpädagogischen Auffassungsweise der dreißiger Jahre dar (vgl. Németh 2001, S. 337–345).

## Literatur

Adam, E./Grimm G.: Die Pädagogik des Herbartianismus in der Österreichisch-ungarischen Monarchie. Wien 2009.

Adam, E.: Die Pädagogik des Herbartianismus in der Österreichisch-Ungarischen Monarchie. Eine Forschungsskizze. In: Adam, E./Grimm G.: Die Pädagogik des Herbartianismus in der Österreichisch-ungarischen Monarchie. Wien 2009, S. 5–20.

Balogh, L.: Emlékezés Waldapfel Jánosra (1866–1935). In: Magyar Pedagógia, 1967, 63. S. 114–129.

Coriand, R.: Die Universitätsschulen im Lichte eines sich wandelnen Theorie-Praxis Verständnisses, Bad Heilbrunn, 2003, S. 79–100.

Depaepe, M.: Zum Wohl des Kindes? Pädologie, pädagogische Psychologie und experimentelle Pädagogik in europa und den USA, 1890–1940, Wiesbaden, 1993.

Friedrich, L.: Wilhelm Reins Position innerhalb der Jenaer Universitätspadagogik. In: Coriand, R./Winkler, M. (Hrsg.): Der Herbartianizmus – die vergessene Wissenschaftsgeschichte. Weinheim 1998, 243–260.

Helmedach, A./Roth, H.: Habsburgreich. In: Roth, H. (Hrsg.): Studienbuch Östliches Europa. Band 1: Geschichte Ostmittel – und Südosteuropas. Köln 2009, S. 190–206.

Kardos, A.: A jenai szünidei tanfolyamok. In: Magyar Paedagogia, 1896, 3. S. 273–281.

Lütgert, W.: Wilhelm Rein und die Jenaer Ferienkurse. In: Coriand, R./Winkler, M. (Hrsg.): Der Herbartianizmus – die vergessene Wissenschaftsgeschichte. Weinheim 1998, S. 2019–230.

Németh A.: Die Entwicklung der Pädagogik zur Universitätsdisziplin, sowie ihre Institutonalisierung an der Universität in Budapest. In: Horn, K.-P./Németh, A./Pukánszky B. & Tenorth, H.-E. (Hrsg.): Erziehungswissenschaft in Mitteleuropa. Aufklärerische Traditionen – deutscher Einfluß – nationale Eigenständigkeit. Budapest 2001, S. 309–345.

Németh, A.: Pädagogische und gesellschaftliche Reformstömungen und ihre Rezeption im Fahtwisssen der ungarischen Vorlsschullherer nach 1900. In: Hopfner J./Németh, A. (Hrsg): Pädagogische und kulturelle Strömungen in der k. u. k Monarchie. Frankfurt am Main, 2008, S. 59–78.

Németh, A.: Die ungarischen Bildungsreformen. Von der theresianisch-josephinischen Reichsreform zur nationalstaatlichen Bildungspolitik (1777–1867) In: Imlig, F./Lehmann, L./Manz, K. (Hrsg.): Schule und Reform. Wiesbaden, 2018, S. 105–116.

Németh, A.: Der Einfluss des Herbartianismus an der Budapester Universität und seine Rolle in der Lehrerbildung – eine Fallstudie. In: Coriand, R. (Hrsg.): Herbartianische Konzepte der Lehrerbildung. Bad Heilbrunn 2003, S. 225–244.

Németh, A.: Die Einfluß des Herbartianismus auf die Universitatspädagogik in Budapest. In: Coriand, R./Winkler, M. (Hrsg.): Der Herbartianizmus – die vergessene Wissenschaftsgeschichte. Weinheim 1998, S. 57–64.

Pethes, J.: A gyermekpsychologusok gyülése Jénában. In: Magyar Paedagogia, 7. S. 487–499.

Tenort, H.-E.: Erziehungswissenschaft in Mitteleuropa. In: Horn, K.-P./Németh, A./Pukánszky B./Tenorth, H.-E. (Hrsg.): Erziehungswissenschaft in Mitteleuropa. Aufklärerische Traditionen – deutscher Einfluß – nationale Eigenständigkeit. Budapest 2001, S. 23–40.

Weszely Ö.: A paedagogiai cursus Jenaban. In: Magyar Paedagogia, 1896, 3. S. 282–285.

Beatrix Vincze

# Die Etablierung einer professionalisierten Lehrerbildung im internationalen Kontext. Der ungarische Herbartianer – Mór Kármán und seine persönlichen Kontakte zu den deutschen Spätherbartianern

## 1. Einleitung zum Thema

Der Beitrag beabsichtigt den Prozess der Rezeption von Herbartianismus, in erster Linie den Einfluss der Spätherbartianer in Ungarn darzustellen. Im Mittelpunkt steht der ungarische Pädagoge *Mór Kármán* (1843–1915) und seine direkten und indirekten Kontakte zum Leipziger und Jenaer Zentren der Herbartschen Pädagogik (d. h. zu den Spätherbartianern).

Es wird veranschaulicht: Wie weit beeinflussten die Ideen von Tuiskon Ziller und Wilhelm Rein die Pädagogik Mór Kármáns? An welchen Punkten erweiterte Kármán die Ideen seiner Vorbilder? Welche spezifisch ungarischen Merkmale hat der Herbartianismus in der ungarischen Pädagogik?

Als Quellen werden einerseits Kármáns Briefwechsel, Dokumente und Reflexionen über seine Studien, Lehrplanentwicklung und praktische Tätigkeiten aufgearbeitet. Andererseits werden die Erinnerungen der Zeitgenossen oder spätere Bewertungen einbezogen.

Methodisch gesehen werden die Schriften von Kármán unter anderen mit den Werken von T. Ziller *„Vorlesungen über die Allgemeine Pädagogik"* (Leipzig, 1876) und von Wilhelm Rein *„Pädagogik in systematischer Darstellung"* (1911, 1912) verglichen. Die Analyse von Kármáns Rezeption kann durch die ausländischen persönlichen Kontakte die paradigmatische Entwicklung der ungarischen Pädagogik veranschaulichen und den Ausbau der ungarischen Lehrerbildung im internationalen Kontext darstellen.

## 2. Charakteristik der historischen Umstände während der Formierung des ungarischen bürgerlichen Bildungswesen

Ungarn gehörte zu den spätentwickelten Nationen in Europa. In der zweiten Hälfte des 19. Jahrhunderts wurde der Ausbau des ungarischen Nationalstaates durchgeführt. Mit dem Ausgleich zwischen den zwei Herrennationen (d. h. mit dem Kompromiss von Österreichern mit den Ungarn) im Jahre 1867 endete der fast zwei Jahrhunderte währender Kampf mit der Habsburger Dynastie. Die ungarischen Schöpfer des Ausgleiches vertraten die Traditionen der liberalen Reformbewegung des Adels und setzten auf einen starken Zentralstaat mit einem Korrektiv, der für die Nationalitäten auf die kirchliche Sphäre als Freiraum kultureller Entfaltung verwies. Dieses Konzept eröffnete die Perspektive der Entstehung von den konsolidierten Minderheitenschulen entlang konfessioneller Linien, die an die alten Verfassungsprinzipien der Autonomie der Kirchen anknüpfte. Der enge Zusammenhang zwischen institutioneller Modernisierung nach den Maßstäben des 19. Jahrhunderts und der Ausbreitung des modernen Nationalgedankens wurde auch im ungarischen Schulwesen deutlich sichtbar. Das Schulwesen war ein Schauplatz der nationalpolitischen Auseinandersetzungen in den multiethnischen Gesellschaften sowohl in der K. u. K.-Monarchie als auch im historischen Ungarn (vgl. Puttkamer 2003, S. 18; Nyíri 1980).

Für die ungarische Bildungspolitik in Österreich-Ungarn während der Doppelmonarchie waren folgende Merkmale charakteristisch: 1. Die von oben eingeführten staatlichen Reformen (die bildungspolitische Reformen) förderten durch die Modernisierung die Erstarkung des Nationalstaates (später die Verteidigung gegen die Nationalitäten). 2. Durch die Erziehung versuchte man mit der Hilfe des humanistischen Bildungsideals aktive Bürger, d.h. Bildungsbürger zu schaffen. 3. Die ungarische Bildungspolitik integrierte die neuesten pädagogischen Gedanken, (unter ihnen den Herbartianismus, die Spätherbartianischen Tendenzen und die Reformpädagogischen Strömungen). Mit ihrer Hilfe wurden die Grundlagen einer nationalen Pädagogik ausgearbeitet, um die moralisch denkenden und handelnden Staatsbürger erziehen zu können, die durch eine gewisse Obrigkeitshörigkeit dem Nationalstaat unterworfen werden konnten. 4. Die Bildung in Ostmitteleuropa war Ziel und Mittel der Modernisierung. Aber die Modernisierungsbestrebungen führten zu ambivalenten Erscheinungen. Um die Jahrhundertwende erschienen Gegenströmungen, die einen eigenen (organischen) nationalen Weg forderten, aber mit neuen

Ideologien vom (adligen) Liberalismus zurück zu einem Konservativismus führten, welcher Tendenzen wie Antisemitismus, Nationalismus, Antimodernismus nicht verhinderte (vgl. Kosáry 1990; Nyíri 1980). Es ist beachtenswert, dass die Verbürgerlichung in Ungarn mehrere Besonderheiten hatte. Wegen der geopolitischen Lage des Landes und der langfristigen Unterdrückung durch fremde Großmächte (Türken, Habsburger) wurde die verspätete Modernisierung meist nach dem westlichen Muster durchgeführt. Nach dem Zerfall der Monarchie und des historischen Landes sahen viele eben darin den Grund der Verluste. Das Land hatte kein organisch herausgebildetes Bürgertum. Die Zahl der Bürger war in Ungarn gering und fremdsprachig, vorwiegend deutscher Herkunft. So konnte/musste die Führungsrolle in der Modernisierung vorwiegend der liberale Adel und die Intelligenz übernehmen. Andererseits war der ungarische Staat ein Vielvölkerstaat, in dem die nationalen Minderheiten in der zweiten Hälfte des 19. Jahrhunderts in zahlenmäßiger Überlegenheit waren (vgl. Vincze 2008, S. 123–134).

Die ungarische politische Elite setzte sich zum Ziel, durch das Schulwesen ein Bildungsbürgertum zu schaffen und die Rückständigkeit zu überwinden. Die Nationalitäten und besondere gesellschaftliche Gruppen wie die Juden hatten meist durch Assimilation Chancen zum Aufstieg, die sowohl in der Wirtschaft als auch in der Kultur eine bedeutende Rolle spielten. Aber das Schulwesen war auch der geeignete Schauplatz für den steigenden Nationalismus der offiziellen ungarischen Politik und der Nationalitäten (vgl. Puttkamer 2003, S. 7–9; Romsics 1999, S. 39–45, Sáska 2004, S. 471–497).

Der Weg zu einem ungarischen bürgerlichen Bildungswesen führte zu mehreren Schritten: Erstens wurde nach dem verlorenen Freiheitskampf von Ungarn im Jahre 1849 die ministeriale Verordnung *„Entwurf der Organisation der Gymnasien und der Realschulen in Oesterreich"* von Thun mit dem Ziel der Modernisierung eingeführt. Die früher rebellierenden Ungarn erlebten den Entwurf als eine Strafe. Die Reform sicherte trotz der ungarischen Kritik die Einführung des allgemeinbildenden achtstufigen Gymnasiums, die Regelung der Tätigkeit und die Lehrpläne des Gymnasiums und der Realschule. Durch die Einführung des Abiturs (1851) und die gesetzliche Regelung der Lehramtsprüfung[1]

---

1 Die Prüfungsordnung des Lehramts – abgesehen davon, dass der Probeunterricht im Jahre 1884 abgeschafft wurde – blieb bis 1894 gültig. Damit wurde das preußische Modell der Lehrerbildung vorwiegend übernommen.

(1856) wurde die ungarische Mittelschule aufgrund der preußischen Konzeption im Sinne der Humboldt'schen Ideen umorganisiert. Mit dem Entwurf begann die pädagogische Rezeption von F. Herbart und die Entfaltung der Erziehungswissenschaft in Ungarn (vgl. Ballér 1992, S. 107–118). Nach dem Ausgleich mit Österreich (1867) sicherte der Bildungsminister Baron József Eötvös mit der Ausarbeitung und Erlassung vom Volksschulgesetz und Nationalitätengesetz (1868) die Vorbedingungen des bürgerlichen Schulwesens. Eötvös schickte zahlreiche begabte Pädagogen ins Ausland, um sich dort fortzubilden und die europäischen Trends der Pädagogik zu studieren. Die Absicht war, auf diesem Weg die Entwicklung der ungarischen Pädagogik voranzutreiben.

Das Mittelschulgesetz im Jahre 1883 regelte die Schultypen neu: das klassische Gymnasium, das für die weiteren Studien vorbereitete und die Realschule, die schon im Jahre 1875 zur achtklassigen Mittelschule weiterentwickelt wurde. Das klassische Gymnasium legte Wert auf die humanistische Bildung, in erster Linie auf die Studien der griechischen und lateinischen Sprache. Die Realschule bevorzugte die modernen Sprachen, den Unterricht der Mathematik und der Naturkunde. Das Abitur auf einem klassischen Gymnasium war Voraussetzung für alle Hochschulstudien. Das Abitur garantierte das Wahlrecht und eröffnete darüber hinaus die Möglichkeit, Offizier oder Beamter zu werden. Auf der anderen Seite waren bei einem Weg über die Realschule die Studienmöglichkeiten sehr eingeschränkt[2]. Das Gesetz regelte auch die Einführung der staatlichen Kontrolle der Schulen. Das Land wurde in zwölf Schulbezirke aufgeteilt, an die Spitze der Bezirke wurden Hauptdirektoren gestellt, deren Aufsicht sich auch auf die konfessionellen Schulen bezog. Das Mittelschulgesetz ordnete die Bedingungen der Lehrerqualifikation an, schrieb vor, die Lehrerprüfung am staatlichen Lehreramt abzulegen (vgl. Mészáros/Németh/Pukánszky 1999, S. 360; Pukánszky/ Németh 1996).

Um die Jahrhundertwende begann die Kritik der preußischen Schule. Die Pädagogik bekam durch die reformpädagogische Bewegung, durch die Kindheitsforschung und durch die Entwicklung der Psychologie neue Impulse. In Ungarn erstarkten die nationalistischen Tendenzen, d.h. die Schulfreiheit der ungarischen Minderheiten wurde

---

2 Man konnte mit dem Realschulabschluss an der Technischen Universität, an den naturwissenschaftlichen Fakultäten der Universitäten oder an den Bergbau-, Forst- und Wirtschaftsakademien studieren.

stark begrenzt. Somit gab es seit Beginn des 20. Jahrhunderts immer wieder durchaus Fortschritte, z. B. bessere Bildungsmöglichkeiten für Frauen bzw. Mädchen, Reformschulen wurden gegründet, aber parallel dazu wollte man auch über die Schulen und speziell die Schulfächer das Nationalbewusstsein intensivieren. Die pädagogischen Debatten repräsentierten die unterschiedlichen Tendenzen wie zum Beispiel die paradigmatischen Unterschiede der Universitäten, die konfessionellen Streitigkeiten, den Kampf gegen den Liberalismus, den steigenden Konservativismus und Nationalismus (Németh/Pukánszky 1998, 276–292).

## 3. Idealist oder Realist? Mór Kármán – der ungarische Bildungstheoretiker und Pädagoge

Mór Kármán (geb. Kleinmann, 1843–1915) war einer der bedeutenden Bildungspolitiker und Pädagogen in der Österreichisch-Ungarischen Monarchie. Seine Karriere kann das Spezifikum des ungarischen Bildungswesens veranschaulichen. Kármán als assimilierter Jude verwirklichte die Basis für die ungarische Lehrerbildung und arbeitete den ungarischen Nationallehrplan für die Mittelschulen aus. Kármán kam vom Lande[3] und machte in Budapest schnell Karriere (vgl. Pallas 1895, S. 173–74). Durch seine pädagogischen Schriften wurde der junge Lehrer im Ungarischen Lehrerverein bekannt. Baron József Eötvös, der Bildungsminister als Initiator der Modernisierung, erkannte seine Begabung und schickte ihn nach Leipzig, um die Lehrerbildung zu studieren. Kármán verbrachte in Leipzig anderthalb Jahre (1869–1870) und gewann dort die Aufmerksamkeit von T. Ziller, der in seinem Seminar Kármán auch eine führende Rolle gab. In Leipzig konnte Kármán nicht nur T. Ziller und seine Praxis kennenlernen, sondern hatte auch Bekanntschaft mit W. Rein. Kármán blieb in weiterem in Kontakt mit Rein, der das von Stoy begründete Pädagogische Seminar mit der Übungsschule zu einem Zentrum von Weltruf ausbaute. Die von Rein organisierten internationalen pädagogischen Kurse in Jena wurden auch

---

3 Kármán stammte aus einer Familie mit kleinbürgerlicher Herkunft. Er studierte bei den Piaristen in Szeged, wo sonst damals eine große jüdische Gemeinde blühte. Nach dem Abitur studierte er in Wien an der Philosophischen Fakultät, wo er den Herbartianer R. Zimmermann kennenlernte. Im Jahre 1866 absolvierte er sein Studium an der Pester Universität. Danach studierte er (1866–1868) an der Szegeder Universität Theologie, Philosophie und Philologie. Zuerst lehrte er an der Handelsakademie und an verschiedenen Mittelschulen in der Hauptstadt jüdische Glaubenslehre.

von ungarischen Teilnehmern besucht. M. Kármán nahm aktiv am Internationalen Komitee für die Ferienkurse zur Lehrerfortbildung teil und besorgte auch die ungarischen organisatorischen Aufgaben. Damit förderte er regelmäßige Auslandsreisen für Ungarn nach Jena. Kármán konnte nicht nur die Theorie des Herbartianismus, sondern auch die guten Praxen von Leipzig und Jena in der ungarischen Pädagogik in Ungarn einheimisch machen.

Kármáns Zeitgenossen sahen die Bedeutung (Ehre) seiner Tätigkeit in folgendem: Kármán bewahrte seine Nationalität, er blieb „Ungar", weil er nach seinen Auslandsstudien die Arbeitsmöglichkeit in Deutschland nicht unternahm. Kármán hatte viele Konflikte, weil er als junger Mann (mit 25 Jahren!) das ungarische Schulwesen maßgebend reformieren wollte. Zu seinen größten Leistungen gehörte der Ausbau der professionellen staatlichen Lehrerbildung durch die Einführung des Lehrerpraktikums und durch die Ausbildungsschule für Pädagogen (1872) in Ungarn. Dank seiner enorm großen Aktivität hielt er in 70 Semestern an der Universität Vorlesungen über Ethik, Psychologie und Pädagogik und leitete dabei 25 Jahre lang die Ausbildungsschule. Als Pädagoge arbeitete er unermüdlich, seine Lehrlinge hatten zu ihm sehr guten Kontakt. Zwischen 1873 und 1883 war er tätig als Notar des *Rates für Ungarische Allgemeinbildung*. In dieser Funktion arbeitete er einen einheitlichen *Lehrplan mit der Allgemeinen Didaktik und mit den Anweisungen für die Gymnasien* (1879) aus[4]. Der Lehrplan wurde als Spitzenleistung der beruflichen Aktivitäten Kármáns bewertet. Er redigierte die Zeitschrift *„Ungarisches Unterrichtswesen"* 10 Jahre lang, die zu einem bedeutenden Forum der ungarischen Pädagogik wurde.

Wegen der übertriebenen Arbeit wurde Kármán krank und musste sich mehrere Jahre lang zurückziehen. In der letzten Phase seiner pädagogischen Tätigkeiten hatte er eine Position im Bildungsministerium. Er beschäftigte sich mit der Weiterentwicklung der pädagogischen Prozesse und parallel dazu hielt er Vorlesungen an der Universität. In seinen *Pädagogischen Schriften*, die im Jahre 1909 herausgegeben wurden, erschien sein möglichst einheitliches pädagogisches Konzept. Er nahm an den Internationalen Philosophischen Konferenzen in Heidelberg (1909) und in Bologna (1911) teil. Schon im Leben von Kármán begann ein Streit

---

4 Dieser Lehrplan war sonst 20 Jahre lang gültig und wurde auch ins Deutsche übersetzt. Einige Grundelemente des Lehrplans sind im Nationallehrplan bis heute vorhanden.

darüber, ob er ein Idealist oder Realist sei. Nach seinem Tod verschönten alle Zeitgenossen ihren Standpunkt und sahen ihn als Realisten. Trotz aller Kritiken und Debatten wurde die Leistung Kármáns sowohl durch den Staat als auch von den Zeitgenossen anerkannt[5] (vgl. Weszely 1916, Waldapfel 1922).

## 4. Kritik und Rezeption der Spätherbartianer von Mór Kármán

### 4.1 Lehrplan: Auswahl und Konzentration des Lehrstoffes von M. Kármán

Kármán beschäftigte sich mit der richtigen Auswahl der geeigneten Lehrstoffe für die unterschiedlichen Klassen. Er kritisierte ebenso die vorhandene Methodologie von Ziller als auch die früheren Ideen von Comenius über das Hauptfach, das er mit den Klassen identifizierte. Der Versuch Zillers im Volksschulunterricht im Anschluss an Herbart die historische Entwicklung zugänglich zu machen, hielt Kármán ebenfalls für nicht geeignet, weil sich in diesem System die seelische Entwicklung des Kindes nicht gut genug fördern ließ. Kármán war der Ansicht, dass das Kind in der Schule durch den Lernstoff die kulturelle Entwicklung der Menschheit nacherleben sollte. Der Lehrplan von T. Ziller stellte aber den Gesinnungsunterricht in den Mittelpunkt, der für naturwissenschaftliche Kenntnisse nicht genug Platz sicherte. Kármán kritisierte auch die Märchen, namentlich die auch von W. Rein ausgewählten Grimm-Märchen. Die meisten Kritiker meinten in diesem Zusammenhang, dass die ethische Lehre der Märchen, die sich z. B. in der Schlauheit der Protagonisten widerspiegelte, für Kinder nicht die beste Orientierung gab.

Kármán bezweifelte, dass die Robinson-Geschichte in der zweiten Klasse einen Zugang zum Aufbau der Kultur ermöglichte. Kármán bezweifelte, dass diese Thematik in den frühen Jahren der Kindheit überhaupt das bestmögliche Vorbild abgeben könnte. Er betonte, dass der Bibelunterricht in der dritten Klasse durchaus seine Ambivalenz hat. Diese könnte sich zum Beispiel darin äußern, sich einer höheren Macht unterwerfen zu sollen.

---

5   Er enthielt mehrere Ehrentitel. Er wurde im Jahre 1908 geadelt und im nächsten Jahr zum Universitätsprofessor ernannt (1909). Er bekam die erzieherische Aufgabe von Erzherzog von Österreich, Albrecht II. (1897–1955).

In der vierten Klasse wird die Persönlichkeit selbstständiger (die Heldenzeit der Juden), und von der fünften Klasse an werden nacheinander die historischen Ideale thematisiert. Die Reformationszeit wurde als Höhepunkt (Vorbild) für die Organisation der Gesellschaft hervorgehoben. Kármán (und auch andere Kritiker) erwähnten, dass die Nationalgeschichte nicht genug behandelt wurde. Das System von Ziller schien nicht genug organisch zu sein, so musste man es ergänzen (vgl. Ziller 1876; Rein 1912, III. S. 53; Kármán, 1909).

Die Grundlegung von Ziller war für Kármán auch ein Wegweiser: *„Für jede Unterrichtsstufe, für jede Klasse muss ein Gedankenganzes..., ein Gesinnungsstoff* als konzertierter Mittelpunkt hingestellt werden. Kármán meinte, dass diese Grundlegung von Ziller nicht konsequent durchgeführt worden sei. Dennoch diente die Idee der Kulturstufen für Kármán als ein geeigneter Ausgangspunkt. Kármán sah den Grundfehler (von Ziller) darin, dass die Elemente der nationalen Bildung nicht in den Vordergrund gestellt wurden. Kármán bestimmte die Aufgabe der ungarischen Schule für die Lernenden darin, das nationale geistige Leben vollkommen erkennen zu sollen. Als Motto zitierte er den ungarischen Reformpolitiker, I. Széchenyi: *„Unsere Aufgabe ist, die Besonderheiten der ungarischen Seele für die Menschheit zu entfalten und zu retten"* (Imre 1904/1842). Die ausländischen (fremden) Kulturschätze sind nur dann gerechtfertigt, wenn sie auf die ungarischen Strömungen wesentlichen Einfluss hatten. Kármán betonte, dass die ungarische Literatur und Geschichte mit ihren besten Vertretern für den Lehrstoff vorhanden sind, aber er wollte die Naturwissenschaften auch in den Kanon einbeziehen. In der Rhetorik sind Unterschiede: Ziller schrieb über Volksunterricht, Volksseele, Volksschule, Kármán skizzierte den Plan der Mittelschule für die ungarische Elite, die die nationalen Werte vertreten (vgl. Fináczy 1934, Kármán, 1969/1909).

*4.2 Grundzüge der Ungarischen Lehrplans 1879*
Kármán übernahm von Hegel den starken historischen Aspekt, den er bei Willmann erkannte und er betrachtete die historische Entwicklung als die Stufen der moralischen Vervollkommnung der Menschen. Die Geschichte hat drei Zeitalter: die Stammeszeitperiode, die ständische Epoche und die Zeit der nationalen Entwicklung (vgl. Kármán 1909, S. 45). Auf dem Hintergrund der Kulturgeschichte ermittelte Kármán sechs Stufen der nationalen historischen Entwicklung: I. die Landnahme; II. die Aufnahme des Christentums und die Staatsgründung; III.

der Tatarenzug; IV. die ungarische Ritterzeit; V. der Kampf der ungarischen Nation mit den Türken und Deutschen; VI. die Reformzeit und die Entstehung des Nationalstaates (vgl. Kármán 1890, S. 42–49).

Kármán fand es wichtig, dass die unterschiedlichen Bildungslandschaften durch die literarischen und grammatischen Konzentrationen veranschaulicht werden können. Der Zeitgeist ließe sich einerseits durch die Texte, andererseits durch die Gattungen (Märchen, Legenden, historische Erzählungen, Balladen, Epen, Dramen) ausdrücken. Zu den historischen Perioden wurden sowohl die Gattungen als auch ausgewählte Persönlichkeiten der nationalen Geschichte zugeordnet. Der erziehende Unterricht sollte der fortschrittlichen Entwicklung der Menschen dienen. Aber im Vergleich zu Ziller, zu seinem Meister, der in seiner Konzeption die Geschichte der Menschheit in den Mittelpunkt stellte, war Kármán der Meinung, dass man sich im Unterricht eher auf die ungarische Geschichte, d. h. auf die Nationalgeschichte fokussieren sollte (vgl. Ziller 1876, S. 14–42; 318–328, Kármán 1969/1909).

Bei der Zusammenstellung des Lehrplanes hatte Kármán aufgrund der Kritik der zeitgenössischen Pädagogen (von Ziller, in erster Linie folgend die Meinungen von W. Rein) eine konsequent ausgearbeitete Konzeption, die die „Fehler" der erwähnten Zeitgenossen vermeiden wollte. Im Mittelpunkt stand die nationale Bildung, aber in der Vermittlung des Lerninhaltes vertrat Kármán eher die Grundthese über die formalen Stufen des Unterrichts als fundamentales Konzept.

*4.3 Lehrerbildung*

Kármán nahm für die Praxis der ungarischen Lehrerbildung die Ausgangspunkte von Rein (vgl. Kármán, 1909). Um Lehrer zu werden braucht man *„den Erwerb einer gediegenen, harmonischen allgemeinen Bildung. Das Maß ihrer Tiefe, die Weite des Umfangs bestimmen sich durch die Forderung, ein tragfähiges Fundament für die sich auf ihr aufbauende berufliche oder Fachbildung zu sein."* (Rein II, S. 283–284.) Es ist wichtig: *„Aus dem Zusammenwirken der in der Allgemeinbildung wirksamen Faktoren entspringt dann die Neigung, mit den Schätzen der eigenen Bildung fremden Vorwärtsstreben Führer und Helfer zu werden".* Man kann nicht einfach nur *„die Theorie [...] zur Praxis fügen, ... In der steten Wechselwirkung zwischen Theorie und Praxis kann allein der echte Erzieher (in der Übungsschule) erstarken".* (Rein II. S. 285.)

Die Lehrerbildung (Übungsschule und am Institut für Lehrerbildung) in Ungarn wurde auf der Grundlage des deutschen Modells organisiert. Die Lehrerqualifikationsübung wurde in Ungarn im Jahre 1865 eingeführt und dann entscheidend umorganisiert. Das pädagogische Abteil des Institutes wurde erst 1872 gegründet. Kármán bestimmte die Aufgabe der Pädagogik darin, die speziellen pädagogischen Fragen des Gymnasialunterrichts zu besprechen, d. h. die pädagogischen Kompetenzen der Teilnehmer zu entwickeln (Kármán 1969/1895, S. 60). Ein Jahr später (1873) wurde vorgeschrieben, in zwei Fächern als Mittelschullehrer Bildung zu erwerben. Der Bildungsminister (Á. Trefort) wollte erreichen, dass die Lehrerbildung plangemäß unter staatlicher Kontrolle durchgeführt wurde. Damit begann ein heftiger Kampf für die Verteidigung der Autonomie zwischen der Universität (von der Fakultät für Philosophie) und der Lehrerbildung[6]. Während M. Kármáns selbst organisiertes Modell relativ gut funktionierte, d. h. Universitätsseminare, Übungsschule und Lehrerbildung kooperierten miteinander, hatte er zum Lehrstuhl für Pädagogik keinen Kontakt. Das stärkste Kettenglied war die Übungsschule mit ausgezeichneten Lehrern und gut ausgebautem Programm: 1. Hospitation, Übungsunterricht, Besprechung, 2. wöchentliche Lehrerkonferenzen; 3. Vorlesungen über die Schulorganisation (Weszely 1930. S. 195–199).

*4.4 Lehrerfortbildung*
Kármán sicherte wie sein früherer Mentor József Eötvös den Transfer der ausländischen wissenschaftlichen Ideen, förderte die Auslandsreise der ungarischen Pädagogen und den öffentlichen Diskurs, an dem er selbst partizipierte. Kármán blieb im direkten Kontakt mit W. Rein. Er motivierte seine Kollegen ins Ausland zu reisen und an den Sommerseminaren von Jena teilzunehmen. W. Rein besuchte zweimal Ungarn und hielt einmal eine Vorlesung über die Koedukation. In der pädagogischen Fachliteratur erschienen Berichte über diese Sommerseminare. Die Teilnehmer fassten ihre Meinungen und kritische Bemerkungen über die Seminare und über die Übungsschule zusammen.
Sándor Krausz aus Klausenburg als Mitglied einer Delegation hatte die Möglichkeit das Jenaer Modell Anfang des Jahrhunderts zu studieren. Er berichtete über seine Erfahrungen und publizierte seine pädagogische Reflexion. Er hob hervor, dass Reins Konzeption mit allen früheren Vorstellungen brach. Krausz erkannte dabei, dass Rein seine

---

6 Bis 1924 war die Teilnahme am Lehrerseminar nicht obligatorisch, auf dem Lande war die Lehrerbildung gar nicht kontrollierbar.

deduktive Lehre aus der Aufklärung ableitete. Es sei schade, dass Rein die außenschulischen Tatsachen nicht einbezog. Krausz meinte, Reins Theorie sei zwar veraltet, aber in seiner Praxis sei er progressiv. Besonders ausgezeichnet sei die Didaktik (auch der Lehrplan), aber es fehle die Thematisierung des Interesses seitens der Lernenden (Krausz 1902, S. 59, 81). Zur Beurteilung von Krausz ist es wichtig zu betonen, dass er die Konzepte von Herbart-Ziller-Rein in mehreren Punkten einmischte (Mikonya 2002, S. 27–37).

Der Theologe und Professor der Pädagogik (in Klausenburg und später in Szeged), István Schneller, schrieb über die Praxis der Lehrerbildung, über die Extension der Universität in Deutschland, aber er erwähnte die einfachen und ärmlichen Verhältnisse der Übungsschule in Jena (vgl. Mikonya 2002, S. 27–37; Schneller, 1903, S. 252; 1905, S. 11).

Der bedeutende Rein-Rezeptionist war Ödön Weszely, der betonte, dass Rein in seiner pädagogischen Aktivität, Herbart zu popularisieren, nicht konsequent sei. Rein öffne die Türen für die anderen reformpädagogischen Gedanken so breit, dass die Herbartschen Ideen ihren wissenschaftlichen Charakter und ihre ursprüngliche Bedeutung verlören. Aber Weszely bewertete eben die Bedeutung der Reforminitiativen von Rein und seiner Bestrebungen zur Volksschule. Es sei am wichtigsten, dass Rein in Richtung der Reformpädagogik (Hermann Lietz mit dem Landerziehungsheim und Cecile Reddie mit Abbotsholme) selbst Weszely motivieren konnte (vgl. Mikonya 2002, 27–37).

Diese Beispiele können veranschaulichen, dass mit Kármáns Hilfe mehrere ungarische Pädagogen direkt mit den ausländischen Modellen konfrontiert wurden. Andererseits kann man an den Meinungsunterschieden die paradigmatische Differenziertheit der ungarischen Universitäten erkennen. Die „Budapester Schule" war nicht homogen. In der zweiten Hälfte des 19. Jahrhunderts kämpfte die auf katholischer Theologie basierende Pädagogik (Szilasy, Lubrich) mit der herbartischen beziehungsweise herbartianistischen Pädagogik (Kármán, Fináczy, Weszely). Nach der Jahrhundertwende entfaltete sich eine Rezeption des axiologischen Idealismus (Fináczy, Weszely) und der Kulturphilosophie (Weszely, Prohászka). Mit der konsequenten Kritik der Reformpädagogik (Fináczy, Prohászka) vertrat Ö. Weszely die Bestrebungen einer integrativen Pädagogik (Eingliederung der Reformpädagogik, Sozialpädagogik, Jugendkunde). An der Budapester Universität waren bestimmend der Herbartianismus, der axiologische Idealismus und die kulturpädagogische Begründung. Bei den Vertretern der Kolozsvárer-Szegeder

Schule und auch an der Universität in Debrecen kann man von der Dominanz der Persönlichkeitspädagogik und der Nationalpädagogik bzw. vom einem erbitterten Antiherbartianismus sprechen (Németh/Pukánszky 1998, 276–292).

## 5. Fazit

Obwohl Kármán kein neues Paradigma in der Pädagogik schuf, konnte er das Prinzip vom erziehenden Unterricht in Ungarn einheimisch machen und die Theorie und Praxis der Spätherbartianer vor Ort adaptieren und ihre Ideen den ungarischen Verhältnissen anpassen.

Die Bedeutung Kármáns besteht darin, die Erziehung selbst als Gegenstand der Wissenschaft begriffen zu haben. Kármán konnte die zeitgenössischen Erwartungen der staatlichen Modernisierung des Schulwesens mit den von ihm auf der Grundlage der Ziller-Reinschen Pädagogik weiterentwickelten Herbartschen Ideen erfolgreich in Einklang bringen.

Kármán baute den Weg der Professionalisierung der Mittelschullehrer aus: er schuf den einheitlichen Lehrplan, gründete die erste Übungsschule, den *Rat der Allgemeinbildung*, die Zeitschrift *„Ungarisches Unterrichtswesen"*.

Neben der Entwicklung der pädagogischen Praxis ist es auch wichtig zu betonen, dass das wissenschaftliche Prestige der Pädagogik nicht unbedingt an Bedeutung gewann. Die Zahl der Studierenden an der Fakultät für Philosophie zeigte zwar eine relativ große Zunahme. Zwischen 1900 und 1920 promovierten 1368 Personen, aber in der Pädagogik entstanden nur elf Doktorarbeiten (vgl. Németh 2001, 213–238).

Im Anschluss an diese Grundlegungsphase wurde die Lehrerbildung nach dem ersten Weltkrieg im Jahre 1924 einheitlich geregelt. In der Zwischenkriegszeit hatten die Gymnasiallehrer eine einheitliche Bildung und ein gesellschaftlich anerkanntes Prestige. Kármán legte mit seiner Tätigkeit im Bildungswesen den Akzent auf die staatsbildende und stabilisierende Kraft der zukünftigen ungarischen Staatsbürger und förderte die Erstarkung des Bildungsbürgertums.

In Ungarn wurden die Bildungsreformen von oben im Sinne des adligen Liberalismus einheitlich eingeführt. Die pädagogischen Vorstellungen wurden durch die deutsche Philosophie und die protestantische Theologie markant geprägt. Die Unterrichtspolitik hatte zum Ziel, den einheitlichen Nationalstaat zu stärken. Durch den neuen Bildungskanon, der im Grunde genommen auf Kármáns Lehrplan aufbaute, wurde ermöglicht durch die Kultur mit der Hilfe der Erziehung die Ansprüche des Nationalstaates zu fördern. Wegen der Spätmodernisierung entfaltete sich zwar die Etablierung der Erziehungswissenschaft auf der Grundlage der deutschen Rezeption, aber der ungarische Pädagoge M. Kármán konnte ein einheimisches Modell des Herbartianismus ausarbeiten. Das Konzept von Kármán wurde zum Grundpfeiler der staatlichen Unterrichtspolitik, die sich in ständigen Debatten widerspiegelte.

## Literaturverzeichnis

A Pallas Nagylexikona. X. Band. Pallas Kiadó, Budapest 1895, S. 173–74.
Ballér, E.: Folyamatosság a magyar neveléstudományban. Magyar Pedagógia. (92) 2. 1992, S. 107–118.
Fináczy, E: Neveléselméletek a XIX. században. MTA, Karcag 1934. http://mek.niif.hu/07200/07285/07285.htm (20.06.2019)
Imre, S.: Gróf Széchenyi István nézetei a nevelésről. Politzer, Budapest 1904.
Kármán, M.: Beispiel eines rationellen Lehrplans für Gymnasien. Halle a. S., 1890. Online: https://archive.org/stream/beispieleinesra00krgoog#page/n6/mode/2up (20.06.2019)
Kármán, M.: Kálmán Mór pedagógiai dolgozatai redszeres össszeállításban. Eggenberger, Budapest 1909.
Kármán Mór válogatott pedagógiai művei. (Hrsg.): Faludi, Sz. Budapest 1969. http://mek.niif.hu/07600/07677/07677.htm (20.06.2019)
Kosáry, D.: Újjáépítés és polgárosodás 1711–1867. Háttér Lap – és Könyvkiadó, Budapest 1990.
Krausz, S.: A Herbart-Ziller-Rein didaktikai elmélet és gyakorlat. Lampel Kiadó, Budapest 1902.
Mészáros I./Németh A./Pukánszky B.: Bevezetés a pedagógia és az iskoláztatás történetébe. Osiris, Budapest 1999.
Mikonya, Gy.: Két Herbart-tanítvány: K. V. Stoy és W. Rein, Iskolakultúra, (6), 5. 2002. S. 27–37. http://real.mtak.hu/60883/1/EPA00011_iskolakultura_2002_05_027-037.pdf
Németh, A: A pedagógia egyetemi tudomány jellegének kialakulása és intézményesülése a pesti egyetemen. Magyar Pedagógia, 2001, 101. 2. S. 213–238.
Németh, A./Pukánszky, B.: Paradigmen in der Geschichte der ungarischen Pädagogik. Paedagogica Historica, Volume III, Gent, 1998, S. 276–292.
Nyíri, K.: A Monarchia szellemi életéről. Gondolat, Budapest 1980. http://mek.oszk.hu/08500/08566/08566.htm (20.06.2019)
Pukánszky, B./Németh, A.: Neveléstörténet. Nemzeti Tankönyvkiadó, Budapest 1996. http://mek.oszk.hu/01800/01893/html/09.htm (20.06.2019)
Puttkamer, v. J.: Schulalltag und nationale Integration in Ungarn. Oldenbourg Verlag, München 2003.

Rein, W.: Pädagogik in systematischer Darstellung. Langensalza I. 1911, II. 1911; III. 1912.
Romsics, I.: Magyarország története a XX: században. Osiris, Budapest 1999.
Sáska, G.: A társadalmi egyenlőség antikapitalista és demokrácia ellenes képzete a 20. századi pedagógia ideológiájában. Magyar Pedagógia, 4. 2004, S. 471–497.
Schneller, I.: Paedagogiai dolgozatok. II. Band, Hornyánszky, Budapest, 1903. S. 252.
Schneller, I.: Németországi tanulmányút a gyakorlati tanárképzés ügyében. Horánszky, Budapest 1905.
Vincze, B.: Die Wirkung des Herbartianismus in den Lehrwerken des ungarischen Gymnasiums zur Jahrhundertwende.
In: Hopfner, J./Németh, A.: Pädagogische und kulturelle Strömungen in der k. u. k. Monarchie: Lebensreform, Herbartianismus und reformpädagogische Bewegungen. Lang Verlag, Frankfurt am Main, 2008, S. 123–134.
Waldapfel, J.: Kármán és az idealizmus. Magyar Paedagógia. (31) 1922. S. 124–132.
Weszely, Ö.: Kármán Mór. Magyar Paedagógia. (25) 1916. S. 511–543.
Weszely, Ö.: Középiskolai tanárjelöltek pedagógiai kiképzése. Magyar Paedagogia, (39), 1930. S. 195–199.
Ziller, T.: Vorlesungen über allgemeine Paedagogik. H. Matthes, Leipzig 1876.

Claudia Stöckl

# Jena – Leipzig – Wien. Internationaler Wissenstransfer und erbitterter Richtungsstreit am Wiener Lehrer-Pädagogium 1868–1872

Schon Mitte des 19. Jahrhunderts war Jena – neben Leipzig – eines der zeitgenössischen Zentren (herbartianischer) Lehrerbildung. Dieser Rang und Ruf ist eng verknüpft mit Volkmar Stoys Wirken für das und im Jenaer Universitätsseminar, und in der zugehörigen, wenn auch nicht vollständig in die Universität integrierten Übungsschule (vgl. Coriand 2012, S. 154). Die herbartianischen Konzepte der Lehrerbildung waren vielfältig innovativ und richtungsweisend, nicht nur in ihrer konkreten pädagogischen Ausgestaltung, sondern auch hinsichtlich ihres Theorie-Praxis-Verständnisses und dem Anliegen pädagogischer Bildung für Lehrer (vgl. Coriand 2003; Protner 2003).

Der folgende Beitrag untersucht, wie sich die Stellung Jenas als Zentrum herbartianischer Lehrerbildung im *internationalen* Kontext zeigte – in organisatorischer und bildungspolitischer Hinsicht ebenso wie im pädagogischen Diskurs. Als exemplarischer Referenzort dieser Untersuchung wird das *Lehrer-Pädagogium der Stadt Wien* im Zeitraum von 1868 bis 1872 herangezogen. Dort lässt sich einerseits Jenas Rolle als praktisches, universitäres und diskursives Zentrum der Lehrerbildung nachvollziehen und beleuchten. Andererseits kulminierten in dieser Institution die Auseinandersetzungen unterschiedlicher fachlicher, gesellschafts- und bildungspolitischer Richtungen, wie man am konfliktträchtigen Verhältnis von Friedrich Dittes und Otto Willmann am Wiener Lehrer-Pädagogium sieht.[1] Daraus lassen sich ebenfalls wissen-

---

1 Die Zusammenarbeit von Willmann und Dittes in Wien ist ein weitgehend blinder Fleck der Geschichtsschreibungen des Pädagogiums. Die meisten „Geschichten des Pädagogiums" wurden als Festschriften verfasst und feiern Dittes als liberalen Pädagogen am liberalen Pädagogium im liberalen Wien (sh. z. B. Schnell 1968). Ähnlich lesen sich auch die Dittes-Biografien, welche äußere Anfeindungen dokumentieren

schaftsgeschichtliche Rückschlüsse über die Rolle Jenas und des Herbartianismus im internationalen Wissenstransfer ziehen.

Nach einem kurzen Einblick in die sozialen und politischen Zeitumstände (1) wird der internationale Expertisen- und Wissenstransfers nach Wien im Zentrum der Darstellung stehen (2), sowie das angespannte Verhältnis von Friedrich Dittes und Otto Willmann am Wiener Lehrer-Pädagogium (3). Abschließend wird die Rolle, welche Jena als Zentrum der Lehrerbildung bzw. der Herbartianismus als diskursives Netz der Zuschreibung von Zugehörigkeit für das Lehrer-Pädagogium in Wien spielte.

## 1. Der Entstehungskontext des Lehrer-Pädagogiums im Wien der 1860er Jahre

Mitte des 19. Jahrhunderts war die Donaumonarchie insgesamt in einem tiefgreifenden Wandel begriffen: die fortschreitende Industrialisierung führte zu spürbaren wirtschaftlichen und sozialen Veränderungen; politisch entwickelte sich Österreich – in drei Etappen (vgl. Johnston 2006, S. 61; vgl. Schnell 1968, S. 18) – hin zu einer konstitutionellen Monarchie; 1867 erfolgte der Ausgleich mit Ungarn. Die politische Atmosphäre und die bildungspolitischen Narrative waren gezeichnet von den beiden militärischen Niederlagen 1859 in Solferino und 1866 in Königgrätz (vgl. Schnell 1968, S. 17).

Die Residenzstadt Wien erfuhr in dieser Zeit einen starken Bevölkerungszuwachs und die Vorstädte jenseits der Donau und entlang des Wienerwaldes wurden eingemeindet (vgl. Johnston 2006, S. 78). Damit gingen selbstredend soziale, verkehrstechnische und wohnbauliche Herausforderungen einher. Neben Spitälern, Altersheimen, Waisenhäusern, Bädern und Parkanlagen wurden auch zahlreiche Schulgebäude neu errichtet. Außerdem sollte Wien zur Weltstadt ausgebaut werden: Nach der Schleiffung der Stadtumwallungen 1858 entstanden in den darauffolgenden Jahrzehnten die Prunkbauten an der Ringstraße. Die

---

und Willmann entweder den feindlichen Lagern (Konfessionelle und Herbartianer) zuordnen oder überhaupt nicht erwähnen (vgl. Zens 1882; Günther 1957; Gläser 1962). Heinrich Bitterlich-Willmanns biografische Vorbemerkungen zu Willmanns Sämtlichen Werken (1968/1969) enthalten wichtige Hinweise, die weiterverfolgt werden konnten. Die Schrift von Adolf Kolatschek (1886) dient als zeitgenössische Quelle; allerdings kann sie nicht vorbehaltlos herangezogen werden, da Kolatschek als Mitglied der Kommission auch eine gewisse Partei-Stellung hatte.

Donau wurde reguliert, sodass die regelmäßigen Überschwemmungen eingedämmt werden konnten; eine wesentliche Verbesserung der gesundheitlichen Lage ging von der neu erbauten Hochquellwasserleitung aus, welche 1873 eröffnet wurde (vgl. Schnell 1968, S. 19f.; vgl. Johnston 2006, S. 78f.).

1861 bis 1895 wurde Wien von einem liberalen Gemeinderat regiert. Ein wichtiger Punkt auf der Agenda war die Hebung der Schulqualität und die Verbesserung der Lehrerbildung. Schon Anfang der 1860er Jahre war die Schulsektion des Gemeinderates damit beschäftigt, Lösungen für offensichtliche Missstände zu finden: zu große Klassenschülerzahlen, zu geringe Qualifikation und Bezahlung der Lehrer, umfangreicher Einfluss des Klerus auf den Unterricht etc. (vgl. Dittes 1873, S. 2).[2] 1869 wurde das Reichsvolksschulgesetz erlassen, das die Bedingungen für die Volksschulen verbesserte und einen Anstoß zur Neuregelung der Lehrerbildung gab. Vor allem wurde der kirchliche Einfluss auf die Volksschule eingeschränkt (vgl. Brezinka 2000, S. 73f.).

Das Wiener Lehrer-Pädagogium ist ein Kind dieser Zeit und ihrer Bestrebungen.

Schon 1862 – sieben Jahre vor Erlass des Reichsvolksschulgesetzes – wurde im Wiener Gemeinderat der erste Antrag auf Errichtung eines städtischen Schullehrerseminars gestellt. Dies war der Startschuss für die langwierigen, zähen und äußerst kontroversen Verhandlungen zwischen den verschiedenen Fraktionen des Gemeinderates ebenso wie zwischen liberaler Stadtverwaltung und konservativer Staatsregierung (vgl. Schnell 1968, S. 22, 25–29). Ich werde nicht alle Einzelheiten dieser Verhandlungen nachzuzeichnen,[3] möchte nur zwei Linien der Auseinandersetzung hervorheben: erstens war zunächst fraglich, dann strittig, inwiefern die Stadt Wien auf kommunaler Ebene überhaupt befugt war, in

---

2 Dittes' „authentische" Darstellung des Lehrer-Pädagogiums (Dittes 1873) kann nicht in allen Passagen als verlässliche Quelle herangezogen werden, nutze er sie doch auch zur Publikation *seiner* Sicht des Pädagogiums. Adolf Kolatschek (1886), welcher von Beginn an für den Wiener Gemeinderat mit der Errichtung des Pädagogiums befasst war, korrigierte Dittes' Schilderung in vielen Punkten und stellt dem „Dittesschen Pädagogium" (ebd., S. 94–109) das „wahre Pädagogium" (gemäß den Statuten) (ebd., S. 53–63), sowie das „wirkliche Pädagogium" (ebd., S. 63–94) gegenüber, wie es sich der Aufsichts-Kommission darstellte, der Kolatschek ebenfalls angehörte. Betreffend die *äußere Entstehungsgeschichte* allerdings verweist Kolatschek selbst auf Dittes 1873 (vgl. Kolatschek 1886, S. 24), sodass diese Passagen auch hier herangezogen werden.

3 Sie sind bei Dittes (1873), Kolatschek (1886) und Schnell (1968), auszugsweise auch in Bitterlich-Willmann (1968) gut dokumentiert und zugänglich.

der Lehrerbildung aktiv zu werden. Diese lag damals allein in staatlicher Kompetenz und unterlag dem Konkordat (vgl. Kolatschek 1886, S. 24; vgl. Dittes 1873, S. 7). Zweitens stand damit die politische Verortung der Institution zur Debatte – und genauer der Grad ihrer Autonomie im Verhältnis zu Kirche und Staat. Der Wiener Gemeinderat trat für weitreichende Autonomie des Pädagogiums ein und bestand daher auf einer Einrichtung in der Verantwortung der Stadt Wien (vgl. Kolatschek 1866, zit. n. Schnell 1968, S. 26).

Nach fünf Jahren wurde das Lehrer-Pädagogium der Stadt Wien am 01.11.1867 endlich genehmigt (vgl. Schnell 1968, S. 30). Bis zur Eröffnung ein knappes Jahr später sorgte die organisatorische und personelle Ausgestaltung des Pädagogiums für weitere Hürden und Auseinandersetzungen. Die Stellen des Direktors sowie des Ordinarius und Leiters der Übungsschule kamen zur Ausschreibung. Friedrich Dittes, der evangelische, liberale Schulmann aus Gotha erhielt die Zusage. Zum Ordinarius wurde Otto Willmann berufen, aufgrund seiner Erfahrung und Schulung am Leipziger Universitätsseminar unter Ziller, nicht zuletzt aber auch aufgrund seiner Zugehörigkeit zum katholischen Glauben.[4] Zwei evangelische Leitungspersonen hätten als Demonstration gegen die katholische Kirche gelten können und dieser Eindruck sollte vermieden werden; außerdem erforderte die Tätigkeit in der Übungsschule die Zugehörigkeit zur katholischen Kirche – ein Umstand, der erst durch das Reichsvolksschulgesetz 1869 abgemildert wurde (vgl. Dittes 1873, S. 21; vgl. Brezinka 2000, S. 73).

Interessantes, wenngleich beiläufiges Ergebnis der vorliegenden Recherchen ist, dass das *gesamte Pädagogium* in der pädagogischen und politischen (Tages-)Presse ausführlich dargestellt und diskutiert wurde: Vom politischen Kräftemessen zwischen Wiener Gemeinderat und Staatsregierung über die Unabhängigkeit des Schulwesens (und pars pro toto des Pädagogiums)[5]; von den internationalen Fachstellungnah-

---

4 Vgl. Pädagogische Rundschau. In: Freie Pädagogische Blätter 2 (17) (25.04.1868), S. 277. Online verfügbar unter: http://anno.onb.ac.at/cgi-content/anno?aid=fpb&datum=18680425&zoom=33 (2019-26-05).

5 Vgl. Die Pädagogik der Jesuiten. In. Freie Pädagogische Blätter (05.01.1867), S. 1–3. In diesem Artikel wird von zwei Verhandlungen des Wiener Gemeinderates berichtet: „die über das ‚Pädagogium' – die in Wien zu errichtenden Fortbildungsanstalt – und die über den Protest gegen eine Jesuitenniederlassung in Wien. Beide Verhandlungen haben innere Berührungspunkte […]" (S. 1). Online verfügbar unter: http://anno.onb.ac.at/cgi-content/anno?aid=fpb&datum=18670105&zoom=33 (2019-06-13) Vgl. auch die Pädagogische Rundschau in derselben Ausgabe, S. 12–13.

men – etwa von Diesterweg und Stoy[6] – bis hin zu den Besetzungsvorschlägen für die Posten des Direktors und des Ordinarius[7] und den ins Laufen kommenden Betrieb. Dieses mediale Interesse zeigt die Brisanz des Projekts und belegt, dass die öffentliche Meinung und Wahrnehmung nicht unbedeutend für die Realisierung des Pädagogiums waren.

## 2. Internationaler Expertisen- und Wissenstransfer nach Wien

In der Entstehungsgeschichte des Pädagogiums lässt sich vielfältiger Expertisen- und Wissenstransfer nach Wien nachweisen. Nachdem 1865 im Schulausschuss des Wiener Gemeinderats der Entwurf für ein Lehrerbildungsseminar vorlag, einigte sich der Ausschuss auf neun „inländische Experten", die den Prozess als Komitee beratend unterstützen sollten; gleichzeitig wurde Kolatschek damit beauftragt, deutsche sowie schweizerische Schulmänner auszuwählen, welche ihrerseits um Stellungnahmen zum Organisationsentwurf gebeten wurden (vgl. Kolatschek 1886, S. 26).[8]

Unter den konsultierten Lehrerbildnern fanden sich Volkmar Stoy in Jena, Adolf Diesterweg (vormals Berlin), Friedrich Dittes (Gotha) sowie Heinrich Wuttke und Tuiskon Ziller (Leipzig). Die Gutachter sprachen sich größtenteils für die Einrichtung eines Seminars und gegen einen Fortbildungskurs aus. Besonders betont wurde die Wichtigkeit einer angeschlossenen Übungsschule (vgl. Kolatschek 1886, S. 27; Schnell 1968, S. 24). Kolatschek resümiert, dass insbesondere die Gutachten von Diesterweg und Thilo, Stoy und Fries „auf alle, die sie lasen, eine überwältigende Wirkung hervorbrachten" (Kolatschek 1886, S. 27). Zillers

---

6   Diesterwegs Stellungnahme (vgl. Freie Pädagogische Blätter (05.01.1867), S. 3–5) und Stoys „Randglossen zu der Referatsvorlage (vgl. Freie Pädagogische Blätter (30.03.1867), S. 199–200).

7   Freie Pädagogische Blätter 2 (17) (25.04.1868), S. 277. Online verfügbar unter: http://anno.onb.ac.at/cgi-content/anno?aid=fpb&datum=18680425&zoom=33 (2019-26-05).

8   32 deutsche und zwei Schweizer Experten gaben ihre Voten ab (vgl. Kolatschek 1886, S. 27). Das Vorhaben, die österreichischen Experten als Komitee um ein *gemeinsames* Votum zu bitten, scheiterte; das Komitee konnte sich weder darauf einigen, was unter der im Entwurf genannten „Bürgerschule" (später: Übungsschule) zu verstehen sei, noch sich auf einen gemeinsamen Bericht verständigen (vgl. Kolatschek 1886, S. 26). „Angesichts dieser Sachlage beschloß das Komitee, den geehrten Herren für ihre Bemühungen zu danken und dieselben um die Abgabe einzelner und schriftlicher Gutachten zu ersuchen" (ebd., S. 27). Zwei der Experten kamen diesem Wunsch nach. Diese Episode gibt schon einen Eindruck von den Arbeitsverhältnissen in Wien.

Stellungnahme dagegen blieb allgemein und bezog sich wenig konkret auf den Organisationsentwurf (ebd., S. 21).[9]
Bei der Besetzung des Direktors und des Ordinarius der Übungsschule wurde ebenfalls mit Sorgfalt und unter Einbindung internationaler Expertise vorgegangen. Da nach der Ausschreibung keine ausreichenden Unterlagen einlangten, wurden zwei Gemeinderäte, Adolf Kolatschek und Adolf Ficker entsandt, um vor Ort Genaueres zu erheben (vgl. Schnell 1968, S. 31; vgl. Kolatschek 1886, S. 2). Jena fand sich zwar nicht auf dem Reiseprogramm, allerdings sollten Erhebungen bei Bornemann, Möbius und Willmann in *Leipzig* unternommen werden (vgl. ebd.).
Über den Besuch der Delegation des Wiener Gemeinderats in Leipzig erfahren wir von Willmann selbst aus einem Brief an seine Eltern (1868):

„Heute war die Deputation des Gemeinderates in Wien hier […], die das außerösterreichische Deutschland bereist, um deutsche Pädagogen kennenzulernen bzw. für ihr in Aussicht genommenes Seminar zu berufen. Wuttke brachte mich mit den Herren zusammen, und ich habe sehr viel Gnade vor ihren Augen gefunden. – Sollten zwei hiesige Bürgerschuldirektoren kennenlernen, aber hatten für dieselben nur wenig Zeit, die sie vielmehr Wuttke und mir schenken zu müssen meinten. […] Übrigens: Ich bewerbe mich um nichts; wollen sie mich haben, so mögen sie mich rufen" (Willmann 1868; zit. n. Bitterlich-Willmann 1968, S. 48*).

Tatsächlich entschied der Gemeinderat, Willmann auf die Stelle des Ordinarius und Leiter der Übungsschule zu berufen, nachdem der erste Kandidat, Eikenköter aus Hildesheim, seine Wahl abgelehnt hatte, „weil ihm sein katholisches Gewissen nicht gestattete, neben einem protestantischen Direktor an einer Lehrerbildungsanstalt thätig zu sein" (Eikenköter 1868; zit. n. Kolatschek 1886, S. 17; vgl. auch Dittes 1873, S. 22).[10]
In Vorbereitung auf seine Tätigkeit in Wien besuchte Willmann den

---

9 „Ziller ließ sich auf eine förmliche Begutachtung der Vorlage nicht ein, sondern sandte an den Referenten eine längere Zuschrift, in welcher er sich im allgemeinen über die Schwierigkeiten, welche heutzutage einem vernünftigen pädagogischen Unternehmen im Wege stehen, verbreitete" (Kolatschek 1886, S. 21).
10 Dass Eikenköter für die Stelle bestimmt war, seine Wahl aber abgelehnt hatte, ließ sich u. a. auch am 25.04.1868 in den Freien Pädagogischen Blättern erfahren (S. 277). Siehe online: http://anno.onb.ac.at/cgi-content/anno?aid=fpb&datum=18680425&zoom=33

Seminarbetrieb von Karl Volkmar Stoy in Jena (vgl. Eggersdorfer 1957, S. 13); außerdem wurde er von Kolatschek ersucht, sich mit dem Seminar in Gotha und der dortigen Arbeitsweise vertraut zu machen (vgl. Schnell 1968, S. 32; vgl. Bitterlich-Willmann 1968, S. 48*).

Daran lässt sich erkennen, dass Jena – und Leipzig – als renommierte Zentren der Lehrerbildung galten: sowohl in der internationalen Wahrnehmung als auch für die praktisch tätigen Schulmänner, die ihre Expertise an verschiedenen Orten ausbauten.

Später, 1871, spielte Jena noch einmal eine Rolle für den Expertisentransfer nach Österreich. Unterrichtsminister Stremayr berief eine Enquête ein, weil im Rahmen der Durchführung des §42 Reichsvolksschulgesetz strittig blieb, in welchem Verhältnis *genau* die Lehrerbildungsanstalten zu den Universitäten stehen sollten (vgl. Coriand 2009, S. 40)[11]. Geladen war neben den Universitätsgelehrten Miklosich, Vogt, Ziller, Masius und Zimmermann, auch Stoy aus Jena, sowie Männer aus verschiedenen Gesellschaftsbereichen: Ministerialrat Ficker, Gymnasialdirektor Hochegger, Pädagogiumsdirektor Dittes (vgl. Coriand 2009, S. 42). Willmann wird in diesem Zusammenhang nicht genannt, wurde im Anschluss aber von Stremayr aufgefordert, seine Ansichten über die Fragen der Enquête schriftlich einzubringen (vgl. Bitterlich-Willmann 1969, S. 25*; vgl. Coriand 2009, S. 42; vgl. Brezinka 2000, S. 890–894).[12]

Erneut sind Jena und Leipzig als „Kompetenzzentren" der Lehrerbildung vertreten. Es zeigen sich erste Anzeichen eines neuen und heute ebenfalls populären Politikverständnisses, das politische Entscheidungen auf wissenschaftliche und praktische Expertise aufbauen möchte. Vogt übrigens war in seinem Bericht damals schon von der Sinnhaftigkeit einer solchen wissenschaftlichen bzw. fachlichen Politikberatung wenig überzeugt. Denn es sei praktisch unmöglich, die vielgestimmten Fachleute auf eine gemeinsame Empfehlung zu einigen, sodass

---

11 „Zum Zwecke der umfassenderen Ausbildung für den Lehrerberuf sollen besondere Lehrercurse (pädagogische Seminarien) *an* den Universitäten oder technischen Hochschulen eingerichtet werden" (RVG, § 42; Hervorh. CS). Dieses „an" wurde in sehr vielfältiger Weise interpretiert – von der vollständigen Integration der Seminarien in die Universitäten und Hochschulen bis zur losen Verbindung durch Errichtung der Seminarien in Universitätsstädten, um eine Kooperation zu ermöglichen, reichten die Positionen (vgl. Gerdenitsch 2012, S. 156f.).

12 In diesem Schreiben empfahl er sich ebenfalls als Kandidat für die Professur für Pädagogik an der Universität Prag, wohin er schließlich 1872 auch berufen wurde (vgl. Brezinka 2000, S. 890–894).

meist ungünstige Kompromisse vorgeschlagen werden (vgl. Vogt 1872, S. 116).[13]

## 3. Friedrich Dittes und Otto Willmann in Wien

Die Entscheidung für die beiden Protagonisten des Lehrer-Pädagogiums der Stadt Wien – Friedrich Dittes als Direktor und Otto Willmann als Ordinarius und Hauptlehrer der Übungsschule – dokumentiert eindrücklich die Schwierigkeiten, die eine so unüberschaubar komplexe und spannungsreiche Gemengelage von Interessen und Mächten für die Realisierung pädagogischer Vorhaben darstellt. Die Herausforderungen setzten sich in der Anfangsphase des Pädagogiums ungemindert fort, verstärkt durch die *persönliche* Dimension in der konkreten Zusammenarbeit.

Rückblickend stellte Dittes 1873 das Geschehen wie folgt dar:

„Ich selbst habe mich [...] für die Wahl eines *katholischen* Hauptlehrers ausgesprochen[14], trotzdem mir von competenter Seite aus Wien geschrieben wurde: ‚Die Pfaffenpartei rechnet darauf, Sie durch den katholischen Collegen in Schach zu halten und zu sekieren. Wenn es kein ehrlicher und unabhängiger Mann ist, wird es ihr gelingen' – Ich entschloß mich, die Dinge an mich kommen zu lassen. Zunächst nun lenkte sich die Wahl auf einen Mann, der so weit ich unterrichtet bin, sowohl hinsichtlich seiner Tüchtigkeit, als auch hinsichtlich seines Charakters vollkommen vertrauenswürdig war, nämlich auf Herrn *Eikenköter*, Hauptlehrer am katholischen Seminar zu Hildesheim. Derselbe lehnte aber die auf ihn gefallene Wahl ab, wie gesagt wurde, wegen confessioneller Bedenken, was mir jedoch nicht als unzweifelhaft erscheint. – Nach einer Reihe von Zwischenfällen kam schließlich bezüglich der fraglichen Stelle ein Provisorium zu Stande, und nachdem auch die sonst noch nöthigen Lehrkräfte gewonnen waren, wurde das Pädagogium am *12. October 1868* eröffnet" (Dittes 1873, S. 21–22).

---

13 Ein solches „wissenschaftsbasiertes" Vorgehen bringt Politik darüber hinaus in die Lage, jede mögliche Maßnahme als wissenschaftlich legitimiert darzustellen und zu verkaufen, was gegenwärtig der Hauptkritikpunkt einer beratenden Funktionalisierung von Wissenschaft sein dürfte.
14 Diese Aussage korrigierte Adolf Kolatschek 1886: „Von einem solchen Ausspruche wurde an ‚kompetenter Stelle' nichts bekannt, noch wurde Dr. Dittes in diesem Punkte um seine Meinung befragt" (Kolatschek 1886, S. 105).

Aus Dittes „authentischer" Darstellung erfahren also weder hier noch an anderer Stelle, dass es Otto Willmann war, der schließlich Ordinarius und Leiter der Übungsschule wurde (vgl. auch Kolatschek 1886, S. 104). Auch Otto Willmanns Erinnerungen an seine Wiener Zeit waren zwiespältig. 1899 resümierte er anlässlich eines Vortrages in Wien:

„Es ist nunmehr dreißig Jahre her, daß ich berufen war, am städtischen Pädagogium in Wien an der Fortbildung der Lehrer mitzuarbeiten. Die Erinnerung an jene Zeit ist für mich vielfach getrübt; denn die Anstalt war keine Stätte ruhigen, gesegneten Wirkens; vielmehr regten sich damals schon die Elemente, denen weniger daran lag, Pädagogen zu bilden als Demagogen. Aber gerne denke ich an die frische Empfänglichkeit zurück, die mir seitens vieler meiner Hörer entgegengebracht wurde, und an das lebhafte Interesse, das manche von ihnen zu meinen Mitarbeitern machte" (Willmann 1899; zit. n. Bitterlich-Willmann 1969, S. 30*).

Was führte zu diesen ernüchternden Einschätzungen und zu den tiefen Animositäten, ohne die schwer erklärlich ist, dass Dittes in seiner gesamten „authentischen Darstellung" des Pädagogiums (1886) Otto Willmann kein einziges Mal namentlich erwähnt?

Friedrich Dittes legt in seiner Retrospektive nahe, dass die *Religions*frage den Ausschlag für seine Vorbehalte und die nachfolgenden Erfahrungen gegeben habe. Viele seiner Biografen folgten diesem Deutungsmuster. Weiters konnten Streitigkeiten im Lehrerkollegium und die prekäre Situation der Übungsschule ein guter Grund für das gebrochene Verhältnis sein. Schließlich kommt auch Dittes' Streit mit den Herbartianern als Anlass infrage. Im Folgenden werden diese drei ausgewählten Hypothesen anhand von zeitgenössischen (Primär-)Quellen weiterverfolgt, welche unter anderem über die Datenbank „Austrian Newspaper Online" (ANNO) der Österreichischen Nationalbibliothek zugänglich sind.[15]

### 3.1 Der Katholizismus-Vorwurf gegen Willmann
Wenngleich Otto Willmann sich später zu einem „katholischen Weltanschauungspädagogen" gewandelt habe (vgl. Brezinka 2003, S. 38), auch als „katholischer Pädagoge" in die pädagogische Historiographie einging

---

15 Online erreichbar unter anno.onb.ac.at

(vgl. März 2000, S. 721ff.), beschrieb Brezinka ihn als einen zunächst „der Religion gegenüber wohlwollend distanzierten Gelehrten" (ebd.).

Als solcher ist Willmann zum Beispiel in der 1869 zusammen mit Adolf Kolatschek (zunächst anonym) veröffentlichten Stellungnahme zum Entwurf des Volksschulgesetzes erkennbar (vgl. Willmann/Kolatschek 1968, S. 31). Unter dem Titel „Der neue ‚Entwurf eines Volksschulgesetzes'" verfassten sie eine eingehende und detaillierte Kritik des Entwurfs eines neuen Volksschulgesetzes.[16] Kurz gesprochen hielten sie den Entwurf für zu wenig weitreichend, um die erhofften grundsätzlichen Fortschritte zu bringen und den Anforderungen freiheitlicher Schulgesetze zu entsprechen (vgl. Bitterlich-Willmann 1969, S. 16*f.).[17] In der Stellungnahme äußerten sich die beiden Autoren zudem wohlwollend und übereinstimmend mit einem älteren Gutachten von Dittes, worin dieser der Kirche ein *natürliches* Recht auf die Erteilung von Religionsunterricht abspricht. Sie resümierten: „Die Kirche bildet also in der Menschenerziehung die Fortsetzung der Schule; sie soll die sittliche Erziehung von dort weiterführen, wo die Schule sie abbrach" (Willmann/Kolatschek 1869, S. 31n).

Hieraus lässt sich ersehen, dass Willmann der wissenschaftlichen Seite der Pädagogik mehr Bedeutung beimaß als konfessionell geprägtem Einfluss auf das Volksschulwesen. Außerdem geht er mit Dittes in dieser ‚frühen' Schrift *ausdrücklich* d'accord, was auf diskursive Wertschätzung hindeuten kann (welche Willmann umgekehrt von Dittes eher nicht entgegen gebracht wurde).

Auch Willmanns Publikationen in seiner Wiener Zeit – etwa in den pädagogischen Zeitschriften „Die Volksschule"[18] und „Freie

---

16 Diese Stellungnahme wurde in den Freie Pädagogische Blättern veröffentlicht und von Jessen „rezensiert" (vgl. Freie Pädagogische Blätter (03.04.1869), S. 225–227. Online verfügbar unter: http://anno.onb.ac.at/cgi-content/anno?aid=fpb&datum=18690403&zoom=33 (2019-06-14). In der darauf folgenden Ausgabe (10.04.1869) nahmen Willmann und Kolatschek nehmen zur dort geäußerten Kritik Stellung (vgl. Freie Pädagogische Blätter (10.04.1869), S. 255. Online verfügbar unter: http://anno.onb.ac.at/cgi-content/anno?aid=fpb&datum=18690410&zoom=33 (2019-06-14).

17 Dagegen wurde die „überkonfessionelle Tendenz" des Reichsvolksschulgesetzes „von der kirchentreuen katholischen Bevölkerung als Traditionsbruch erlebt und vom Papst und den Bischöfen als Verstoß gegen heilige Rechte der Eltern und der Kirche verurteilt" (Brezinka 2000, S. 73f.).

18 Online verfügbar unter: http://digital.onb.ac.at/OnbViewer/viewer.faces?doc=ABO_%2BZ253099709

Pädagogische Blätter"[19] (vgl. Bitterlich-Willmann 1969, S. 15*f.) – legen keine Zuordnung zu einem konfessionell-konservativen Umfeld nahe; ebenso wenig wie die vielfältige Vortragstätigkeit in seiner Wiener Zeit für verschiedene Vereine, etwa den „Erziehungsverein"[20], den „Verein von Kinderfreunden"[21] oder den „Wiener Frauen-Erwerbs-Verein" (vgl. Bitterlich-Willmann 1969, S. 20*f.; vgl. A. v. E. 1871). Der Wiener Frauen-Erwerb-Verein beispielsweise war ein Verein der liberal-bürgerlichen Frauenbewegung (vgl. Bittermann-Wille/Hofmann-Weinberger 2001, S. 361). Willmann wurde 1871 zum Ehrenmitglied ernannt; schon davor hatte er den leitenden Ausschuss als Beirat unterstützt (vgl. A. v. E. 1871, S. 638).

In den verfügbaren Quellen lässt sich der Eindruck, Willmann sei ein Vertreter des konservativen, konfessionell-katholischen Lagers und als solcher den Verfechtern des Pädagogiums ein Dorn im Auge gewesen, nicht belegen. Es mag sein, dass Willmann im Pädagogium weder die Hoffnungen der „Pfaffenpartei" (Dittes 1873, S. 21) auf kirchliche Einflüsse erfüllte, noch die Befürchtungen der Freisinnigen vollständig ausräumen konnte – und daher nachhaltig von zwei Seiten kritisch beäugt wurde.

### 3.2 „Zwist im Lehrerkollegium" und Kontroversen um die Übungsschule

Schon am 20.11.1869 – nur gut ein Monat nach Eröffnung des Pädagogiums – berichtete A. Chr. Jessen in den Freien Pädagogischen Blättern, dass im Lehrerkollegium des Pädagogiums ein Zwist entbrannt sei, der teils auf die unterschiedlichen Charaktere, andererseits auf Kompetenzstreitigkeiten zurückzuführen sei. Jessen resümiert: „So viel steht außer Zweifel, daß das Pädagogium mit Allem, was darum und daran hängt, für den Augenblick eher einem Kriegsplan als einer Stätte der friedlichen Bildung ähnlich sieht" (Jessen 1869, S. 755). Zwar reagierte Willmann in der darauf folgenden Ausgabe der Freien Pädagogischen Blätter auf die an ihn adressierte Kritik und verwehrte sich gegen die Zuschreibung,

---

19 Online verfügbar unter: http://anno.onb.ac.at/cgi-content/anno?aid=fpb
20 Korrespondenzen. In: Freie Pädagogische Blätter (25.04.1868), S. 271. Online verfügbar unter: http://anno.onb.ac.at/cgi-content/anno?aid=fpb&datum=18680425&zoom=33 (2019-05-16).
21 Wiener Sonn- und Montagszeitung (18.03.1872), S. 3. Online verfügbar unter: http://anno.onb.ac.at/cgi-content/anno?aid=wsz&datum=18720318&zoom=33 (2019-06-13).

„im Gegensatz zur praktischen Pädagogik eine ‚allerdings geistreiche Theorie'" zu vertreten (Willmann 1869, S. 782). Auch „Kompetenzstreitigkeiten" dementiert er (ebd., S 783). Dennoch gibt Jessen hier Hinweise auf die „klimatischen" Bedingungen am Pädagogium.

Wichtiger Streitpunkt – sowohl in der öffentlichen Wahrnehmung als auch intern – war die Übungsschule. Laut Statut war sie das Herzstück des Lehrer-Pädagogiums, hatte aber mit verschiedenen Anfangsschwierigkeiten zu kämpfen. In pragmatischer Hinsicht war es schwierig, genügend Schüler zu gewinnen, weil die Idee einer Übungsschule in Österreich wenig verbreitet war und man eine Experimentieranstalt assoziierte (vgl. Kolatschek 1886, S. 30); die Übungsschule war im selben Gebäude untergebracht, wie eine öffentliche Volksschule. Viele Eltern ließen ihre Kinder dort im Erdgeschoß einschreiben, bevor sie überhaupt in Willmanns Büro im dritten Stock vordrangen (vgl. ebd., S. 31). Weiters hatte die Schule bei ihrer Eröffnung kein Öffentlichkeitsrecht, sodass die Schüler externe Prüfungen ablegen und Schulgeld bezahlen mussten. Dies schreckte viele Interessenten ab (vgl. ebd.). Auch die Konfessionslosigkeit zählte zu den umstrittenen Merkmalen der Übungsschule. Zunächst kritisierte die Presse, dass 40 Plätze in der Übungsschule für eine „zwar confessions- aber nicht religionsfreie Schule" zu wenig wären.[22] Dann machte man sich medial darüber lustig, dass nicht einmal die geringe Zahl von 40 Schülern gewonnen werden konnte – nicht ohne auch antisemitische Ressentiments zu bedienen.[23]

Allerdings erwies sich schon bei der Eröffnung auch Direktor Dittes als ein Gegner der Übungsschule (vgl. Kolatschek 1886, S. 64)[24], weil

---

22 In: Die Debatte (22.09.1868), S. 2. Online verfügbar unter: http://anno.onb.ac.at/cgi-content/anno?aid=ddb&datum=18680922&zoom=33 (2019-06-22).
23 Vgl. A. G.: Correspondenzen des In- und Auslandes. Wien. Das vom Wiener Gemeinderathe errichtete confessionslose Pädagogium. In: Wiener Kirchenzeitung für Glauben, Wissen, Freiheit und Gesetz (24.10.1869), S. 682. Online verfügbar unter: http://anno.onb.ac.at/cgi-content/anno?aid=wkg&datum=18681024&zoom=33 (2019-05-24)
24 Vgl. auch zwei Medien-Berichte über die Eröffnungsfeier: Ein spöttischer Kommentar aus katholischer Richtung: „Die Eröffnungsfeierlichkeiten bestanden nicht etwa in einem Gottesdienste zur Anflehung von Gottes Beistand, sondern in einigen brillanten Reden unserer confessionslosen pädagogischen Größen, wobei die bekannte ‚liberale' Phraseologie wieder stark herhalten mußte. Man gratulierte sich gegenseitig zur Confessionslosigkeit des Pädagogiums und knüpfte natürlich an diese, die Gründe dieses pädagogischen Lazarethes recht wohl charakterisierende

er der Idee eines „Fortbildungskurses" mehr anhing (vgl. Kolatschek 1886, S. 36). Um seine Gegnerschaft und den Konflikt mit Willmann zu entschärfen, richtete man parallel zum Seminarbetrieb am Pädagogium tatsächlich auch einen Fortbildungskurs ein, dessen Leiter Dittes wurde (vgl. ebd.). Damit schienen die Macht- und Einflussverhältnisse zwischen Willmann und Dittes wieder ausgeglichen und Dittes unterzeichnete das von Willmann verfasste „Prospekt" der Übungsschule, „obwohl es nicht nach seinem Geschmacke war" (Kolatschek 1886, S. 37).

Das Prospekt (Willmann/Dittes 1868) wurde in verschiedenen Organen veröffentlicht, seine Verbreitung blieb allerdings schwach und kam zeitlich relativ spät; „auch der Inhalt des Prospekts, der nicht in der Wiener Schulsprache abgefasst war, [stand] dem Erfolg im Wege" (Kolatschek 1886, S. 31). Alles in allem war der Erfolg dieser Maßnahme mäßig; zunächst konnten nur weniger als die Hälfte der Schulplätze vergeben werden (Kolatschek 1886, S. 31).

Im ersten Jahresbericht schließlich, den Dittes der Aufsichtskommission des Pädagogiums vorlegte, zeigte er sich mit vielem in der Übungsschule nicht einverstanden, insbesondere mit der Art, wie Welt- und Heimatkunde unterrichtet wurde. Diese Ausführungen können als Direktangriff auf Willmann gelesen werden, der die Welt- und Heimatkunde allein unterrichtete. Die Aufsichtskommission allerdings zog es vor, in Dittes' Kritik „lediglich eine *allgemeine* Bemerkung ohne Beziehung auf den erteilten Unterricht" zu erkennen, und ging nicht nähe darauf ein (zit. n. Kolatschek 1886, S. 65). Die Aufsichtskommission war sichtlich bemüht, das Kräfteverhältnis im Pädagogium – und die Ausfälle des Direktors – immer wieder auszugleichen und den internen Gegner in Schach zu halten. Für Kolatschek bestand „(k)ein Zweifel, Dittes stand auf der Seite der Widersacher der Übungsschule und hätte am liebsten das ganze ‚Willmann-Spital' ins Meer versenkt" (Kolatschek 1886, S. 37).

Entgegen aller Befürchtungen – und wohl auch aufgrund von Willmanns Engagement – bewährte sich die Übungsschule und konnte ab

Eigenthümlichkeit, die rosigsten Hoffnungen" (vgl. A. G.: Correspondenzen des In- und Auslandes. Wien. Das vom Wiener Gemeinderathe errichtete confessionslose Pädagogium. In: Wiener Kirchenzeitung für Glauben, Wissen, Freiheit und Gesetz (24.10.1869), S. 682. Online verfügbar unter: http://anno.onb.ac.at/cgi-content/anno?aid=wkg&datum=18681024&zoom=33 (2019-05-24).

dem zweiten Schuljahr die Klassen bereits füllen. Selbst in der katholischen (!) Presse erschien nach dem dritten Schuljahr ein wohlwollender Artikel, welcher die herausragenden Leistungen der Schüler in altdeutschen Sagen und Märchen lobte, was bei einer konfessionslosen Schule nicht zu erwarten gewesen wäre.[25] Es scheint, als habe Willmann den Bann aus katholischer Richtung gebrochen und selbst seine erbittertsten Gegner etwas beschwichtigt. Intern dürfte ihm das nicht gelungen sein.

### 3.3 Willmann als Herbartianer im Kreuzfeuer der Kritik?

In seiner Darstellung des Pädagogiums sieht Adolf Kolatschek sich veranlasst, auch einige Bemerkungen über „Die Herbartianer und das Pädagogium" zu verfassen, obwohl „über dieses Thema nicht viel zu sagen" sei (Kolatschek 1886, S. 20). Allerdings benennt Kolatschek einen „entschiedenen" Gegner des Pädagogiums aus dem „herbartischen Lager": *Theodor Vogt* (Kolatschek 1886, S. 23). Nach Kolatschek zeichneten sich Vogts (anonyme) Artikel in der (Lehrer-)Presse „zwar durch rücksichtslose Schärfe aus, waren aber wenig zutreffend, da dem Verfasser die wahren Intentionen des Gemeinderates, sowie die inneren Zustände der Wiener Schulen nicht bekannt waren" (ebd.). Nichtsdestotrotz machten sie am meisten Eindruck auf diejenigen, „welche mit den erwähnten Verhältnissen nicht vertraut oder in denselben noch neu waren und in Professor Vogt nicht eine einzelne Person, sondern eine ganze Richtung und Partei erblickten. Zu diesen Leuten gehörte vor allem Dr. Dittes, der in Vogt nur den Herbartianer sah und hinter jedem Artikel oder Aufsätzlein, das aus der Feder Vogts stammte, die vereinigte Macht sämtlicher Herbartianer von Österreich und Deutschland heranrücken sah" (ebd.).

Dass Willmann in diese Konfliktlinie geriet, kann also weder mit ihm persönlich noch direkt fachlich in Verbindung gebracht werden. Vielmehr ist der Konflikt den vielfältigen Zuschreibungen geschuldet, die in dem komplexen Spannungsfeld vor Ort wirksam wurden. Auffällig ist, dass Kolatschek *sowohl* Vogt *als auch* Dittes mangelhafte Kenntnis dieser Verhältnisse in Wien attestiert (vgl. ebd.).

---

25 Am 30.07.1870 berichtet die Wiener Kirchenzeitung für Glauben, Wissen, Freiheit und Gesetz äußerst wohlwollend über die Leistungen der Schüler in „der Übungsschule des Dr. O. Willmann, an welcher bekanntlich kein Religionsunterricht ertheilt wird". Besonders ihre Kenntnisse altdeutscher Sagen wurden gelobt. Online verfügbar unter: http://anno.onb.ac.at/cgi-content/anno?aid=wkg&datum=18700730&zoom=33 (2019-06-25).

Kolatschek benennt Willmann als den eigentlich Leidtragenden dieser Auseinandersetzung:

„Am meisten fatal waren Vogts Ausfälle für den Ordinarius des Pädagogiums, Dr. Willmann, der nach außen ebenfalls für einen Anhänger Herbarts galt und, trotzdem er mit Vogt in keinerlei Verbindung stand, sich doch bald gegen den Verdacht zu verteidigen genötigt war, daß er mit dem Vorgehen Vogts einverstanden oder gar ein Mitwisser oder Mitbeteiligter derselben sei. Diese Notwendigkeit war auch der Grund, warum Willmann, der von dem Vereine für wissenschaftliche Pädagogik in Leipzig zu einem korrespondierenden Mitgliede ernannt worden war, die Ehre ablehnte" (Kolatschek 1886, S. 23–24).

Dass Vogt eine ausschlaggebende Rolle für die Gegnerschaft der (Lehrer-)Presse gegen das Pädagogium spielte, bestätigt auch A. Chr. Jessen in den Freien Pädagogischen Blättern: Denn Vogts (anonyme) Polemik gegen Dittes im „Wanderer" habe weitreichende mediales Echo gefunden (vgl. Jessen 1869, S. 754)[26]:

„Als der Wanderer das Eis gebrochen hatte, rückten andere Blätter nach. Das Knownothingthum feierte einen Triumph, und Dittes, der eine sehr empfindliche Natur zu sein scheint, mag von der viel gerühmten österreichischen Gemüthlichkeit eine eigene Ansicht bekommen haben" (Jessen 1889, S. 764).

Die Vogtschen Angriffe auf das *Pädagogium* konnten in den Zeitungsbeständen bislang noch nicht aufgefunden werden. Allerdings verfasste Vogt in der Zeitschrift für die österreichischen Gymnasien, zwei Rezensionen – eine über Willmanns „Die Odyssee im erziehenden Unterricht" (Vogt 1869a, S. 372–378) und seine „Pädagogischen Vorträge" (ebd., S. 378–380)[27], eine über Dittes' „Grundriß der Erziehungs- und

---

26 Jessen, A. Chr. (1869): Vom Wiener Pädagogium. In: Freie Pädagogische Blätter (20.11.1869), S. 753–756. Online verfügbar unter: http://anno.onb.ac.at/cgi-content/anno?aid=fpb&datum=18691120&zoom=33 (2019-06-15)
27 Vogt kritisiert im Wesentlichen, dass Willmann ausschließlich diejenigen Gedanken vorbringt, welche er bei Ziller gelernt habe; an manchen Stellen tue er dies, ohne Ziller zu erwähnen (vgl. Vogt 1869a, S. 379f.). Bitterlich-Willmann bemerkt, dass die Willmann-Rezeption in Österreich deutlich kritischer war als in Deutschland und auch eine vereinfachende Sicht des „Herbartianismus" widerspiegelte. Er führt dies darauf zurück, dass Herbartianische Positionen in Österreich weniger bekannt und

Unterrichtslehre" (Vogt 1869b, S. 369–372) – , in denen Vogt *beide Proponenten des Pädagogiums* (resp. ihre Werke) sehr kritisch besprach. Die dort geäußerten Kritikpunkte an Dittes' Erziehungslehre decken sich mit den in den Freien Pädagogischen Blättern (Jessen 1869, S. 753f.) berichteten Anfeindungen gegen Dittes.

Dies war aber nicht die einzige Frontlinie zwischen Dittes und dem Herbartianismus. Ab 1871 entspann sich offensichtlich eine mehr und mehr eskalierende Fehde zwischen Dittes und Ziller (vgl. Ziller 1878; vgl. Bitterlich-Willmann 1969, S. 29*). Dittes hatte „Zillers" Verein für wissenschaftliche Pädagogik im Fokus, dessen Positionierung innerhalb der Berufsvereinigungen der Lehrerschaft, und das Vereinsorgan, das Jahrbuch für wissenschaftliche Pädagogik. Den ersten Band (1869) besprach er 1871 in Lübens Pädagogischem Jahresbericht für die Volksschullehrer Deutschlands und der Schweiz. Insbesondere die „religiöse (oder kirchliche) Richtung des Buches" (Dittes 1871, S. 459) und Unklarheiten bezüglich der Herbartschen „Schule"[28] und ihrem Verständnis von „Wissenschaftlichkeit"[29]. Diese Fragen wiederum nimmt Ziller in seiner Replik polemisierend auf – und die Fehde nahm in mehreren Wellen seinen Gang (vgl. Ziller 1878, S. 267–272). Otto Willmann war zwar, soweit man bisher sehen kann, nur *indirekt* in diesen Streit verwickelt, aber in seiner Zusammenarbeit mit Dittes sicherlich direkt davon betroffen.

Man kann wohl annehmen, dass dieser Streit, zusammen mit dem kritischen Verhältnis zu Vogt in Wien ein spannungsgeladenes – um nicht zu sagen explosives – Klima für die Zusammenarbeit der beiden doch sehr unterschiedlichen Persönlichkeiten am Pädagogium schuf. Dieses Arbeitsverhältnis wurde durch die Auseinandersetzungen zwischen liberalen und konservativ-katholischen Kräften im Umfeld, sowie die

---

vertraut waren und man daher ein – auf erziehenden Unterricht und Konzentration der Lehrfächer – beschränktes Bild vom Herbartianismus hatte (vgl. Bitterlich-Willmann 1968, S. 40*f.). Den Zillerschen Bestregungen „stand man in Wiener und andren österreichischen *Lehrerkreisen* [...] noch fremd gegenüber" (Bitterlich-Willmann 1968, S. 40*; Hervorh. CS).

28 „Wer sind nun die echten Herbartianer, die alten oder die jungen? – Zu welcher Fraction rechnet sich Ziller und sein Verein?" (Dittes 1871, S. 459).

29 „Datirt die wissenschaftliche Pädagogik erst von Ziller, oder doch erst von Herbart an, oder giebt es vor und außerhalb der ‚Schule' des Jahrbuchs auch noch wissenschaftliche Pädagogik" (Dittes 1871, S. 459).

Aktivitäten der jeweiligen Presse noch verschärft. Willmann stand im Zentrum der sich kreuzenden Konfliktlinien. Dass er rückblickend resümierte, die Anstalt sei „keine Stätte ruhigen, gesegneten Wirkens" gewesen (zit. n. Bitterlich-Willmann 1969, S. 30*) kann also nicht verwundern. In diese Zeit und unter diesen Umständen begann Willmann denn auch, nach einem anderen Wirkungsfeld Ausschau zu halten, welches er ab 1872 an der Universität in Prag auch fand (vgl. Bitterlich-Willmann 1969, S. 29*).

## Resümee

Wenngleich die Auffassungen innerhalb des Herbartianismus sehr vielgestaltig waren, so konnten die beiden Größen Stoy und Ziller ihre Zugänge und Institutionen doch – gerade auch in ihrem Spannungsverhältnis – im internationalen Diskurs positionieren. Sie wirkten als Identifkations- und Ordnungsmuster. Dieser Effekt wurde durch den Verein für wissenschaftliche Pädagogik und das gemeinsame Publikationsorgan nach außen hin noch verstärkt. Darauf deuten die Anfeindungen Dittes' (1871) hin.

Bitterlich-Willmann stellt diese vereinfachende Sichtweise des Herbartianismus besonders für die Rezeption in Österreich fest (vgl. Bitterlich-Willmann 1968, S. 40*f.). So kann man vielleicht sagen, dass Jena – neben einem tatsächlichen Zentrum der Lehrerbildung – auch so etwas wie ein diskursiv konstruiertes Zentrum war, das als Identifikator die Vielfalt der Herbartianischen Konzepte im Einzelnen zurücktreten ließ und damit auch Fluchtpunkt für wenig differenzierende Herbart-Kritik wurde.

Das Feld der Konfliktlinien war äußerst komplex und Willmann dürfte als Person in deren Zentrum gestanden haben – quasi als Projektionsfläche für alle möglichen und sehr unterschiedlich motivierten Anfeindungen – den einen zu wenig Herbartianisch, den anderen zu viel; den einen zu wenig katholisch, den anderen zu viel. Hinzu dürften Rivalitäten um die Anerkennung der pädagogischen Expertise durch schulpolitische Ämter gekommen sein.[30]

---

30 Den entsprechenden Hinweisen von Eggerdorfer (1967, S. 13f.) und Schnell (1968, S. 50f.) konnte in den Primärquellen noch nicht nachgegangen werden.

Während es in den verschiedenen *Retrospektiven* den Anschein hat, dass Dittes Willmann gleich in zweifacher Hinsicht konfrontierte – als Herbartianer und Katholik –, muss man für die ersten Jahre am Pädagogium sagen, dass Willmann selbst sich sehr für die Umsetzung des Pädagogiums als *konfessionsfreier* Anstalt einsetzte. Wie das gesamte Pädagogium musste er die Kritik an dieser autonomen Ausrichtung des Pädagogiums hinnehmen. Zugleich war seine Zugehörigkeit zum Katholischen Glauben keine zufällige Begleiterscheinung, sondern im Gegenteil ausschlaggebendes Auswahlkriterium für das Amt als Ordinarius gewesen.

Daran ist auch ersichtlich, dass das Verhältnis von Willmann und Dittes in den gemeinsamen Wiener Jahren 1868–1872 nicht ausschließlich durch die beiden Persönlichkeiten und ihre unterschiedlichen Positionierungen zustande kam, sondern sie durch die spannungsreichen äußeren Rahmenbedingungen auch polarisierenden wie stereotypen Zuschreibungen *ausgesetzt* waren.

*Jena* erscheint an verschiedenen Stellen als *Inbegriff* Herbartianischer Pädagogik, was einerseits den realen Verhältnissen entsprach, andererseits aber Differenzen hinter die Identifikation zurücktreten ließ. So können wir resümieren, dass sich Jena *sowohl* als Zentrum des internationalen Wissenstransfers zeigte, als auch Fluchtpunkt und Projektionsfläche für weltanschauliche Richtungsstreitigkeiten.

## Literatur

A. v. E.: Zur Frauenbewegung. In: Politische Frauenzeitung (6) (09.04.1871), S. 637–638. Online verfügbar unter: http://anno.onb.ac.at/cgi-content/anno?aid=pfz&datum=18710409&zoom=33 (2019-06-22).

Bitterlich-Willmann, H.: Vorbemerkungen. In: Willmann, O.: Sämtliche Werke, Bd. 1. Aalen 1968, S. 11*–49*.

Bitterlich-Willmann, H.: Vorbemerkungen. In: Willmann, O.: Sämtliche Werke, Bd. 2. Aalen 1969, S. 8*–31*.

Bittermann-Wille, Chr./Hofmann-Weinberger, H.: Historische Frauenzeitschriften. In: Bundesministerium für Bildung, Wissenschaft und Kultur (Hg.): Materialien zur Förderung von Frauen in der Wissenschaft, Bd. 11: kolloquiA. Frauenbezogene/feministische Dokumentation und Informationsarbeit in Österreich. Wien 2001.

Brezinka, W.: Pädagogik in Österreich. Bd. 1. Wien 2000.

Brezinka, W.: Pädagogik in Österreich. Bd. 2. Wien 2003.

Coriand, R. (Hrsg.): Herbartianische Konzepte der Lehrerbildung – Geschichte oder Herausforderung? Bad Heilbrunn 2003.

Coriand, R.: Die Universitätsschulen im Lichte eines sich wandelnden Theorie-Praxis-Verständnisses. In: Coriand, R. (Hrsg.): Herbartianische Konzepte der Lehrerbildung – Geschichte oder Herausforderung? Bad Heilbrunn 2003, S. 79–99.

Coriand, R.: Karl Volkmar Stoy (1815–1885) und Otto Willmann (1839–1920). Herbartianer und die Reform der Lehrerbildung. In: Dollinger, B. (Hrsg.): Klassiker der Pädagogik. Die Bildung der modernen Gesellschaft. Wiesbaden 2012, S. 151–177.

Coriand, R.: Otto Willmann und der „Anspruch der Pädagogik auf akademisches Bürgerrecht". In: Adam, E./Grimm, G. (Hrsg.): Die Pädagogik des Herbartianismus in der Österreichisch-Ungarischen Monarchie. Münster 2009, S. 37–53.

Dittes, Fr.: Das Lehrer-Pädagogium der Stadt Wien. Authentisch dargestellt vom Director desselben. Wien 1873.

Dittes, Fr.: Rezension des Jahrbuchs des Vereins für wissenschaftliche Pädagogik (Bd. 1). In: Lüben, A. (Hrsg.): Pädagogischer Jahresbericht für die Volksschullehrer Deutschlands und der Schweiz (22) 1871, S. 458–460.

Eggersdorfer, Fr. X.: Einführung in Otto Willmanns Leben und Werk 1839–1920. In: Willmann, O.: Didaktik als Bildungslehre: nach ihren Beziehungen zur Sozialforschung und zur Geschichte der Bildung. 7. Aufl., Freiburg 1967.

Gläser, L.: Friedrich Dittes. Wien 1962.

Günther, K.-H.: In: Dittes, Fr.: Reden und Aufsätze zur Schulpolitik. Berlin 1957, S. 9–49.

Jessen, A. Chr.: Vom Wiener Pädagogium. In: Freie Pädagogische Blätter (3) (20.11.1869), S. 753–756. Online verfügbar unter: http://anno.onb.ac.at/cgi-content/anno?aid=fpb&datum=18691120&zoom=33 (2019-06-20).

Johnston, W. M.: Österreichische Kultur- und Geistesgeschichte. Gesellschaft und Ideen im Donauraum 1848 bis 1938. 4., erg. Aufl., Wien 2006.

Kolatschek, A.: Das Wiener Pädagogium in den Jahren 1868–1881. Leipzig 1886.

März, Fritz: Personengeschichte der Pädagogik. Ideen – Initiativen –Illusionen. Bad Heilbrunn 2000.

Protner, E.: Pädagogischer Takt und Lehrerpersönlichkeit in herbartianischen Konzepten der Lehrerbildung. In: Coriand, R. (Hrsg.): Herbartianische Konzepte der Lehrerbildung – Geschichte oder Herausforderung? Bad Heilbrunn 2003, S. 205–223.

Schnell, H.: 100 Jahre Pädagogisches Institut der Stadt Wien. Wien 1986.

Vogt, Th.: Die Wiener Enquete über pädagogische Universitätsseminare. In: Jahrbuch des Vereins für wissenschaftliche Pädagogik (4) 1872, S. 316–330. Online verfügbar unter: https://goobiweb.bbf.dipf.de/viewer/object/020678452_0004/329/ (2019-03-10).

Willmann, O./Dittes, Fr.: Prospekt der Kommunal-Bürger- und Übungsschule des Lehrer-Pädagogiums in Wien (1868). In: Willmann, O.: Sämtliche Werke. Hgg. v. H. Bitterlich-Willmann, Bd. 2, 1969, S. 1–4.

Willmann, O./Kolatschek, A.: Der neue „Entwurf eines Volksschulgesetzes. Ein Votum". In: Willmann, O.: Sämtliche Werke. Hgg. v. H. Bitterlich-Willmann, Bd. 2, Aalen 1969, S. 20–73.

Willmann, O.: Beitrag in der ‚Sprechhalle'. In: Freie Pädagogische Blätter (48), 27.11.1869, S. 782–783. Online verfügbar unter: http://anno.onb.ac.at/cgi-content/anno?aid=fpb&datum=18691127&zoom=33 (2019-06-20).

Zens, M.: Dr. Friedrich Dittes. In: Pädagogisches Jahrbuch, hgg. von der Wiener Pädagogischen Gesellschaft (5) 1882, S. 1–32.

Ziller, T.: Der Streit mit Herrn Dittes. In: Jahrbuch des Vereins für Wissenschaftliche Pädagogik (19) 1878, S. 267–272. Online verfügbar unter: http://goobiweb.bbf.dipf.de/viewer/image/020678452_0010/279/LOG_0018/ (2019-06-25).

Zirfas, J.: Einführung in die Erziehungswissenschaft. Paderborn 2018.

Leonore Bazinek
# Peter Petersen und die Kritik der Psychologie Herbarts

## 1. Problemaufriss

Unser Beitrag behandelt die regelrechte Ausradierung von Herbarts Philosophie. Dieses Drama spielt sich maßgeblich in einer Monographie ab, die Peter Petersen (1884–1952), seit 1923 Professor für Erziehungswissenschaft an der Universität Jena, 1925 veröffentlicht hat.

Petersen promovierte 1908 bei Rudolf Eucken (1846–1926)[1] zum Thema *Der Entwicklungsgedanke in der Philosophie Wundts, zugleich ein Beitrag zur Methode der Kulturgeschichte*. 1925 veröffentlicht er in der Reihe „Frommanns Klassiker der Philosophie" eine aussagekräftige Schrift, *Wilhelm Wundt und seine Zeit*,[2] die die Wende von der Philosophie, verkörpert in Immanuel Kant (1724–1804), hin zu einer die menschliche Vernunft vollauf befriedigenden Weltanschauung, verkörpert in Wilhelm Wundt (1832–1920), verficht (vgl. bereits Petersen 1908). Die Verabschiedung von Herbart vollzieht sich in diesem Rahmen. Petersen betont Wundts grundlegende Umdeutung des Menschen, die mit einer vernichtenden Kritik der Metaphysik ansetzt. Nun hatte René Descartes (1594–1650) im Vorwort der *Prinzipien der Philosophie* die Metaphysik als „ersten Teil" der „wahren Philosophie" bestimmt, der „die Erkenntnisprinzipien betrifft" (1644, *„Lettre-préface"*). Daran schließt er eine präzise Unterscheidung aller einzelnen Erkenntnisbereiche an, der die Entwicklung der Wissenschaft mit einem methodischen Vorgehen ermöglicht. Wundt wird die Entwicklung der Wissenschaft an einen ominösen, allgegenwärtigen und allmächtigen „Willen" binden;[3]

---

1 Zu Eucken, vgl. Sieg, „Die Faszination des Nobelpreises" (in: 2013).
2 Herausgeber: Georg Mehlis (1878–1842).
3 Vgl. zu Wundts „Tat" (ebd., S. 131): „Aufgabe und Gliederung der Philosophie", (ebd., S. 127–135): „zu einer widerspruchslosen Weltanschauung zu führen" (ebd., 134f.).

der Erkenntnisfortschritt soll nun nicht mehr durch die Aktivität des methodisch voranschreitenden menschlichen Geistes, sondern durch jenen Willen, der in allem aktiv ist, geschehen. Die ersten Erkenntnisprinzipien werden demgemäß grundlegend verändert. So braucht Wundt keine „Erklärung der wichtigsten Attribute Gottes" mehr, denn „Gott" ist lediglich eine der kulturellen Produktionen des fortschreitenden Willens. Die „Immaterialität unserer Seelen" wird ebenso strikt negiert wie ihre Materialität.[4] Dies erklärt sich dadurch, dass die „klaren und einfachen Notionen in uns" durch verschiedene Deklinationen dieses „Willens" ersetzt werden, der auf diese Weise alles durchwaltet. Alles wird als Erscheinungsform dieses „Willens" ausgelegt. Wenngleich also das Ziel, „die Wissenschaften zu finden, die nützlich für ihn[5] sind" (ebd.), beibehalten wird, wird jegliche Unterscheidung zwischen Denken und Sein, Begrifflichkeit und Wirklichkeit, zugunsten eines Willensmonismus aufgehoben. Die von Descartes herausgearbeitete Struktur methodisch angelegter Forschung wurde also von Wundt Stück für Stück umgeformt. Er trifft damit die Philosophie als solche, von der die *Prinzipen* eine bemerkenswerte Synthese repräsentieren, wie es die Schlussfolgerung zeigt, die Descartes vorschlägt:

> „Von daher gleicht die Philosophie als solche einem Baum, dessen Wurzeln die Metaphysik ist, der Stamm ist die Physik und die Zweige, die aus diesem Stamm wachsen, sind alle anderen Wissenschaften, von denen die drei wichtigsten sind: die Medizin, die Mechanik und die Moral; ich denke, dass der letzte Grad der Weisheit in der höchsten und vollkommensten Moral besteht, die die vollständige Kenntnis der anderen Wissenschaften voraussetzt." (Ebd.)

Petersen möchte Wundt als den „führenden Geist in Deutschland" der Wende zum zwanzigsten Jahrhundert inthronisieren (vgl. 1925, S. 6), in der Folge von Gottfried W. Leibniz (1646–1716) und Kant. Er

---

4   Vgl. dazu die Bemerkung zu Herbarts Verständnis der Beziehung zwischen Physiologie und Psychologie, die, nach Petersen, zwar den Materialismus abwehren soll, ihn aber letztlich ermöglicht (ebd., S. 35). Vgl. auch zu Wundts Abweisung des Materialismus, der nach Petersen zwar infolge der Metaphysik Herbarts entwickelt worden war, aber den Herbart ebenfalls abgelehnt hat (ebd., S. 122f.); vgl. des Weiteren zu dieser Problematik Herbart, *Lehrbuch zur Einleitung in die Philosophie*, § 141 (SW 4, S. 267-270); *Lehrbuch zur Psychologie*, 1816, §156 (ebd., S. 383); *Allgemeine Metaphysik*, II. Teil, 1829, § 272ff. (SW 8, S. 162–164).
5   D. h. den Menschen.

unterstreicht Wundts konsequente Durchführung der Metaphysik, womit er Leibniz[6] übertrifft, sowie seine bis in die letzten Tage andauernde robuste Haltung, die sich von Kants Altersschwäche stark abhebt. Nachdem er bereits im „Vorwort" eine imposante Liste der Schüler und Mitarbeiter Wundts vorgestellt hatte (vgl. ebd., S. VIIIf.), schreibt er nun unter Bezugnahme auf Leopold von Ranke (1795–1886): „So wirkte sich auch hier das Gesetz der Triaden der Menschengeschlechter in seiner seltsamen Gesetzlichkeit aus, wonach innerhalb dreier Generationen eine Kulturepoche zu einem gewissen Abschluss gelangt" (ebd., S. 7).

Besonderen Wert legt er auf Wundts Hinweis, dass ihm „das politische [Motiv]" das wichtigste war. Petersen nennt als Höhepunkt von Wundts Schaffen die die Interessen seines „Helden" (vgl. ebd., S. IXf., S. 96, S. 246) über Jahrzehnte hinweg verbindende *Völkerpsychologie*. Er entwickelt infolge dieser Hypothese eine Ausgrenzungsfigur von Herbarts Philosophie vermittels der Psychologie, die mein Beitrag zu analysieren versucht. Wo es bereits möglich ist, werde ich sie mit Herbarts Psychologie konfrontieren. Diese Vorgehensweise, den Autoren einer Monographie nicht direkt mit den vom ihm referierten Texten zu konfrontieren, beruht einerseits auf einer methodologischen Vorsichtsmaßnahme, die ich für alle alldeutschen Autoren anwende,[7] andererseits aber auch darauf, dass das Verständnis der Pädagogik Petersens, wie es Rülcker und Kaßner festgestellt haben, „eine Analyse seines erziehungswissenschaftlichen Systems und der in ihm aufgehenden Traditionen" erfordert (1992, S. 7). So geht es uns hier in allererster Linie darum, wie Petersen sich des Zeichens „Herbart" bediente, um sein System zu konstruieren. Er selbst sagt sehr klar, woran er sich anschließt und was das ausschließt: „Wer daher den gedanklichen Fortschritt auf letzte metaphysische Einheiten überhaupt billigt, für den bleibt nur übrig, sich für die Entscheidung der *Leibniz, Herbart* und *Lotze* zu erklären oder für diejenige *Wundts*" (Petersen, 1925, S. 191).

---

6   Für Petersen hat Leibniz allerdings die Philosophie der Scholastik retabliert, indem er sie von der kirchlichen Autorität zu trennen wusste (vgl. ebd., S. 11).
7   Es ist hier nicht der Ort, die Polemik um Petersen und den Nationalsozialismus aufzuwärmen; vgl. bereits (Keim 2005), (Klee 2003, S. 456) sowie das Standardwerk von Ortmeyer, vgl. (2010).

## 2. Der Weg zur Entscheidung

Petersen bringt unzweideutig eine Alternative zum Ausdruck, die jegliche Vermittlung ablehnt. Auch seine anerkennenden Äußerungen über die abgewiesenen Autoren sind ambivalent. So erklärt er z. B. im Zusammenhang mit Wundts Studien um 1858/59: „An *Lotze*, weit mehr aber, und stets dankbar anerkannt, klärten sich seine Anschauungen im Gegensatz zu *Herbart*, den er besonders als Vorläufer der psychologischen Theorie der Sinnesanschauung pries" (ebd., S. 103f.). Insbesondere seine Ausführungen zu Leibniz sind kontextuell gebunden. Er schätzt an ihm den großen Deutschen, verachtet aber seine Verpflichtung auf die Metaphysik. Wie ist also dieser Ruf in die Entscheidung zu verstehen? Das Zitat ist die Schlussfolgerung des Kapitels 5a, „Allgemeine Metaphysik" (ebd., S. 176–191), dessen letzter Teil das „transzendentale Problem der Psychologie" (ebd., S. 185) behandelt. Auf diesen Seiten erklärt Petersen:

1. Gegenstand der transzendentalen Psychologie ist zwar die Seele, aber da geistiges Leben und umgebende Natur verbunden sind, müsse man die Kosmologie mitberücksichtigen.
2. Wundt entwickelte einen aktuellen und universalistischen Begriff der Seele, der den Individualismus ausschließt, obwohl er den Willen als das dem Menschen Eigenste bezeichnet.
3. Wundt habe eine reine Willenstätigkeit, die er reine Apperzeption nennt, unterstellt. Dieses „transzendente Wollen" (ebd., S. 187) strebe über sich hinaus „zu der Idee einer *geistigen Totalität* […] und diese geistige Gesamtheit deutet Wundt als eine Willensgemeinschaft, als einen *Gesamtwillen*, in dem der Wille eingeschlossen ist und mit dem er in ständiger Wechselwirkung steht" (ebd., S. 187).
4. Petersen verwendet das an Herbarts Psychologie erinnernde Wort „Reihe", aber in einem vollkommen anderen Sinne. Es geht ihm nicht um die logische Rekonstruktion im Dienste des Erkennens. Petersens „Reihe" beginnt vielmehr mit den „Individualwillen", die letztlich „über alle beschränkteren Willenssphären" hinaus „die Menschheit in der bewussten Vollbringung bestimmter Willenszwecke" (ebd., S. 187) vereinigen soll.
5. Anstelle einer Vernunftidee, wird hier „ein *praktisches Ideal*: der Gesamtverlauf der Menschheitsgeschichte" anvisiert, ein „*Ideal der Humanität*" als „einer höchsten Richtschnur unseres Handelns" (ebd., S. 187).

6. Dieses Ideal wird dann in die Nähe von Kants sittlicher Weltordnung gerückt, die in der Gottesidee verankert ist. „Somit stehen wir vor dem Reiche der ontologischen Ideen" (ebd., S. 188), folgert Petersen lapidar.
7. Auch geht er etwas detaillierter auf Wundts Willenseinheiten ein und meint, dass es „richtiger wäre [...] wenn Wundt dafür etwa die Bezeichnung Tateinheit gewählt hätte". Er erklärt dann Wundts Position mit seiner Begrifflichkeit:

> „Diese Tateinheiten sind die letzten vom Denken erreichbaren Teile, aus denen sich das Bewusstsein erst bildet. Demnach liegen diese Einheiten vor dem, was psychologisch als Bewusstsein bezeichnet wird, auch vor dem, was im Sinne der psychologischen Wissenschaft ‚einfache Willenshandlung' genannt wird, und so lassen sich die letzten Willenshandlungen nur als ‚an sich bewusstlose Formen des Tuns' denken." (Ebd., S. 189)

8. Doch „ihren Inhalt schaffen diese Formen selber", in rastloser Tätigkeit und trotz ihrer Bewusstlosigkeit. Petersen verwendet also ein an Herbart erinnerndes Vokabular, um genau das festzusetzen, was Herbart bestritt. Denn dieses Tätigsein in andauernden Wechselwirkungen soll die Naturwissenschaft in ihre Schranken verweisen. Keine Abstraktion könne dieser Wirklichkeit gerecht werden; die „Schranke" zwischen Geist und Natur wird unhaltbar: „Natur und Geist sind Bestandteil einer einzigen Geistesentwicklung" (ebd., S. 190).
9. Diese Auffassung der transzendentalen Philosophie führt zum endgültigen Bruch mit Leibniz, Herbart und Lotze. Petersen verweist hier den Leser einfach an seine eigene Erfahrung, die dies, was er hier beschreibt, belegen soll. Er unterstreicht, Wundt habe den Dualismus überwunden und sei

> „... auf die *absolut letzte Monas* zurück[ge]kommen, und das kann alsdann freilich einzig und allein die Tätigkeit sein, ein zweites ist unmöglich. Wer daher den gedanklichen Fortschritt auf letzte metaphysische Einheiten überhaupt billigt, für den bleibt nur übrig, sich für die Entscheidung der *Leibniz, Herbart* und *Lotze* zu erklären oder für diejenige *Wundts*". (Ebd., S. 191).

## 3. Die Ausgrenzungsfigur „Psychologie" und die Völkerpsychologie

Der eingangs skizzierte Vergleich zwischen Descartes und Wundt ist nicht erschlichen; ich habe nicht „in ein fremdes, gegebenes Phänomen zugleich die alten bekannten Dinge wieder hinein" gedacht (Herbart, SW 6, 16). Denn obwohl sein Vokabular stark an ihn erinnert, erwähnt Petersen ausgerechnet Descartes in der Passage, in der er die Größe Wundts vorstellt, nicht.[8] Er meint, die Philosophie habe sich „auf deutschem Boden" nach Kant in Systemen verfangen und sei nach G. W. F. Hegels (1770–1831) Tod einfach zusammengebrochen (vgl. 1925, 13f.).[9] Wundt nun erst sei die „bedeutendste und umfangreichste Synthese […] der Geistesarbeit der europäischen Menschheit" gelungen, denn er verfügte über ein „alle Wissenschaften und ihre Methoden umspannende[s] Wissen", das er unter „einer steten Besinnung auf den geschichtlichen Stand" vorgetragen habe (ebd., S. 14). Sein Herbart-Studium habe sich 1862 vertieft, als er sich der Haut- und der Muskellähmung (vgl. ebd., S. 18) zuwandte.[10] Seiner immensen Arbeitsenergie sei es zu verdanken, dass er der alle überragende Erneuerer der Philosophie sowie der Institutionalisierung der Psychologie geworden sei. Mit Herbart teilt er die Verspottung der rationalistischen These von den Seelenvermögen, aber wendet sich gegen dessen Verbindung von Psychologie und Metaphysik (vgl. Petersen 1925, S. 29–31). Doch dann verweist Petersen auf Wundts Meinung der Sterilität des Neukantianismus, die ihn dazu geführt habe, eine „Erneuerung der von Herbart beseitigten Seelenvermögen" (ebd., S. 117) zu versuchen.[11] Auch um einer Herbart

---

8   Petersen erwähnt Descartes bei seiner Vorstellung von Wundts „Prinzip des psychophysischen Parallelismus" (1925, S. 61f.). Weder seine Bestimmung des Begriffs „Prinzip" noch die Konzeption des Parallelismus entsprechen der Konzeption von Descartes. Seine Erklärung des Kausalbegriffes von Wundt stellt Descartes ebenfalls in einen falschen Zusammenhang (vgl. ebd., S. 180–182; vgl. auch S. 285). Auch meint er, „Wundts Logik" fasse „die bisherige Entwicklung zusammen", indem sie der philosophischen Logik den „rationalistischen Systeme[...] von Descartes" usw. eine wissenschaftliche Logik entgegensetzt (vgl. ebd., S. 136f.).
9   Nach einem einführenden Absatz, der den erbärmlichen Charakter der deutschen Philosophie zu Wundts Studienzeit hervorhebt, kommt er auf Herbarts Diagnose des Welkens der Philosophie zu sprechen, die er einer fehlenden Nachfolge von Hegel zuschreibt (vgl. ebd., 97f., Verweis auf Herbart 1823, „Vorrede zur Psychologie", in SW 5, 179–183). Er verschweigt, dass Herbart Hegel für jenes Welken verantwortlich macht.
10  Wichtig für die Diskussion um die Apperzeption (vgl. Mauthner 1923, S. 63f.).
11  Seine Begründung von Wundts „Prinzip des psychophysischen Parallelismus" (ebd., S. 61) zeigt, dass Herbart entweder nicht verstanden oder wirklich gezielt bekämpft wurde (vgl. ebd., S. 60f.; vgl. Herbart, SW 6, S. 12f.; S. 44f.).

unterstellten Seelenmechanik zu entgehen, führt Wundt wieder „jene uralte animistische Auffassung, welche zuerst Aristoteles in die berühmte wissenschaftliche Definition der Seele als der ‚ersten Entelechie eines lebendigen Körpers'" vorgenommen hatte, ein. Diese verändert er dann, um seinen voluntaristisch-teleologischen, von strenger Zweckmäßigkeit geregelten Ansatz zu gewinnen. Herbarts Texte wurden entweder nicht gelesen oder gründlich missverstanden oder absichtlich umgedeutet (vgl. ebd., S. 89–91) – denn Herbart will mit seiner „Mechanik" nicht etwa das Leben des Geistes zerstören, sondern dessen Spontaneität erkennbar machen![12] Nach Petersens Darstellung schließt Wundt radikal jegliche Spontaneität und damit jegliche Freiheit aus. Der Anschein des Lebendigen wird durch die Verabsolutierung des Entwicklungsprinzips gewonnenen. Da alles in ständiger Entwicklung zu begreifen ist, kommt die Frage nach Freiheit auch nicht auf; „Freiheit" äußert sich im Reflektieren dieses teleologischen Prozesses.

Ebenfalls diametral entgegengesetzt zu Herbart behauptet Wundt nach Petersen, dass der methodologische Fortschritt an neue Instrumente gebunden sei statt an der Orientierung an der Wahrheit.[13] Eine implizite Verunglimpfung Herbarts nimmt Petersen vor, wenn er die Übernahme der „Idee des psychischen Maßes" (ebd., S. 41) durch Fechner im Jahre 1852 dazu verwendet, eine Filiation zwischen diesen beiden Autoren herzustellen, entgegen Herbarts ausdrücklicher Abweisung „mystisch-theosophischer Spekulationen" (ebd., S. 42) die, wie es Petersen selbst schreibt, Fechners Spätwerk charakterisieren. Sein Vergleichspunkt ist sehr einfach: Herbart und Fechner setzen beide „das metaphysische Bedürfnis" (ebd., S. 43) an erster Stelle.[14] Dass für Herbart die Metaphysik die Prinzipien der Erkenntnis erforscht, wohingegen sie für Fechner etwas wesentlich Anderes bedeutet, wird ebenso außer Acht gelassen wie Herbarts Problematisieren der Bedürfnisse (vgl. ebd., S. 39–44). Außerdem ist festzuhalten, dass Fechner mit Methoden arbeitet, die Herbart durchwegs ablehnt.

Kommen wir zu Wundts Logik, die Petersen als „psychologische Entwicklungsgeschichte des Denkens" (ebd., S. 137) darstellt. Obwohl

---

12 Leider kann ich hier nicht auf die Frage der Selbstbeobachtung eingehen.
13 Vgl. ebd., S. 38; vgl. hierzu SW 6, 35 sowie Herbarts Vorwort zu Dissens *Kurzer Anleitung für Erzieher, die Odyssee mit Knaben zu lesen* (1809, SW 3, S. 3–18).
14 Petersen verwendet gewagte sprachliche Konstruktionen, um Gustav Th. Fechner (1801–1887) und Wundt auf theoretischem Gebiet trotz ihrer auffälligen Nähe vollkommen zu trennen.

Herbart eine solche Geschichte aus methodologischen Gründen ausschließt (vgl. SW 4), meint Petersen, Wundt gehe im Ausgang und in Absetzung von Herbart und seinen Schülern vor.

Petersen setzt einen paradoxen Naturbegriff an. Einerseits „*Hilfsmittel zur Entstehung geistiger Zwecke*" und in dieser Hinsicht als „*Zweckobjekt und Zweckbedingung*" der menschlichen Tätigkeit unterworfen, ist sie andererseits „als kosmische Einheit unserm Einfluss entzogen". Daraus folgt, dass „wir [...] die Zwecke als *gegeben* hinnehmen [müssen]" (1925, 196f.). Dieses monistische und fatalistische Modell stellt er der Akzeptanz eines Schöpfers gegenüber. Herbart ist hier wesentlich vorsichtiger. Er weist nicht nur jegliche Naturgeschichte des Geistes scharf zurück, sondern maßt sich ebenfalls keine Aussage über die letzten Wirklichkeiten an.[15]

Petersens Schüler haben dessen Ausgrenzungsfigur konsolidiert, so z. B. Theo Dietrich[16], der die Herbartsche Pädagogik mit dem Verweis auf deren „psychologische Grundlagen" (Dietrich 1984, S. 139; vgl. ebd., S. 188) abweist. Interessanterweise bezieht er sich in erster Linie auf Wilhelm Dilthey (1833–1911) (vgl. ebd., S. 23f.).[17] Angesichts der Virulenz dieser Texte, ihrer stark verzerrten Darstellung von Herbarts Denken, muss man sich fragen, wodurch sie motiviert sind. So verweist Petersen darauf, dass für Wundt, im Anschluss an die Vorstellung von Leibniz, „die Mathematik mehr als ein bloßes Hilfsmittel der Naturerkenntnis sei", denn „sie durchdringe [...] von den aus einer reichen Zahl von Elementen bestehenden Resultaten des kosmischen Geschehens an bis zu den abstraktesten Formen der Logik alle Inhalte des Denkens überhaupt'". Deshalb habe er zunächst „Herbarts Verdienst [...], zuerst Mathematik auf Psychologie angewendet zu haben," anerkannt, doch da Herbart diesen Ansatz an seine Metaphysik „gefesselt" habe, „stürze" er mit dem System „zusammen" (1925, S. 41).[18] Der Schlüssel zu dieser

---

15  Vgl. zu Wundts Verweben der Aktualitätspsychologie, des Entwicklungsgedankens und der Wiederherstellung der Ordnung „Kosmologie – Psychologie – Ontologie", um zu einer einheitlichen Entwicklungslinie des Geistigen zu kommen (ebd., S. 196f.); vgl. ebenfalls (ebd., S. 267f.) sowie Herbart (SW 4, S. 303).
16  Damit wende ich mich nicht gegen den Pädagogen Dietrich, den ich an der Universität Bamberg in den 1980iger Jahren noch als Lehrer erleben durfte. Insbesondere seine Weise, jeden Einzelnen persönlich zu beraten, unterschied ihn wohltuend von den anderen Dozenten.
17  Petersen stellt Dilthey und Wundt in dieselbe Linie (vgl. ebd., S. 161).
18  Petersen betont ebenfalls Wundts Abkehr von der imaginären oder transzendenten Mathematik (vgl. 1925, S. 174), ohne jedoch auf Herbarts Position zu verweisen;

Feindseligkeit liegt im Projekt einer Völkerpsychologie, dessen entscheidende Weichenstellungen ich nun kurz rekapituliere (vgl. Trautmann-Waller (Hg.) 2004; Peschken 1972). Ihre hauptsächlichen Begründer, Moritz Lazarus (1824–1903) und Heyman Steinthal (1823–1899), wenden sich unter ausdrücklicher Berufung auf Herbart und mit wissenschaftlichem Anspruch gegen die zeitgleich entwickelte Rassenlehre mit ihrer Inanspruchnahme einer irrationalen Mythologie. Hermann Cohen (1842–1918), den Sieg als einen „treuen Schüler der Völkerpsychologie" bezeichnet, beteiligt sich mit dem Ziel, „die Ehre der Psychologie Herbarts zu retten" (Sieg 2004, S. 176; vgl. Maigné 2004).[19]

Sander zeigt (vgl. 2010), wie Steinthal und Lazarus ihr Projekt unter Bezugnahme auf Herbarts Begriff der Apperzeption konzipierten. Sie konstatiert sein generelles Scheitern und verweist dazu auf Wundts Entwicklung vom begeisterten Befürworter zum harten Kritiker. Aber Petersen sagt, Wundt habe den von Leibniz über Kant bis Herbart herrschenden Begriff der Apperzeption, der „Verquickung psychologischer und metaphysischer Vorstellungen," ersetzt. Aus der „Verbindung einer neu in das Bewusstsein eintretenden Vorstellung mit einer ‚herrschenden Vorstellungsmasse'" machte er eine fundamentale Willenshandlung. Dass Wundt dann schlicht und ergreifend den Namen für sein eigenes Projekt einer vergleichenden (Völker)Psychologie[20] annektiert und damit das ursprüngliche Projekt ausradiert hat, bleibt weitestgehend unbemerkt.

### 4. Die Verwandlung des Apriori und die Apotheose Wundts

Im letzten Abschnitt der „Schlussbetrachtung" (vgl. Petersen 1925, 259–303), „Die geschichtliche Stellung Wundts" (ebd., 284–303), kommt es dann zur Apotheose von Wilhelm Wundt. Die zentrale Argumentation beginnt im vorherigen Abschnitt, „Wilhelm Wundt der Vollender und Überwinder Kants" (ebd., 274–284). Petersen hatte Wundts Überwindung der Monadenlehre bereits zuvor in den Kontext der „Überwindung des Kantischen, nach seinem Urteil unausgeglichenen, kritischen Standpunktes" (ebd., S. 149) gestellt. Er schied die neukantianische Version

---

vgl.: „Ueber die Möglichkeit und Nothwendigkeit, Mathematik auf Psychologie anzuwenden" (SW 5, S. 91–122).
19 Petersen erwähnt Lazarus und Steinthal ebd. S. 50–53 und S. 266.
20 *Völkerpsychologie. Eine Untersuchung der Entwicklungsgesetze von Sprache, Mythus und Sitte*; zehn Bände (1900 bis 1920).

des Apriorismus von Kants Versuch einer höheren Synthese zwischen Empirismus und Apriorismus aus, da sie seines Erachtens erkenntnistheoretisch und rationalistisch orientiert sei. Stattdessen habe Wundt auf ein „*transpsychologische[s]* Subjekt", welches „auf der Stufe des naiven Weltbildes steht und in seinem praktischen Verhalten jederzeit in den vorwissenschaftlichen, nicht durch Reflexion zergliederten Vorstellungsobjekten lebt" (ebd., S. 147),[21] zurückgegriffen. Wundt leiste die von Kant gesuchte Synthese, indem er das Apriori mit einem „ursprünglich Gegebenen" gleichsetze, „*Apriori = ursprünglich gegeben*" (ebd., S. 148; vgl. ebd., S. 280). Nachdem man eher den Eindruck hatte, Petersen würde an Wundt dessen Abkehr von der Metaphysik loben, wird man nun damit konfrontiert, dass Wundts Erkenntnislehre vielmehr den Schematismus und damit die Dialektik der Vernunft beseitigt und den Weg zur Metaphysik freigelegt habe. „Mit der entschlossenen Wendung zur Metaphysik", schreibt Petersen, „gewinnt Wundt nun vollends den Anschluss an die deutsche Philosophie vor Kant und wird *als Vollender Kants zugleich dessen Überwinder*" (ebd., S. 282). Diese Leistung betrifft die gesamte Menschheit, doch um es deutlich herauszustellen, „muss die geschichtliche Leistung Wundts zunächst aus seinem Typus als deutscher Denker inmitten der deutschen philosophischen Bewegung erschlossen werden" (ebd., S. 284f.). Wir haben nun die beiden antagonistischen Positionen:

– auf der einen Seite das Bemühen um Erkenntnis sowohl des erkennenden Menschen[22] als auch des von ihm Erkannten. „Metaphysik" bezeichnet hier Erkenntnisprinzipien;
– auf der anderen Seite eine Erkenntnislehre, die in eine Metaphysik mündet, deren „Dringen auf die Persönlichkeit" zum Ziel hat, den Typus der Menschen herauszufinden.[23]

Es lohnt sich, die entscheidende Passage in unserer einführenden Studie ununterbrochen zu zitieren, um zu genaueren Analysen einzuladen.

---

21 Seltsamerweise „ruht" „vor allen Dingen auch das logische" in diesem transpsychologischen Subjekt, vgl. (ebd., S. 147; vgl. dazu SW 6, S. 168–175). Herbart erklärt hier das Entstehen des menschlichen Selbstbewusstseins. Petersen schließt ganz genau dies aus. Für ihn ist es nicht notwendig, dass Jeder diesen Prozess durchschaut. Der Unterschied zwischen dem Naiven und dem Wissenschaftler ist demnach nicht dieses Faktum, sondern das Wissen darum.
22 Sowohl Herbart als auch Wundt schließen die Tiere in ihre psychologischen Untersuchungen mit ein.
23 Vgl. die Ausführungen zu Hegel in (Wundt 1918). Petersen geht nur kurz im auf diese spezifische Interpretation ein (vgl. 1925, S. 268), obwohl sie sein Ausgangspunkt ist.

Zusammenfassend lässt sich bereits sagen, dass für Petersen trotz der Monadenlehre der Bruch mit dem Mittelalter durch eine implizite Weiterführung des Platonismus verhindert worden war. Herbarts Ansatz, der viermal erwähnt wird, wird auf eine von ihm nicht vertretene Monadenlehre reduziert und schließlich verabschiedet. Wundts Apotheose geschieht ausdrücklich in seiner Qualität als Wiederhersteller des Deutschen. Die Passage beginnt mit der Betonung einer Qualität der deutschen Philosophie. Dann folgt eine lange Sequenz, die den Übergang durch Wundt zum echten deutschen Denken erklärt; so, als ob es selbstverständlich sei, dass das Letztkriterium, an dem ein Denken zu messen ist, in der Rettung des Deutschen bestünde. Nach der Überwindung Kants wird dann mit der Überwindung Herbarts die philosophische Argumentation allgemein verabschiedet:

„Dem Streben zur Gemeinschaft und zu idealen Zielen widerspricht es nicht, wenn die deutsche Philosophie gleichzeitig das Eigenrecht und den Eigenwert des Individuellen zu wahren sucht. Die Monadenlehre ist auf metaphysischem Gebiete der philosophische Ausdruck dafür geworden, so bei Leibniz, Goethe, Herbart, Lotze, Wundt. Und es finden sich ausreichende Andeutungen in den kritischen Schriften Kants, nach denen auch er dieser metaphysischen Lösung zustimmte, ja am Schlusse seiner Streitschrift gegen Eberhard (1791) bekennt er es, dass wir alles, was wir in der intelligiblen Welt, die bloß in der Idee der Vernunft liege, als zusammengesetzte Substanz denken, als ‚aus einfachen Substanzen bestehend' vorstellen müssten. Alle aber nehmen in diesen Monaden eine ursprüngliche Kraft an, und führen auf diese Weise aus der mittelalterlichen Philosophie eine platonische Linie in die neue Zeit hinüber.
Wundts Lehre bedeutet nun in doppelter Hinsicht eine entscheidende Wendung in der Monadologie: sie überwindet die bei Leibniz und Herbart mit ihr verbundenen Reste einer Wunderlehre und überhaupt ihre bisherige individualistische Gestalt. Leibniz' Wunder der ‚prästabilierten Harmonie' wurde allerdings nicht in dieser Form vom Herbart übernommen, aber versteckt liegt sie zugrunde, wie Wundt schon frühe fand. Nach Herbart ist die Seele ein einziges einfaches Wesen unter vielen ihr untergeordneten, und sie übt gegen die Störungen, welche sie von anderen Monaden empfängt, Selbsterhaltungen aus. Damit nun die Veränderungen der verschiedenen Hirnprovinzen auf sie einwirken können, lässt er sie bald hierhin, bald dorthin wandern. Weil aber bei jeder einzelnen Vorstellung zahllose elementare Empfindungen zusammenwirken, die

unmöglich an einem und demselben Punkte des Zentralorgans lokalisiert sein können, so müsste, wirft Wundt ein, eine und dieselbe Seele sich gleichzeitig an verschiedenen Stellen befinden. Dass trotzdem der rechte Erfolg eintritt, ja dass die Seelenmonade überhaupt immer gerade dahin gelangt, wo sie nötig ist, um Einwirkungen des Leibes aufzunehmen, das erklärt Herbart nicht, doch Wundt vermutet, nicht unrichtig, dass eben das Wunder der übernatürlichen Assistenz oder der prästabilierten Harmonie hier stillschweigend hinzugedacht sei. Für ihn jedoch ist jedes Wunder beseitigt, ist auch die Abgeschlossenheit der Monade aufgehoben, sie besitzt nicht nur Fenster, sondern ist immer werdendes Erzeugnis von Komponenten des Geschehens; die letzten Einheiten sind ja Resultanten der rastlosen Tätigkeit die alles Geschehen trägt und bildet, und sie werden zu individuellen Einheiten im und durch den *stetigen* Zusammenhang aller Tätigkeiten einer individuellen Seele. Diese metaphysische Erklärung der Monade entspricht der Lehre Wundts von einer unaufhebbaren Wechselbestimmung von Individuum und Gesellschaft, vom Individuum als Erzeugnis der Volksseele, für sein geistiges Sein und Werden unauflöslich an die Gemeinschaft gebunden und dennoch als Träger aller Gemeinschaft und einziger Erzeuger aller schöpferischen Kräfte. So hat Wundt den Individualismus der älteren Monadenlehre überwunden, in sie den tiefsten und besten Gehalt des deutschen Wesens versenkt und ihr damit erst den auf deutschem Boden letzten Ausdruck gegeben." (1925, S. 287f.)

## 5. Schlussbemerkung: Das Projekt einer „Psychologie großen Stils"

Wir haben in einem ersten Schritt die einschneidende Veränderung dargestellt, die Wundt nach Petersen in der Wissenschaftstheorie vornimmt. Wird am Paradigma einer sich fortentwickelnden Wissenschaft festgehalten, so ist es nicht mehr der erkennende Mensch, der hier aktiv tätig ist, sondern eine ominöse Macht, der Wundt den Namen „Wille" gab. Da es unmöglich sei, zwischen dieser Position und anderen Positionen zu vermitteln, muss man sich für oder gegen die Position Wundts entscheiden. Diese Position kulminiert in den Bänden zur „Völkerpsychologie". Wundt enteignet die Nachfolger Herbarts und stellt dieses Projekt auf die neuen Beine seines Willensmonismus. Mit Herbart wird gleichzeitig die neukantianische Strömung und damit wiederum die Philosophie insgesamt durch Wundts Unternehmen ersetzt. Die Neufassung des Apriori, die diese Ersetzung ermöglicht, ermöglicht dann

Petersen, Wundts Apotheose durchzuführen. Diese Apotheose nun verwendet bereits Wundts Paradigma, indem sie einem „Helden", einem Restauratoren des Deutschen, gilt. So weit, so seltsam. Doch diese Ausführungen tragen dazu bei, die Wirksamkeit der alldeutschen Weltanschauung verständlicher zu machen. Aber betont Petersen nicht, dass Wundt die Einheit des Menschengeschlechts verteidigte (vgl. ebd., S. 244f.)? Diese Seiten stellen Wundts Geschichtskonzeption vor, die in der „Stellung" der „Helden" (ebd., S. 246) gipfelt, deren Wille die Schätze, die die Gemeinschaft ansammelte, aktiv zu machen versteht. In diesem Kontext kommt es zu einer regelrechten Hypertrophie des Psychologischen. So erfordere zum Beispiel die Beziehung zwischen „Individuum und Umgebung" eine *„psychologische* Analyse" (ebd., S. 247). „Träger des geschichtlichen Lebens", hatte Petersen bereits zuvor erklärt, „ist die *innere geistige* Seite des Menschen, auf ihr sind die geistigen Kräfte der Entwicklung vorhanden; seelische Motive bestimmen das Geschehen, und in diesem Sinne ist Geschichtsphilosophie *angewandte Psychologie*" (ebd., S. 245). Wundt habe also „das Rätsel des Verhältnisses von *Natur und Geist*" (ebd., S. 268; vgl. ebd., S. 298) gelöst durch eine aktivistische Erklärung der Apperzeptionen, die jeglichen Materialismus ausschließt und den Aufbau der Wirklichkeit durch ineinandergreifende Geistesaktionen erklärt. Damit wird seine Völkerpsychologie „zur Vorhalle der Ethik […] als Normwissenschaft" (ebd., S. 268f.). Wundt knüpft dadurch, dass er die Bedeutung der Psychologie neu herausstellt, an „Heraklit" an, der „zum ersten Male eine wertvolle Psychologie entwarf" (ebd., S. 298), um das „Verhältnis […] von Denken und Anschauung" (ebd., S. 296) zu bestimmen. Heraklit habe erkannt, „dass alles in der Welt Gegensatz ist […] dass sich die Gegensätze bedingen […]. Alles Widerstreitende ist Einheit; alles harmonisiert miteinander, indem es widerstreitet; folglich ist der Gegensatz das Wesen aller Dinge und die Welt der Gegensätze die einzig wahre Welt" (ebd., S. 297).

Verweisen wir, ohne die Arbeiten zur nationalsozialistischen Heraklit-Interpretation zu verschweigen (vgl. Faye 2009), zum Abschluss auf ein nahezu zeitgleich veröffentlichtes Werk, der Ausgabe von Hegels *Ästhetik* von Alfred Baeumler (1887–1968) (vgl. 1922). Baeumler, ebenso wie Dietrich, bezieht sich vor allem auf Dilthey.[24] Er möchte mit dieser

---

24 Baeumler verwendet ebenfalls die Psychologie als Kriterium; vgl. (Bazinek 2014).

Ausgabe das Projekt "jener Psychologie großen Stils [...] eine historische Psychologie" (ebd., S. 5) grundlegen.

Der Kreis schließt sich im Vorhaben „jener Psychologie großen Stils". Es ist zu vermuten, dass dessen Untersuchung zu weiterführenden Einsichten über die Realität völkermörderischer Unternehmen führen wird.

## Bibliographie

Bazinek, L.: Die Politische Pädagogik Alfred Baeumlers. Legitime Weiterentwicklung Herbartscher Impulse oder Usurpation? In: Coriand, R./Schotte, A. (Hg.), „Einheimische Begriffe" und Disziplinentwicklung, Jena 2014, 79–95.

Baeumler, A., *Hegels Ästhetik unter einheitlichem Gesichtspunkte ausgewählt, eingeleitet und mit verbindenden Texten versehen*, München, 1922.

Descartes, R.: *Principes de la Philosophie* (1644).[25]

Dietrich, T.: *Die Pädagogik Peter Petersens – eine Herausforderung an die Gegenwart*, München 1973.

Dietrich, T.: *Zeit-und Grundfragen der Pädagogik*, Bad Heilbrunn ²1984.

Faye, E.: *Heidegger. Die Einführung des Nationalsozialismus in die Philosophie*, Berlin 2009.

Herbart, J. F.: *Sämtliche Werke in chronologischer Reihenfolge*. Kehrbach, K./Flügel, O (Hg.), Nachdruck der Ausgabe Langensalza 1919, Aalen 1989.

Keim, W.: *Erziehung unter der Nazi-Diktatur*, 2 Bde, Darmstadt ²2005.

Klee, E.: *Das Personenlexikon zum Dritten Reich*, Frankfurt/M., 2003.

Maigné, C.: *Anthropologie der Naturvölker* de Theodor Waitz (1859–1872): une anthropologie sans races? In: Trautmann-Waller C. (Hg.), 2004, 197–210.

Mauthner F.: *Wörterbuch der Philosophie. Neue Beiträge zu einer Kritik der Sprache*, Leipzig ²1923.

Ortmeyer, B.: *Mythos und Pathos statt Logos und Ethos: zu den Publikationen führender Erziehungswissenschaftler in der NS-Zeit: Eduard Spranger, Herman Nohl, Erich Weniger und Peter Petersen*, Weinheim 2010.

Peschken, B.: *Versuch einer germanistischen Ideologiekritik*, Stuttgart 1972.

Petersen, P.: *Wilhelm Wundt und seine Zeit*, Stuttgart 1925.[26]

Rülcker, T./Kaßner, P. (Hg.): *Peter Petersen: Antimoderne als Fortschritt?*, Frankfurt/M. 1992.

Sander, S.: „Die Rezeption von Herbarts Ästhetik und Apperzeptionstheorie im Kontext der Völkerpsychologie von Moritz Lazarus." In: Schotte, A. (Hg.), *Herbarts Ästhetik*, Jena 2010, 27–51.

Sieg, U.: *Geist und Gewalt*, München 2013.

---

25 [http://philia.online.fr/txt/desc_022.php?moteur=z#bas], Zugriff 2.03. 2019.
26 Vgl. [https://digital.ub.uni-potsdam.de/content/titleinfo/188295] Zugriff 2.03. 2019.

Sieg, U.: „Hermann Cohen: de la psychologie des peuples au néo-kantisme". In: Trautmann-Waller, C. (Hg.), 2004, 165–182.
Trautmann-Waller, C. (Hg.): *Quand Berlin pensait les peuples,* Paris 2004.
Wundt, W.: *Das Recht (Völkerpsychologie Bd. 9),* Leipzig 1918.

Daniel Löffelmann

# »Anschauung«, »Darstellung«, »Zeigen« – Herbarts didaktischer Empirismus in Vergangenheit und Gegenwart

## 1. Einleitung und Vorbemerkungen

Im *ABC der Anschauung*, der *Ästhetischen Darstellung der Welt* sowie in seiner *Allgemeinen Pädagogik* entwirft Herbart die sinnliche Wahrnehmung als absolutes Fundament der Didaktik – und folglich der Pädagogik. *Lernen* wird dabei als Prozess gedacht, der wesentlich davon abhängt, dass sich den SchülerInnen etwas in ihren verschiedenen Sinneshorizonten *zeigt* bzw. für sie von der Lehrerin allererst *darstellend* zur Anschauung gebracht wird. Theoriegeschichtlich knüpft Herbart damit u. a. an Pestalozzi, Rousseau und Comenius an. Bemerkenswert ist Herbarts didaktischer Empirismus nicht zuletzt angesichts des erbitterten Widerstands, mit dem konkrete Anschauungsgegenstände (sogenannte „Realien") als Unterrichtsmaterialien im 18. und 19. Jahrhunderts zu kämpfen hatten. *Systematisch* steht Herbart mit seiner Didaktik somit in Opposition zu Ansätzen, die in Sachen Lehren und Lernen ganz auf den *Logos* setzen, sprich auf Sprache und analytischen Verstand. Diese Ansätze reichen vom klassisch humanistischen „Buchunterricht" bis hin zur Argumentations- und Diskursfixierung, wie sie etwa gegenwärtig in der Fachdidaktik der Philosophie zu beobachten ist.

Im *ersten* Schritt werde ich die skizzierte Hauptthese, dass Herbart für den Unterricht ein lerntheoretisches Primat der Wahrnehmung postuliert, zunächst didaktisch verorten und dann textnah entfalten. Der *zweite* Part ist dann dem Fortleben des Wahrnehmungs-Paradigmas im Herbartianismus gewidmet: Am Beispiel der Unterrichtslehre des niederrheinischen Pädagogen Friedrich Wilhelm Dörpfeld stelle ich exemplarisch einen wichtigen, auf die (Volks-)Schulpraxis gerichteten Rezeptionsstrang dar. Der *dritte* Teil schlägt die Brücke in „unsere

Zeit": Anhand der *Lehrkunstdidaktik*, die Ende der zweiten Hälfte des 20. Jahrhunderts im Anschluss an Martin Wagenschein entstanden ist, werden abschließend drei Thesen zum gegenwärtigen Potenzial eines auf Wahrnehmung fundierten Unterrichts zur Diskussion gestellt.

Als Erstes gehört es sich jedoch, zunächst kurz den theoretischen Angelpunkt des Vorhabens transparent zu machen: Ich gehe davon aus, dass jegliche Didaktik, jedes systematische Unterrichten, Erklären, Vermitteln – explizit oder implizit – auf einer bestimmten Vorstellung vom Lernen beruht. Wer lehrt, hat immer schon gelernt; und Erfahrungen gemacht, auf deren Grundlage ganz bewusste oder auch weniger reflektierte Ansichten darüber entstanden sind, worauf es ankommt, wenn man jemanden etwas ‚beibringen' möchte. Dieses Lernverständnis beeinflusst dann natürlich das Tun und Handeln in der Schule oder anderen Settings.

Analog zur Disziplin der Erkenntnistheorie in der Philosophie lassen sich dabei idealtypisch zwei einander entgegengesetzte Positionen unterscheiden: Der *Empirismus* auf der einen und der *Rationalismus* auf der anderen Seite. Kurz gesagt geht es in dieser Debatte darum, ob man der Meinung ist, dass Lernen vor allem etwas mit Wahrnehmen, Beobachten und Erfahrungen zu tun habe – oder sich vielmehr doch erst im Nachdenken, Überlegen und Reflektieren ereigne. Was ist am Ende ausschlaggebend, die Sinne des Menschen oder sein Verstand? Mit einer solchen Grundsatzunterscheidung erhält man eine Matrix, mit der man sich im Dickicht didaktischer Theorien Orientierung verschaffen kann, durch das man sich etwa in der Lehramtsausbildung einen Weg bahnen. Zusätzlich darf man vorsichtig optimistisch erwarten, dass die eigene Standortbestimmung bei diesem Thema tendenziell zu einer reflektierteren Praxis führt.

Es sei aber noch mal betont, dass die Gegenüberstellung von didaktischem Empirismus und didaktischem Rationalismus eine rein *heuristische* Funktion erfüllt (nämlich das didaktische Feld zu ordnen), die natürlich hinterfragt werden muss. So wird man in der Realität der Theorie- und Praxislandschaft wohl niemals, wie hier eventuell der Eindruck entstehen könnte, ein strenges, ausschließendes Entweder-Oder antreffen; tatsächlich läuft es meist eher auf verschiedene Akzentsetzungen oder die Frage des Vorrangs hinaus: Was hält man letztlich für entscheidend, was stellt man der Bedeutung nach an den Anfang? Offenkundig macht sich in dieser didaktischen Gretchenfrage (die man vermutlich jeder Didaktik stellen sollte, bevor man sich auf sie einlässt) primär das jeweilige *Menschenbild* geltend, das ihr wiederum zugrunde liegt.

## 2. Herbart

Um ermessen zu können, welch eminent bedeutsame Rolle die Wahrnehmung in Herbarts pädagogischem System spielt, muss man sich den Grundriss seiner Erziehungskonzeption vergegenwärtigen, wie er aus seinen Schriften rekonstruiert werden kann. Herbart will demnach nicht weniger als zur „Moralität" zu erziehen – in der berühmten Formulierung aus der *Ästhetischen Darstellung der Welt* heißt es: „Machen, dass der Zögling sich selbst finde, als wählend das Gute, als verwerfend das Böse: dies, oder Nichts, ist Characterbildung!" (Herbart 1804, S. 261[1]) Zu bewerkstelligen gedenkt er dies im Wesentlich durch zwei Mittel: „Unterricht" und „Zucht". Durch *Zucht* soll auf lange Sicht diejenige Willenskraft und Entschlossenheit erreicht werden, die Herbart „Charakterstärke der Sittlichkeit" nennt; sie wird benötigt, um die Begierden und Neigungen im Zaum zu halten. Demgegenüber zielt der *Unterricht* auf einen umfassend gebildeten, neugierig-weltoffenen Geist ab, die berühmte „Vielseitigkeit des Interesses". In der Kombination sollen die beiden Komponenten, „Charakterstärke der Sittlichkeit" und „Vielseitigkeit des Interesses", die besten Chancen bieten, um die Erziehung zur Moralität, die „Erhebung zur selbstbewussten Persönlichkeit" (ebd.) zu meistern – eine Aufgabe, deren Gelingen oder Misslingen erst deutlich später, im Erwachsenenalter, sich zeige (vgl. die Einleitung zur *Allgemeinen Pädagogik*). Die Rolle der Wahrnehmung, um die es mir geht, ließe sich prinzipiell auch für Herbarts Konzeption der *Zucht* untersuchen, hier soll jedoch die Rolle der Wahrnehmung für das Element seiner Pädagogik herausgearbeitet werden, was er *Unterricht* nennt[2] – und der hat

---

1 Die Primärtextbasis meiner Überlegungen umfasst neben der selbstverständlichen *Allgemeinen Pädagogik aus dem Zweck der Erziehung abgeleitet* von 1806 (= AP) und des Textes *Über die ästhetische Darstellung der Welt, als Hauptgeschäft der Erziehung* (= ÄD) von 1804 auch die etwas frühere Schrift *Pestalozzi's Idee eines ABC der Anschauung* von 1802 (= ABC). Zitiert wird nach der Werkausgabe von Karl Kehrbach.

2 Rotraud Coriand hat mich freundlicherweise darauf hingewiesen, dass die dichotome Unterscheidung und Benennung der beiden Erziehungsmittel, Unterricht und Zucht, insofern ungünstig ist, als dass sie Alltagsvorstellungen aufruft, die das Missverständnis nahelegen, es handele sich um zwei in der Realität getrennt voneinander vorkommende Erscheinungsformen, bei welchen der Lehrer das eine Mal mit der

für Herbart im eben dargelegten Sinne immer auch erzieherisch wirksam zu sein, ja beziehe letztlich allein daraus seine tiefere Legitimation. Grundlage von Herbarts Unterrichtsdenken ist ein bestimmtes Bild vom jungen Menschen, welches das Kind mit seinem noch bildsamen, formbaren Gemüt ins Zentrum stellt. Qua seiner Sinnesausstattung offen für die (Um-)Welt, die es umgibt, ist es seiner Umgebung gewissermaßen schutzlos ausgeliefert – eine prinzipiell gefährliche Situation, denn die Beschaffenheit seiner Umwelt entscheidet so darüber, welche Erfahrungen gemacht werden, was für Eindrücke sich festsetzen, wie er oder sie geprägt wird. Denn diese seine Welt wird der junge Mensch

> „mustern in allen ihren Theilen. Was er erreichen kann, wird er rühren und rücken, um dessen ganze Beweglichkeit zu erforschen. Das andre wird er betrachten, und sich im Geiste dahin versetzen. Die Menschen und ihr Betragen […], die Lebensarten und Stände nach Glanz und Vortheil und Ungebundenheit vergleichen. Er wird – wenigstens in Gedanken – nachahmen, kosten, wählen." (Herbart 1804, S. 267)

Das Vermögen der sinnlichen Wahrnehmung stiftet also laut Herbart eine Verbindung zur Welt und versetzt das Kind in den Stand, sein Umfeld, an dem es natürlicherweise interessiert sei[3], in den Blick zu nehmen, Beobachtungen anzustellen und sich so nach und nach ein Urteil zu bilden über das, was er sieht, hört, schmeckt, riecht und fühlt. Die Gefahr lauert nach Herbart nun darin, dass das Kind, wenn man dessen Umweltwahrnehmung dem Zufall überlässt, möglicherweise die ‚falschen', d. h. nicht sittlichen, Maßstäbe zur Beurteilung vermittelt bekommt. In der Folge würde er selbst dergestalt urteilen und sich daran gewöhnen, die Dinge und Menschen auf diese Art zu bewerten. Konkret befürchtet er das Entstehen einer *egoistischen* Sichtweise (Was hilft *mir*? Was fühlt sich gut an für *mich*? Wodurch komme *ich* wei-

---

Kreide und das andere Mal mit dem Rohrstock erziehe – Nichts könnte falscher sein, wie die genaue Lektüre der Passagen zur Zucht in der *Allgemeinen Pädagogik* zeigt.

3 Dieses in epistemischer Hinsicht optimistische Menschenbild lässt sich bis an den Anfang der aristotelischen Metaphysik zurückverfolgen, wo es heißt: „Alle Menschen streben von Natur aus danach zu sehen und zu erkennen. Dies beweist die Wertschätzung der Wahrnehmungen. Denn auch ohne, dass sie etwas nützen, schätzt man sie um ihrer selbst willen, am allermeisten das Sehen" (Übersetzung vom Autor) – Πάντες ἄνθρωποι τοῦ εἰδέναι ὀρέγονται φύσει. σημεῖον δ' ἡ τῶν αἰσθήσεων ἀγάπησις· καὶ γὰρ χωρὶς τῆς χρείας ἀγαπῶνται δι' αὐτάς, καὶ μάλιστα τῶν ἄλλων ἡ διὰ τῶν ὀμμάτων. (Aristoteles 980a21).

ter?) – also die Blindheit für die Bedürfnisse und Gefühle *anderer* Wesen. Dem entgegen hält Herbart die ‚richtige' Betrachtungsart, die das Maß der Moralität und Ästhetik anlegt. Das würde bedeuten, dasjenige, was in den Blick gerät, ausschließlich nach seinem Grad an innerer und äußerer „Vollkommenheit" zu bemessen (vgl. ebd., S. 264f.; vgl. auch Böhm 2013, S. 83).

Dass dies geschieht, habe der Pädagoge sicherzustellen, indem er dafür sorgt, dass die Welt für den Heranwachsenden demgemäß *dargestellt* – man möchte sagen: inszeniert – werde. Hierin erkennt Herbart bekanntermaßen die Hauptaufgabe erzieherischer Tätigkeit überhaupt, wie das folgende, etwas längere Zitat belegt:

> „Der Erzieher *soll* den Muth haben, vorauszusetzen: er könne, wenn er es recht anfange, jene Auffassung [des Kindes; D. L.] *durch ästhetische Darstellung der Welt* früh und stark genug *determiniren*, damit die freye Haltung des Gemüths nicht von der Weltklugheit [= rationaler Egoismus; D. L.], sondern von der reinen practischen [= moralischen; D. L.] Ueberlegung das Gesetz empfange. Eine solche Darstellung der Welt – der *ganzen* bekannten Welt, und aller bekannten Zeiten, um nöthigenfalls die üblen Eindrücke einer ungünstigen Umgebung auszulöschen – diese möchte wol [sic!] mit Recht das Hauptgeschäft der Erziehung heissen, wofür jene Zucht, die das Verlangen weckt und bändigt, nichts als nothwendige Vorbereitung wäre". (ebd., S. 268)

Als vielleicht eher überraschende Randnotiz: Wird nicht heutzutage in der sozialpädagogischen Arbeit, etwa im Bereich *Streetworking*, häufig ein sehr ähnlicher Ansatz verfolgt? Wenn man sich beispielsweise darum bemüht, benachteiligten Kindern in sogenannten „Problemstadtteilen" durch vielfältige Angebote eine andere, buntere und hoffnungsvollere Welt *aufzuzeigen* als jene, die sie aus ihren oft schon qua Städteplanung ins gesellschaftliche Abseits gestellten Quartieren kennen. Die vorherrschende Art pädagogischen Handelns ist nämlich auch hier in der Hauptsache eine *indirekte* Einwirkung – ein Arrangieren und Gestalten der kindlichen Umwelt und ihrer Elemente. *Direkt* agiert die Erzieherin bzw. Lehrerin aber selbstverständlich auch, nämlich dann, wenn sie den Erfahrungshorizont ihrer Schülerinnen nicht nur hinter den Kulissen wohlwollend manipuliert, sondern gemeinsam mit ihnen mit allen Sinnen erforscht, ausleuchtet und eben behutsam erweitert. Herbarts anvisiertes Ideal eines erzieherisch wirksamen Settings formuliert er dabei ganz deutlich und in einem vitalistischen Vokabular: „Diese [kindliche; D. L.] Welt sey ein reicher, offener Kreis voll mannigfaltigen Lebens!" (Herbart 1804, S. 267).

Treten wir einen Schritt zurück und schauen noch einmal auf die philosophischen und pädagogischen *Prämissen* dieses Ansatzes. Herbart selbst hat sie in den einleitenden Passagen seines *ABC der Anschauung* offengelegt; der Text nimmt Bezug auf Pestalozzi und will eine Begründung und ein Curriculum für so etwas wie eine ‚Vorschule des Sehens' liefern. Als Erstes muss geklärt werden, was genau Herbart eigentlich unter „Wahrnehmung" bzw. „Anschauung" versteht (auch Herbart ist wie Aristoteles und fast die gesamte abendländische Tradition der Meinung, dass dem *Sehsinn* eine besondere Stellung zukommt); sehen wir's uns an:

> „Die rohe Anschauung ist dasjenige, was sich unwillkürlich ereignet, indem der Gegenstand vor das offene Auge hintritt. Der Geist kann alsdann nicht umhin, zu sehen; er ist darin der Natur unterwürfig. Auch ist diese Anschauung gleich anfangs *vollkommen*; insofern nämlich, dass, bei vorausgesetzter Gesundheit des Auges, der Gegenstand sich im ersten Augenblick schon so zeigt, wie er, in seiner gegenwärtigen Beleuchtung, und in seiner gegenwärtigen Lage gegen das Auge, sich überall nur zeigen kann." (Herbart 1802, S. 160)

Wahrzunehmen oder Anschauungen zu haben, können wir uns nicht aussuchen, vielmehr handelt es sich um etwas, was sich ereignet – und zwar ständig, ob man will oder nicht; man ist ihnen sozusagen existentiell ausgeliefert. Ein weiterer wichtiger Punkt: Es gibt keine falschen Wahrnehmungen! Das Wort „Sinnestäuschung" legt insofern ein Missverständnis nahe. „Wahr" oder „falsch" sind nämlich Attribute, die sich nur auf Urteile oder Aussagen sinnvoll anwenden lassen, nicht aber auf das, was jemand wahrnimmt. Der Satz „Das *siehst* Du falsch!" ergibt nur übertragen einen guten Sinn, nicht wörtlich. Man mag Herbart jetzt einen naiven metaphysischen Realisten schelten – im Kontext der heutigen Philosophie geradezu ein vernichtendes Schimpfwort – allerdings höbe er sich damit immerhin wohltuend vom konstruktivistischen Zeitgeist ab.

Entscheidend ist jedoch, dass Herbart tatsächlich genau davon ausgehen muss, dass es da etwas unabhängig von uns gibt, was sich von mehreren Personen zeitgleich in Augenschein nehmen lässt. Eigentlich müsste sogar jede Lehrerin dies tun, die einen Unterricht praktizieren will, in dem *alle* Schülerinnen ein- und denselben Gegenstand gleichzeitig in den Blick nehmen und sich darüber verständigen sollen, was ihnen jeweils auffällt. Ein solcher Austausch, den man im Unterschied zum *Dialog* mit einem Kunstwort Johannes Hachmöllers (2015, S. 39) als „Perilog" (von altgr. περί = in Betreff, über, um eine Sache kreisend) bezeichnen könnte, wäre ohne diese Prämisse unmöglich.

Trotz dieses Universalismus lässt Herbart auch Raum für Differenz und Diskrepanz. Diese hat man sich so vorzustellen, dass unterschiedliche Menschen auf unterschiedliche Aspekte achtgeben, ihre Aufmerksamkeit auf jeweils andere Gesichtspunkte richten können:

> „Nicht Alle sehen Alles gleich. Der nämliche Horizont hat diesem Auge viel, und jenem wenig anzubieten. Er zeigt einem das Schöne, einem andern das Nützliche, einem dritten ist er eine auswendig gelernte Landkarte. […] Zum Theil erklärt man sich vielleicht diese Verschiedenheit aus besondern, zufälligen Interessen, oder Eigenheiten des Temperaments u. d. gl., welche die Aufmerksamkeit so oder anders gewöhnen. Aber […] die nächste Ursache liegt ohne Zweifel in Verschiedenheiten des Anschauens selbst." (Herbart 1802, S. 155)

Auf diese Weise wird auch Herbarts *zweite* Prämisse verständlich, nämlich, dass die Anschauung „der Bildung fähig" (ebd.) sei. Das Sehen sei „eine Kunst", in der man „wie in jeder andern Kunst, eine gewisse Reihe von Uebungen zu durchlaufen hat" (ebd.). Auch in Bezug auf seine pädagogische Wertschätzung einer solchermaßen „gebildeten Anschauung" (ebd., S. 158) lässt er keine Zweifel aufkommen: „Das Anschauen ist die Wichtigste [sic!] unter den bildenden Beschäftigungen des Kindes und des Knaben. Je ruhiger, verweilender […] das Kind die Dinge betrachtet: desto solidere Fundamente legt es seinem ganzen künftigen Wissen und Urtheilen." (ebd.) Außerdem würden die Schülerinnen durch Anschauungsunterricht Kenntnisse über die „Natur der Dinge" erwerben, was „überlegtes Handeln" sowie die „besonnene Wahl der Mittel zum Zweck." (ebd.) ermögliche.

Und das Beste: Ein solcher Unterricht, der ein „geschärftes Aufmerken", ein „unzerstreutes, scharf fassendes Schauen" „auf die Dinge wie sie gesehen werden" (ebd., S. 158f.) beabsichtigt, werde von den Kindern keinesfalls eine lästige Angelegenheit empfunden, denn es sei „dem

Knaben kein Unterricht angemessener [...] als der anschauliche" (Herbart 1802, S. 159). In seinem *ABC der Anschauung* entwirft Herbart einen kindgerechten Lehrgang zur frühen, vorbereitenden Unterweisung *junger* Eleven in der Kunst der Anschauung.

Wie genau muss man sich jetzt aber nun die Umsetzung im ‚normalen' Schulsetting vorstellen? Und welche Rolle spielen Wahrnehmung und Anschaulichkeit hier? Wir erinnern uns: Ziel des Unterrichts (als allgemeines Element der herbartschen Pädagogik neben der „Zucht") ist die vielbeschworene Vielseitigkeit des Interesses, also ein aufgeschlossen-neugieriges Sich-auskennen und Bescheid-Wissen auf so manchem Gebiet. Nach Herbart müsse die Vielseitigkeit des Interesses näherhin auf *zwei Feldern* kultiviert werden, sodass „der Unterricht zwei getrennte aber stets gleichzeitig fortlaufende Reihen von unten auf jenem höchsten Punkte entgegen zu führen habe, um endlich beide in ihm zu verknüpfen; – man kann diese Reihen durch die Namen: *Erkenntnis* und *Theilnahme* unterscheiden." (Herbart 1804, S. 270) Während mit Erkenntnis all das gemeint ist, was in der Vorstellung die realen Dinge und Verhältnisse abbildet, zwecke die Teilnahme darauf ab, sich in die Empfindungen anderer zu versetzen.

Die Rolle der Wahrnehmung bzw. Anschauung fällt sodann auch für Erkenntnis und Teilnahme unterschiedlich aus. Was die Erkenntnis angeht, so fängt diese „natürlich an bei den Uebungen zur Schärfung und ersten Verarbeitung der Anschauungen und der nächsten Erfahrungen: kurz, beym ABC der Sinne." (ebd.) Man sieht, Wahrnehmungen sind hier nicht nur das Mittel, das *Medium* des Unterrichts, sondern sozusagen selbst sein *Gegenstand*, ihre Schulung sein *Ziel*.

Der Aspekt der Teilnahme stellt den Lehrer diesbezüglich vor ein besonderes Problem, das sich als eine *grundsätzliche Darstellungsaufgabe* entpuppt, die in der Natur der Sache begründet liegt. Der Teil des Unterrichts, der Vielseitigkeit des Interesses in Form der Teilnahme entwickeln soll, hat es ja grundsätzlich darauf abgesehen, das Vermögen zu entwickeln, sich in eine andere Person hineinzuversetzen; dafür aber müssen diese Personen bzw. ihre Empfindungen, Handlungen, Gefühle und Gedanken, die nachvollzogen werden sollen (vgl. Herbart 1806, S. 71f.), überhaupt erst einmal irgendwie sicht- und greifbarbar gemacht werden, kurz: sie müssen zur Darstellung kommen. Geschieht dies nicht, bleibt man abstrakt, droht man als Lehrerin sein Ziel zu verfehlen. So gibt sich Herbart in seiner *Allgemeinen Pädagogik* große Mühe, dem künftigen Lehrer in dieser Sache hilfreiche Hinweise zu geben.

Besonders knifflig scheint es, wenn die großen gesellschaftlichen Zusammenhänge behandelt werden sollen (vgl. ebd., S. 89): „Um hier *anschaulich* zu seyn, ergreife er [der Lehrer; D. L.] vor allem das nächste Beyspiel, den Zögling selbst [...]" (Herbart 1806, S. 69 & 71). Es wäre reizvoll zu überlegen, wie in diesem Fall über das Postulat der Anschaulichkeit gleichzeitig Lebensnähe, Konkretheit und Nützlichkeit eingelöst werden können. Eine andere Facette dessen, was man als *Schülerorientierung*[4] avant la lettre bezeichnen kann, hebt Georg Weiss in seiner Charakteristik des herbartschen Ansatzes hervor:

> „Den Ausgangspunkt für den Gang des Unterrichtes bildet stets der bestimmte Erfahrungs- und Umgangskreis, in dem der Jugendliche steht. Zunächst hat man darauf zu sehen, daß dieser Kreis nach der ‚Idee gleichschwebender Vielseitigkeit', d. h. nach der Seite der Erkenntnis und der Teilnahme *erweitert und durchleuchtet* wird." (Weiss 1928, S. 206)

Schauen, wo die Schülerinnen stehen, ihre Erfahrungswelt erkunden und ihre Grenzen durch geleitete Entdeckungen Stück für Stück verschieben. Wie geht man dabei vor? Nicht sprunghaft, sondern „continuirlich" (Herbart 1806, S. 71), man folgt dem didaktischen Gebot der Ähnlichkeit, man knüpft an Bekanntem an:

> „Man kann aus dem Horizont, in welchem das Auge eingeschlossen ist, die Maasse nehmen, um ihn durch Beschreibung der nächstliegenden Gegend zu erweitern. Man kann das Kind in die Zeit vor seiner Geburt am Lebensfaden der ältern umgebenden Personen hinausführen; – man kann überhaupt alles dasjenige BLOS DARSTELLEND versinnlichen, was hinreichend *ähnlich* und verbunden ist mit dem, worauf der Knabe bisher gemerkt hat." (ebd., S. 59)

Unabhängig davon, welche Reihe man verfolgt, Erkenntnis oder Teilnahme, Herbart klassifiziert grundsätzlich *drei verschiedene Unterrichtstypen*, man könnte auch von Unterrichts*methoden* im weiten Sinne

---

4 „So oft es sich zuträgt, dass für irgend ein Individuum ein Unterrichtsplan angelegt werden soll, wird sich immer ein Erfahrungs- und Umgangskreis vorfinden, in welchem das Individuum steht. Vielleicht wird dieser Kreis sich nach der Idee *gleichschwebender* Vielseitigkeit zweckmässig erweitern, oder innerlich besser durchsuchen lassen; und die ist das *Erste*, worauf man zu sehen hat." (Herbart 1806, S. 58).

sprechen – es geht jedenfalls um grundverschiedene Arten, auf die man Unterricht betreiben kann. Die Einteilung orientiert sich daran, welches Verhältnis jeweils zu den durch die sinnliche Wahrnehmung gewonnen Schülervorstellungen besteht.

Der *analytische* Unterricht etwa zeichnet sich dadurch aus, dass die schon vorhandenen Vorstellungen der Schülerinnen und Schüler herausgehoben, betrachtet, zergliedert und reflektiert werden. Im Gegenzug ist es die Absicht des *bloß darstellenden* Unterrichts, der Sammlung ganz neue Vorstellungen hinzuzufügen, den „Gesichtskreis", den die gegebene „Erfahrung", der gegebene „Umgang" abstecken, durch „Gemälde", „Abbildungen", literarische „Schilderungen" (Herbart 1806, S. 59) zu erweitern: „[I]hrer Natur nach hat diese Lehrart nur ein Gesetz: *so zu beschreiben, dass der Zögling zu sehen glaube.*" (ebd.) Der *synthetische* Unterricht schließlich verfährt konstruktiv, auch er bedient sich aus dem Fundus des Bekannten, aber fügt das Vorhandene durch geschickte Kombination zu neuen Wissensformationen. Auf diese, die dritte Form setzt Herbart den entscheidenden Akzent, wie das folgende Zitat belegt, in dem der Begriff das erste Mal fällt:

> „Der *synthetische* Unterricht, welcher aus eigenen Steinen baut, dieser ist es allein, der es übernehmen kann, das ganze Gedankengebäude, welches die Erziehung verlangt, aufzuführen. Freylich, reicher kann er nicht seyn, als unsre Wissenschaften […]; aber eben dadurch doch unvergleichbar reicher, als die individuelle Umgebung eines Kindes." (ebd., S. 61; Hervorhebung D. L.)

Ich möchte nun dem Einfluss nachforschen, den Herbarts empiristische Konzeption auf die sich in seiner Nachfolge formierende Deutsche Schulpädagogik gehabt hat. Dafür wird ein Pädagoge betrachtet, der zwar einerseits bekennender Herbartanhänger war, andererseits im Kreis der Herbartianer immer eine eigenständige Position, wenn nicht sogar eine Sonderstellung bezogen hat: Die Rede ist von Friedrich Wilhelm Dörpfeld. Wer bis jetzt die berühmte Stufenfolge: Klarheit, Assoziation, System, Methode vermisst hat, der sei beruhigt, über Dörpfeld werden wir diesen Faden noch aufnehmen. Vorerst aber noch einmal eine Zusammenfassung in geordneter Form:

Erziehender Unterricht nach Herbart

*Allgemeines Ziel:*    Moralität

*Zweck:*    Vielseitigkeit des Interesses

*In den Bereichen:*    Erkenntnis (Erfahrung) & Teilnahme (Umgang)

*Drei Typen:* bloß darstellend (1)    analytisch (2)    synthetisch (3)

→ Dabei stets Wechsel von Phasen der <u>Vertiefung</u> und <u>Besinnung</u>

Abb. 1: Erziehender Unterricht nach Herbart

## 3. Dörpfeld

Der Pädagoge Friedrich Wilhelm Dörpfeld[5] gilt heute als wichtigster Vordenker und Verfechter der *freien Schulgemeinde*[6], eines Konzepts zur genossenschaftlichen Organisation und Verwaltung von Schule, das im 19. Jahrhundert von einer regelrechten Schulgemeinde-Bewegung getragen wurde; bekannt sein mag Dörpfeld der einen oder anderen außerdem durch seine *Gesellschaftskunde* als Urvater der Politischen Bildung (vgl. Beeck 1974) oder wegen seiner Schrift *Theorie des Lehrplans* als Stichwortgeber der wissenschaftlichen Beschäftigung mit Curricula. Dörpfeld lebte von 1824 bis 1893 im von pietistischer Frömmigkeit durchdrungenen Bergischen Land am Niederrhein. Er durchlief das durch Adolph Diesterweg berühmt gewordene Lehrerseminar in Moers,

---

5   Die insgesamt gelungenste Kurzdarstellung seines Lebenswegs bietet Klaus Goebel (1975a).
6   Zur Schulgemeinde-Idee im 19. Jahrhundert vgl. Potthoff 1971; Koerrenz 1999 außerdem Löffelmann 2017. Dörpfeld hat Schulgemeinde-Konzeption in vier Büchern mit jeweils unterschiedlichen Akzenten ausarbeitet:
*Die freie Schulgemeinde und ihre Anstalten auf dem Boden der freien Kirche im freien Staate* (1863), die Streitschriften *Die Drei Grundgebrechen der hergebrachten Schulverfassungen* (1869) und *Ein Beitrag zur Leidensgeschichte der Volksschule nebst Vorschlägen zur Reform der Schulverwaltung* (1881) sowie das noch kurz vor seinem Tod erschienene Alterswerk *Das Fundamentstück einer gerechten, gesunden, freien und friedlichen Schulverfassung* (1893). In puncto Monographien markieren sie sowohl den Anfang als auch das Ende seiner pädagogikbezogenen Publikationstätigkeit.

das zu seiner Zeit von Franz Ludwig Zahn geleitet wurde. Ab 1849 war er Haupt-Volksschullehrer an einer Pfarrschule in Barmen, heute Ortsteil von Wuppertal, wo er bis zu seiner Pensionierung 1879 tätig war. – Er unterrichtete also über 30 Jahre in seiner Heimatregion. Von dort aus brachte er sich bis zu seinem Tod mit kräftiger Stimme und scharfer Feder in die schulpolitischen Debatten der Zeit ein. Als Vehikel seiner öffentlichen Wirksamkeit, die wie seine Lehrertätigkeit in die zweite Hälfte des 19. Jahrhunderts fällt, diente dem gut vernetzten Dörpfeld in erster Linie eine pädagogische Zeitschrift, die er in Nachfolge der *Schulchronik* Zahns 1857 selbst gründete und bis Lebensende monatlich herausgab: das *Evangelische Schulblatt*. Als Führungsfigur der evangelischen Lehrerbewegung war der »König unter den Schulmeistern«, wie ihn Kollegen anerkennend nannten, zudem sehr aktiv in einer Vielzahl von Vereinen[7], auf regelmäßigen Regionalversammlungen (Lehrerkonferenzen) sowie unzähligen Vorträgen. Auf diesen beiden Wegen gewann vor allem sein schulorganisatorisches Reformkonzept im frühen 20. Jahrhundert großen Einfluss (vgl. Potthoff 1971, S. 5; Koerrenz 1999, S. 217f.[8]). Zu Herbart gelangte Dörpfeld über seinen Freund Karl Wilhelm Mager, einen Kontakt, der durch Zahn zustande kam (vgl. Goebel 1975a, S. 153f.). Unter seiner Anleitung studierte er insbesondere Herbarts Psychologie. Die Früchte seiner Arbeit, die in seinem Buch *Denken und Gedächtnis* vorliegen, teilte Dörpfeld bis ins hohe Alter mit seinen Lehrerkollegen auf regelmäßigen Weiterbildungsveranstaltungen.

Da man es bei Dörpfeld mit einem Mann der Konsequenz zu tun hat, darf es nicht verwundern, dass er die Einsichten, die er Herbart und anderen verdankt, gewissermaßen beim Wort nimmt, d. h. ihre didaktischen Implikationen erkennt und umsetzt. Am besten dokumentiert sich dieser Anspruch in Dörpfelds Schrift *Die schulmäßige Bildung der Begriffe*[9] von 1877. Sie gehört gleichzeigt zu seinen populäreren Schriften: bis 1917 erreichte sie neun Auflagen. Dörpfeld legt hier einen Grundsatzfahrplan für die systematische Verständniserweiterung bei Schülern vor, die er eben in der Terminologie der Zeit als Begriffsbildung bezeichnet.

7 U. a. im *Evangelischen Lehrerverein* und dem *Verein für wissenschaftliche Pädagogik*, zu deren Mitbegründern er zählte.
8 Generell sprechen die teilweise sehr hohen Auflagen für sich; so wurde etwa seine Schrift *Denken und Gedächtnis* bis 1915 14 Mal aufgelegt (Goebel 1975b).
9 Weiterhin lesenswert in Bezug auf seine Didaktik sind seine *Grundlinien einer Theorie des Lehrplans* von 1873 sowie seine Schrift über den *didaktischen Materialismus* von 1879.

Ganz gleich, ob es sich um die Mathematik, die Biologie oder die Religion dreht, immer wenn ein bestimmter Wissensbestand gedanklich durchdrungen und sicher eigelernt werden soll, habe man – eben aus psychologisch und didaktisch zwingenden Gründen – im Grunde so vorzugehen, wie Dörpfeld es skizziert. Abweichungen ergäben sich lediglich durch die Unterschiede der Begriffe, die im Unterricht vermittelt werden sollen, etwa erforderten Individualbegriffe eine etwas andere Herangehensweise als Klassenbegriffe (vgl. Dörpfeld 1877, S. 4f.). Schauen wir uns die Dörpfeld-Herbartsche Universalmethode genauer an. Ausgehend von einer *logischen* und einer *psychologischen* Voruntersuchung kommt er zu dem Ergebnis, es gebe prinzipiell

> „vier Akte der schulmäßigen Begriffsbildung [...]. 1. Anschauung = Betrachtung (Beschreibung) einiger Repräsentanten. 2. Vergleichung = Aufsuchung der gemeinsamen (gleichen) Merkmale. 3. Zusammenfassung des Gemeinsamen – durch die Benennung des Begriffs. 4. Anwendung = Untersuchung anderer Objekte, ob dieselben ebenfalls unter den gefundenen Begriff gehören." (ebd., S. 17)

Es dürfte dem geschulten Blick nicht entgangen sein, dass auch Dörpfeld der Wahrnehmung zumindest chronologisch den vordersten Rang zuweist, wie er zudem an anderer Stelle deutlich macht: „Fassen wir das Wahrnehmen als die erste Stufe der Erkenntnistätigkeit, also die Wahrnehmung (Anschauung) als das erste Erkenntnisgebilde [...]." (ebd., S. 3); noch expliziter wird er, wenn er konstatiert, es handele sich um „diejenige Operation [...], mit welcher alles Lehren beginnt, – die den Begriffsbildungsprozeß erst möglich macht und einleitet, also eigentlich eine Vor-Operation ist [...]." (ebd., S. 12f.)

Angesichts der eigentümlichen Übersichtlichkeit und relativen Einfachheit seines prototypischen Ablaufs des Lehr-Lernprozesses stellt sich die Frage, wie es kommt, dass dieser Vorgang dennoch in der Schule regelmäßig so viele Probleme bereitet:

> „Muß nicht doch irgendwo eine verborgene Schwierigkeit im Spiele sein? In der Tat, sie ist vorhanden, – nur nicht da, wo man sie gewöhnlich sucht. Sie liegt für beide Teile, für den Schüler wie für den Lehrer, in derjenigen Operation, die man gemeinhin für leicht hält – in dem vorbereitenden ersten Akte, wo es sich um den Erwerb der Anschauungen handelt." (ebd., S. 22f.)

Vielleicht noch deutlicher als Herbart hebt Dörpfeld also den didaktischen Stellenwert der Wahrnehmung hervor; er spricht dabei das herkömmliche Urteil an, man habe es dabei maximal mit einer trivialen Vorstufe zu tun. Vermutlich ist das einer der Gründe, dass diese „Operation" bis heute häufig nicht die gebührende Aufmerksamkeit geschenkt bekommt und folglich bei der Unterrichtsplanung vernachlässigt wird. Dörpfeld hält eindeutig das Gegenteil für angebracht: „Die Wahrheit, daß die Anschauung es ist, wovon die Entwicklung des begrifflichen Denkens zuerst und zuletzt abhängt – aber wohlgemerkt: die richtig geleitete Anschauung –, kann der Schulwelt nicht oft und nicht laut genug zugerufen werden." (Dörpfeld 1877, S. 24f.) Die Schaffung einer empirischen Basis für den Unterricht, die Herstellung von Anschaulichkeit stellt für ihn eine überaus anspruchsvolle, wenn nicht einer der schwierigsten Dinge im Lehrergeschäft überhaupt dar: „Soll diese Operation [...] dem Schüler nicht zu schwer fallen, – soll sie so gelingen, daß die folgenden Akte leicht und sicher zum Ziele führen: So werden damit Anforderungen an den Lehrenden gemacht, die nur bei sehr tüchtigen fachwissenschaftlichen Ausrüstung sich erfüllen lassen." (ebd., S. 22f.)

Dörpfeld legt dem Leser sodann in gewohnt kleinteiliger Manier dar, was genau die Lehrende mitbringen muss, um diese Anforderung zu meistern. Zunächst gelte es ganz grundlegend, die „zu betrachtenden Repräsentanten richtig auszuwählen" (ebd., S. 23), also das richtige Anschauungsbeispiel zu finden, das vielsagende Exempel zu identifizieren. Um dies souverän zu bewerkstelligen, muss die Lehrperson zweitens definitiv „das betreffende Gebiet [...] begrifflich beherrschen." (ebd.) „Zum dritten muß er Vorsorge treffen, daß diese Repräsentanten [...] den Schülern in der nötigen Anschaulichkeit vorgeführt werden – was namentlich auf dem geistigen Gebiete vielfach nicht leicht ist." (ebd.) Die Lehrerin muss nicht nur die richtigen Gegenstände oder Szenen aussuchen, sondern dann auch noch darüber befinden, wie diese sinnvoll in der konkreten Unterrichtsstunde auftreten und angeordnet werden; hier ist ein Nachdenken über die jeweilig adäquate Darstellungsform angesagt, die heutzutage vom „Vorzeigen" (ebd., S. 44) von Zeichnungen, Fotos oder einer Karikatur über das Abspielen von Videos bis hin zum „Erzählen" (ebd.) einer Geschichte, der Verwendung von Literatur, Comics oder Standbildern reichen kann. Besonders sei es gerade hier, immer „Kind und Sache gleichermaßen im Blick [zu] haben" (ebd., I 33)

Besonders dringlich werden diese Überlegungen natürlich dann, wenn der Unterrichtsgegenstand per se erst einmal nicht sinnlich greifbar, sondern von abstrakter Natur ist, wie etwa „Gerechtigkeit", „Freiheit" usw. In diesen Fällen kann der Einsatz von erhellenden Kontrastbeispielen besonders wichtig werden (vgl. auch ebd. S. 29). Außerdem sei es sowieso, ganz wie Herbart es fordert, immer geboten, wenn möglich, an die „Erfahrung des Schülers" (ebd., S. 44) anzuknüpfen.

Und selbst wenn dies alles geleistet sei, müsse man viertens außerdem noch in der Lage sein, durch geschickte Gesten, Fragen, Aufgaben etc. „den Blick der Schüler auf die Stellen zu richten, wo etwas gemerkt werden soll […]." (ebd., S. 23). Ohne die taktvolle Lenkung der Aufmerksamkeit, die man nicht lehrbuchartig lernen, sondern nur durch wiederholte Praxis einüben und schließlich meistern könne (vgl. Dörpfeld 1877, S. 27), führe der Unterrichtsgang nicht zuverlässig zum Ziel. Nur wenn alle vier Punkte jeweils mit Blick auf die bestimmte Klasse und unmittelbare Situation nach Maßgabe des pädagogischen Takts beachtet würden, könne man in der Schule regelmäßig ein „anschauliches Verstehen" (ebd., S. 44) ins Werk setzen. – Wer in dieser Sache jetzt seinerseits die von Dörpfeld geforderte Anschaulichkeit einklagt, der sei darauf verwiesen, dass dieser den Vorbereitungsprozess kleinschrittig an mehreren Unterrichtsgegenständen aus dem Religions- und Biologieunterricht durchexerziert (vgl. ebd., S. 6ff. & 39).

Innerhalb des Herbartianismus stand Dörpfeld mit dieser Ansicht nicht allein dar, gehörte doch der beschriebene Unterrichtsgang zum „theoretisch-methodischen Grundbestand" (Heesch 1999, S. 55) der Herbartianer. So weiß er denn auch von seinen Mitstreitern aus dem *Verein für wissenschaftliche Pädagogik* zu berichten:

„In dem Zillerschen Seminar zu Leipzig werden die Seminaristen angewiesen und angeleitet, ihre Lehrpräparationen (in jedem Fache) streng nach den 4 Apperzeptionsstufen [= Unterrichtsstufen; D. L.] einzurichten und demgemäß auch bei der praktischen Ausführung in der Übungsschule zu verfahren. (Irre ich nicht, so galt im Stoy'schen Seminar zu Jena im wesentlichen dieselbe Regel.) […] Wie die Leipziger Seminaristen gelegentlich erzählten, pflegt ihnen jene exakte Form der Präparation anfänglich äußerst unbequem zu sitzen und viel Kopfzerbrechens zu verursachen." (Dörpfeld 1877, S. 45)

Diese Startschwierigkeiten mit dem „Formalstufenschema"[10] führt Dörpfeld darauf zurück, dass Ziller ein echtes Lehrbuch in dieser Hinsicht bis jetzt schuldig geblieben sei. So setze Zillers *Grundlegung zur Lehre vom erziehenden Unterricht* (1865) die meisten Begriffe, die er verwendet und zumeist von Herbart übernimmt, einfach voraus, ohne sie Schritt für Schritt einzuführen:

> „Zur Bezeichnung sind im Leipziger Seminar die herbartischen Ausdrücke: Klarheit, Assoziation, System, Methode, im Gebrauch. Wer diese Namen zum ersten Male hört, dem klingen sie ohne Zweifel fast wie ein Rätsel. Herbart hat auch wenig zu ihrer Erläuterung gesagt – [...] alles in allem nur auf 2 Seiten. Auch Zillers allgemeine Unterrichtslehre – unstreitig das instruktivste Werk, welches die pädagogische Literatur über das Wesen und die Bedingungen eines allseitig bildenden und erziehenden Unterrichts derzeit besitzt, gibt dem Anfänger über die Bedeutung jener hieroglyphischen Namen wenig Aufschluss, obwohl dieselben häufig gebraucht werden." (Dörpfeld 1877, S. 46)

Diesen Mangel, den Dörpfeld behutsam anspricht, gedenkt er mit seinem eigenen Text zu beheben; deutlichere Worte der Kritik des stets um Geschlossenheit bemühten Dörpfelds an Ziller – aus denen seine sehr eigenständige Position innerhalb des Herbartianismus hervorgeht – lassen sich übrigens in Dörpfelds Briefen nachweisen.[11] Zum Ende seiner Schrift erläutert Dörpfeld deshalb die Terminologie Herbarts und Zillers mittels seiner eigenen, im Verlauf des Textes entfalteten Ausdrucksweise:

---

10 Dörpfeld würde schon hier einhaken, da das Bild der nacheinander, jeweils nur für sich diskret zu erklimmenden Stufen fragwürdig sei; Dörpfeld spricht deshalb von „Lehrakten" und „Lernstadien" (Dörpfeld 1877, S. 44).
11 So übt Dörpfeld z. B. in einem Brief an unbekannt aus dem Jahre 1879 indirekte Kritik an Ziller, indem er über mehrere Seiten mit dem *Verein für wissenschaftliche Pädagogik* unter dem Motto abrechnet, „daß die herbartsche ‚Schule' in ihrem leibhaftigen Personal der hohen Aufgabe, Vorkämpferin der pädagogischen Wissenschaft zu sein, nicht gewachsen sei." (Goebel 1976, S. 360); in einem Brief vom 23. März 1879 an Wilhelm Reich mahnt er selbigen allerdings, in einer anstehen Rezension bestehende Differenzen zu Ziller als „häusliche" zu betrachten, welche „zunächst innerhalb des häuslichen Kreises, aber nicht auf dem Markte zu verhandeln sind." (Goebel 1976, S. 336); „Die Differenzen zwischen uns und Ziller können angedeutet werden, müssen aber ausdrücklich als sekundär bezeichnet werden [...]" (Goebel 1976, S. 337).

„Klarheit = Anschauung: klares Auffassen der konkreten Objekte in allen ihren Teilen und Merkmalen ist hier die Aufgabe.

Assoziation = Vergleichung: über das Anschauen hinaus vollzieht sich der nächste Fortschritt des Denkens durch Assoziieren (und Kombinieren) der Vorstellungen.

System = Zusammenfassung: durch die Begriffe werden die Anschauungen geordnet, an ihren rechten Ort gestellt; und aus den Begriffen erbaut sich das System.

Methode = Anwendungen: wenn das Denken [...] bis zu diesem Kreise vorgedrungen ist, so weiß und übersieht es auch den Weg – die Methode – alles Forschen, vorwärts und rückwärts." (Dörpfeld 1877, S. 47)

Einen weiteren Konflikt sieht Dörpfeld zwischen seinem in der Anschauung gegründeten Ansatz und dem damals wie heute weit verbreiteten „didaktischen Materialismus"[12]. Den Lehrplan mit durchzunehmenden Stoffen zu überfrachten, vertrage sich schlicht nicht mit einem gründlichen und guten Unterricht – eine Formel, die heute genauso gilt. Nun soll denn auch ein Blick in ‚unsere' Zeit, in die jüngere Vergangenheit und Gegenwart gewagt werden.

## 4. Wagenschein und die Lehrstückdidaktik

In der zweiten Hälfte des 20. Jahrhunderts entsteht im Anschluss an den Pädagogen und Didaktiker Martin Wagenschein die fachübergreifende Richtung der *Lehrkunstdidaktik* (Berg/Schulze 1995). Diese didaktische Gruppierung wendet sich vor allem der Entwicklung und Durchführung von *Lehrstücken* (Berg/Brüngger/Wildhirt 1999) zu. Dass nun gerade die Lehrkunstdidaktik bzw. ihr prominentester Kopf hier als Vertreter des didaktischen Empirismus ausgewählt wurde, mag vielleicht überraschen. Ganz anders als Herbart und Dörpfeld wird Wagenschein nämlich dem reformpädagogischen Spektrum zugeordnet – eine plausible Kategorisierung schon dadurch, dass er lange Jahre an der „Odenwaldschule", der „Freien Schulgemeinde" Paul Geheebs, tätig war. Bei aller Unterschiedlichkeit, die darüber hinaus allein schon in der zeitlichen Distanz begründet liegt, bilden die drei Pädagogen dennoch – so meine These – einen kohärenten Strang in der Didaktik; dafür gibt es in meinen Augen mindestens zwei gute Argumente.

---

12 So der Titel einer Schrift Dörpfelds von 1879.

So stehen Herbart, Dörpfeld und Wagenschein erstens Seite an Seite vereint im Kampf gegen das auf Kosten echten Verstehens gehende Vollstopfen des Unterrichts mit ‚Stoff' in Namen einer ohnehin illusorischen Vollständigkeit. Wagenschein setzt dem sein Konzept des *Exemplarischen*[13] mit seiner „Beschränkung auf das ‚Wesentlich'" (Wagenschein 1968/1991, S. 30) entgegen: „Anstelle also des gleichmäßig oberflächlichen Durchlaufens des Kenntniskatalogs" (ebd.), habe der Lehrer mit seinen Schülern „die Erlaubnis, ja die Pflicht, sich hier und dort festzusetzen, einzugraben, Wurzeln zu schlagen, einzunisten." (ebd.) Walter Köhnlein (1998, S. 12) fasst es so zusammen: Wagenschein fordere den „Vorrang des Verstehens vor aller Wissensanhäufung sowie die Konzentration des Unterrichts auf das an Beispielen grundlegend erfahrbare Wesentliche [...], also auf die entscheidenden Gesichtspunkte, Strukturen, Kategorien und Methoden." Man darf sich erinnern, dass ja gerade die hier angesprochene Konzentrationsidee im Herbartianismus, insbesondere auch bei Dörpfeld, Konjunktur hatte.

Die zweite, für das Thema dieses Beitrags relevantere Gemeinsamkeit ist die große Bedeutung, welche alle drei Didaktiker der Wahrnehmung mit Blick auf den Lernprozess zuerkennen. Sie soll noch kurz am Primärtext und mithilfe einiger Stimmen aus der Sekundärliteratur belegt werden. Gehen wir dazu von der vernichtenden Diagnose aus, die Wagenschein beispielhaft am (fast) allabendlichen Phänomen der Mondsichel entfaltet:

> „Der moderne Mensch hat [...] also gerade das verlernt, was die Naturwissenschaft ihn hätte lehren können, einer Sache gewahr werden, beobachten. Bedenklicher noch: Statt zu wissen, was er sehen könnte, wenn er gelernt hätte hinzusehen, hat er leere Sätze bereit [...]. (Wagenschein 1968/1991, S. 62f.) [E]in oder zwei beharrliche Blicke [würden; D. L.] genügen, richtete man sie nur auf die erstaunliche Wirklichkeit des Himmels selbst [...]." (ebd., S. 63)

---

13 „Ein gewisser Stoff, oder wesentlich richtiger: ein gewisses Problem [...] kann *exemplarisch* werden für eine *fundamentale* Erfahrung [...]. Fundamental sind solche Erfahrungen, welche die gemeinsame Basis des Menschen und der Sache (mit der er sich auseinander-setzt) erzittern lassen. Nur dann können wir von einer bildenden Erfahrung sprechen. – ‚*Elementare*' Einsichten liefert sie notwendig und unvermeidlich nebenbei." (Wagenschein: 1968/1991, S. 42).

Man habe in der Moderne geradezu das echte Sehen aus den Augen verloren; an die Stelle des unbefangenen Schauens sei ein „verdunkelndes Wissen" (Wagenschein 1968/1991, S. 61) getreten, ein Wissen, das der Bildung eher „im Wege steht" (ebd.). Wagenschein stellt dies in einen Zusammenhang mit der Methode des durchschnittlichen Schulunterrichts: „Die meisten Erwachsenen sehen [...] heute nicht [...], da die Schulen [...] meist nur auf dem Papier ,erklären'." (ebd., S. 92)

Dieses Defizit besitze deshalb eine so große Tragweite, weil Wagenschein der interessierten Wahrnehmung, dem neugierigen Sehen, eigentlich unheimlich viel zutraut, ja es eben für das *sine qua non* einer wirklich wissenschaftlichen Welterfassung hält. Passenderweise spricht Wagenschein denn auch generell weniger von Erkenntnissen als vielmehr von „Einsichten" (passim); zudem zieht er das „Durchschauen" eines Zusammenhangs dem „Bewältigen" von Stoff terminologisch entschieden vor (vgl. ebd., S. 131ff.). Und so charakterisiert auch die Forschung treffend, nach Wagenschein könne man

> „ohne Bruch vom Sehen zum Verstehen, vom Nachdenken über auffällige Phänomene in die wissenschaftliche Erforschung von Sachverhalten [gelangen; D. L.][...]. Zugleich hält es den Rückweg zu der Fülle der konkreten Erscheinungen offen und stärkt die Verwurzelung des Fühlens und Denkens in den lebensweltlichen Erfahrungen der Kinder. Genetischer Unterricht beginnt in der Regel mit der Wahrnehmung von *Phänomenen*, die sich ,sinnenhaft zeigen'." (Köhnlein 1998, S. 14f.)

Auch sein Mitstreiter in der Lehrkunstdidaktik Hans Christoph Berg konstatiert einstimmend: „[D]ie ursprünglichen Phänomene müssen unversehrt gegenwärtig gemacht und gegenwärtig gehalten werden." (Wagenschein 1968/1991, S. 165) – Hier kommt übrigens sofort wieder die Kunst der Darstellung ins Spiel. Denn damit, vermittelt über die Wahrnehmung, ein „aktives Berührtwerden" (Messner 2012, S. 49)[14] durch die Sache sich bei den Schülern einstellen kann, müsse die Lehrperson dafür Sorge tragen, dass die „für Lernende zum Thema werdende Wirklichkeit als ein möglichst unbeschränktes sinnliches Gegenüber anwesend" (ebd., S. 57) sei. Diese „Anwesenheit der Wirklichkeit" (Wagenschein 1968/1991, 85) sei von allergrößter Bedeutung, da sonst im Unterricht

---

14 Wagenschein kennzeichnet das exemplarische Lernen passenderweise als ein „Widerfahren" (VL, S. 35).

die oben kurz angerissenen, folgenreichen „Wirklichkeitsverluste" (ebd.) drohen. Für die Unterrichtsplanung und die Konzeption von Lehrstücken gilt nach Wagenschein also grundsätzlich die Reihenfolge: „Erst das Phänomen, dann die Theorie und die Modellvorstellung." (ebd., S. 121)

*Dramaturgisch* – und Lehrstücke sind dramaturgisch durchgestaltete Unterrichtseinheiten – fällt der erste ‚Auftritt' des Phänomens, der selbiges mit dem ‚Publikum' bekanntmacht, genau in jene Phase des Unterrichtstheaterstücks, die man in der Literaturwissenschaft *Exposition* nennt. Bei diesem wichtigen Schritt sei die Herausforderung, „das vom Lehrer zuvor gewählte, aber nicht ausgesprochene Thema *zünden* zu lassen [...]. Der Hebammenkunst muß die Sorge um die *Empfängnis* vorausgehen." (ebd., S. 81)

An einen geeigneten Schauspielkandidaten für ein solche Inszenierung stellt Wagenschein dabei hohe Erwartungen: Statt „des Idols der breiten und statischen Vollständigkeit, die uns ängstlich Vorratskammern füllen läßt, suchen wir offenbar etwas Neues, einen entschlossenen Durchbruch zu den Quellen. Nicht Vollständigkeit der letzten Ergebnisse, sondern die Unerschöpflichkeit des Ursprünglichen." (ebd., S. 53) Hinter dieser womöglich zuerst rätselhaft anmutenden Unerschöpflichkeit, die Wagenschein im Unterricht von seinen ‚Darstellern' erwartet, ist so gemeint, dass das „Einzelne, in das man sich [...] [im Lehrstück; D.L.] versenkt", „nicht Stufe", sondern einen „Spiegel des Ganzen." (ebd., S. 32) darstelle. In einer Situation, einer Szene, einer Situationsbeschreibung usw. müsse also schon alles angelegt und keimhaft enthalten sein, was dann im Laufe des Unterrichtsgangs zur Entfaltung gelangen wird. Zu allem Überfluss solle dieser Anspruch auch noch möglichst anhand „alltägliche[r] Erscheinungen" eingelöst werden (ebd., 81), die den Schülerinnen und Schülern bereits grundsätzlich bekannt und damit für sie erlebbar[15] sind. Wir erkennen hier also – das wäre ein drittes Argument für diese didaktische Ahnenreihe ebenfalls die strengen Maßstäbe wieder, die an die Lehrerin gestellt werden und uns schon bei Herbart und Dörpfeld begegnet waren.

---

15 „Da aber Wahrnehmen und Denken beim [...] Verstehen zusammenspielen, kommt es sowohl auf die Sinneserfahrung der Dinge, als auf die Sinneserfahrung als Erlebnis an." (Buck 2012, S. 85).

## 5. Schluss

Seit den 2000er Jahren existiert in Jena eine Gruppe von Studierenden, Lehrern und Dozentinnen, die auf Anregung des damals hier wirkenden Philosophiedidaktikers Johannes Hachmöller an die von mir umrissene Tradition auf heterogene Weise anknüpft und sie kritisch weiterführt – wenn auch mit anderer Akzentsetzung sowie unter Berufung auf zum Teil andere Bezugsautoren. Aus dieser Arbeit, dem gemeinsamen Nachdenken und Ausprobieren, heraus möchte ich abschließend drei pragmatische, auf die Re-Etablierung eines didaktischen Empirismus zielende Thesen zur Diskussion stellen:

Würde man mit einem auf Wahrnehmung (gr. *aisthesis*) fundierten Unterricht didaktisch ernst machen, wäre das gleichbedeutend mit einer *Revolution der gegenwärtigen Unterrichtspraxis.*

In der unterrichtlichen Umsetzung kommt man dabei an der *Darstellung* (gr. *mimesis*), dem didaktischen Gegenpol der Wahrnehmung, nicht vorbei: Das Prinzip der Wahrnehmung und das Prinzip der Darstellung bilden zwei Seiten derselben Medaille, die wechselseitig aufeinander verweisen und ohne ihren Gegenpart so gut wie wertlos sind.

Ein solcher neuer Unterricht wäre rhetorisch anschlussfähig, weil er – im Unterschied zu vielen anderen Konzepten – konkret etwas Echtes in Sachen *Inklusion* anzubieten hätte. Dass nämlich im Unterricht die Sache als Phänomen in Form exemplarischer Darstellungen auf der ‚Bühne' auftritt und das Klassenpublikum darüber ins Gespräch gebracht wird, sorgt dafür, dass *alle auf ihre Weise* sinnstiftend an *einem gemeinsamen Geschehen* teilnehmen und sich nach ihrer Möglichkeit einbringen können.[16]

## Literaturverzeichnis

Beeck, K. H.: Politische Bildung. Friedrich Wilhelm Dörpfeld, ein Partner unseres Gesprächs? Ratingen 1974.

---

[16] Um sich angesichts der bildungspolitischen Großwetterlage überhaupt erst einmal Gehör und Aufmerksamkeit zu verschaffen, müsste man allerdings vorher vermutlich ein zeitweiliges Zweckbündnis mit der Kompetenzdidaktik eingehen (auch wenn hier gravierende Differenzen bestehen). Was eine derart vermarktete „empiristische Wende" in der Didaktik den Verantwortlichen an herausspringenden „Kompetenzen" begründet versprechen könnte, dürfte gut zum ökonomischen Zeitgeist passen, der ja zumindest dem Wort nach Individualität, Kreativität und gedankliche Flexibilität hochhält.

Berg, H. C./Schulze, T.: Lehrkunst: Lehrbuch der Didaktik. Neuwied 1995.
Berg, H. C./Brüngger, H./Wildhirt, S.: Lehrstückunterricht. Exemplarisch – Genetisch – Dramaturgisch. In: Wiechmann, J. (Hrsg.): Zwölf Unterrichtsmethoden. Vielfalt für die Praxis. Weinheim 1999.
Böhm, W.: Geschichte der Pädagogik. Von Platon bis zur Gegenwart. München ⁴2013.
Buck, P.: Verstehen kann jeder nur für sich selbst (Wagenschein). Wie wird aus einem Phänomen vor mir ein wissenschaftlicher Begriff in mir? In: Kruse, N./Messner, R./Wollring, B. (Hrsg.): Martin Wagenschein – Faszination und Aktualität des Genetischen. Baltmannsweiler 2012, S. 83–99.
Dörpfeld, F. W.: Gesammelte Schriften, hrsg. v. Gustav von Rhoden, 12 Bde., Gütersloh 1894–1901.
Die freie Schulgemeinde und ihre Anstalten auf dem Boden der freien Kirche im freien Staate (1863), Bd. VIII.
Die Drei Grundgebrechen der hergebrachten Schulverfassungen (1869), Bd. VIII.
Grundlinien einer Theorie des Lehrplans, zunächst der Volks- und Mittelschulen (1873), Bd. II.
Die schulmäßige Bildung der Begriffe (1877), Bd. I.
Der didaktische Materialismus. Eine zeitgeschichtliche Betrachtung und eine Buchrecension (1879), Bd. II.
Ein Beitrag zur Leidensgeschichte der Volksschule nebst Vorschlägen zur Reform der Schulverwaltung (1881), Bd. IX.
Das Fundamentstück einer gerechten, gesunden, freien und friedlichen Schulverfassung (1893), Bd. VII.
Engelmann, S.: „Die Stellung des Menschen im Gesamtsein". Überlegungen zur Lehrplantheorie Friedrich W. Dörpfelds. In: Fitschen, K./Schröter, M./Spehr, C./Waschke, E.-J. (Hrsg.): Kulturelle Wirkungen der Reformation. Kongressdokumentation Lutherstadt Wittenberg August 2017. Bd. I. Leipzig 2018, S. 133–141.
Goebel, K.: Friedrich Wilhelm Dörpfeld (1824–1893). Ein Lebensbild, in: RhLB (6), 149–186, 1975.
Goebel, K.: Friedrich Wilhelm Dörpfeld. Biobibliographie. Wuppertal 1975.
Goebel, K.: Dein dankbarer und getreuer F. W. Dörpfeld. Gesamtausgabe der Briefe Friedrich Wilhelm Dörpfelds (1824–1893) mit Erläuterungen und Bilddokumenten. Wuppertal: 1976.
Hachmöller, J.: Platons Theaitetos. Ein Gespräch an Heraklits Herdfeuer. Würzburg 2015.
Herbart, J. F.): Sämtliche Werke. In chronologischer Reihenfolge. Hrsg. v. Karl Kehrbach und Otto Flügel. Langensalza 1887–1912.
Pestalozzi's Idee eines ABC der Anschauung (1802), Bd. I.
Über die ästhetische Darstellung der Welt, als Hauptgeschäft der Erziehung (1804), Bd. I.

Allgemeine Pädagogik aus dem Zweck der Erziehung abgeleitet (1806), Bd. II.

Koerrenz, R.: Art. „Evangelische Schulgemeinde". In: Scheilke, C. Th./Schreiner, M. (Hrsg.): Handbuch Evangelische Schulen. Eine Veröffentlichung des Comenius-Instituts, Gütersloh 1999, 213–220.

Köhnlein, W.: „Einführende Bemerkungen zum Leben und Werk Martin Wagenscheins sowie zu den Beiträgen." In: Der Vorrang des Verstehens. Beiträge zur Pädagogik Martin Wagenscheins. Hrsg. v. ders. Bad Heilbrunn 1998, S. 9–20.

Löffelmann, D.: „Die »freie Schulgemeinde«. Tiefenwirkungen der Reformation am Beispiel eines pädagogischen Konzepts des 19. Jahrhunderts." In: Fitschen, K./Schröter, M./Spehr, C./Waschke, E.–J. (Hrsg.): Kulturelle Wirkungen der Reformation. Kongressdokumentation Lutherstadt Wittenberg August 2017. Bd. I., Leipzig 2018, S. 155–165.

Matthias H.: Johann Friedrich Herbart. Hamburg: 1999 (= zur Einführung Bd. 199).

Messner, R.: „Phänomene als Initiation. Über die Besonderheit des »Einstiegs« in der Wagenscheinschen Lehrweise." In: Kruse, N./Messner, R./Wollring, B. (Hrsg.): Martin Wagenschein – Faszination und Aktualität des Genetischen. Baltmannsweiler: 2012, S. 49–67

Potthoff, W.: Die Idee der Schulgemeinde. Vorstellungen zur genossenschaftlichen Selbstverwaltung im 19. Jahrhundert, Heidelberg: 1971.

Wagenschein, M.: Verstehen lehren. Genetisch – Sokratisch – Exemplarisch[9]. Mit einer Einführung von Hartmut von Hentig und einer Studienhilfe von Christoph Berg. Weinheim: 1968/1991.

Weiss, G.: Herbart und seine Schule. München: 1928.

Sylvia Wehren

# Die Impulse des herbartianischen Denkens auf die Entwicklung des Diskurses über die physische Erziehung. Wissenschaftshistorische Perspektiven im Kontext der Entwicklung der Erziehungswissenschaft

Die vielfältigsten Aspekte des Erziehungsdenkens Johann Friedrich Herbarts hat die Forschung bislang rekonstruiert und diskutiert. Auch die nachfolgenden Rezeptionsprozesse und die Entwicklung des sog. Herbartianismus können als stark beforscht gelten. Betrachtet man jedoch übergreifend die bisherigen Forschungsperspektiven aus dem Blickwinkel einer bildungshistorischen Körperforschung, so lässt sich folgendes konstatieren: Dem Eindruck nach wurden Herbarts körperpädagogischen Perspektiven bisher nur sehr vereinzelt und eher randständig betrachtet, dies gilt gleichfalls für deren Aufnahme in weitere pädagogische Kontexte. Ein inhaltliches Resümee der vorliegenden Forschungsgegenstände führt zu der Feststellung, dass vor allem sein persönliches und pädagogisch-praktisches Verhältnis zur Gymnastik, zu den Leibesübungen sowie zum Turnen interessierte. Neben Fokussierungen auf die Biografie Herbarts werden dadurch vor allem sportpädagogische und sporthistorische Forschungsinteressen deutlich. Erziehungssystematische Analysen der Positionen Herbarts zum Verhältnis von Körper und Erziehung und dessen Adaptionen in den Kontexten, die sich auf ihn in der Nachfolge beziehen, sind demgegenüber sehr viel seltener vorhanden. Es lässt sich z. B. keine neuere Publikation finden, die danach fragt, auf welche Weise sich das Denken Herbarts über Körper resp. Leib in Bezug zu seinem Denken über seine allgemeine Pädagogik setzen lässt, oder in welcher Beziehung sein Erziehungsbegriff das Denken über körperpädagogische Zusammenhänge integriert. Vereinzelt gibt es jedoch ältere Arbeiten, die sich dem Themenfeld etwas übergreifender bzw. tiefergehend gewidmet haben, so dass einige erziehungssystematische Aspekte in Bezug auf die

Körperpädagogik Herbarts bereits beforscht, wenn auch nicht in größerem Maße reflektiert sind.[1] Der folgende Beitrag hat nun nicht den Anspruch diesen Forschungshorizont neu und umfassend zu füllen, jedoch soll in einem ersten Versuch und in Bezug auf Herbart und den Herbartianismus in erziehungssystematischer Absicht auf einen historischen Diskurs – den Diskurs über die physische Erziehung – fokussiert werden, der die Aufmerksamkeit auf den Zusammenhang von Körper und Erziehung begrifflich und theoretisch vereint.

Die Rede von der physischen Erziehung, spätaufklärerisch ist auch von körperlicher bzw. physikalischer Erziehung die Rede, stellt am Ende des 18. und zu Beginn des 19. Jahrhunderts ein ganz eigenes Feld gelehrter Debatten, die sich stark auf eine umfängliche Arbeit am Körper des Kindes konzentrieren. Vornehmlich wird der Diskurs über physische Erziehung von Medizinern getragen, aber auch Pädagogen sind stark beteiligt (vgl. Stroß 2000). Im deutschsprachigen Raum ist es besonders die philanthropische Strömung, die die Diskussion um die physische Erziehung produktiv aufnahm und erziehungstheoretisch integrierte (vgl. Stroß 2000, König 1993), daher war auch an der Wende zum 19. Jahrhundert die pädagogische Aufmerksamkeit auf diesen Gegenstand am höchsten (vgl. Kunze 1971). Physische Erziehung meinte damals mehr als eine Erziehung zu sportlicher Betätigung, wie man vielleicht aktuell assoziieren würde. Vielmehr wird der gesamte Bereich der frühkindlichen bzw. ersten privaten Erziehung unter diesem Begriff bearbeitet, da diese Zeit der Kindheit im zeitgenössischen Denken als eine stark vom Körper dominierte Phase verstanden wurde, dazu zählen u. a. Themen wie die Ernährung von Säuglingen und Kleinkindern, deren Bekleidung und Hygiene, Aspekte der Sauberkeitserziehung und Mütterbildung. Auch die pädagogische Ausbildung und Entwicklung der Körperglieder und die Erziehung der Ausscheidungsorgane standen im Blickpunkt. Stark rekurrierte man in diesen Zusammenhängen auf die antike Diätetik, die naturwissenschaftlich und anthropologisch erneuert den Rahmen zur Ausarbeitung der pädagogischen Konzepte zur physischen Erziehung stellte (vgl. Kersting 1992). Zu Beginn des 19. Jahrhunderts schwand

---

1 An erster Stelle ist sicherlich Josef N. Schmitz *Die Leibesübungen im Erziehungsdenken Johann Friedrich Herbarts* (1965) zu nennen, welcher ein eigens dafür vorgesehenes Kapitel zur „Einordnung der Körperlichen Erziehung in das Ganze des Pädagogischen Denkens Herbarts" (S. 67–104) entwickelte und welcher auch bislang am ausführlichsten den Forschungstand zum Themenfeld bis zur Mitte des 20. Jahrhunderts reflektierte (S. 13–27).

jedoch allmählich das Interesse an diesem pädagogischen Gegenstand, ihren Ausdruck findet diese Entwicklung auch in der Hinsicht, dass die frühkindliche-körperbezogene Erziehung nicht mehr in den Erziehungslehren bearbeitet wurde. Auch die Begrifflichkeit verschwand allmählich, nur vereinzelt tauchte physische Erziehung als Stichwort auf, inhaltlich verkürzt stand der Begriff nun vornehmlich für Gymnastik, Turnen und später dann Schulsport. Herbart und die Protagonisten des sog. Herbartianismus scheinen an dieser historischen Entwicklung stark beteiligt gewesen zu sein. Daher ist die folgende Beschäftigung mit dem Herbartianismus auf der These gegründet, dass gerade mit dieser pädagogischen Strömung ein wichtiger Baustein gefunden ist, der zur historischen Rekonstruktion des pädagogischen Diskurses über die physische Erziehung bzw. über dessen Niedergang in der ersten Hälfte des 19. Jahrhunderts Aufschluss geben kann. Es werden im Folgenden, in einer ersten Spurensuche, neben Herbart selbst, einige Protagonisten aus dem Feld des pädagogischen Herbartianismus – Stoy und Ziller – auf ihre Positionen zur physischen Erziehung betrachtet.

## 1. Die körperpädagogischen Positionen von Johann Friedrich Herbart (1776–1841)

Nicht nur in der Betrachtung der körperpädagogischen Positionierungen Herbarts gilt es zunächst sich zu vergegenwärtigen, dass sich das Verständnis von Erziehung vor dem Hintergrund der paradigmatischen Trennung von Körper und Seele im christlich-europäischen Denken ausgebildet hat. Die Schriften Herbarts und auch die seiner Nachfolger sind als affirmativ in dieser Hinsicht zu verorten. Die allgemeine Höherordnung des Seelischen und im Weiteren die Privilegierung von geistigem, intellektuellem und moralischem Vermögen gegenüber den leiblich-körperlichen Lebens- und Entwicklungspotenzialen ist ein Kennzeichen dieser dualistischen Auffassung vom Menschen. Erst in diesem Rahmen kann darauf verwiesen werden, dass Herbart seine Pädagogik, deren Grundsätze sich zunächst in der Abhandlung *Ueber die ästhetische Darstellung der Welt, als das Hauptgeschäft der Erziehung* (1804) zeigen lassen, im Schwerpunkt als sittlich-moralische Ausbildung des Menschen versteht, womit dessen körperlichen Dimensionen bereits grundlegend ausgegrenzt sind. Dazu Herbart in der Rede über Erziehung: „Man kann die eine und ganze Aufgabe der Erziehung in den Begriff: Moralität, fassen." (Herbart 1804/1842, S. 43), sie allein sei der „höchste[...] Zweck des Menschen" (ebd.). Um diese Moralität allerdings im Menschen zu verwirklichen braucht es eine „geordnete[...] Sinnenwelt" (ebd., S. 45), worunter körperliche Bezüge gefasst sind. Denn indem durch Erziehung ästhetische bzw. sinnliche Wahrnehmung geschult wird, ist es nach den Vorstellungen Herbarts möglich Moralität zu erreichen (vgl. Schotte 2010, S. 5–12). Damit geht es ganz eigentlich in der Erziehung um Seelenbildung und gerade nicht, wie Herbart (1804/1842, S. 46) selber feststellt, um die „Körperwelt". Diese Ausrichtung seines pädagogischen Denkens wurde bereits früh wahrgenommen. Otto Hollenberg (1917, S. 71) z. B. konstatiert, dass Herbart sich „nur für die geistige Ausbildung des Menschen interessiert" habe.

Die Ausrichtung Herbarts pädagogischen Konzeptionen auf die unkörperlichen Seiten menschlichen Seins setzt sich in seiner *Allgemeine(n) Pädagogik* (1806) fort. In bestimmter Weise verstärkt sie sich sogar, indem die pädagogisch-systematischen Schwerpunktsetzung auf dem Themenfeld Unterricht liegt. „Und ich gestehe gleich hier", so Herbart (1806a, S. 17), „keinen Begriff zu haben von der Erziehung ohne Unterricht; so wie ich rückwärts, in dieser Schrift wenigstens, keinen Unterricht anerkenne, der nicht erzieht." Jedoch nicht irgendein Unterricht, sondern einer, der „mitten in der Wirklichkeit, einen Knaben zu einem bessern Dasein emporzuheben" (ebd., S. 7) vermag. Damit erfährt seine Erziehungskonzeption in seinem pädagogischen Hauptwerk nicht nur einen systematischen Zuschnitt in körperlicher Hinsicht, sondern auch eine geschlechtliche sowie altersspezifische Rahmung: Herbart stehen Knaben, die dem Kleinkindalter entwachsen sind und Unterricht empfangen, im Sinn. Er reflektiert diese und auch andere sozialen Determinationen seines pädagogischen Denkens selber. Herbart schreibt in der Ankündigung seiner *Allgemeine(n) Pädagogik* in den *Göttingische(n) Gelehrte(n) Anzeigen*:

> „Daher liefert auch das Buch nur allgemeine Begriffe und deren allgemeine Verknüpfung. Es ist darin weder von der männlichen noch weiblichen; weder von der Bauern- noch Prinzen-Erziehung die Rede; es ist so viel wie Nichts von Schulen gesagt; und die sogenannte physische Erziehung, welche durch ganz andere Begriffe gedacht werden muss, die eine eigene Sphäre für sich ausmachen, ist hier ganz ausgeschlossen worden. Natürlich erinnert die vollständige Uebersicht dessen, was zur durchgeführten Geistescultur gehört, mehr an männliche, als an weibliche Erziehung; und da überdies die allgemein-pädagogischen Begriffe

von Instituten so bestimmter Art, wie unsere Schulen sind, nichts wissen können; da endlich eben diese Begriffe wenige Ansprüche an die frühesten Jahre der Kindheit machen dürfen, welche vielmehr den diätetischen Vorschriften vorzugweise folgen müssen: so wäre es kein Wunder, wenn etwa ein öffentlicher Berichterstatter dem Publicum erzählte: Diese so genannte allgemeine Pädagogik sey bloß in dem ganz speciellen Falle zu gebrauchen, da ein Hauslehrer einen einzelnen Knaben unter den Augen von Mutter und Vater vom achten bis achtzehnten Jahre zu erziehen habe." (Herbart 1806b, S. 757–775.)

Damit ist festgestellt, dass sein Entwurf gerade nicht von der Erziehung weiblicher Zöglinge handelt, nicht von den Altersstufen von der frühesten Kindheit an, nicht von Erziehung, die nicht bürgerlich ist; und damit auch zusammenhängend bestimmt er, dass er den ganzen Bereich der der physischen Erziehung, die, wiederholend das Zitat, „durch ganz andere Begriffe gedacht werden muss, die eine eigene Sphäre für sich ausmachen" (ebd.), aus seiner *Allgemeine(n) Pädagogik* ausgeschlossen sei. Diese Stelle in der Selbstanzeige ist in der Sekundärforschung einige Male angeführt wurden, um darauf zu verweisen, dass Herbart keine körperpädagogischen Positionen entwickelt hätte. Meiner Auffassung nach begründet sich diese Einschätzung jedoch auf einem Missverständnis, dass darin liegt, den Begriff der physischen Erziehung nicht historisch zu denken. Vielmehr meint Herbart, wenn er sagt, dass die physische Erziehung ausgeschlossen sei, nicht den generellen Ausschluss von körperpädagogischen Perspektiven aus seiner *Allgemeine(n) Pädagogik*, sondern er meint den Ausschluss eines spezifischen diskursiven Ensembles, das im Rahmen dieses Beitrages bereits skizziert wurde und welches sich in erster Linie auf die Phase früher Kindheit bezieht. Dass Herbart diesen gerade skizzierten Diskurs im Sinn hatte, zeigt sich im weiteren Verlauf des Zitats, denn er assoziiert die physische Erziehung nachfolgend explizit mit frühkindlicher Pädagogik. Hier sei nochmals die Stelle wiederholt: Die Begriffe dürften „wenige Ansprüche an die frühesten Jahre der Kindheit machen, welche vielmehr den diätetischen Vorschriften" folgen müssten. Hier ist zeittypisch die physische Erziehung mit frühkindlicher Bildung und Diätetik verknüpft.

Diese Positionierung Herbarts korrespondiert mit dem inhaltlichen Aufbau der *Allgemeine(n) Pädagogik*. Weder theoretisiert Herbart die erste Erziehung des Kindes noch expliziert er die körperliche Erziehung in früher Kindheit. Im Gegenteil finden sich vereinzelt weitere argumentative Abwehrbewegungen gegenüber physischer Erziehung, wie sie bereits in der Selbstanzeige sichtbar sind (vgl. z. B. Herbart 1806a, S. 348).[2] So lässt Herbart seine Pädagogik mit dem ‚erziehenden Unterricht', der ein bestimmtes Alter beim Zögling voraussetzt, beginnen. Diese Perspektivierung schneidet Herbarts körperpädagogische Positionen in der *Allgemeine(n) Pädagogik* spezifisch zu; so wird erklärlich, warum er die physische Erziehung konsequent ausschloss, aber in der Schrift sich trotzdem Ausführungen zu körperlichen Übungen von größeren Kindern und zur allgemeinen Leibeserziehung finden lassen. Zum Beispiel postuliert Herbart, dass zur „Charakterbildung wesentlich die Sorge um die Gesundheit" (ebd., S. 348) gehöre, eine Anleihe an den diätetisch organisierten Diskurs, der in den bereits in der Antike entwickelten Vorstellungen stark auf Gesundheitsbildung konzentriert ist. Er geht auch noch weiter, wenn er diesbezüglich postuliert: „Das Fundament aller Anlagen ist die körperliche Gesundheit" (ebd.). Allerdings, so Herbart, gehöre die Fundierung dieser Bereiche eben nicht in die Pädagogik. Dieser würden dazu die Prinzipien fehlen (ebd.). Es handelt sich hier um einen wissenschafts-theoretischen Ausschluss, der wahrscheinlich durch die zeitgenössischen Disziplinbildungsprozesse erklärt werden kann. Josef Schmitz (1965), der ausführlicher zu Herbarts Stellung zur physischen Erziehung geforscht, und Annette Stroß (2000), die sich mit dem historischen Verhältnis von Medizin und Pädagogik beschäftigt hat, setzen diese Haltung in Bezug zu Herbarts Bestreben, Pädagogik von Medizin abgrenzen zu wollen. Berthold Ebert (1978/2009) vermutet in seinen sehr tiefgehenden Untersuchungen zur physiologischen Perspektiven in der Pädagogik Herbarts, dass es sich um eine Abgrenzung gegenüber der Physiologie resp. in Herbarts Worten der Biologie handeln würde. Beide Varianten scheinen plausibel, wenn sie sich nicht gar verschränken.

Aber dennoch sieht Herbart in anthropologischer Perspektive, dass der Mensch einen Leib besitzt, der Einfluss nimmt. Konkret geht Herbart davon aus, dass die Seele in einem Leib wohnt, deshalb gäbe es korrespondierende Zustände: „aber nichts Leibliches geschieht in der Seele, nichts rein Geistiges, das wir zu unserem Ich rechnen könnten, geschieht im Leibe" (Herbart 1825, S. 68); alle geistigen Tätigkeiten werden gefördert oder beschränkt durch die Mitwirkung des Leibes (Herbart 1831,

---

2 Vgl. hierzu auch Hollenberg 1917, S. 60–63, der darauf als einer der ersten ausführlicher reflektiert.

S. 271). Daher sei es Ziel der Erziehung, dass „der wahrhaft gesunde Mensch seinen Körper nicht fühlt." (Herbart 1831, S. 275). Im Sinne dieser körperdistanzierenden Tendenzen wandte sich Herbart gegen eine Pädagogik, die den Körper überbetont (vgl. Herbart 1806a, S. 351). Im Allgemeinen äußerte er sich jedoch positiv zu körperlicher Betätigung. Er wandte sich gegen das „viele Stubensitzen" der Schüler, der Unterricht müsse auch Zeit lassen zu „anderen Dingen". „Hoffentlich", so Herbart (1804/1842, S. 277) „braucht man keinem Erzieher zu sagen, daß unter diesen andern Dingen [...] auch die Spiele und die gymnastischen Übungen verstanden werden". Allerdings folgt aus diesen Haltungen eben nicht die Zentrierung des Körpers in der pädagogischen Theorie, denn es solle die Seele das System dominieren, in welchem sie sich befände, der Leib wäre ganz eigentlich nur zur „Dienstbarkeit" der Seele geschaffen (vgl. Herbart 1834, S. 131).

## 2. Karl Volkmar Stoy (1815–1885): Körperpädagogik als Nebenaufgabe der Erziehung

Stoy bearbeitete nicht nur die Theoreme Herbarts in gelehrten resp. universitären Kontexten, z. B. als Verfasser von pädagogischen Schriften oder als Gründer eines pädagogischen Lehrerseminars in Jena, sondern er übersetzte diese auch in schulpädagogische Praxen. (Vgl. Közle 1889, S. 18–21). Er entwickelte in Anlehnung an Herbarts *Allgemeine Pädagogik* eine Fachsystematik für die Pädagogik, u. a. publiziert durch die *Encyclopädie, Methodologie und Literatur der Pädagogik*, die 1861 in erster Auflage und 1878 in zweiter Auflage erschien.[3] Auch bei Stoy finden sich explizitere Bezüge zu den Themenfeldern der physischen Erziehung sowie zur Beurteilung der Begrifflichkeit selber, daneben nimmt er Stellung zur Körperpädagogik im Allgemeinen. Zunächst ist auffällig, dass Stoy – anders als Herbart – sogar Teile des Diskursfeldes zur physischen Erziehung in seine *Encyclopädie* integriert. Er unterteilt die Wissenschaft von der Pädagogik in die *Philosophische*, in die *Historische* und in die *Praktische* Pädagogik. Die Philosophische Pädagogik versteht er als ein „geschlossenes Ganzes wohl bearbeiteter Begriffe" (Stoy 1878, S. 12), welche der Systematik nach weiter in die *Pädagogische Teleologie* und die

---

3 Ich beziehe mich bei den folgenden Ausführungen auf die zweite Auflage der *Encyclopädie* von 1878, um die Entwicklungen des Diskurses über die physische Erziehung in einem weiteren zeitlichen Rahmen beschreiben zu können.

*Pädagogische Methodologie* zu unterteilen wäre. Während die Pädagogische Teleologie den Zweck der Erziehung im individuellen Lebenszweck des Kindes verorten könne, gäbe die Pädagogische Methodologie dafür die zentralen Lehrbereiche vor, die für den Erziehenden wissenschaftlich erschlossen werden müssten. Damit wäre die Pädagogische Methodologie als erstes in die *Didaktik*, als die Lehre vom Unterricht, zum zweiten in die *Hodegetik*, als die Lehre von der Führung, und drittens in die *Diätetik*, als die Lehre von der Pflege und der Ausbildung des leiblichen Körpers, zu unterteilen. Über die Diätetik nimmt Stoy explizit die körperpädagogischen Bezüge auf. Da diese der Philosophischen Pädagogik untergeordnet ist, kann die Aufnahme nach den Vorgaben Stoys als grundlagentheoretische Integration in den Erziehungsbereich gewertet werden. Die Diätetik wäre wichtig, da, so Stoy, die übliche Beschreibung, dass der Mensch aus Leib und Seele bestehe, eigentlich nur eine denkerische „Erschleichung" (Stoy 1878, S. 37) sei. In Wahrheit stünden beide Sphären in beständigem Austausch, daher müssen auch die „leiblichen Zustände für das geistige Leben" (ebd., S. 38) pädagogisch beachtet werden. In dieser Hinsicht postuliert Stoy in der *Encyklopädie*:

> „Die Art und die Maass der leiblichen Einflüsse muss kennen, wer erziehen will, sie unbeachtet lassen kann nur Rohheit und Unverstand. Bald macht die Erziehung Forderungen und Voraussetzungen an den Leib, bald findet sie in ihm dauernde und momentane Schranken, bald erhält sie von dorther Aufgaben, welche sich nur von dem Mittelpunkte der Erziehung aus begreifen und lösen lassen." (Ebd., S. 38.)

Damit wären seine körperpädagogischen Ansprüche in dreifacher Hinsicht entworfen. Erstens müsse sich die Erziehung in ihren Zielen auch auf die leiblichen Dimensionen des Menschen fokussieren. Zweitens fände Erziehung in der Leiblichkeit des Menschen die Beschränkungen ihrer Wirksamkeiten und drittens würde der Leib des Kindes der Erziehung fortwährend Aufgaben geben, die es prozesshaft in pädagogisches Handeln zu integrieren gälte. Stoy denkt in der *Encyklopädie* körperpädagogische Perspektiven vornehmlich als Folger psychologische Notwendigkeiten, weshalb er in diesen Zusammenhängen vordringlich auf Moritz Wilhelm Drobisch (1802–1896) und dessen *Empirische Psychologie* (1842) sowie auf Rudolf Hermann Lotze (1817–1881) mit seiner *Medicinische(n) Psychologie oder Physiologie der Seele* (1852) verweist. Denn erst die Psychologie hätte gezeigt, so Stoy, dass das Verhältnis von

Leib zur Seele von entscheidender Bedeutung für die Entwicklung des Menschen wäre. Neben diesem Insistieren auf der grundlegenden Bedeutung der Psychologie für die Ergründung des Zusammenhangs von Leib und Seele, entwirft Stoy seine theoretischen Ausführungen jedoch auch in Bezug auf Herbart. Nach diesem würden – stellt Stoy ebenfalls in der *Encyklopädie* fest – bekanntlich drei Momente das Wirken des Leibes auf die Seele konturieren: „Druck, Resonanz und Mitwirkung zum Handeln" (Stoy 1878, S. 38). Die Diätetik – so führt er im Weiteren aus – sei auch deshalb theoretisch in die Systematik der Pädagogik zu integrieren. An dieser Stelle jedoch nimmt er eine Einschränkung vor. Die Diätetik dürfe nämlich kein Hauptgebäude, sondern nur ein Nebengebäude der Erziehungslehre sein (vgl. ebd., S. 40). Dieses Nebengebäude sei zwar ein „wesentliches und unentbehrliches" (ebd., S. 40), aber eben nicht als Hauptzweck der Erziehung zu verstehen. Aufgrund dieser Wendung kann gesagt werden, dass Stoy zwar körperpädagogische Grundlagen – mit Bezug auf die Diätetik – in die Lehre von der Erziehung integriert, in dieser Hinsicht grenzt er sich auch explizit von Herbart ab; dieser hätte nämlich „das Gebäude seiner Pädagogik ohne solchen Anbau" (ebd.) gelassen. Gleichzeitig jedoch degradiert er körperpädagogische Ansprüche gegenüber anderen erzieherischen Zielsetzungen und Aufgaben, sie fungieren eben nur als Nebengebäude resp. nur als Nebensache. Im Rahmen dieser Überlegungen reflektiert Stoy auch auf andere Schriftsteller in körperpädagogischer Hinsicht; zum Beispiel auf August Hermann Niemeyer (1754–182) und Friedrich Heinrich Christian Schwarz (1766–1837). Niemeyer hätte, so Stoy (ebd., S. 4), weil er das alte „unwissenschaftliche Prinzip von der harmonischen Ausbildung aller Kräfte zum teleologischen Prinzip erhoben hat" und damit zum Ziel der Erziehung, die „Lehre von der Ausbildung aller sogenannten körperlichen Vermögen als integrierenden Theil der Erziehungslehre" ausgearbeitet. Auch sei Schwarz durch die Anlage seiner Untersuchung, welche alle Lebensalter nacheinander berücksichtigt, „genöthigt" gewesen auch der „physischen Bedürfnisse [des Kindes] zu gedenken" (Stoy 1878, S. 41). In dieser Hinsicht rekurriert Stoy direkt auf den spätaufklärerischen Diskurs über die physische Erziehung, allerdings verwirft er jenen ausdrücklich im Hinblick auf seine Systematisierung von Pädagogik. Der Begriff der „physischen Erziehung", so Stoy (ebd. S. 41), auch in Bezug auf Jean Pauls (1763–1825) *Levana oder Erziehlehre* (1807), wäre zwar ererbt, allerdings sei er „eine höchst unpassende Verbindung nicht zusammengehöriger Begriffe". An dieser Stelle der Argumentationen zeigt sich eine deutliche diskursive Verschiebung im Vergleich zu Herbart an. Herbart argumentierte in Abgrenzung des Diskurses über die physische Erziehung, den er in seiner Wichtigkeit und Sinnhaftigkeit jedoch belässt, Stoy hingegen dekonstruiert diesen Diskurs als bereits namentlich unplausibel. Er verwirft ebenso das Modell der Wechselwirkung, welches Körper und Seele in gleichem Maße ausgebildet wissen will. Denn falsch wäre die Begrifflichkeit deshalb, argumentiert Stoy im Weiteren, weil diese den eigentlichen Bereich der Erziehung unzulässig entgrenzen würde. Dann müssten auch, so Stoy unter Bezug auf Jean Paul, nähme man den Begriff der physischen Erziehung ernsthaft auf, Köche als Erziehende gelten, da diese ja für leibliches Wohl sorgen würden. Abgesehen davon, ob der Argumentation Stoys zu folgen ist oder nicht, macht diese Konstruktion deutlich, dass er anders als Herbart in körperpädagogischer Hinsicht eine sehr viel engere Definition von Erziehung setzt, welche die Dimensionen körperlicher Erziehung tendenziell ins Abseits verweist. Obwohl Stoy die Diätetik als Teilbereich pädagogischer Theorie versteht, lehnt er daher folgerichtig eine Pädagogik ab, die sich in größerem Maße auf die Körperlichkeit des Kindes fokussiert. Im Rahmen der pädagogischen Diätetik müsse der Erziehende zwar informiert sein, aber die positive Arbeit am Körper des Kindes wäre doch einzuschränken. Stoy an dieser Stelle: Denn nur auf „Kosten der Logik" wäre ein umfänglicheres „System von erziehlichen Sorgen für das Leibliche" (Stoy 1878, S. 41) unter die Zucht zu subsumieren. Wenn man sich allerdings anschaut, was Stoy unter ‚pädagogischer Diätetik' versteht, dann sind interessanterweise ähnliche Themenbereiche präsent wie zuvor unter der Ägide der physischen Erziehung. Diese Themenbereiche werden nun bei Stoy allerdings nicht mehr in den Erziehungsbegriff integriert, auch nicht in die Wissensproduktion der künftigen Wissenschaft von der Erziehung überantwortet, wohl aber als pädagogisch notwendigen Teilbereich des Wissens verstanden. „Die pädagogische Diätetik", so heißt es daher bei Stoy, „enthält vorerst die Hauptbegriffe der Nahrung, Wohnung, Kleidung, Lebensordnung, nächstdem die der Gymnastik." (Ebd., S. 139). Sie würde sich aus den medizinischen Wissenschaften ableiten und gehöre zu den „Vorbedingungen der Erziehung" (ebd., S. 42). Denn der Leib sei nicht nur „Begleiter", sondern vor allem „Diener des geistigen Lebens" (ebd., S. 43). Wie Herbart stellt Stoy damit explizit die erzieherische Entwicklung geistigen Lebens in den Vordergrund der pädagogischen Bemühungen. Dabei argumentiert Stoy allerdings vornehmlich im

Rahmen schulpädagogischer Erfordernisse, wobei er auch die familialen Perspektiven eher nicht im Hinblick auf die Erfordernisse körperbezogener Erziehung denkt, bzw. er trennt auch diesen Bereich der Erziehung von dem Diskurs der physischen Erziehung argumentativ ab. Dies zeigt sich z. B. in seiner *Hauspädagogik in Monologen und Ansprachen* (1855). Mütter gelten ihm in dieser in körperbezogener Hinsicht einzig als „Pflegerinnen der Kinderwelt" (Stoy 1855, S. V). Er spricht sie darüber hinaus hauptsächlich in ihrem moralischen und atmosphärischen Wirken an. Die Kleinen sollen bis „zum angehenden Knabenalter nur in der gesunden Wärme der mütterlichen Atmosphäre" (ebd., S. 8) sein. In dieser Hinsicht wird der Pflegebegriff, gerade in Bezug auf körperpädagogische Ansprüche, im Vergleich mit dem Diskurs über die physische Erziehung zur Zeit der Spätaufklärung, deutlich um seine erzieherische Wirksamkeit beschnitten. Die körperliche Pflege des Kindes ist nicht als erzieherische Notwendigkeit entworfen, sondern wird als ein emotionales Arrangement verstanden. Stoy ist sich jedoch auch in dieser Hinsicht gewahr, dass Erziehung auch Körperpädagogik beinhalten sollte, da der Leib des Zöglings eben stets „als Träger des geistigen Lebens" (Stoy 1878, S. 37) fungiert. Da dieser Leib nun nicht durch sein „blosses Wachsthum zu einem geschickten Diener des Geistes" (ebd. S. 46) werden würde, müsse der Körper abgehärtet und auch durch Turnen ertüchtigt werden (vgl. ebd., S. 45). Die körperbezogenen Praxen frühkindlicher Erziehung sind damit aus dem Blickfeld genommen und durch Turnen in einem höheren Alter der Kinder ersetzt. Für diese Zusammenhänge lässt sich daher sagen, dass Stoy anders als Herbart die „Sorge für die zweckmäßige Beschaffenheit des leiblichen Lebens" (ebd., S. 37) nicht hinsichtlich elterlicher resp. mütterlicher Erziehung denkt, sondern – dies wird bereits über das Stichwort Turnen ersichtlich – als weitere schulische Aufgabe verortet. Denn, so pointiert Stoy in seiner *Hauspädagogik*: „giebt die Schule Herrschaft über ein ausgebreitetes Wissen, stählt lustiges Turnen auch den Diener des Geistes, den Leib [...]" (Stoy 1855, S. 44).

### 3. Tuiskon Ziller (1817–1882): Leibdistanzierende Tendenzen

Auch bei Tuiskon Ziller finden sich Bemerkungen zur physischen Erziehung. Interessanterweise äußert sich dieser ähnlich wie Stoy über die Unmöglichkeit der begrifflichen Komposition. Physische Erziehung, postuliert Ziller (1876, S. 5) in seinen *Vorlesungen über allgemeine Pädagogik*

(1876),[4] wäre eine „contradictio in adjecto", ein Wiederspruch in sich, ein Begriff der logisch verboten gehöre. Er geht in seiner Argumentation sogar noch weiter als Stoy und damit viel weiter als Herbart, wenn er etwa feststellt, dass u. a. Locke, Rousseau, Beneke und Fröbel zu Unrecht die „physiologische Seite in die Erziehung", in den Bereich der Erziehung hereingezogen hätten. Die „gleichmäßige Berücksichtigung des Körpers" wäre eigentlich nur für den „psychologischen Materialismus" konsequent, da dieser „kein selbstständiges Seelenwesen" (ebd., S. 5–6) anerkennen würde. Der Materialismus müsse, daher die weitere Begründung, deshalb auch leibliche und geistige Entwicklung als untrennbar miteinander verbunden denken. Geistiges Leben wäre in dieser theoretischen Perspektive nur eine Art der Ausbildung des leiblichen Lebens, dann jedoch, so Ziller in der Widerrede, wären einzig „Physiologen und Mediciner Erzieher" (ebd., S. 6). Pädagogik sei jedoch als selbstständige Wissenschaft zu denken, weshalb sie von dieser gedanklichen Konstruktion Abstand zu nehmen habe. Deutlich wird, dass Ziller mit dieser Begründung, die ebenfalls darauf abhebt, den Begriff der physischen Erziehung nicht mehr als tauglich zu verstehen, eine Sorge um den Professionsbereich der sich konstituierenden Disziplin äußert. Und auch Ziller zielt darauf ab, die geistig-seelischen Aspekte des Menschen weiter zu privilegieren, indem er eben in philosophisch-anthropologischer Hinsicht materialistische Positionen verwirft. Hinweise darauf, warum Ziller auf diese Weise argumentiert, ergeben sich aus der bereits zwanzig Jahre zuvor formulierten *Einleitung in die allgemeine Pädagogik* (1856). Bereits dort vertritt Ziller den Standpunkt, dass die Erziehung nicht umfänglich für den ganzen Menschen zu sorgen habe. Zwar hätte der Leib Bedeutung für Erziehung, aber beides dürfe nicht mit einander verknüpft werden, dies wäre schon – so Ziller damals – wegen der immer mehr fortschreitenden gesellschaftlichen Differenzierung der Arbeit unstatthaft. So gelte es auch einen Begriff von Erziehung zu etablieren, der die Tätigkeiten des Erziehens von anderen zu unterscheiden weiß. Erziehung dürfe nicht

> „mit dem Auferziehen des Leibes zusammenfließen, wie es bei Rousseau geschieht, der sogar, von der Muttermilch an bis zum Ehebette des Zöglings hin, gerade vorzugsweise den physiologischen Bedingungen des menschlichen Daseins nachgeht" (Ziller 1856, S. 2).

---

4   Die *Vorlesungen* erschienen 1884 in zweiter Auflage. Ich zitiere aus der ersten Auflage, da die zweite Auflage nicht mehr zu Zillers Lebzeiten entstand.

Deshalb sei auch, argumentiert Ziller im Weiteren, der Erziehungsbegriff ins Geistige zu wenden. Ihm gilt „Erziehung als eine absichtliche und planmäßige Einwirkung auf den Zögling, nach der sich sein geistiges Innere gestalten soll." (Ebd., 1856, S. 1) Damit sind auch die Verbindungen zur familialen resp. mütterlichen Erziehung, wie sie im spätaufklärerischen Diskurs der physischen Erziehung noch großen Raum hatten und wie sie Herbart auch noch im Bewusstsein standen, gekappt. Ziller argumentiert in dieser Weise und an anderer Stelle, dass Familien oft sowieso mit der Erziehung ihrer Kinder überfordert wären, weshalb der Schule ein bedeutenderes Gewicht bei der Erziehung zukäme. Private Erziehung als Instanz frühkindlicher und auch körperbezogener Erziehung bleibt damit unbesprochen. Mit Reyer (2003, S. 389) lässt sich diesbezüglich festhalten, dass zu dieser Zeit, Mitte des 19. Jahrhunderts, das Ideal der bürgerlichen Familie erstmalig ihrer „umfassenden Wirksamkeit" brüchig erschien, weshalb die Verfechter öffentlicher Erziehung – und Ziller kann zu diesen gezählt werden – versuchten dies als Legitimationsvorteil zu nutzen. Im Hinblick auf seine Seelenkonzeption orientiert sich Ziller ebenfalls nur in Teilen an Herbart. Ziller ist stärker christlich-religiös ausgerichtet, was auch in anderer Hinsicht seine stärker leibdistanzierenden Tendenzen erklären mag. Ziller stellt fest:

> „Die angeborene Naturanlage des Zöglings hat nicht ursprünglich in der Seele ihren Sitz, sondern ist auf sie übertragen; denn die Seele ist als reales Wesen völlig einfach und trägt keine ursprüngliche Bildung in sich. Die innere Bildung, deren sie fähig ist, nimmt sie erst an, wenn sie in Wechselwirkung mit anderen Wesen tritt." (Ziller 1856, S. 34–35.)

Weil die Seele über keine Erfahrung verfügt, so sei ihr – so Ziller im Weiteren – auch das Gute und das Böse nicht zu eigen, grundsätzlich allerdings unterläge sie doch der Erbsünde. Ziller argumentiert daher, wie auch Stoy, wenn auch anders gerahmt, gegen eine harmonische Ausbildung der Kräfte, wobei er für pädagogische Belange auf die seelisch-geistigen Aspekte fokussiert. Da Seele und Körper wesensverschieden seien, sei eben eine Harmonie zwischen Ungleichartigem nicht möglich und auch nicht notwendig. Damit zeigt sich das spätaufklärerische Paradigma der steten Wechselwirkung von Leib und Seele endgültig verabschiedet. Durch Erziehung solle daher nicht der Körper des Kindes ausgebildet werden; denn wo es sich unmittelbar um Pflege und Gedeihen des Körpers handelt, da wendet man sich nicht an den Erzieher, sondern an den Arzt. Der

Erziehende „ist als solches nur [als] Lehrer [und] Seelsorger des Kindes" (Ziller 1876, S. 4) zu verstehen. Diese Haltung Zillers stärkt damit die Tendenz, die sich bei Herbart und Stoy bereits zeigte, Erziehung sowie auch den Erziehungsbegriff in Abgrenzung zu körperlicher Erziehung und körperpädagogischen Grundlagen zu entwickeln. Allerdings, räumt Ziller (ebd., S. 194) wie Herbart ein, stünden dennoch die leibliche und die geistige Natur miteinander in „Correspondenz". Der Geist werde gehindert, wenn der Körper sich nicht in einer ihm angemessenen Verfassung befände. Deshalb müsse die Erziehung „das leibliche Befinden des Kindes im Auge behalten" (ebd., S. 4). Aus dieser Position heraus argumentiert er, wie Stoy, für regelmäßiges Turnen. „Das Turnen übt den Körper überhaupt. Er soll dadurch ein kräftiges und geschicktes Werkzeug für den Geist werden" (ebd., S. 194). Daher müssen unterrichtliche Vorgaben auch auf das Turnen übertragen werden. „Das Turnen kann sich allerdings abtrennen von den Concentrationsstoffen, weil es nach physiologischen Gründen zu ordnen ist, die ausserhalb der Pädagogik liegen " (ebd., S. 200). All diese Perspektiven sind bei Ziller explizit religiös gerahmt. Nach Ziller führe in diesem Sinne die Herrschaft über den Körper zu „Anstand" (ebd., S. 195), da sich aus der „geistigen Ueberlegenheit des Menschen [...] ja auch sein sittlich-religiöses Leben" (ebd. S. 196) entwickele.

## 4. Schlussbetrachtung

Die hier versammelten Einzelstudien müssen sicherlich vertieft werden, auch ließen sie sich wohl entlang weiterer pädagogischer Entwürfe fortsetzen. Zum Beispiel ist Wilhelm Rein (1847–1929) einzubeziehen. Der Begriff der ‚physischen Erziehung' spielt zu seiner Wirkungszeit, also an der Wende zum 20. Jahrhundert, längst keine pädagogische Rolle mehr. Er findet zwar vereinzelt Anwendung, wird aber nicht länger theoretisch verhandelt. Entgegen seiner Position seines einstigen Lehrers Zillers, nähert Rein sich jedoch Stroß zufolge (2000, S. 232–233) pädagogisch wieder den körperlichen Verhältnissen in pädagogischer Perspektive an, u. a. in dem er Physiologie und Hygiene zur Hilfswissenschaft der Pädagogik bestimmt. Auch wenn es fortgesetzter Untersuchungen bedarf, lassen sich jedoch erste Ergebnisse formulieren. So ist z. B. zu konstatieren, dass die Debatte um die ‚physische Erziehung' nicht nur in der Pädagogik Herbarts zum Erliegen kam, sondern dass gerade in den Rezeptionsprozessen die Rede über physische Erziehung im historischen Verlauf ihre Gültigkeit verliert. Auf die Ausgrenzungsbewegung Herbarts erfolgen in dieser Hinsicht Zersetzungstendenzen. Mit Stoy und Ziller kommt es in dieser Hinsicht zu einer Verengung des Denkens über Erziehung, und damit auch zu einer weiteren Abwendung des Anspruches, dass die Theoretisierung von Körperlichkeit innerhalb der Pädagogik stattfinden könne. Übergreifend betrachtet, verankern damit Herbart, Stoy und Ziller – trotz ihrer hoch differenten Positionen – ein Erziehungsnarrativ, dass sich in pädagogischer Hinsicht auf die geistig-kognitiven-seelischen Aspekte vom Menschen bezieht und dabei leiblich-körperliche Ansprüchen und Perspektiven ausklammert und anderen Wissenschaften zuspricht. Dies impliziert einen Begriff von Erziehung, der als eigentliche Erziehung nur die geistige-moralische Erziehung kennt. Dabei schwinden nicht nur Körperbezüge, sondern auch die Aufmerksamkeit gegenüber der familialen resp. nach damaligen Vorstellungen gegenüber der mütterlichen Erziehung des Kleinkindes.

## Quellenverzeichnis

Herbart, J. F.: Pestalozzi's Idee eines ABC der Anschauung. Göttingen 1804.
Herbart, J. F.: Allgemeine Pädagogik aus dem Zweck der Erziehung abgeleitet. Göttingen 1806a.
Herbart, J. F.: [Selbstanzeige] Bey Römer: Allgemeine Pädagogik. Aus dem Zwecke der Erziehung abgeleitet, von Johann Friedrich Herbart. In: Göttingische gelehrte Anzeigen unter Aufsicht der königl. Gesellschaft der Wissenschaften. 76 Stück, 12. May 1806b, S. 753–758.
Herbart, J. F.: Lehrbuch zur Psychologie. Königsberg und Leipzig 1816.
Herbart, J. F.: Psychologie als Wissenschaft: neu gegründet auf Erfahrung, Metaphysik und Mathematik. Zweyter analytischer Teil. Königsberg 1825.
Herbart, J. F.: Briefe ueber die Anwendung der Psychologie auf die Pädagogik. Leipig 1831.
Herbart, J. F.: Lehrbuch der Psychologie. Zweite Aufl. Königsberg 1834.
Herbart, J. F.: Umriss pädagogischer Vorlesungen. Göttingen 1835.
Herbart, J. F.: Über die ästhetische Darstellung der Welt als das Hauptgeschäft. In: Ders. J. F. Herbart's kleinere philosophische Schriften und Abhandlungen, nebst dessen wissenschaftlichem Nachlasse. Hg. von G. Hartenstein. Leipzig (1842/1804), S. 41–66.
Stoy, K. V.: Haus-Pädagogik in Monologen und Ansprachen: eine Neujahrsgabe an die Mütter. Leipzig 1855.
Stoy, K. V.: Encyclopädie, Methodologie und Literatur der Pädagogik. Leipzig 1861 und 1878.
Ziller, T.: Einleitung in die allgemeine Pädagogik. Leipzig 1856.
Ziller, T.: Allgemeine Pädagogik. Leipzig 1876.

*Sekundärliteratur*
Brachmann, J.: Der pädagogische Diskurs der Sattelzeit. Eine Kommunikationsgeschichte. Bad Heilbrunn 2008.
Coriand, R./Koerrenz R.: Johann Friedrich Herbart. Einführung mit zentralen Texten. Paderborn 2018.
Ebert, B.: Zur Bedeutung der Physiologie für die Pädagogik J. F. Herbarts, In: Anhalt, E. (Hrsg.): In welche Zukunft schaut die Pädagogik?: Herbarts Systemgedanke heute. Jena 2009, S. 161–192.
Goubet J.-F./Bolle, R. (Hrsg.): Herbart als Universitätslehrer. Gera/Jena 2018.
Hollenberg, O.: Herbarts Stellung zu den Philanthropisten. Breslau 1917.
Jacobi, J.: Wie allgemein ist die Allgemeine Pädagogik? Zum Geschlechterverhältnis in der wissenschaftlichen Pädagogik. In: Herzog, Walter (Hrsg.): Unbeschreiblich weiblich. Aspekte feministischer Wissenschaft und Wissenschaftskritik. Chur 1991, S. 193–206.
Kersting, C.: Die Genese der Pädagogik im 18. Jahrhundert. Campes „Allgemeine Revision" im Kontext der neuzeitlichen Wissenschaft. Weinheim 1992.
Közle, J. F. G.: Die pädagogische Schule Herbarts und ihre Lehre fasslich dargestellt und beurteilt. Gütersloh 1889.
König, E.: Der Philanthropismus und die Entdeckung des Leibes als pädagogische Kategorie. In: Spitzer, Giselher (Hrsg.): Die Entwicklung der Leibesübungen in Deutschland. Von den Philanthropisten bis zu den Burschenschaftsturnern. Sankt Augustin 1993, S. 17–40.
Kunze, L.: *„Die physische Erziehung der Kinder" Populäre Schriften zur Gesundheitserziehung in der Medizin der Aufklärung.* Inaugural-Dissertation. Marburg 1971.
Toppe, S.: Die Erziehung zur guten Mutter: medizinisch-pädagogische Anleitungen zur Mutterschaft im 18. Jahrhundert. Oldenburg 1993.
Reyer, J.: [Stichwort] Familie. In: Benner, Oelkers (Hrsg.): Historisches Wörterbuch der Pädagogik, Weinheim/Basel 2004, S. 383–393.
Schmitz, J. N.: Das Problem der physischen Erziehung bei J. Fr. Herbart. In: Paedagogica Historica (5), Heft 2 (1965), S. 402–434.
Schmitz, J. N.: Die Leibesübungen im Erziehungsdenken Johann Friedrich Herbarts. Schorndorf bei Stuttgart 1965.
Schotte, A. (Hg.): Herbarts Ästhetik. Studien zu Herbarts Charakterbildung (Herbartstudien – Band III). Jena 2010.
Stache, Antje: Habitualisierung und Indoktrination. Die Zucht des Körpers als Erziehungsmittel. In: Schluß, Hennig (Hrsg.): Indoktrination und Erziehung: Aspekte der Rückseite der Pädagogik. Wiesbaden 2007, S. 113–123.
Stroß, A. M.: Pädagogik und Medizin. Ihre Beziehungen in „Gesundheitserziehung" und wissenschaftlicher Pädagogik 1779–1933. Weinheim 2000.

Max Luo-Xiang Chen

# Ausprägungen des Herbartianismus in China – eine analytische Übersicht über einschlägige zeitgenössische Publikationen

## 1. Einführung

In China waren vor allem Karl Volkmar Stoy, Tuiskon Ziller und Wilhelm Rein bekannt, und das anfängliche Verständnis des Herbartianismus wurde *durch japanische Publikationen* aufgegriffen. In diesem Artikel wird erforscht, wie der Herbartianismus bzw. die Formalstufen von China rezipiert und vor Ort verbreitet wurden, um eine Lücke der pädagogischen Geschichte auszufüllen.

Eigentlich bieten die bisherigen Arbeiten zu diesem Thema im weiteren Sinne schon einige Forschungsergebnisse im chinesischsprachigen Raum: Der Prozess der Einführung und Entwicklung der fünf praktischen Ideen Herbart in Japan wurde bereits dargestellt (vgl. Li 2001). Es gab auch einen Artikel, der auf den US-amerikanischen Herbartianismus in den 1890er Jahren zurückgeblickt hat (vgl. Zhang/Chen 2006). Darüber hinaus gibt es ein Buch, in dem die Rezeption der abendländischen Didaktik inklusive der fünf Formalstufen sowie ihre Umsetzung im Sinne des Chinesisch-Unterrichts dargestellt wird (vgl. Geng 2008, S. 203–207). Mian Zhou (2010) hat in seinem Beitrag *The returned students and the spread of Herbart's educational theory* darauf hingewiesen, dass einige chinesische Forscher, die die japanischen Bücher über den Herbartianismus ins Chinesische übersetzten, noch unbekannt sind. Lang Xiao und Ju-Mei Xiao (2013) recherchierten die chinesischen Lehrbücher von 1900 bis in die 1920er Jahre, um ein Stück der Geschichte der Entwicklung der westlichen Didaktiken in China zu schreiben. In der letzten Zeit behauptete eine Wissenschaftlerin, dass das damalige China durch die rezipierten Lehrbücher Herbarts Theorie verstanden hat (vgl. Zhang 2017). Und kürzlich wurde die Erscheinung und Anwendung der seinerzeitigen herbartianistischen Unterrichtsbeispiele/Lehrproben untersucht (vgl. Yang/Huang 2017).

Allerdings sind die oben erwähnten Forschungsergebnisse noch nicht zufriedenstellend. Nicht wenige Forschungen richteten beim Herbartianismus die Aufmerksamkeit eher auf die Einführung der Pädagogik statt auf die (allgemeine) Didaktik. Oder um den Aufstieg der *New Education* in China zu unterstützen, wurden die neueren Unterrichtsmethoden als die Besseren im Vergleich zur Formalstufentheorie betrachtet, obwohl es an einer angemessenen Bewertung fehlt. In manchen Forschungen wurden nur die chinesischen Übersetzungen ohne japanische, deutsche oder englische Quellen zitiert. Und vielleicht wegen der ideologischen Konfrontation sind einige Materialien kaum in den relevanten Forschungen erschienen: Beispielsweise wurde kein Wort von Bang-Zheng Suns chinesischer Monografie *Einführung in die Unterrichtsmethode* erwähnt.

Aufgrund der oben genannten Lage möchte der Autor den Hinweisen der Vorläufer folgen, die relevanten Zweifel klarstellen und eine Lücke der pädagogischen Geschichte füllen, vor allem eine prägnante Interpretation der Rezeption des Herbartianismus im ehemaligen China bieten. Die Materialien aus erster Hand in diesem Artikel stammen aus den *Pädagogischen Sammelwerken*[1], der *Educational World*[2], die als die erste chinesische Fachzeitschrift im Bereich Pädagogik gilt, sowie aus der hinterher erschienenen Fachzeitschrift *Chinese Educational Review*[3].

## 2. Die Rezeption und Umsetzung des Herbartianismus in Japan

Bevor der Herbartianismus in Japan rezipiert wurde, sind bereits seit 1868 einige pädagogischen Lehren wie z. B. von Johann Amos Comenius, Jean-Jacques Rousseau und Johann Heinrich Pestalozzi durch die US-amerikanischen Lehrbücher eingeführt worden (vgl. Hasegawa o. J./1905, S. 6–7, 14–15). Erst am Anfang des Jahres 1887 wurde der Herbartianismus von dem Pädagogen Emil Hausknecht, den die neu begründete Kaiserliche Universität in Tokyo einstellte, eingeleitet (vgl. Haasch 2000, S. 390; Kiuchi 2007). Seine zwölf Schüler, inklusive Tomeri Tanimoto, Motoichi Yuhara und Suematsu Inagaki, wurden seinerzeit die Förderer des Herbartianismus (vgl. Li 2001).

Außerdem wurde der Herbartianismus von Nagao Ariga, Takehiko Yumoto, Jintaro Ose und Teinosuke Hatano im Deutschen Reich

---

1 Chinesisch: 教育叢書
2 Chinesisch: 教育世界
3 Chinesisch: 教育雜誌

studiert und dann in Japan verbreitet: Ariga hat im Jahre 1888 das Buch *Allgemeine Unterrichtslehre* von Gustav Adolf Lindner mit dem Namen *Lindners Didaktik*[4] ins Japanische übersetzt (ebd.). Yumoto hat im Jahre 1895 das Buch *Neu herausgegebene Didaktik*[5] geschrieben, worin er den Herbartianismus rezipiert und zum Teil umsetzt (vgl. Zhou/Ye 2006), und er hat im Jahre 1896 Reins Monografie *Pädagogik im Grundriß* übersetzt (vgl. Ostasienabteilung der Staatsbibliothek zu Berlin 2010).

Das im Jahre 1891 veröffentlichte Buch *Pädagogik* von Ose, der erst bei Hausknecht an der Kaiserlichen Universität den Herbartianismus kennengelernt und später in Europa die abendländische Pädagogik weiter gelernt hat, nahm offensichtlich den Standpunkt des Herbartianismus ein (vgl. Honya 2008). Hatano hat in den Jahren 1884 bis 1885 an Reins pädagogischem Seminar an der Universität Jena studiert, dann schrieb er im Jahre 1901 das Buch *Eine Darlegung über Reins Pädagogik*[6] (vgl. Haasch 2000, S. 390; Kiuchi 2007).

Zusätzlich ist zu beachten, dass die Rezeption des Herbartianismus in Japan auch mittelbar durch die US-amerikanischen Publikationen erfolgt ist: Beispielsweise war das Buch *Herbart und seine Schüler*[7] von Tsunegoro Shimazaki (1901) eigentlich die Übersetzung aus der englischen Quelle *Herbart and Herbartians* von Charles DeGarmo (1895) (siehe auch unten).

Gegen 1902/1903 war nach der Forscherin Wen-Ying Li (2001) die Blütezeit des Herbartianismus in Japan. Obwohl die Sozialpädagogik von Paul Natorp und die geisteswissenschaftliche Richtung von Friedrich Schleiermacher und Wilhelm Dilthey bereits eingeführt waren, galt der Herbartianismus als die Hauptströmung. Einige Wissenschaftler glaubten sogar, dass der theoretische Rahmen der Pädagogik Herbarts als das Kriterium für jede neue pädagogische Lehre gelten sollte (vgl. Hatano 1901/1906a; Yoshida 1904a, 1904b). Um das Jahr 1910 war der Herbartianismus in Japan herausgefordert: Masataro Sawayanagi hat Kritik daran geübt, dass der Herbartianismus nicht in der Lage war, eine enge Verknüpfung zwischen seiner Theorie und seiner praktischen Anwendbarkeit herzustellen. Sukeichi Shinohara ging von den Perspektiven der New Education sowie der experimentellen Pädagogik aus und

---

4  Kanji: 麟氏教授學
5  Kanji: 新編教授學
6  Kanji/Japanisch: 教育學書解說―ライン氏教育学
7  Kanji/Japanisch: ヘルバルト及び其學徒

brachte ihre Sichtweise gegen den Herbartianismus vor (vgl. Haasch 2000, S. 390–391; Kiuchi 2007).

Allerdings war die Rezeption des Herbartianismus in Japan ziemlich gelungen. Die japanischen Wissenschaftler konnten sowohl durch die US-amerikanischen Publikationen als auch unmittelbar von den deutschen Quellen die europäische Pädagogik, vor allem den Herbartianismus, einführen und umsetzen. Hier muss erwähnt werden, dass die japanische Herbartianismus-Rezeption in einem gewissen Sinn in Bezug zur *konfuzianischen Kultur* in Ostasien stand – die Formalstufen wurden einerseits mit Konfuzius' Unterrichtsideen in Verbindung gebracht (vgl. Yumoto 1895/1901, S. 60–66), andererseits wurde die auf den moralischen Charakter gelegte Betonung in Herbarts Pädagogik bei der Durchführung des im Jahre 1890 erlassenen Kaiserlichen Erziehungsedikt auf der Ebene der Bildungsreform umgesetzt (vgl. Haasch 2000, S. 390; Li 2001).

### 3. Der durch japanische Quellen rezipierte Herbartianismus in China

Als der Herbartianismus in China ankam, spielte der von Zhen-Yu Luo gegründete *Educational World Press* eine größere Rolle. Dieser Verlag hat von 1901 bis 1903 mehr als dreißig pädagogische Übersetzungen vom Japanischen ins Chinesische zunächst in den Heften seiner Fachzeitschrift und dann in drei Sammelwerke veröffentlicht (vgl. Zhu 2009). Einige von diesen Übersetzungen führte den Herbartianismus ins China ein: Das von Yumoto im Jahre 1895 geschriebene Buch *Neu herausgegebene Didaktik*, dessen elfte (überarbeitete) Auflage schon im Juni 1898 publiziert war, wurde im Jahre 1901 mit dem Namen *Didaktik* ins Chinesische übersetzt. Das im Jahre 1899 von Tomitsuchi Sugiyama geschriebene Buch *Psychologisch orientierte Grundsätze für den Unterricht*[8] wurde im Jahre 1902 ins Chinesische übersetzt. Das im Jahre 1901 von Motokichi Azuma geschriebene Buch *Volksschuldidaktik*[9] wurden auch im Jahre 1902 von Hong Shen ins Chinesische übersetzt. Im Jahre 1903 hat Tan Nakajima, der eigentlich China-Studie-Experte war, das im Jahre 1901 von Shimazaki geschriebene Buch *Herbart und seine Schüler*, dessen ursprüngliche Quelle aus *Herbart and Herbartians* von Charles

---

8   Kanji: 心理的教授原則
9   Kanji: 小學教授法

DeGarmo kam, mit dem Namen *Die Erziehung des Herbartianismus*[10] ins Chinesische übersetzt.

In den vorhandenen Forschungsergebnissen im chinesischsprachigen Raum hat man geglaubt, dass das im Jahre 1901 von Guo-Wei Wang ins Chinesische übersetzte Lehrbuch *Pädagogik*, dessen japanische Quelle von Senzaburo Tachibana stammte, den Standpunkt des Herbartianismus vertrat (vgl. Qu 2008). Hier liegt aber ein Missverständnis vor: Eigentlich hat Tachibana das Buch *Die Pädagogik in übersichtlicher Darstellung: ein Handbuch für Lehramtskandidaten, Volksschullehrer und Erzieher* von Hans Rudolf Rüegg zum Teil ins Japanische übersetzt (vgl. Chen 2017, 2018, S. 56) und hierzu einige Bemerkungen gemacht, andererseits war Rüegg aber kein Anhänger der Pädagogik Herbarts (vgl. Tachibana o. J./1901/2009, S. 337–338, 341; Gehrig 1997, S. 390–391).

Im Großen und Ganzen wurde der Herbartianismus in den relevanten Übersetzungen der *Pädagogischen Sammelwerke* prägnant dargestellt, so beispielsweise auch inklusive Herbarts Lehre vom Interesse (vgl. Sugiyama 1899/1902, S. 27–31; Azuma 1901/1902, S. 2; Educational World Press 1904), Zillers Konzentration des Unterrichts (vgl. Yumoto 1895/1901, S. 7–12; Sugiyama 1899/1902, S. 37–46) sowie kulturhistorischen Stufen (vgl. Shimazaki 1901/1903, S. 37), Herbarts Unterrichtsideen (d. h.: Klarheit, Assoziation, System, Methode) und die später von Ziller weiter entwickelten fünf Formalstufen (vgl. Sugiyama 1899/1902, S. 40–41), Reins fünf Formalstufen (vgl. Azuma 1901/1902, S. 4–6) sowie fünf von Rein herausgegebene und ein von Lindner herausgegebenes Unterrichtsbeispiel (vgl. Yumoto 1895/1901, S. 35–60).

In der Tat wurde der Herbartianismus in China ziemlich schnell eingeführt. Die inhaltliche Ausrichtung der halbmonatlich erscheinenden Fachzeitschrift *Educational World* wurde seit dem Jahre 1904 und zwar seit Heft 69 erweitert. Sowohl Übersetzungen als auch Beiträge für die pädagogische Forschung und die Lehrerausbildung wurden veröffentlicht (vgl. Zhu 2009). Bevor diese Zeitschrift im Jahre 1907 eingestellt wurde, erschien eine bunte Vielfalt an Artikeln in Bezug auf den Herbartianismus (siehe Tabelle 1). Bisher wurde festgestellt, dass diese Artikel die Theorien von Herbart und seinen Anhängern, vor allem Stoy, Ziller und Rein sowie die Herausforderung aus anderen wissenschaftlichen Lagen darstellten, was außerhalb der Formalstufen leider entweder in der Vergangenheit oder Gegenwart im chinesischsprachigen Raum

---

10 Chinesisch: 費爾巴爾圖派之教育

einfach wenig Aufmerksamkeit erlangt: Beispielsweise hat ein Autor dieser Zeitschrift schon im Heft 69 berichtet, dass die eher psychologisch orientierte Pädagogik bzw. der Herbartianismus bereits zehn Jahre früher von der neueren Sozialpädagogik verdrängt worden sei (vgl. Jie-Sheng 1904). Ein im Heft 84 erschienener Beitrag mit dem Namen *Eine Erklärung für die neue Pädagogik* von Kumaji Yoshida (1904a) hat Natorps Sozialpädagogik sowie Diltheys Zweifel an einer allgemeingültigen pädagogischen Wissenschaft schon erwähnt. Wenngleich der Herbartianismus seinerzeit in Deutschland schon herausgefordert und durch japanische Quellen in den chinesischen Beiträgen diese Situation zum Teil dargestellt wurde, wurden die neueren pädagogischen Richtungen nach Yoshida (1904a) und Jie-Sheng (1904) wegen fehlender Didaktik noch nicht systematisch begründet. Weiterhin wurde das Buch *Eine Darlegung über Reins Pädagogik* von Hatano im Jahre 1906 in Form von sieben Serienartikeln vom Japanischen ins Chinesische zum Teil übersetzt, worin Reins Widerlegung von Natorps Lehre sowie Diltheys Lehre prägnant erwähnt wurden (vgl. Hatano 1901/1906a, 1906c). Allerdings spielte der Herbartianismus um 1906 bei der Rezeption der westlichen Pädagogik noch die Hauptrolle.

Tabelle 1: Beiträge über die Einführung des Herbartianismus in der Fachzeitschrift „Educational World" seit Heft 69

| Titel der Beiträge | Heft | Jahr | Autor/Übersetzer |
| --- | --- | --- | --- |
| Über die Veränderungen der modernen Pädagogik | 69 | 1904 | Jie-Sheng |
| Lehre vom Interesse des Herbartianismus [海爾巴脫派之興味論] | 75 | 1904 | EWP |
| Kurzbiografien: der große Pädagoge Herbart; Stoy; Ziller. [史傳: 德國教育學大家海爾巴脫傳, 附司脫伊, 秩耳列耳] | 80 | 1904 | EWP |
| Unterrichtsprinzipien (mit Tabellen) | 93, 94 | 1905 | Otohiko Hasegawa |
| Ziller zum Thema Charakterbildung [秩耳列爾氏之品性陶冶論] | 96 | 1905 | EWP |

| | | | |
|---|---|---|---|
| Kurznachricht: Die Universität Jena erlaubt dem internationalen Studierenden nicht, seinen Studiengang abzubrechen. [雜纂: 德國大學不許外人肄業] | 109 | 1905 | EWP |
| Das erste Jahrestreffen eines Vereins von Herbartianer im Jahre 1905 [德國海爾巴德派教育學會紀事] | 120 | 1906 | EWP |
| Ordnung der Übungs-Schule an der Universität Jena[11] [德國厄訥練習所規則] | 123 | 1906 | EWP |
| Reins Pädagogik | 134, 135, 137, 138, 140, 141, 142 | 1906 | EWP |
| Didaktik im Allgemeinen [大教授法] | 144, 147 | 1907 | Iwataro Tominaga [富永岩太郎] |

**Anmerkung:** Die Beiträge, die in anderen Stellen dieses Artikels nicht zitieret wurden, waren nicht im Literaturverzeichnis enthalten.

Nachdem die *Educational World* eingestellt worden war, galt die später erschienene Fachzeitschrift *Chinese Educational Review* als eine der frühesten chinesischen Publikationen im Bereich Pädagogik. In dieser Fachzeitschrift konnte man nicht nur die Beiträge über den Aufstieg, die Entwicklung und Herausforderung des Herbartianismus, sondern auch die Artikel über die Verbreitung und Durchführung der fünf Formalstufen sehen. Beispielsweise hat ein Autor in seinem Artikel mit sechs von acht Seiten für vier Lehrproben geboten, worin die fünf Formalstufen auf naturkundliche Lehrstoffe angewandt wurden (vgl. Zhang 1910). Der *Chinese Educational Review Publisher* (1909) hat sogar einen Wettbewerb für ausgezeichnete Unterrichtsbeispiele veranstaltet.

---

11 Sie gehört eigentlich zum zweiten Teil der von Rein (1888/o. J.) herausgegebenen *Ordnung des pädagogischen Universitäts-Seminars und seiner Übungsschule in Jena*.

Wie bereits erwähnt wurden einige von Rein herausgegebene Unterrichtsbeispiele schon im Jahre 1901 durch Yumotos Werk in China eingeführt. Aber damals schienen die fünf Formalstufen sowie die entsprechenden Lehrproben merkwürdigerweise keine ausreichende Aufmerksamkeit zu erhalten. Man konnte skeptisch sein, ob es eine große Kluft zwischen der pädagogischen Rezeption und der weiteren Durchführung gäbe. Diese Frage kann man wohl mit einer Beobachtung von Takeo Tsuji (1905) beantworten. Er hat die Schul- und Bildungssituation Chinas (genauer: des späten Qings) beobachtet und war ziemlich überrascht, dass so wenige moderne Schulen begründet wurden. Weiterhin übte Tsuji scharfe Kritik daran, dass nur wenige Chinesen sich für die Schulbildung ganz engagierten, jedoch ihre Arbeit irgendwie behindert wurde. Tsuji hat deswegen an die Behörden Chinas appelliert, dass solch ein krankhafter Trend so schnell wie möglich beendet werden sollte.

Luo, der die *Educational World* begründete, hat die damalige Regierung Chinas wegen ihrer Schulbildung angegriffen. Er wies darauf hin, dass es die Pflicht des Staates sei, gut mit der Schulbildung umzugehen, wobei aber der offizielle Weg zur Einführung der Schulpflicht problematischer Weise zum großen Teil auf die Privatschulen angewiesen war (vgl. Luo 1906). Die tatsächliche Situation war, dass nicht wenige Schulen im Jahre 1904 noch im alten Stil blieben. Es gab im Jahre 1908 noch zahlreiche Lehrer und Direktoren, die gar keine Ahnung vom Schul- und Bildungszweck hatten. Sie hatten die westliche Didaktik nie gelernt. Eine veraltete Heimschule mit privaten Lehrern ohne qualifizierte pädagogische Kenntnisse – dies war kein Einzelfall, sondern ganz normal im ehemaligen China (vgl. Zhu 1987 S. 273–286).

Wurden die fünf Formalstufen während und nach dem Regimewechsel Chinas um das Jahr 1912 in den modernen Schulen gut in der Praxis umgesetzt? – Es war nur schade, dass die Verbreitung der pädagogischen bzw. didaktischen Publikationen seinerzeit ziemlich behindert wurde: Obwohl die meisten aus dem Ausland eingeführten pädagogischen Texte in der späteren Qing-Dynastie schon zu Lehrbüchern zusammengestellt und benutzt wurden (vgl. Xiao/Xiao 2013), erließ die später gegründete Einparteienregierung *KMT* zwei ungünstige Anordnungen wie die folgenden:

„Da jedes Lehrbuch nur der neuen Regierung dienen sollte, müssen die vom älteren Bildungsministerium Anerkannten ohne Ausnahme unerlaubt sein" (Bildungsministerium der Republik China 1912, S. 2).

„Die Inhalte der nichtamtlichen Lehrbücher müssen von ihren Verlagen korrigiert werden, solange sie die Verehrung zur Qing-Dynastie zeigen, inklusive des relevanten Namenstabus sowie der Höflichkeitsform. [...] Wenn der Schullehrer den regierungsfeindlichen Buchinhalt findet, darf er ihn irgendwann korrigiert, oder durch die [...] offiziellen Abteilungen den relevanten Verlag informieren" (Bildungsministerium der Republik China 1912, S. 2–3).

Selbstverständlich waren nicht wenige Lehrbücher für die Lehrerausbildung und Schulbildung vergriffen und nicht mehr verfügbar. Sehr wahrscheinlich wurde der Einsatz der fünf Formalstufen wegen des Mangels an Unterrichtsmaterialien erschwert.

Um 1909 bis 1914 erschienen doch einige Unterrichtsbeispiele, die analog der fünf Formalstufen sowie ihrer Varianten übersetzt oder konzipiert wurden (vgl. Zhu 1987, S. 254–256), obwohl die Umsetzung der fünf Formalstufen bis in das Jahr 1921 nie weit verbreitet worden ist (vgl. Yu 1963/1987). Es ist bemerkenswert, dass das im Jahre 1914 veröffentlichte Lehrbuch *Die neue Fachdidaktik* von Bu-Qing Li (1914/1919, S. 7–11) die Didaktik und die Unterrichtsskizzen des Herbartianismus rezipiert hat. Bis in das Jahr 1924 wurde die 15. Ausgabe dieses Buches veröffentlicht. Bis zu einem gewissen Grad kann man sagen, dass die Unterrichtsbeispiele der Formalstufen durch dieses Buch in einigen Schulen durchgeführt wurden (vgl. Xiao/Xiao 2013).

## 4. Der Herbartianismus in Konkurrenz zur New Education in China

Neben den Formalstufen wurden andere Unterrichtsmethoden ab Mitte der 1910er Jahre in China eingeführt. Beispielsweise wurde die Methode *Supervised Study* vor allem von Zi-Yi Yu und Bing-Wen Guo rezipiert (vgl. Geng 2008, S. 207–208). Später im April 1919 besuchte John Dewey China, was die Rezeption des US-amerikanischen Pragmatismus und der *New Education Movement* in gewissem Maße begünstigte. Die kindzentrierte Pädagogik sowie die *Project Method* von William Heard Kilpatrick und der *Dalton Plan* von Helen Parkhurst wurden nacheinander eingeführt und in einigen Schulen umsetzt (vgl. Wu/Shen 1924).

Damals glaubten einige Wissenschaftler daran, dass die relativ neueren Unterrichtsmethoden die fünf Formalstufen nicht ersetzen können, sondern wegen der psychologischen Grundlage der Letzteren sie nur ergänzen und verbessern (vgl. Xing 1920). Allerdings schienen im Laufe der Zeit der Herbartianismus und seine Didaktik allmählich „altmodisch" zu werden, ein Paradigma der sogenannten alten Erziehung mit lehrerzentriertem Unterricht zu werden. Um die Mitte der 1920er Jahre waren die New Education und die Schülerzentrierung relativ verbreitet (vgl. Chang 1923; Sheng 1923; Wu/Shen 1924). Dao-Zhi Chang (1924) sagte sogar, dass Persönlichkeit und Interessen der Kinder kaum wahrgenommen wurden, bevor die New Education an Macht und Einfluss gewonnen hatte. Er bemerkte, dass die meisten chinesischen Pädagogen erst durch Deweys Lehre die Interessen der Kinder im Unterricht wahrgenommen und anerkannt hätten. Daher entsteht der Eindruck, dass Herbarts Lehre vom Interesse eigentlich keine breite Resonanz in China gefunden hat: Der Anspruch des erziehenden Unterrichtes wurde in der Praxis kaum erreicht, nachdem allenfalls nur die didaktische Formalstufen in die Tat umsetzt wurden.

Lang-Xi Sheng (1924) hat den Herbartianismus mit Deweys Lehre verglichen. Er hat unterstellt, dass die fünf Formalstufen eine gewisse Ähnlichkeit mit Deweys fünf logisch getrennten Stufen (five logically distinct steps) der Problembearbeitung haben. Sheng wies darauf hin, dass das zu lösende Problem nach Dewey den Denkprozess initiieren kann. Dagegen, nach Sheng, kann der Schüler durch die fünf Formalstufen theoretisch nicht unbedingt beginnen zu denken, sondern übt der Lehrer das Wissen eher durch Auswendiglernen ein. Demgegenüber hat Sheng daran geglaubt, dass der Wert der Formalstufen in der Unterrichtsvorbereitung und im Verfassen der Unterrichtsskizzen lag. Daraus kann man ersehen, dass die Umsetzung der fünf Formalstufen wegen des Mangels an Vorstellungen über erziehenden Unterricht und Herbarts Lehre vom Interesse lediglich sehr starr und unflexibel blieb.

Auf der anderen Seite lässt sich fragen: Haben die eingeführten Unterrichtsmethoden der US-amerikanischen New Education die fünf Formalstufen erfolgreich ersetzt und die begrenzte Schulbildung Chinas verbessert? Damals, im Jahre 1931, haben pädagogische Experten des Völkerbundes China drei Monate lang besucht. Nach ihrer Untersuchung wurde der Abschlussbericht *The Reorganisation of Education in China: Report by the League of Nations' Mission of Educational Experts* im Jahre 1932 veröffentlicht (vgl. Chen 2018, S. 92–93). Im Kapitel Grundschulbildung wurde der Sachverhalt so beschrieben:

„Im Allgemeinen galt das Vorlesen als die einzige Lehrmethode in der Schule. Der Lehrer führte die Schüler aller Klassen einfach am

Gängelband, sodass sie das Wissen nur annehmen konnten. Im Großen und Ganzen wurden die chinesischen Schüler von Lehrer kaum nach dem Lernstoff gefragt, ganz zu schweigen davon, eigenständig zu denken und die Problemlösung zu versuchen" (National Institute for Compilation and Translation 1932, S. 97–98).

Bang-Zheng Sun (1958/1977, S. 5–6) hat beobachtet, dass die oben erwähnte Situation bis in den 1940er Jahren immer noch fast gleich war. Nur wenige Lehrer wollten ihre eigenen Unterrichtsmethoden verbessern. Allerdings schien der Herbartianismus bzw. seine Didaktik Teil der pädagogischen Geschichte Chinas zu werden (ebd., 1958/1977, S. 1–4, 27–29; vgl. Luo 1940/1946, S. 42–44).

## 5. Fazit

Die Einführung des Herbartianismus ist mittels japanischer Quellen nach China gekommen. Die pädagogischen und didaktischen Theorien von Herbart, Stoy, Ziller und Rein wurden im ersten Jahrzehnt des 20. Jahrhunderts per Übersetzung in Form von Sammelwerk, Lehrbüchern oder Beiträgen ziemlich prägnant vorgestellt. Um 1909 haben die nach den fünf Formalstufen herausgegebenen Unterrichtsbeispiele mehr Aufmerksamkeit erlangt. Der Herbartianismus galt vor dem Dewey-Besuch als die wichtigste didaktische Quelle in China. Während die New Education in den 1920er Jahren in China eingeführt und bekannt gemacht wurde, sind der Herbartianismus bzw. seine Didaktik durch den Pragmatismus bzw. den Unterricht vom Kinde aus, theoretisch gesprochen, ersetzt worden. Die Auswirkung des Formalstufen ist im chinesischsprachigen Raum nicht verschwunden, sondern sie werden überliefert, in Form von Ideen für die Unterrichtsvorbereitung und -skizzen.

## Literaturverzeichnis

Azuma, M.: Teaching methods in the elementary school (H. Shen Übers.). Shanghai, Educational World Press 1902. (Originalwerk veröffentlicht 1901) [東基吉: 小學教授法(沈紘譯). 上海, 教育世界出版所1902. (原著1901年出版)]

Honya, K.: Die Entwicklung der historischen Pädagogik von Jintaro Ose. The Journal of Doctoral Program in Education (4) 2008, S. 125–130. [本谷一輝: 大瀬甚太郎の教育史学の形成. 教育学論集(4) 2008, 頁125–130.]

Chang, D.-Z.: Frank P. Bachman's principles of elementary education. In: Chinese Educational Review 15(4) 1923, S. 21513. [常道直: 柏希滿的初等教育原理. 載於: 教育雜誌15(4) 1923, 頁21513.]

Chang, D.-Z.: A brief description of teaching methods in elementary school. In: Chinese Educational Review 16(1) 1924, S. 22825–22843. [常道直: 小學教學法概要. 載於: 教育雜誌16(1) 1924, 頁22825–22843.]

Chen, L.-X: A comparative study of educational thoughts from Guo-Wei Wang, Yuan-Pei Cai and Carsun Chang. With a context of German humanistic educational science. In: Chung Cheng Educational Studies 16(2) 2017, S. 115–151. [陳濼翔: 王國維, 蔡元培與張君勱的教育思想比較──德國人文取向教育學的脈絡. 載於: 中正教育研究16(2) 2017, 頁115–151.]

Chen, L.-X.: Die Rezeption und Entwicklung der westlichen bzw. deutschen Pädagogik in Taiwan. Baden-Baden, Ergon 2018.

Chinese Educational Review Publisher: The general regulation of Chinese Educational Review. In: Chinese Educational Review 1(1) 1909, S. 5–10. [教育雜誌社: 教育雜誌簡章. 載於: 教育雜誌1(1) 1909, 頁5–10.]

DeGarmo, C.: Herbart and Herbartians. New York, Charles Scribner's Sons 1895.

Geng, H.-W.: Reform and innovation – In the scientific view of Chinese modern language educational reform investigation. Jinan, Shandong Education Press 2008. [耿紅衛: 革故與鼎新──科學主義視野下的中國近現代語文教育改革研究. 濟南, 山東教育出版社2008.]

Gehrig, H.: Schweizer Seminardirektoren als Pestalozzianer. Versuch einer Würdigung aufgrund neuerer Literatur. In: Beiträge zur Lehrerinnen- und Lehrerbildung 15(3) 1997, S. 387–398.

Haasch, G: Bildung und Erziehung in Japan. Ein Handbuch zur Geschichte, Philosophie, Politik und Organisation des japanischen Bildungswesens von den Anfängen bis zur Gegenwart. Berlin, Ed. Colloquium 2000.

Hasegawa, O: Teaching principles (with tables) (Educational World Press Übers.). In: Educational World (93) 1905, S. 1–22. (Originalwerk veröffentlicht o. J.) [長谷川乙彥: 教授原理(附表)(教育世界社譯). 載於: 教育世界(93) 1905, 頁1–22. (原著出版年不詳)]

Hatano, T.: Wilhelm Rein's pedagogy (Forts. f.) (Educational World Press Übers.). In: Educational World (135) 1906a, S. 13–26. (Originalwerk veröffentlicht 1901) [波多野貞之助: 蘭因氏之教育學(續)(教育世界社譯). 載於: 教育世界(135) 1906a, 頁13–26. (原著1901年出版)]

Hatano, T.: Wilhelm Rein's pedagogy (Forts. f.) (Educational World Press Übers.). In: Educational World (140) 1906b, S. 63–74. (Originalwerk veröffentlicht 1901) [波多野貞之助: 蘭因氏之教育學(續)(教育世界社譯). 載於: 教育世界(140) 1906b, 頁63–74. (原著1901年出版)]

Hatano, T.: Wilhelm Rein's pedagogy (Forts. f.) (Educational World Press Übers.). In: Educational World (141) 1906c, S. 75–95. (Originalwerk veröffentlicht 1901) [波多野貞之助: 蘭因氏之教育學(續)(教育世界社譯). 載於: 教育世界(141) 1906c, 頁75–95. (原著1901年出版)]

Henseler, J.: Paul Natorp (1854–1924): Vom neukantianischen Bildungssozialismus zur sozialpädagogischen Volksschulreform. In: Dollinger, B. (Hrsg.), Klassiker der Pädagogik. Die Bildung der modernen Gesellschaft (3., durchgesehene Auflage). Heidelberg 2012, S. 179–195.

Jie-Sheng: Über die Veränderungen der Pädagogik. In: Educational World (69) 1904, S. 6–12. [劼生: 論近代教育學之變遷. 載於: 教育世界(69) 1904, 頁6–12.]

Kiuchi, Y.: Unrequited Love for Germany? Paradigm and Ideology in Educational Research in Japan until 1945. In: Educational Studies in Japan. International Yearbook (2) 2007, S. 45–56.

Li, B.-Q.: Die neue Fachdidaktik (10. Aufl.). Shanghai, Chung Hwa Book 1919. (Originalwerk veröffentlicht 1914) [李步青: 新制各科教授法(第十版). 上海, 中華書局1919. (1914年初版)]

Li, W.-Y.: The influence of Johann Friedrich Herbart's education theory on Japan. In: Journal of Hebei Normal University (Educational Science Edition) 3(3) 2001, S. 28–32. [李文英: 赫爾巴特教育理論在日本的影響. 載於: 河北師範大學學報(教育科學版) 3(3) 2001, 頁28–32.]

Luo, T.-G.: Einführung in den Unterricht (2. Aufl.). Shanghai, Chung Hwa Book 1946. (Originalwerk veröffentlicht 1940). [羅廷光. 教學通論(再版). 上海, 中華書局1946. (1940年初版)]

Luo, Z.-Y.: Persönliche Meinungen zur Schulbildung nach der Errichtung des kaiserlichen Bildungsministeriums (Teil 2). In: Educational World (120) 1906, S. 1–7. [羅振玉: 學部設立後之教育管見(二). 載於: 教育世界(120) 1906, 頁1–7.]

Bildungsministerium der Republik China: Vierzehn Übergangsmaßnahmen für die Schulbildung. Provisional Government Official (4) Februar 1, 1912, S. 2–3. [教育部: 普通教育暫行辦法十四條. 臨時政府公報(4) 1912年2月1日, 頁2–3]

National Institute for Compilation and Translation: The Reorganisation of education in China – Report by the League of Nations' Mission of Educational Experts. Nanjing, NICT 1932. [國立編譯館: 中國教育之改進—國聯教育考察團報告書. 南京, 國立編譯館1932.]

Ostasienabteilung der Staatsbibliothek zu Berlin (2010). Lexikon Japans Studierende – Listenansicht. Abgerufen von https://themen.crossasia.org/japansstudierende/index/show/page/50

Qu, B.-K.: Two Firsts. Pedagogy Translated and Written by Wang Guo-Wie. In: Journal of Educational Studies 4(2) 2008, S. 5–11. [瞿葆奎: 兩個第一. 王國維譯編的教育學. 載於: 教育學報4(2) 2008, 頁5–11.]

Rein, W.: Ordnung des pädagogischen Universitäts-Seminars und seiner Übungsschule in Jena. Langensalza, Hermann Beyer & Söhne 1888/o. J.

Tachibana, S.: Pädagogik (Wang Guo-Wei Übers.). In: Fu, J. (Hrsg.): Das Gesamtwerk von Wang Guowei. 16. Band. Hangzhou 2009, S. 317–382. (Originalwerk veröffentlicht o. J./1901) [立花銑三郎: 教育學(王國維譯). 載於 傅傑(編): 王國維全集第十六卷. 杭州2009, 頁317–382. (原著出版年無日期/1901)]

Sheng, L.-X: Der Klassenunterricht und der Einzelunterricht. In: Chinese Educational Review 15(7) 1923, S. 21899–21912. [盛朗西: 班級教學與個別教學. 載於: 教育雜誌15(7) 1923, 頁21899–21912.]

Sheng L.-X.: Eine Neubewertung für die Herbartianers fünf Formalstufen. In: Chinese Educational Review, 16(11) 1924, S. 24704–24711. [盛朗西: 重估海爾巴脫派五段教學法之價值. 載於: 教育雜誌16(11) 1924, 頁24704–24711.]

Shimazaki, T.: Die Erziehung der Herbartianer (Nakajima Tan Übers.). Shanghai, Educational World Press 1903. (Japanese translation published 1901). [嶋崎恒五郎: 費爾巴爾圖派之教育(中島端譯). 上海, 教育世界出版所 1903. (日譯版1901年出版)]

Sugiyama, T.: Psychologische Unterrichtsprinzipien (Educational World Press Übers.). Shanghai, Educational World Press 1902. (Originalwerk veröffentlicht 1899) [杉山富槌: 心理的教授原則(教育世界社譯).上海, 教育世界出版所1902. (原著1899年出版)]

Sun, B.-Z.: General methods of teaching (3rd. ed. in Taiwan). Taipei, Cheng Chung Book 1977. (Original work reprinted 1958 in Taiwan) [孫邦正: 普通教學法(臺修三版). 台北, 正中書局1977. (1958年臺初版)]

Tsuji, T.: Einige Ratschläge zu den Bildungsleitern des großen Qing-Reiches. In: Educational World (95) 1905, S. 1–6. [辻武雄: 敬告清國教育當道諸君. 載於: 教育世界(95) 1905, 頁1–6.]

Wu, Y.-I./Shen, B.-Y.: Ein Überblick über die Unterrichtsmethoden in der Volksschule. In: Chinese Educational Review 16(1) 1924, S. 22811–22823. [吳研因/沈百英: 小學教學法概要. 教育雜誌16(1) 1924, 頁22811–22823.]

Xiao, L./Xiao, J.-M.: The teaching theories in the late Qing dynasty and early period of the Republic of China – Its knowledge structure, characteristics, and influences centered on textbooks analysis. In: Social Science Front 2013(1) 2013, S. 217–224. [肖朗/肖菊梅: 清末民初教學論的知識結構, 特徵及其影響—以教材文本分析為中心. 載於: 社會科學戰線2013(1) 2013, 頁217–224.]

Xing, D.-Y.: Eine Vorstellung über die aktuellen Lehrmethoden (Forts. f.). In: Chinese Educational Review 12(11) 1920, S. 17539–17550. [邢定雲: 教學法之新研究(續). 載於: 教育雜誌12(11) 1920, 頁17539–17550.]

Yang, L.-E./Huang, S.: The rise and value of lesson plan of primary and middle schools in late Qing dynasty and early Republic of China. In: Journal of Schooling Studies 14(1) 2017, S. 60–67. [楊來恩/黃山: 清末民初中小學教授案的興起及其價值. 基礎教育14(1) 2017, 頁60–67.]

Yoshida, K.: An explanation for the new pedagogy (Educational World Press Übers.). In: Educational World, (84) 1904a, S. 13–36. (Originalwerk veröffentlicht o. J.) [吉田熊次: 新教育學釋義(教育世界社譯). 載於: 教育世界(84) 1904a, 頁13–36. (原著出版年無日期)]

Yoshida, K.: Eine Erklärung für die neue Pädagogik (Forts. f.) (Educational World Press Übers.). In: Educational World (84) 1904b, S. 13–36. (Originalwerk veröffentlicht o. J.) [吉田熊次: 新教育學釋義(續)(教育世界社譯). 載於: 教育世界(85) 1904b, 頁25–48. (原著出版年無日期)]

Yu, Z.-Y.: The adaption and development of the teaching methods for primary school in modern China – short memoirs (part 1 & 2). In: Journal of East China Normal University (Educational Sciences) 5(4) 1963/1987, S. 51–58. [俞子夷: 現代我國小學教學法演變一斑——一個回憶簡錄(一)(二). 載於: 華東師範大學學報(教育科學版) 5(4) 1963/1987, 頁51–58.]

Yumoto, T.: Die Didaktik der Herbartianer (Educational World Press Übers). Shanghai, Educational World Press 1901. (Originalwerk veröffentlicht 1895) [湯本武比古: 教授學(教育世界社譯). 上海, 教育世界出版所1901. (原著1895年出版)]

Zhang, B.-X./Chen L.-Q.: Herbartianism in America. In: Journal of Educational Studies 2(5) 2006, S. 21–28. [張斌賢/陳露茜: 赫爾巴特在美國. 載於: 教育學報 2(5) 2006, 頁21–28.]

Zhang, S.-B.: Wilhelm Rein's five formal steps of didactics. In: Chinese Educational Review 2(9) 1910, S. 2047–2054. [張世杓: 萊因氏之五段教授法. 載於: 教育雜誌2(9) 1910, 頁2047–2054.]

Zhang, X.-L.: The facet of Herbart's pedagogy in late Qing dynasty and early Republic of China. In: Journal of Educational Studies 13(5) 2017, S. 112–120. [張小麗: 清末民初赫爾巴特教育學的中國面相. 載於: 教育學報 13(5) 2017, 頁112–120.]

Zhou, G.-P./Ye Z.-J.: Herbart's pedagogy in China. A review of the study in the past century. In: Journal of Educational Studies 2(5) 2006, S. 29–35. [周谷平/葉志堅: 赫爾巴特教育學在中國. 一個跨世紀的回望. 載於: 教育學報 2(5) 2006, 頁29–35.]

Zhou, M.: The returned students and the spread of Herbart's educational theory. In: Qilu Journal (218) 2010, S. 105–110. [周棉: 留學生與赫爾巴特教育理論在中國的傳播. 載於: 齊魯學刊(218) 2010, 頁105–110.]

Zhu, M.: The first professional educational publication in modern China – Educational World. In: Teacher's Journal 2009(1) 2009, S. 56–57. [朱蒙: 近代中國最早的教育專業刊物—教育世界. 載於: 中國教師2009(1) 2009, 頁56–57.]

Zhu, Y.-H.: Historical materials on the school system of modern China, Vol. 2–1. Shanghai, East China Normal University Press 1987. [朱有瓛: 中國近代學制史料(第二輯上冊). 上海, 華東師範大學出版社1987.]

# Anhang

Transskript des Gutachtens von Dr. Carls Friedrich Bachmann zu Johann Friedrich Herbart im Berufungsverfahren um die Nachfolge Fries an der Universität Jena vom 05. Oktober 1822
*Universitätsarchiv Jena, Bestand A, Nr. 673, Bl. 4r*

Magnifice Academiae Prorector,
Um von der Ew. Magnificenz und dem Akademischen Senate, dem höchsten Befehle gemäß, an uns ergangenen Aufforderung, diejenigen Männer namhaft zu machen, durch deren Herbeiziehung die durch Unterbrechung der Friesischen Vorlesungen entstandene Lücke würdig ausgefüllt werden könnte, zu entsprechen, haben wir uns sofort versammelt, und beeilen uns, Ew. von dem Resultate unserer Zusammenkunft in Kenntniß zu setzen.

Nach unserer Überzeugung würde die auf unserer Universitaet entstandene Lücke durch die Berufung eines älteren Mannes von gegründetem Rufe würdiger und ehrenvoller ausgefüllt werden, als durch die eines jungen Gelehrten, bei der es noch zweifelhaft bleibt, ob er durch seine künftigen Leistungen den gefaßten Hoffnungen entsprechen, und das in ihn gesetzte höchste Vertrauen rechtfertigen werde. Selbst bei vorzüglichen Talenten eines solchen würden immer mehrere Jahre vergehen, ehe man behaupten könnte, die vorhandene Lücke sei wirklich aufgefüllt. Wir stehen demnach nicht an, als solche Männer, deren Herbeiziehung unserer Universitaet zum wahren Gewinn gereichen würde und die zu gewinnen seyn dürften, nachfolgende zu bezeichnen:
Erstens Herrn Johann Friedrich Herbart, öffentl. ordentl. Professor der Philosophie und Pädagogik auf der Universitaet zu Königsberg. Die vorzüglichsten Schriften, welche seinen Ruf begründet und vergrößert haben, sind folgende: 1) allgemeine Pädagogik, Göttingen 1806. 2) allgemeine praktische Philosophie, Götting. 1808. 3) Hauptpunkte der Metaphysik, Göttingen 1808. 4) Lehrbuch zur Einleitung

Anhang

*Universitätsarchiv Jena, Bestand A, Nr. 673, Bl. 4v*

in die Philosophie Königsbg. 1813. 2$^{te}$ Aufl. Königsbg. 1821. 5) Lehrbuch der Psychologie Königsbg. 1816. 6) Ueber das Böse Königsbg. 1819. Ungeachtet nun zwar das in diesen Schriften in den Grundzügen dargelegte System eine sorgfältige Prüfung nicht bestehen dürfte, indem sich große und unübersteigliche Schwierigkeiten gegen dasselbe erheben, besonders auch in moralischer und religiöser Hinsicht, da dasselbe die Freiheit aufhebt und behauptet, es geben für den Glauben an Gott durchaus keine Data, weder in der Erfahrung noch in der Vernunft, so können wir doch nicht umhin, die Eigenthümlichkeit, die Probleme der Philosophie zu stellen und zu lösen, den ungewöhnlichen Scharfsinn und eine Fülle von Erkenntnissen anzuerkennen, sowie auch mehrere Nachrichten in der Angaben der vorzüglichen Lehrgaben dieses Denkers übereinstimmen.

Zweytens Herrn Friedrich Köppen öffentl. Ordentl. Professor der Philosophie auf der Universitaet zu Landshut. Seine vorzüglichsten Schriften sind folgende: 1) Ueber Offenbahrung in Beziehung auf Kantische und Fichte'sche Philosophie. 2$^{te}$ Ausg. Hamburg 1804. 2) Schelling's Lehre, oder das Ganze der Philosophie des absoluten Nichts. Nebst drei Briefen verwandten Inhalts von Jacobi Hambg.1803. 3) über den Zweck der Philosophie, München 1807, 4) Leitfaden der Logik Landshut 1809. 5) Grundriß des Naturrechts ebend. 1809. 6) Darstellung des Wesens der Philosophie Nürnbg. 1810. 7) Philosophie des Christenthums Leipz. 1813–15 2 Thle, 8) Politik nach Platonischen Grundsätzen Leipz. 1819. 10) Vertraute Briefe über Bücher und Welt, Leipz. 1820. Der Verfasser dieser Schriften ist ein Schüler und Freund Jacobi's, dessen Vertrauen er in einem hohen Grade besaß, und obgleich kein origineller und streng systematischer Geist, doch ein solcher, in welchem sich Scharfsinn, Klarheit und anziehende Darstellung mit vieler Wärme und Innigkeit des Gemüths vereinigen. Sein vorzüglichstes Bestreben ist darauf gerichtet, die Lehren Jacobi's mit der Platonischen und dem Christenthum im Einklange darzustellen.

Drittens Herrn Karl Christian Friedrich Krause, Doctor der Philosophie und privatisirenden Gelehrten in Dresden. Seine hierher gehörigen Schriften sind folgende: 1) de philosophiae et matheseos notione et earum intima conjuntione. Jenae 1802. 2) Grundriß der Historischen Logik für Vorlesungen. Jena 1803. 3) Grundlage des Naturrechts 1$^{te}$ Abtheilg. Jena 1803. 4) Grundlage eines philosophischen Systems der

Mathematik, Jena 1805. 5) Anleitung der Naturphilosophie Jena 1804. 6) System der Sittenlehre, 1ter Bd. Leipzig 1804. Er ging bei seinen Forschungen von der Schelling'schen Philosophie aus, verband aber damit vieles Eigenthümliche, so das man ihm den Namen eines Selbstdenkers nicht verweigern darf. Von seinen Lehrgaben hat er schon in den Jahren 1802–04 auf der hiesigen Universitaet, als Privatdocent rühmliche Proben gegeben. Seit

**Ende des Dokuments nicht als Kopie aus dem UAJ erhalten – ergänzt aus Max Wundt: Philosophie an der Universität Jena**

dem Jahre 1810 hat er sich viel mit der Maurerei und ihrer Geschichte beschäftiget, und die Resultate seiner Forschungen niedergelegt in der Schrift: Die drei ältesten Kunsturkunden der Freimaurerbrüderschaft 2te Ausg. Dresden 1819. 2 Bde. Er beschäftiget sich gegenwärtig mit der Herausgabe eines umfassenden Systems der Philosophie in mehreren Bänden.
Viertens Herr Amadeus Wendt ordentl. Professor der Philosophie zu Leipzig. Er hat sich dem Publikum besonders durch drei Schriften vortheilhaft bekannt gemacht. 1) Die Grundzüge der philosophischen Rechtslehre, zum Gebrauche bei Vorlesungen Leipzig 1811. 29 Reden über Religion, für Gebildete, Sulzbach 1813. 3) durch die Herausgabe der dritten Auflage von Tennemanns Grundriß der Geschichte der Philosophie. Leipzig 1820. Diese Ausgabe enthält von seiner Hand mehrere nicht unwichtige Verbesserungen, Berichtigungen und Zusätze.
Die jungen gelehrten betreffend, welche die höchsten Rescripte erwähnen, so besteht das, was wir von ihnen wissen und urtheilen in folgendem. Der Dr. und Privatdocent Seebold in Gießen hat sich bis jetzt dem Publikum durch eine Abhandlung: Elemente der Arithmetik Gießen 1821 bekannt gemacht, welche allerdings mit philosophischem Geiste abgefaßt ist und zu guten Hoffnungen berechtigt. Dem Gerüchte nach ist derselbe wegen Theilnahme an verbotenen Verbindungen in Untersuchung gewesen. Der Doctor Steingaß hat sich früher auf der hiesigen Universitaet, dann in Bonn aufgehalten, und später nach der Schweiz begeben, um sich dem pädagogischen Fache zu widmen. Wir wissen nicht, daß er irgendwo Vorlesungen gehalten hat. Der Dr. Ernst Reinhold gegenwärtig Conrector am Gymnasio zu Kiel, hat im Sommer-Semester 1819 auf der hiesigen Universitaet Vorlesungen über die Logik nicht ohne Beyfall gehalten, auch sich dem Publikum durch eine kleine

philosophische Schrift: Versuch einer Begründung und neuen Darstellung der logischen Formen Leipzg. 1819 nicht unvortheilhaft bekannt gemacht. Der Dr. Fichte in Berlin, Sohn des berühmten Philosophen, hat eine Dissertation geschrieben: de philosophiae novae Platonicae origine. Berolin 1818, welche allerdings zu Hoffnungen berechtigte, und auf der Universitaet zu Berlin einige Zeit Vorlesungen gehalten. Er ist aber seit Kurzem, weil er keinen Beyfall fand, an einem dortigen Gymnasium angestellt worden. Der Dr. Friedrich Calker gegenwärtig außerordentlicher Professor der Philosophie in Bonn, hat sich in seiner Urgesetzlehre des Wahren, Guten und Schönen Berlin 1820 und dem Systeme der Philosophie in tabellarischer Übersicht Bonn 1820 größtentheils an die Lehre des Herrn Hofrath Fries angeschlossen; das ihm Eigenthümliche in der Anordnung einzelner Parthieen und noch mehr in einem bizarren Sprachgebrauche kann denselben bei keinem unpartheyischen Forscher zur Empfehlung gereichen. In einem besseren Geiste und mit mehr Besonnenheit und Natürlichkeit ist dessen Denklehre, oder Logik und Dialectik Bonn 1822 abgefaßt, worin die beständige Rücksicht auf die Lehren des Platon und Aristoteles, wie einige Andere nicht ohne Verdienst ist. Endlich der Dr. und Privatdocent Arthur Schopenhauer in Berlin, hat sich schon durch eine philosophische Abhandlung: über die vierfache Wurzel des Satzes vom zureichenden Grunde Rudolstadt 1813. Und eine zweyte, über das Sehen und die Farben Leipz. 1816, als einen scharfsinnigen und selbstständigen Kopf gezeigt. Noch mehr aber durch seine neueste Schrift: Die Welt als Wille und Vorstellung Leipzig 1819, welche unstreitig zu den merkwürdigeren Erscheinungen in der neueren philosophischen Literatur gehört. So gern wir auch in dieser Schrift die Originalitaet des Verfassers, den für seine Jahre ausgezeichneten Scharfsinn, die strenge Consequenz in mehreren Schlußreihen, so wie nicht geringen Kenntnisse in der Mathematik und mehreren Zweigen der Naturwissenschaften anerkennen, so können wir doch auch nicht läugnen, daß sich in derselben manches Paradoxe, Verschrobene, mit großer Anmaßung Ausgesprochene, an Verrücktheit Grenzende findet, welches zu entdecken und um so unangenehmer war, da es zugleich die wichtigsten Angelegenheiten der Menschheit, die Wahrheiten der Moral und Religion betrifft.

Indem wir uns auf diese Weise des an uns ergangenen Auftrags entledigen, schließen wir mit der Versicherung der größten Hochachtung, mit der wir stets verharren werden,

| | Euer Magnificenz und des hochlöblichen Senats |
|---|---|
| Jena | ergebenste |
| Den 5ten Octbr. | Senior und übrige Mitglieder der |
| 1822 | philosophischen Fakultaet. |
| | Dr. Carl Friedrich Bachmann. |
| | D. Z. ExDecan. |

*Universitätsarchiv Jena, Bestand A, Nr. 673, Bl. 9r*

Patres Academiae [Venerandi],

Hierdurch habe ich die Ehre, E. illustern Senats das Gutachten Ordinis Amplifi[...] über die Berufung eines Professors der Philosophie, nebst einem dasselbe begleitendes Schreiben des [Hrn.] Dekans vorzulegen. Dieses Gutachten wird wohl more solite an die höchste Behörde abgehen. Sollte aber noch etwas zu bemerken seyn, so bitte ich um geneigte Mittheilung.

Hochachtungsvollst                     D. J. B. [H.] Gabler,
                                        D. Z. Prorektor.
Jena,
d. 6.Oct. 1822

Nachschrift – nicht des Prorectors, der keine Stimme hat, sondern des Seminars u. Exdekans der [theol.] Facultät.

Ich theile ganz das Urtheil des Hrn. Collegen, Prof. Bachmanns über den Prof. Herbart. Ich ehre ihn als originellen Kopf, allein Spinoza war noch origineller. Solche Männer taugen aber besser zu Mitgliedern von Gesellschaften der Wissenschaften, als zu Lehrern der Philosophie auf Universitaeten, wo auch künftige Religionslehrer gebildet werden sollen. Ich müßte es also sehr bedauern, wenn ein Philosoph hierher käme, dessen System in so schreiendem Wider[spruch] mit aller Theologie, nicht bloß der [sophistischen] und [statutarischen], stünde. – Übrigens bedauere ich, daß der Hr Prof. Gerlach in Halle, auf den man höheren Ortes besonders zu reflectieren scheint, in dem [Innenministeriums]schreiben übergangen worden ist.     Gabler.

An mich zurück gekommen den 9ten Oct. Abends 6 Uhr, und sogleich, auf Veranlassung eines Schreibens des Herrn Präsidenten von Motz mit diesem Schreiben an den Herrn U. Secretär zur Expedition abgegeben. H. [Kuchen]

*Universitätsarchiv Jena, Bestand A, Nr. 673, Bl. 9v*

Prorektor Academiae Magnificae,
der Bericht wird more solito, nebst dem Schreiben des Hrn Decans der philos. Facultät, eingeschickt. – Uebrigens bin ich der Assessor dieser Facultät, welcher das feste Urtheil über Herbart zu unterschreiben Bedenken getragen hat.
   6t. Oct ------------------ H. [Kuchen]


[*Unleserliche Anmerkung von anderer Hand.*]
          [*Unleserliche Unterschriften*]

*Universitätsarchiv Jena, Bestand A, Nr. 673,*

Str. Magnificum
~~Magnifice,~~

Um von der Ew. Magnificenz und dem Akademischen Senate, dem höchsten Befehle gemäß, an uns ergangenen Aufforderung, diejenigen Männer namhaft zu machen, durch deren Herbeiziehung die durch Unterbrechung der Friesischen Vorlesungen entstandene Lücke würdig ausgefüllt werden könnte, zu entsprechen, haben wir uns sofort versammelt, und beeilen uns, Ew. von dem Resultate unserer Zusammenkunft in Kenntniß zu setzen.

Nach unserer ~~unmaßgeblichen~~ Überzeugung würde die auf unserer Universitaet entstandene Lücke durch die Berufung eines älteren Mannes von gegründetem Rufe würdiger und ehrenvoller ausgefüllt werden, als durch ~~um~~ die eines jungen Gelehrten, bei der es noch zweifelhaft bleibt, ob er durch seine künftigen Leistungen den gefaßten Hoffnungen entsprechen, und das in ihn gesetzte höchste Vertrauen rechtfertigen werde. #

Wir stehen demnach nicht an, als solche Männer, deren Herbeiziehung unserer Universitaet zum wahren

# zu 5–6 Jahren würde ein solcher junger Mann der Universitaet schwerlich einen bedeutenden Nutzen verheißen, schwerlich einen bedeutenden Ruf sich zuschreiben, und mithin in eben so langer Zeit die Lücke nicht ausfüllen, welche entstanden ist.

## und von welchen wir glauben,

Gewinn gereichen würde## und die zu gewinnen seyn dürften, nachfolgende zu bezeichnen: Erstens Herrn Johann Friedrich Herbart, öffentl. ordentl. Professor der Philosophie und Pädagogik auf der Universitaet zu Königsberg. Die vorzüglichsten Schriften, welche seinen Ruf begründet

daß sie zu gewinnen seyn dürften,

*Universitätsarchiv Jena, Bestand A, Nr. 673, Bl. 98v*

*Universitätsarchiv Jena, Bestand A, Nr. 673, Bl. 98v*

und vergrößert haben, sind folgende: 1) allgemeine Pädagogik, Göttingen 1806. 2) allgemeine praktische Philosophie, Götting. 1808. 3) Hauptpunkte der Metaphysik, Göttingen 1808. 4) Lehrbuch zur Einleitung in die Philosophie Königsbg. 1813. 2$^{te}$ Aufl. Königsbg. 1821. 5) Lehrbuch der Psychologie Königsbg. 1816. 6) Ueber das Böse Königsbg. 1819. Ungeachtet nun zwar das in diesen Schriften in den Grundzügen dargelegte System eine sorgfältige Prüfung nicht bestehen dürfte, indem sich große und unübersteigliche Schwierigkeiten gegen dasselbe erheben, + so können wir doch nicht umhin, die Eigenthümlichkeit, die Probleme der Philosophie zu stellen und zu lösen, den ungewöhnlichen Scharfsinn

+ besonders auch in moralischer und religiöser Hinsicht, da dasselbe die Freiheit aufhebt und behauptet, es geben für den Glauben an Gott durchaus keine Data, weder in der Erfahrung noch in der Vernunft,

(Ich dächte, diese von mir

und eine Fülle von Erkenntnissen anzuerkennen, sowie auch mehrere Nachrichten in der Angaben der vorzüglichen Lehrgaben dieses Denkers übereinstimmen. Zweytens Herrn Friedrich Köppen öffentl. Ordentl. Professor der Philsophie auf der Universitaet zu Landshut. Seine vorzüglichsten Schriften sind folgende: 1) Ueber Offenbahung in Beziehung auf Kantische und Fichte'sche Philosophie. 2$^{te}$ Ausg. Hamburg 1804. 2) Schelling's Lehre, oder das Ganze der Philosophie des absoluten Nichts. Nebst drei Briefen verwandten Inhalts von Jacobi Hambg.1803. 3) über den Zweck der Philosophie, München 1807, 4) Leitfaden der Logik Landshut 1809. 5) Grundriß des Naturrechts ebend. 1809. 6) Darstellung des Wesens der Philosophie Nürnbg. 1810. 7) Philosophie des Christenthums Leipz. 1813–15 2 Thle, 8) Politik nach Platonischen Grundsätzen Leipz. 1819. 10) Vertraute Briefe über Bücher und Welt, Leipz. 1820. Der Verfasser dieser Schriften ist ein Schüler uns Freund Jacobi's, dessen Vertrauen er in einem hohen Grade besaß

eingeklammerte und unterstrichene Stelle bliebe [hinweg], oder Eure Spectabilität müsste die [Gelegenheit] haben, dieses Urtheil in <u>Ihrem eigenen Namen</u> auszusprechen. Ich kann es, mit gutem Gewissen nicht unterschreiben, da ich die Werke Herbarts bei weitem nicht genug kenne, um [Erstes so […] ] über ihn auszusprechen. H. Kuchen)

# Autoren

Prof. Dr. Rainer Bolle
Institut für Allgemeine und Historische Erziehungswissenschaft
Pädagogische Hochschule Karlsruhe
Bismarckstr. 10
76133 Karlsruhe
E-Mail: bolle@ph-karlsruhe.de

Dr. Alexandra Schotte
Habilitationsstipendiatin am Lehrstuhl für Pädagogik
Universität Augsburg
86159 Augsburg
E-Mail: alexandra.schotte@phil.uni-augsburg.de

Dr. Albana Chavdarova
Sofia University „St. Kliment Ohridski"
BG – 1501 Sofia
E-Mail: chavdarova@fp.uni-sofia.bg

Prof. Dr. Klaus Klattenhoff
Fakultät I – Bildungs- und Sozialwissenschaften
Carl von Ossietzky Universität
26129 Oldenburg
E-Mail: klaus.klattenhoff@uni-oldenburg.de

Dr. Nadia Moro
National Research University Higher School of Economics,
Faculty of Humanities
Staraya Basmannaya Ulitsa 21/4,
Moskau, Russische Federation
E-Mail: nadia.moro@outlook.com

AUTOREN

PROF. DR. JEAN-FRANÇOIS GOUBET
Laboratoire RECIFES,
Université d'Artois/ESPE
Lille-Nord-de-France
E-Mail: jean-françois.goubet@espe-lnf.fr

DR. SILKE ANTONI
Lehrstuhl für Pädagogik
Universitätsstraße 10
86159 Augsburg
E-Mail: silke.antoni@phil.uni-augsburg.de

DR. KATJA GRUNDIG DE VAZQUEZ
Universität Duisburg-Essen,
Fakultät der Bildungswissenschaften
Institut für Erziehungswissenschaft
Universitätsstr. 2
45141 Essen
E-Mail: katja.grundig-de-vazquez@uni-due.de

PROF. DR. ANDRÁS NÉMETH
Eötvös-Loránd-Universität
Pädagogisch-Psychologische Fakultät
Institut für Erziehungswissenschaft
H-1075 Budapest,
Kazinczy u. 23–27.
E-Mail: nemeth.andras@ppk.elte.hu

DR. BEATRIX VINCZE
PhD, wissenschaftliche Mitarbeiterin
Eötvös-Loránd-Universität,
Fakultät für Pädagogik und Psychologie, Lehrstuhl für Historische Pädagogik,
H-1075 Budapest
E-Mail: vincze.beatrix@ppk.elte.hu

# Autoren

PD Dr. Claudia Stöckl
Pädagogische Hochschule Steiermark
Zentrum für Hochschulentwicklung und Personalentwicklung
Ortweinplatz 1
8010 Graz
E-Mail: claudia.stoeckl@phst.at

Dr. Dr. Leonore Bazinek
Chercher associé der interdisziplinären Forschergruppe ERIAC der Universität Rouen
Lehrbeauftragte an der Universität Rouen (Philosophie, Humanwissenschaften)
E-Mail: leonore.bazinek@sfr.fr

Daniel Löffelmann
FSU Jena, Institut für Bildung und Kultur
07743 Jena
E-Mail: daniel-lars.loeffelmann@uni-jena.de

Dr. Sylvia Wehren
Wissenschaftlicher Mitarbeiterin Universität Hildesheim
Institut für Erziehungswissenschaft
Abteilung Allgemeine Erziehungswissenschaft
Universitätsplatz 1
31141 Hildesheim
E-Mail: wehren@uni-hildesheim.de

Dr. Max Luo-Xiang Chen
Assistant Professor, Department of Education,
National Pingtung University, Taiwan
Director of Community Learning Center,
National Pingtung University, Taiwan
E-Mail: luoxiangchen@mail.nptu.edu.tw